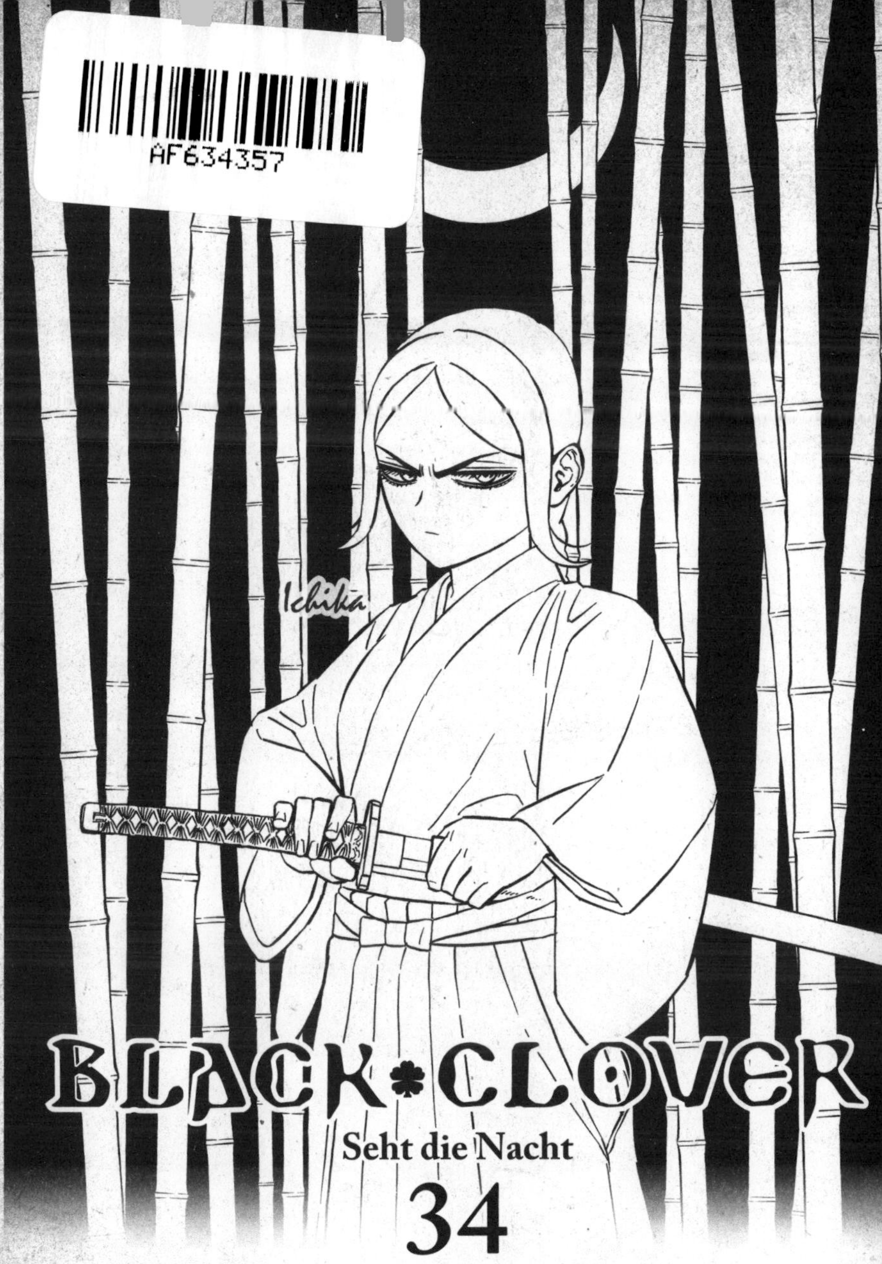

BLACK CLOVER

Seht die Nacht

34

Yûki Tabata

Yuno

Gruppe: Goldene Morgendämmerung — Magietypus: Wind

Astas Kindheitsfreund und Rivale. Wie dieser hat er das Ziel, König der Magier zu werden. Der Naturgeist Sylph untersteht seiner Kontrolle.

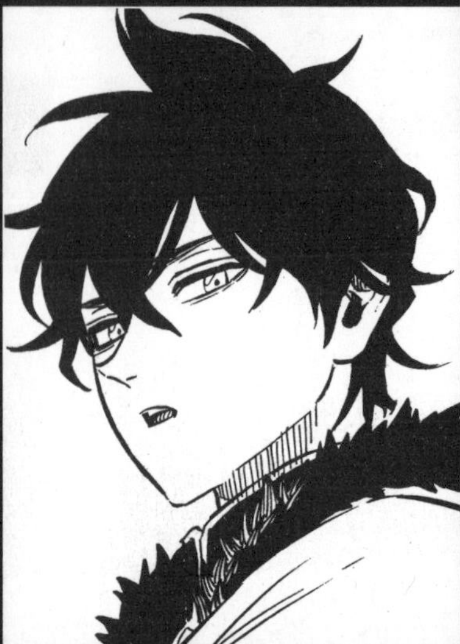

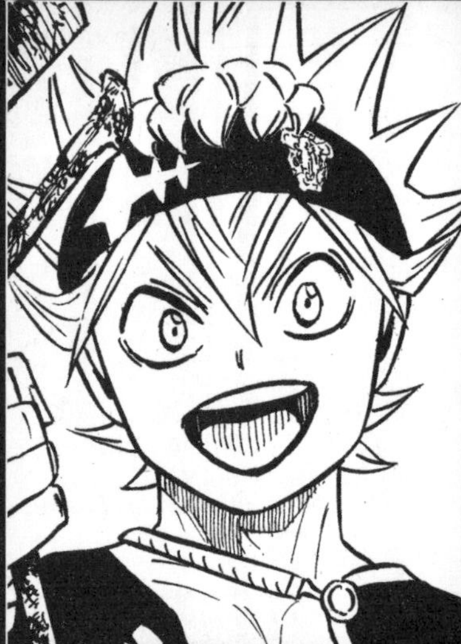

Asta

Gruppe: Schwarzer Stier — Magietypus: Nicht vorhanden (Antimagie)

Er hat zwar keinerlei magische Kraft, versucht aber mit seinem durchtrainierten Körper und seiner Beharrlichkeit König der Magier zu werden. Seine Waffen sind Schwerter aus Antimagie.

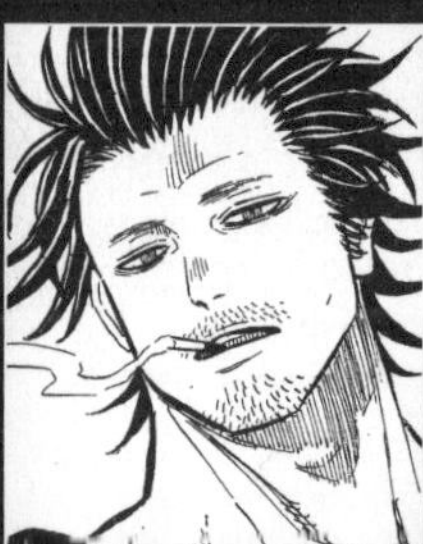

Yami Sukehiro

Gruppe: Schwarzer Stier
Magietypus: Dunkelheit

Er sieht grimmig aus und ist ein ziemlicher Haudegen, wird von seinen Ordensmitgliedern aber geliebt. Kettenraucher.

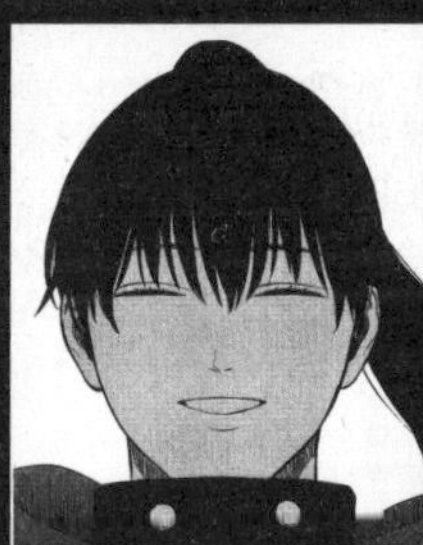

Nacht

Gruppe: Schwarzer Stier
Magietypus: Schatten

Vizeanführer des Schwarzen Stiers. Kann Teufel kontrollieren und im Zustand der Teufelsvereinigung kämpfen.

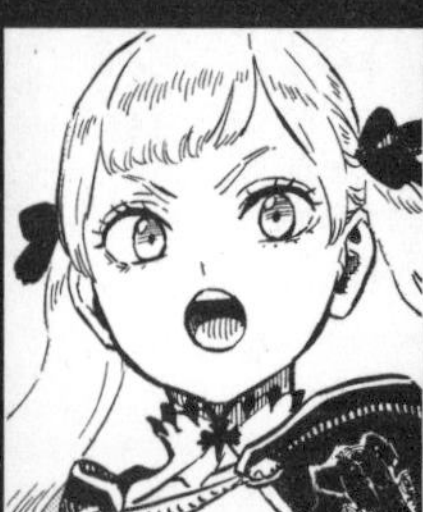

Noelle Silva

Gruppe: Schwarzer Stier
Magietypus: Wasser

Stammt aus der königlichen Familie. In unzähligen Kämpfen entfaltete sie ihr Talent. Ist in Asta verliebt.

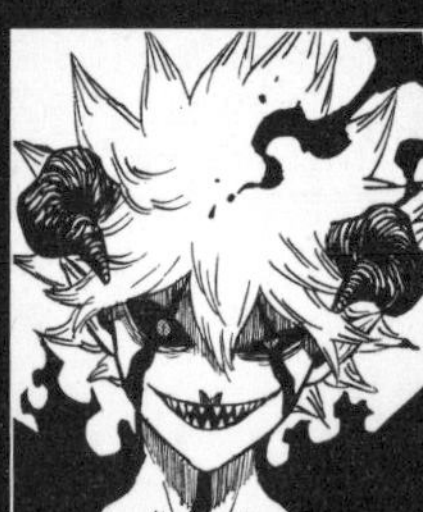

Liebe

Teufel

Der Teufel, der im Grimoire mit dem fünfblättrigen Kleeblatt eingeschlossen ist. Sein Vertrag mit Asta stellt die beiden gleich.

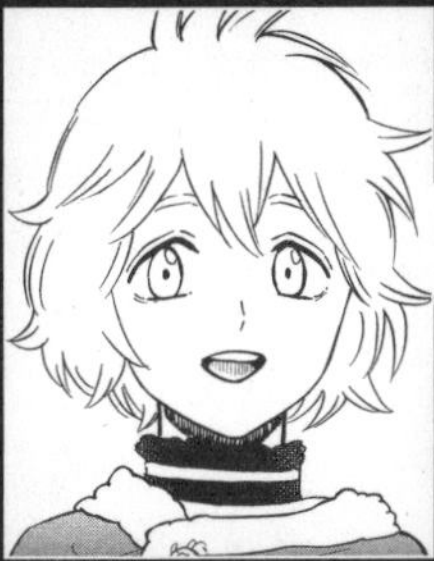

Julius Novachrono

König der Magier
Magietypus: Zeit

König der Magier des Königreichs Clover und ein unverbesserlicher Magiefanatiker.

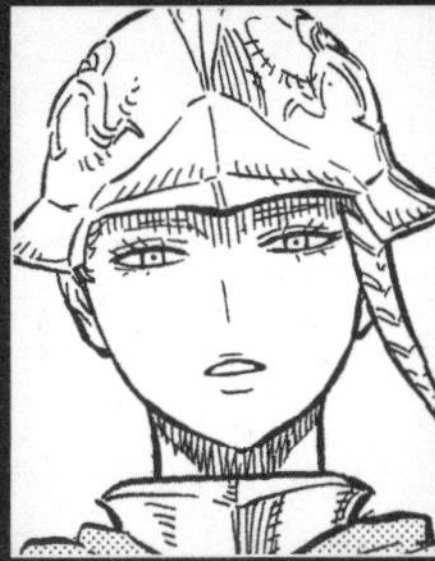

Charlotte Roselei

Gruppe: Blaue Rose
Magietypus: Dornbusch

Eine kühle Frau, die Männer nicht ausstehen kann, nur Yami scheint eine Ausnahme zu sein.

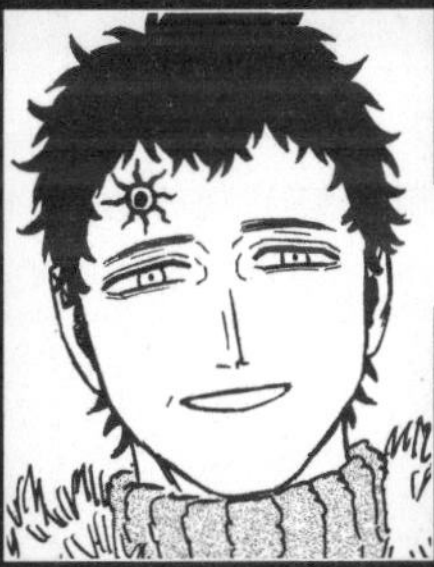

Lucius Zogratis

Magietypus:
Zeit & Seele

Er hat Julius' Persönlichkeit unterworfen und will die Welt säubern lassen. Hat Schwester Lily mit seiner Seelenmagie zu einer Paladin gemacht.

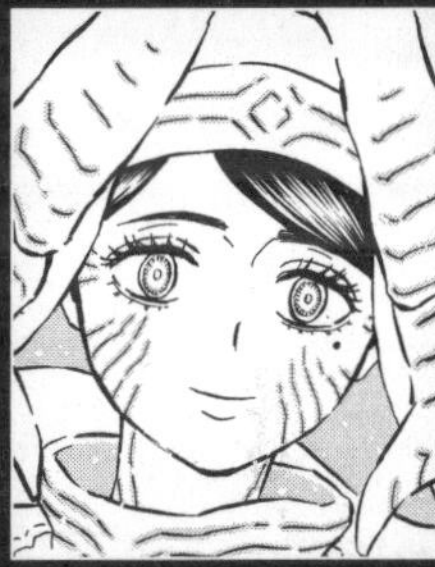

Schwester Lily

Magietypus:
Wasser & Raum

Die liebevolle Ordensschwester aus dem Dorf Hage. Sie wird durch Lucius' Seelenmagie manipuliert.

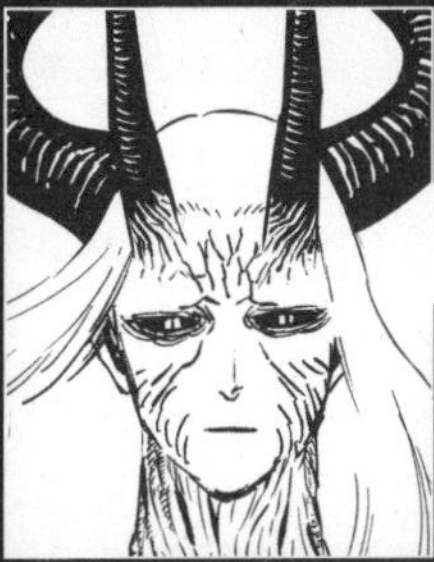

Lucifero

Teufel

Er ist der Teufelskönig und verfügt über erdrückende magische Kraft. Wurde von Asta und seinen Freunden besiegt.

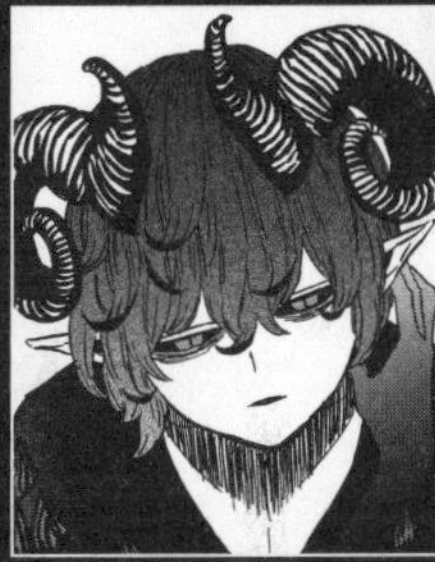

Adrammelech

Teufel

Rätselhafter Teufel, der zum Zeitpunkt von Luciferos Manifestation aufgetaucht ist. Arbeitet mit Lucifero zusammen.

Was bisher geschah:

Eine Welt, in der nur Magie zählt …

Die Waisenkinder Asta und Yuno, die am selben Tag vor der Kirche des Dorfes Hage ausgesetzt wurden, möchten das höchste Ziel eines jeden Magiers erreichen und König der Magier werden. Dafür trainieren sie tagein, tagaus. Nachdem sie mit 15 Jahren endlich ihre Grimoires, Zauberbücher, die die magische Kraft erhöhen, erhalten haben, nehmen sie an der Eignungsprüfung für die Ritterorden teil. Die neun Ritterorden sind dem König der Magier unterstellt. Yuno, der eine große magische Kraft besitzt, wird im elitären Orden »Goldene Morgendämmerung« aufgenommen, wohingegen Asta, der keinerlei magische Kraft besitzt, im »Schwarzen Stier« landet, einer berüchtigten Chaostruppe. Beide haben also den ersten Schritt gemacht, um ihrem Ziel, König der Magier zu werden, ein wenig näher zu kommen.

Nachdem Lucius Zogratis die Persönlichkeit von Julius unterworfen hat, hat er nun die Säuberung der Welt ins Auge gefasst. Lucius, der die Antimagie als Makel der Welt betrachtet, greift Asta an und macht noch dazu eine Paladin aus Schwester Lily. Nachdem diese Asta scheinbar ausradiert, verschwinden die Angreifer … Das Königreich Clover ist in Aufruhr. Doch was ist dieser »Tag des Jüngsten Gerichts«, den Lucius verkündet hat, überhaupt? Und was ist das für ein Ort, an den Asta, der tödlich verwundet wurde und das Bewusstsein verloren hat, angespült wurde?!

INHALT

BLACK ✿ CLOVER
34

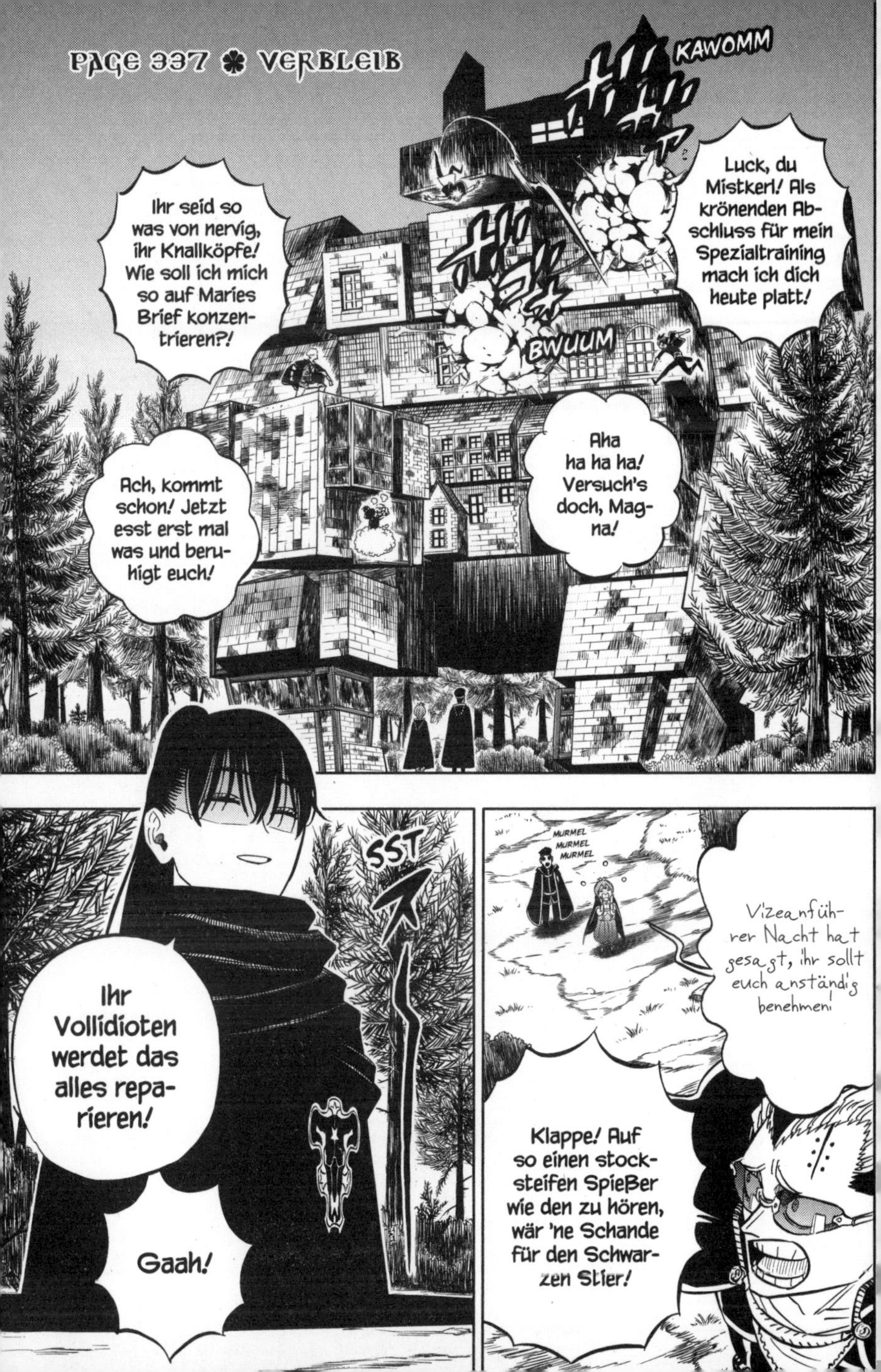
PAGE 337 ✤ VERBLEIB
KAWOMM
Luck, du Mistkerl! Als krönenden Abschluss für mein Spezialtraining mach ich dich heute platt!
Ihr seid so was von nervig, ihr Knallköpfe! Wie soll ich mich so auf Maries Brief konzentrieren?!
BWUUM
Aha ha ha ha! Versuch's doch, Magna!
Ach, kommt schon! Jetzt esst erst mal was und beruhigt euch!
MURMEL MURMEL MURMEL
Vizeanführer Nacht hat gesagt, ihr sollt euch anständig benehmen!
Klappe! Auf so einen stocksteifen Spießer wie den zu hören, wär 'ne Schande für den Schwarzen Stier!
SST
Ihr Vollidioten werdet das alles reparieren!
Gaah!

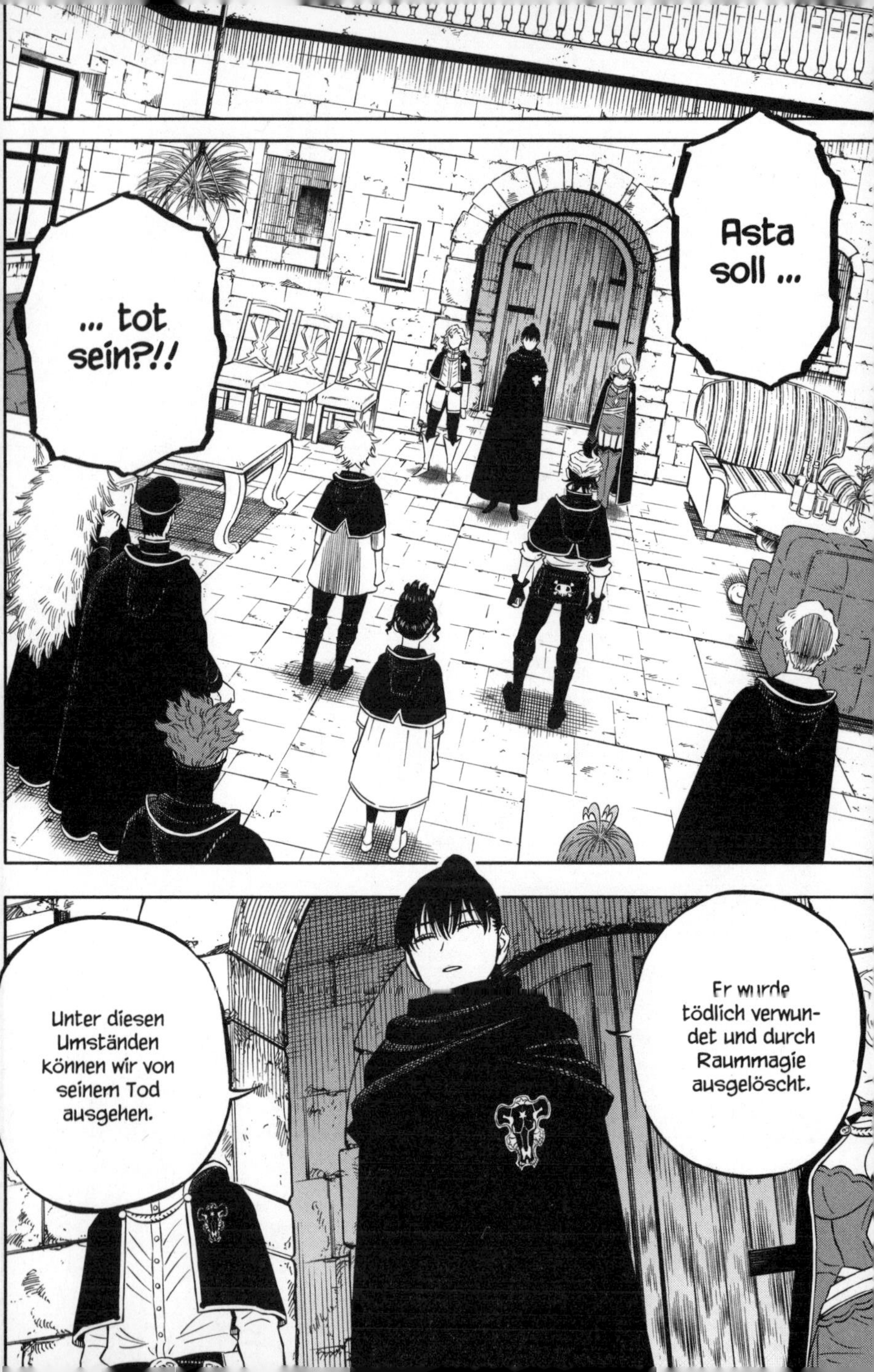
Asta soll ...
... tot sein?!!
Er wurde tödlich verwundet und durch Raummagie ausgelöscht.
Unter diesen Umständen können wir von seinem Tod ausgehen.

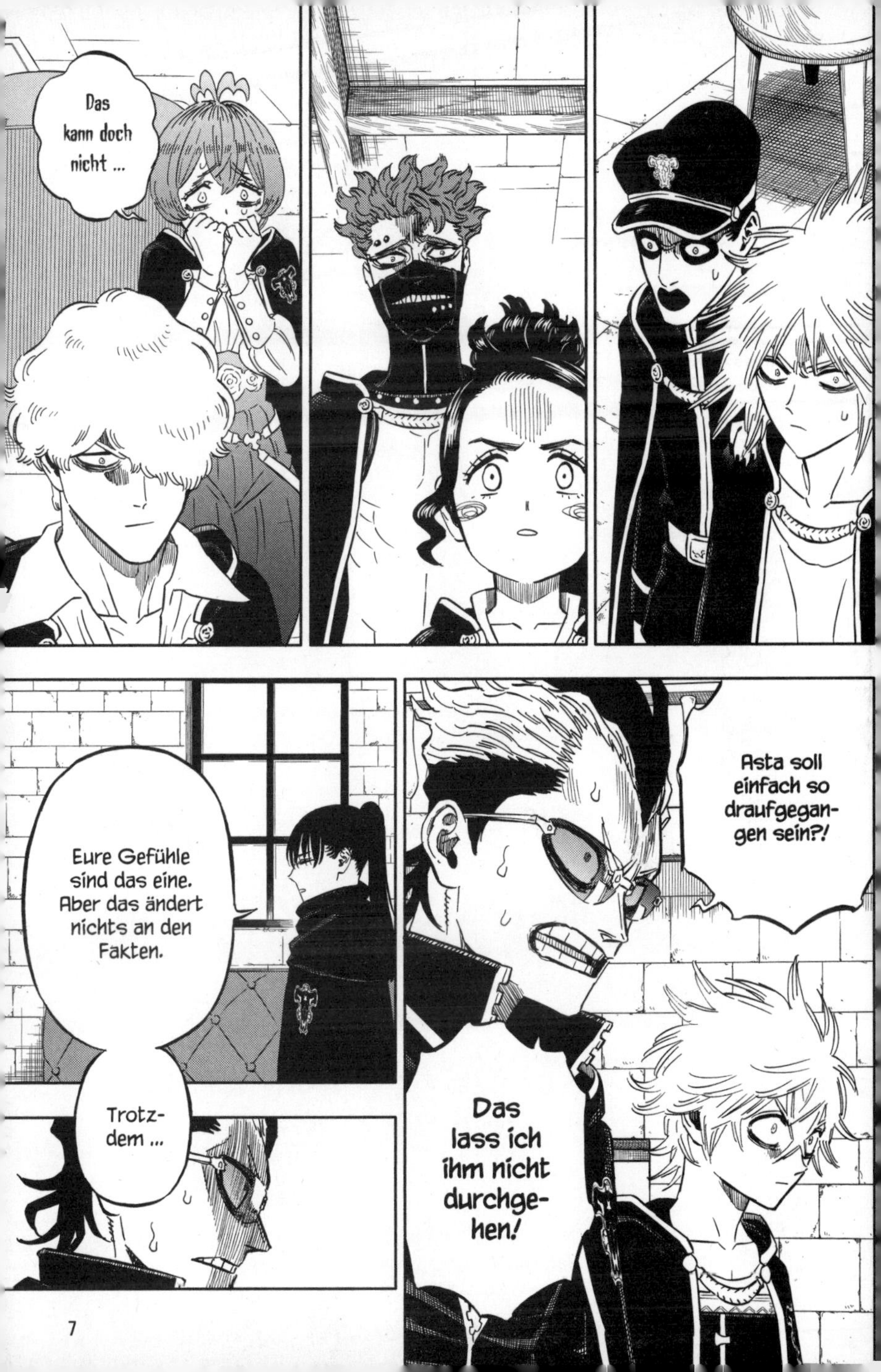
Das kann doch nicht ...
Asta soll einfach so draufgegangen sein?!
Das lass ich ihm nicht durchgehen!
Eure Gefühle sind das eine. Aber das ändert nichts an den Fakten.
Trotzdem ...

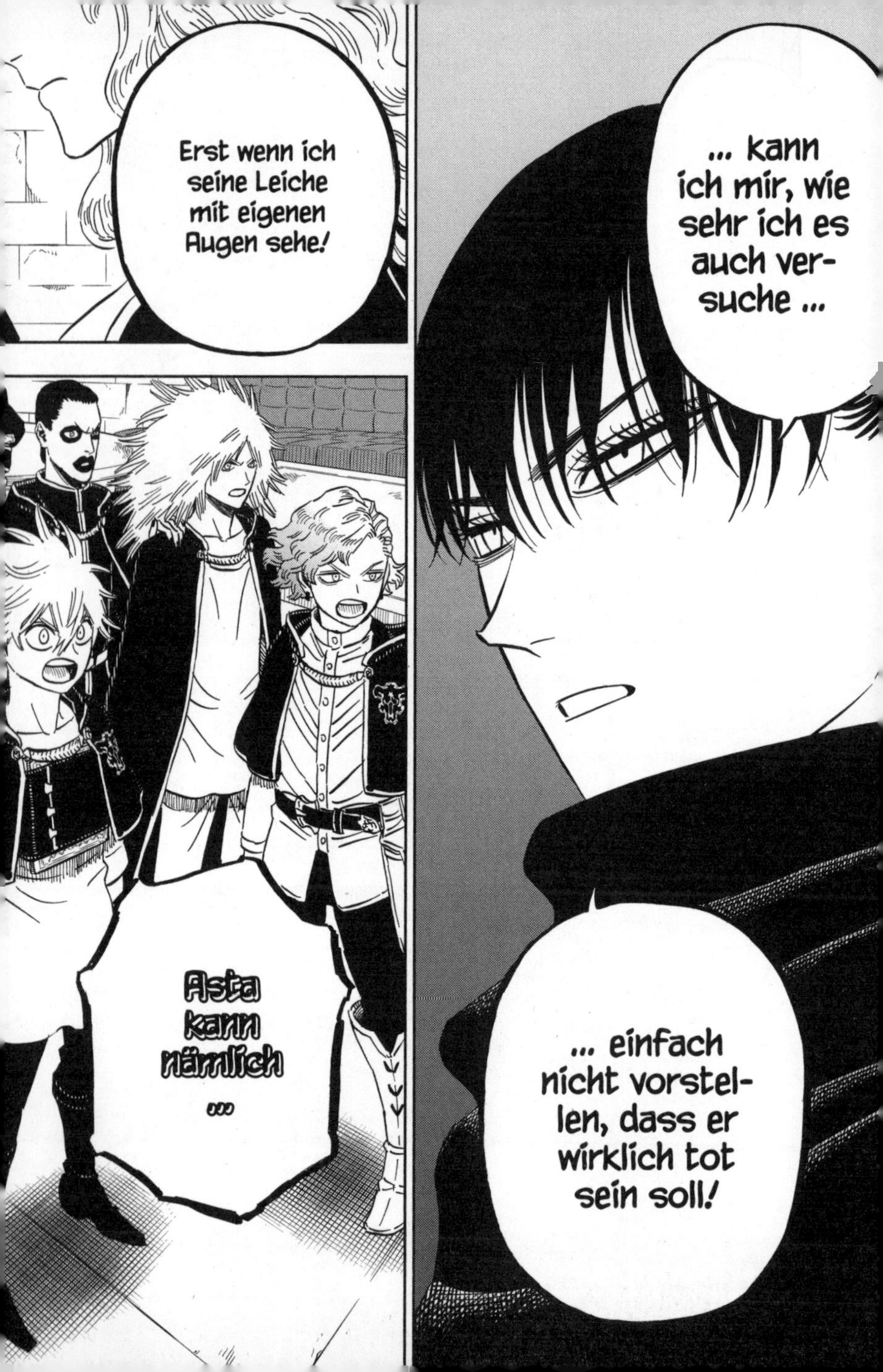

Erst wenn ich seine Leiche mit eigenen Augen sehe!
Asta kann nämlich ...
... kann ich mir, wie sehr ich es auch ver-suche ...
... einfach nicht vorstel-len, dass er wirklich tot sein soll!

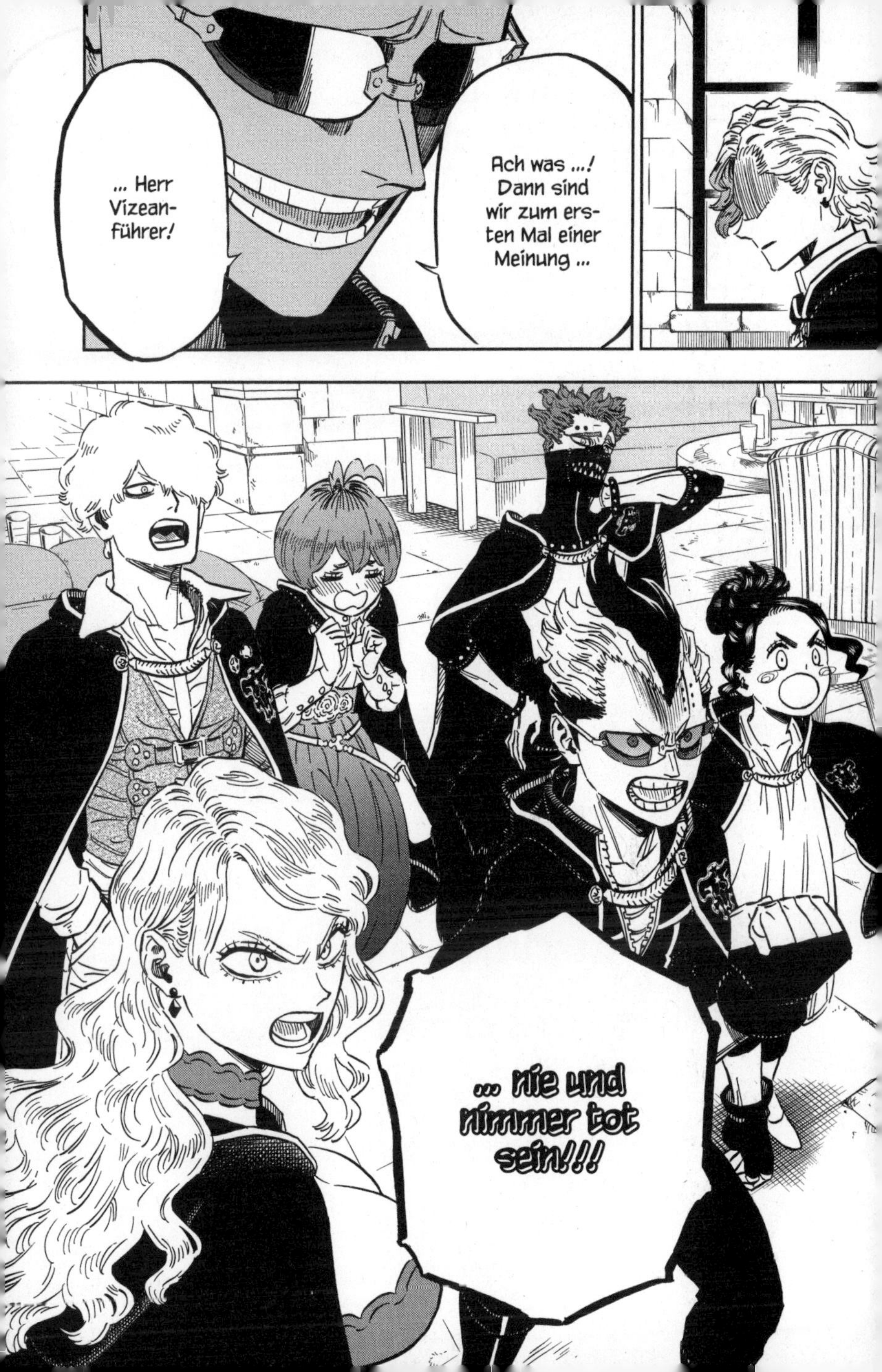
Ach was ...! Dann sind wir zum ersten Mal einer Meinung ...
... Herr Vizeanführer!
... nie und nimmer tot sein!!!

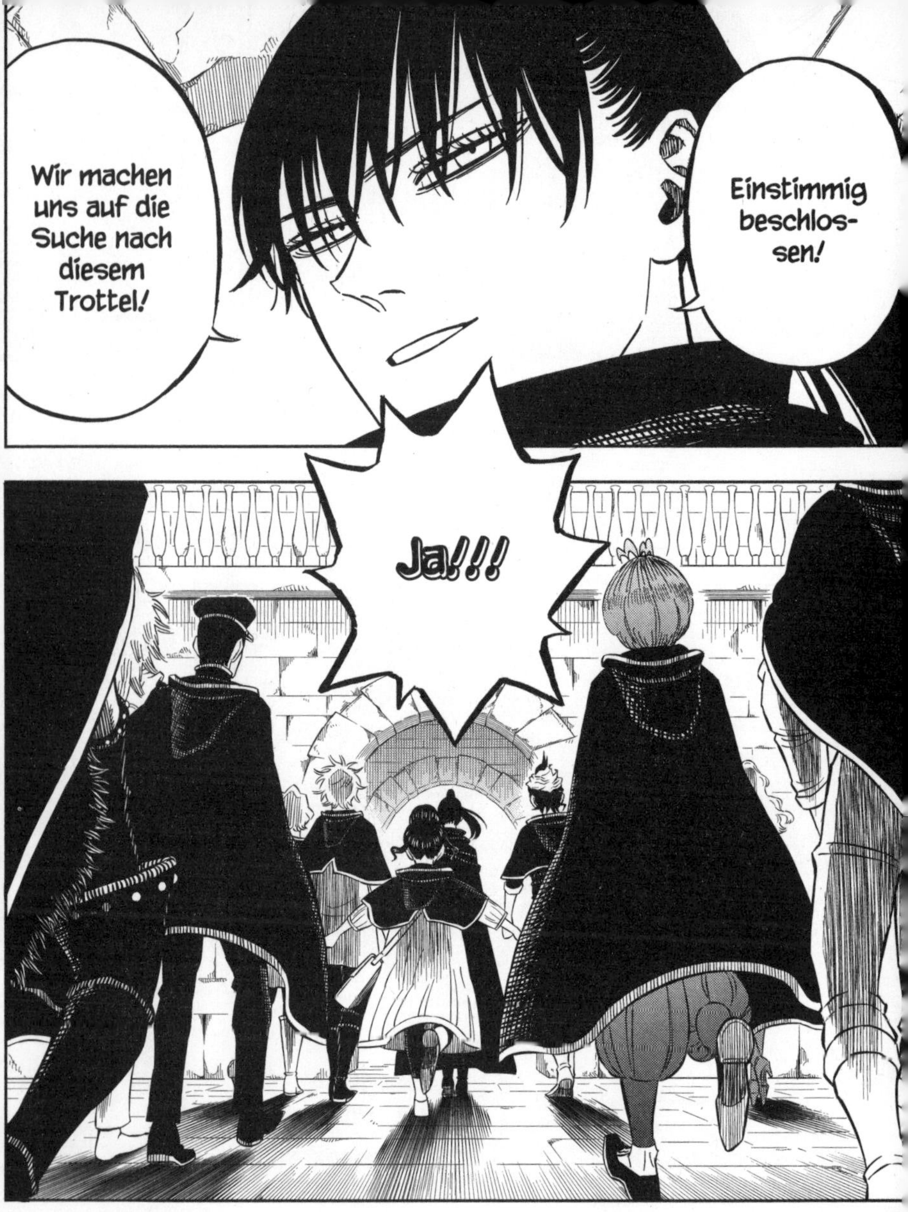
Einstimmig beschlos-sen!
Wir machen uns auf die Suche nach diesem Trottel!
Ja!!!

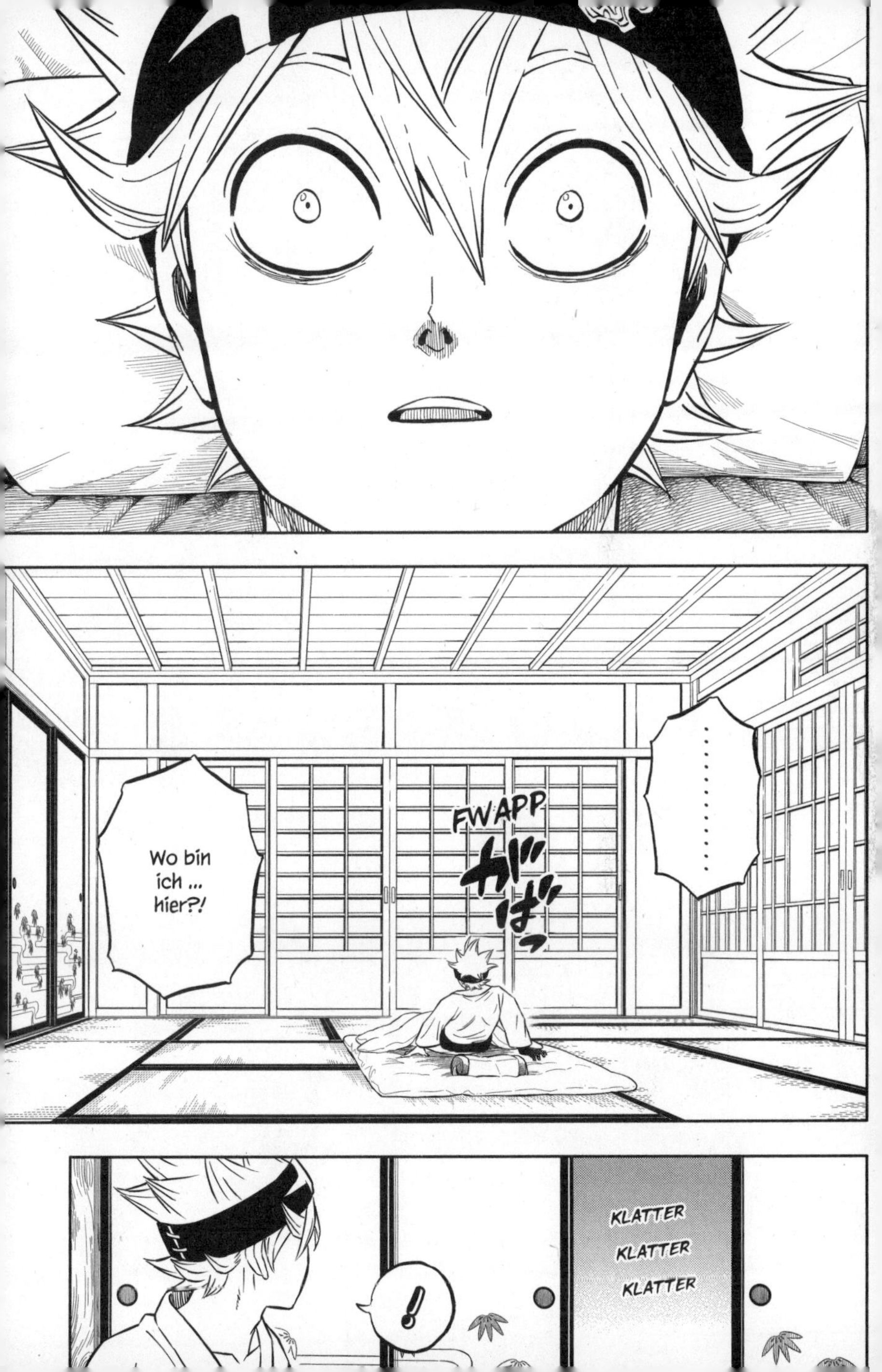

......
FWAPP
がばっ
Wo bin ich ... hier?!
KLATTER
KLATTER
KLATTER
!

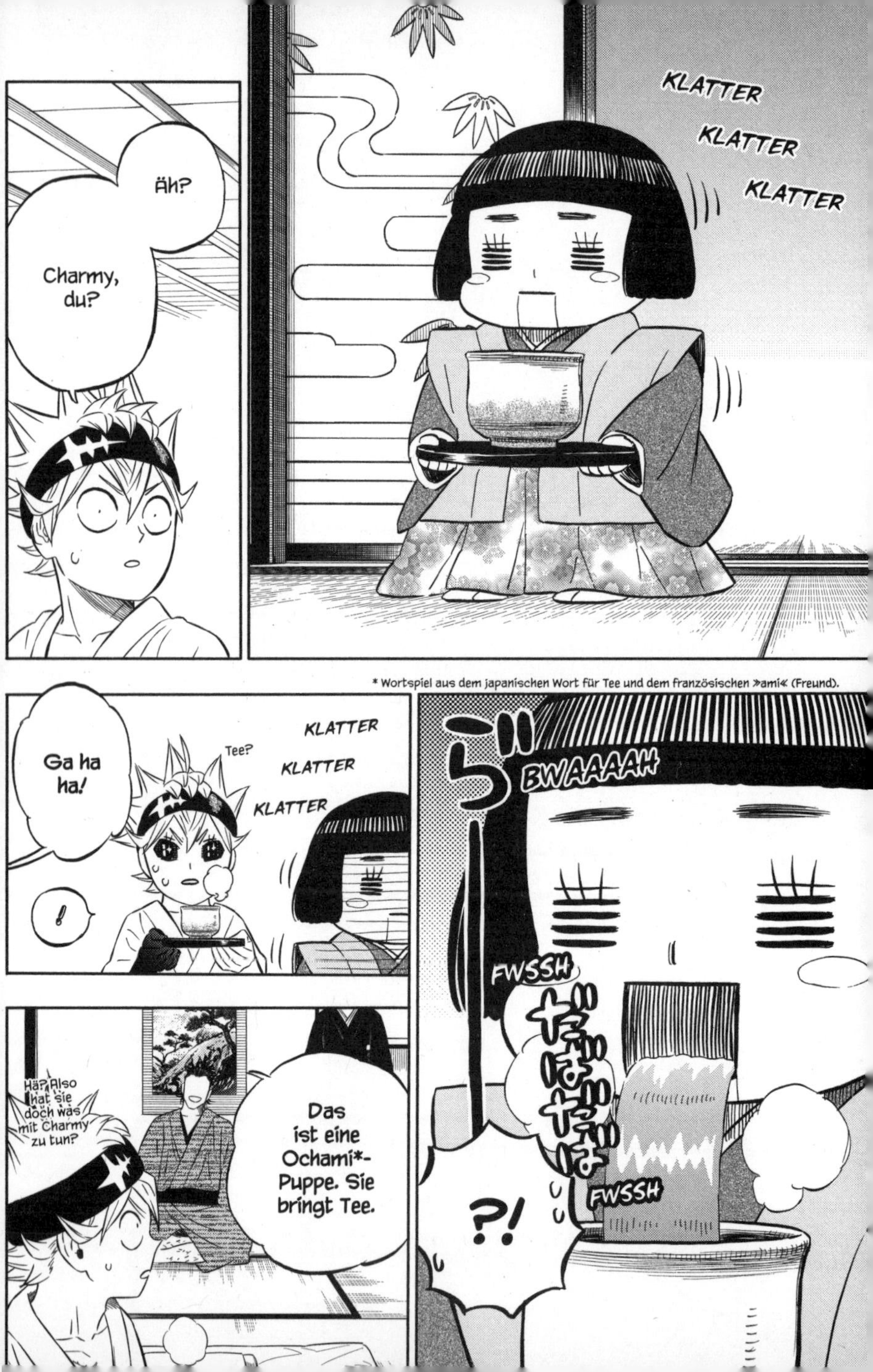
KLATTER
KLATTER
KLATTER
Äh?
Charmy, du?
* Wortspiel aus dem japanischen Wort für Tee und dem französischen »ami« (Freund).
BWAAAAH
KLATTER
KLATTER
KLATTER
Tee?
Ga ha ha!
!
FWSSH
FWSSH
?!
Das ist eine Ochami*-Puppe. Sie bringt Tee.
Hä? Also hat sie doch was mit Charmy zu tun?

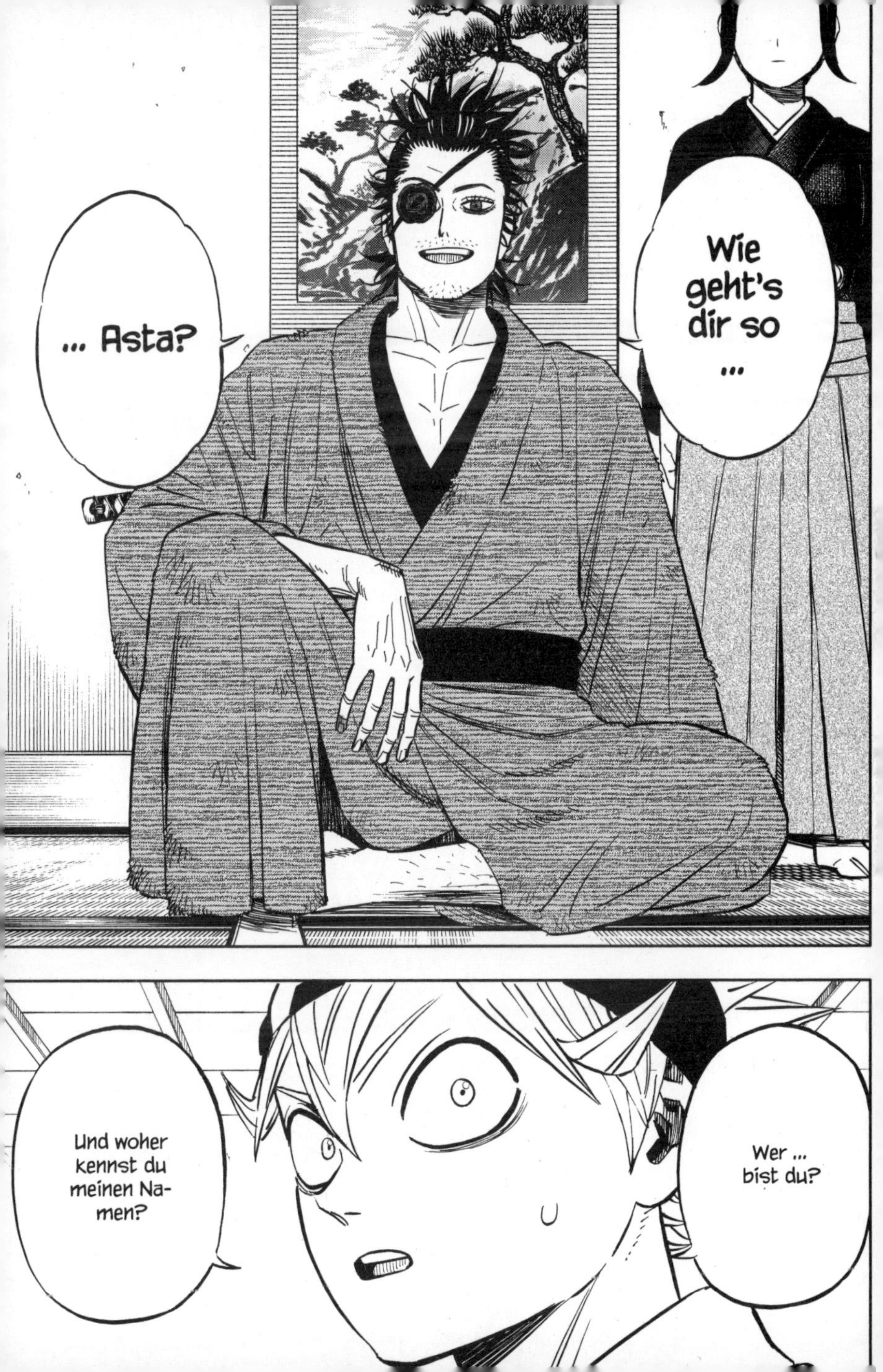
Wie geht's dir so ...
... Asta?
Wer ... bist du?
Und woher kennst du meinen Namen?

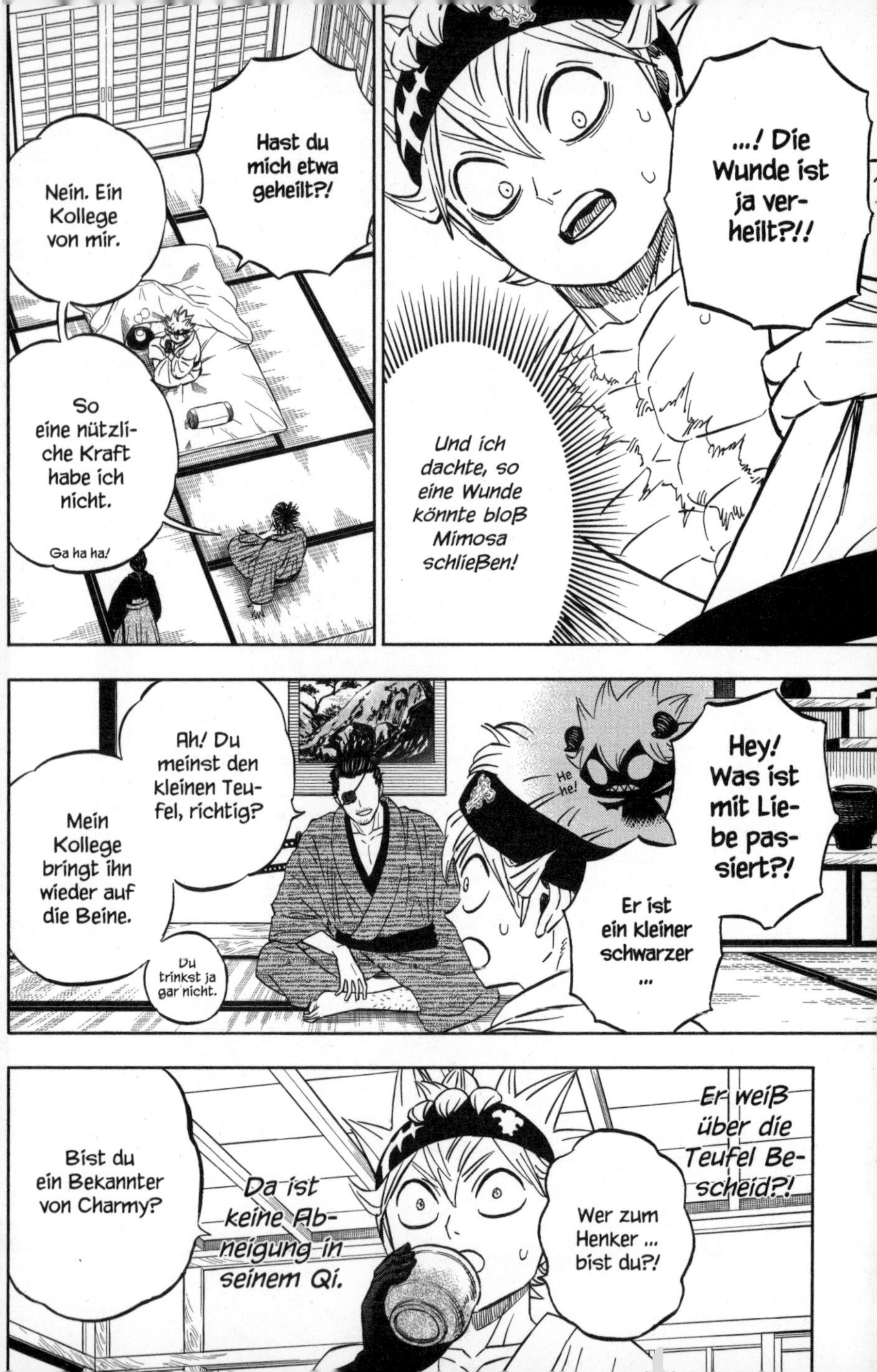
...! Die Wunde ist ja verheilt?!!
Und ich dachte, so eine Wunde könnte bloß Mimosa schließen!
Hast du mich etwa geheilt?!
Nein. Ein Kollege von mir.
So eine nützliche Kraft habe ich nicht.
Ga ha ha!
Hey! Was ist mit Liebe passiert?!
He he!
Er ist ein kleiner schwarzer ...
Ah! Du meinst den kleinen Teufel, richtig?
Mein Kollege bringt ihn wieder auf die Beine.
Du trinkst ja gar nicht.
Er weiß über die Teufel Bescheid?!
Wer zum Henker ... bist du?!
Da ist keine Abneigung in seinem Qi.
Bist du ein Bekannter von Charmy?

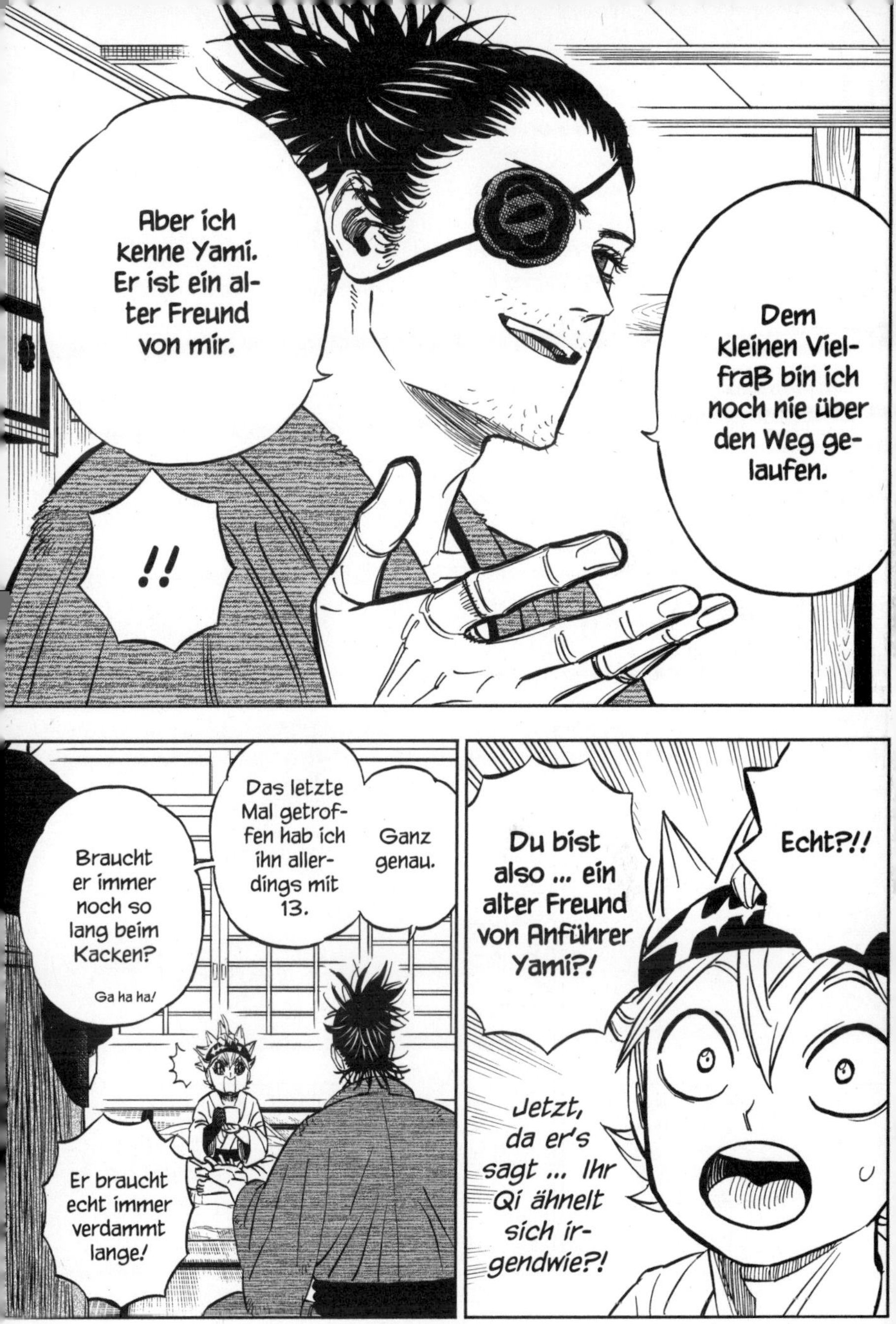
Dem kleinen Vielfraß bin ich noch nie über den Weg gelaufen.
Aber ich kenne Yami. Er ist ein alter Freund von mir.
!!
Echt?!!
Du bist also ... ein alter Freund von Anführer Yami?!
Jetzt, da er's sagt ... Ihr Qi ähnelt sich irgendwie?!
Ganz genau.
Das letzte Mal getroffen hab ich ihn allerdings mit 13.
Braucht er immer noch so lang beim Kacken?
Ga ha ha!
Er braucht echt immer verdammt lange!

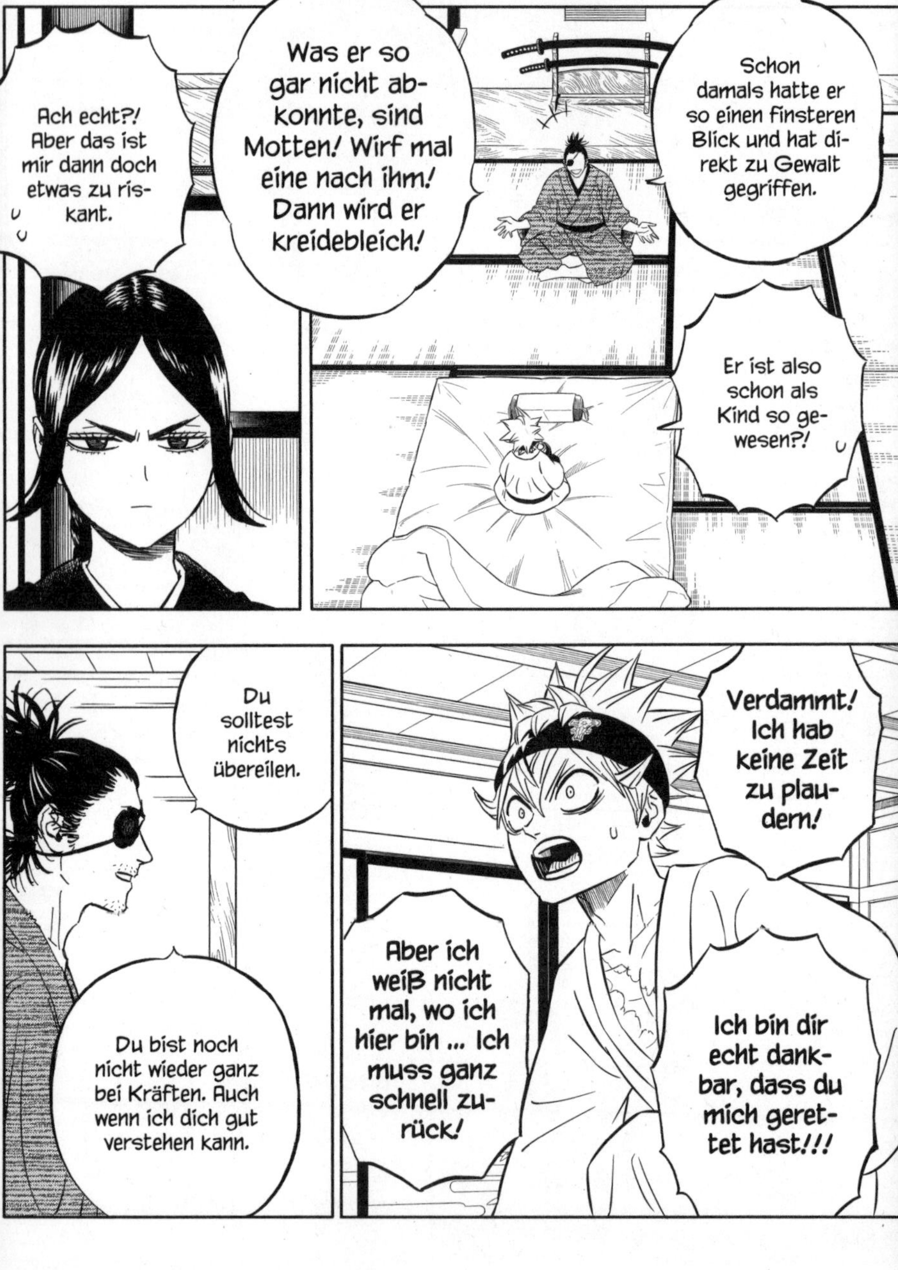

Schon damals hatte er so einen finsteren Blick und hat direkt zu Gewalt gegriffen.
Er ist also schon als Kind so gewesen?!
Was er so gar nicht abkonnte, sind Motten! Wirf mal eine nach ihm! Dann wird er kreidebleich!
Ach echt?! Aber das ist mir dann doch etwas zu riskant.
Verdammt! Ich hab keine Zeit zu plaudern!
Ich bin dir echt dankbar, dass du mich gerettet hast!!!
Aber ich weiß nicht mal, wo ich hier bin ... Ich muss ganz schnell zurück!
Du solltest nichts übereilen.
Du bist noch nicht wieder ganz bei Kräften. Auch wenn ich dich gut verstehen kann.

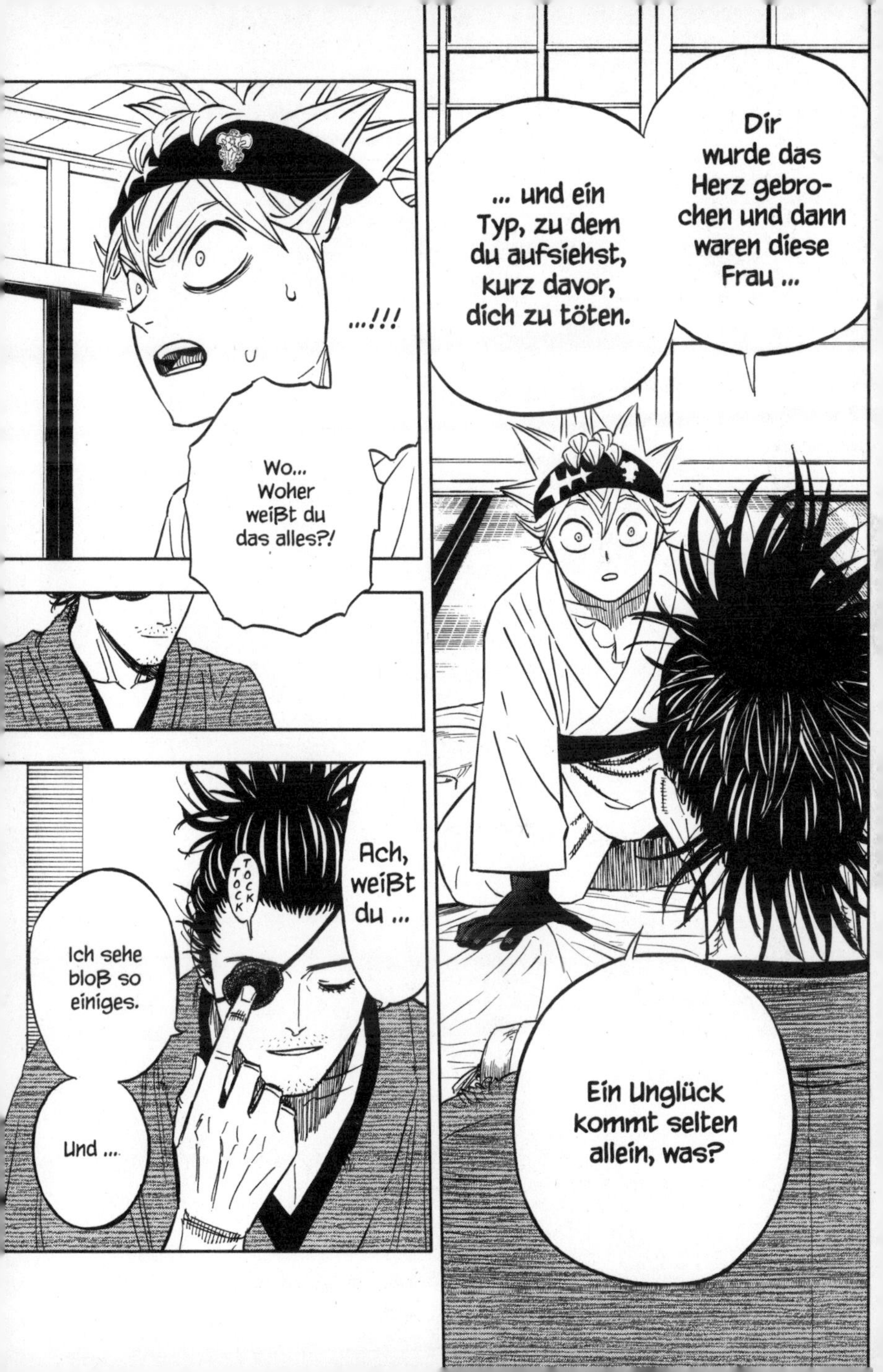
Dir wurde das Herz gebrochen und dann waren diese Frau ...
... und ein Typ, zu dem du aufsiehst, kurz davor, dich zu töten.
...!!!
Wo... Woher weißt du das alles?!
Ach, weißt du ...
TOCK TOCK
Ich sehe bloß so einiges.
Und ...
Ein Unglück kommt selten allein, was?

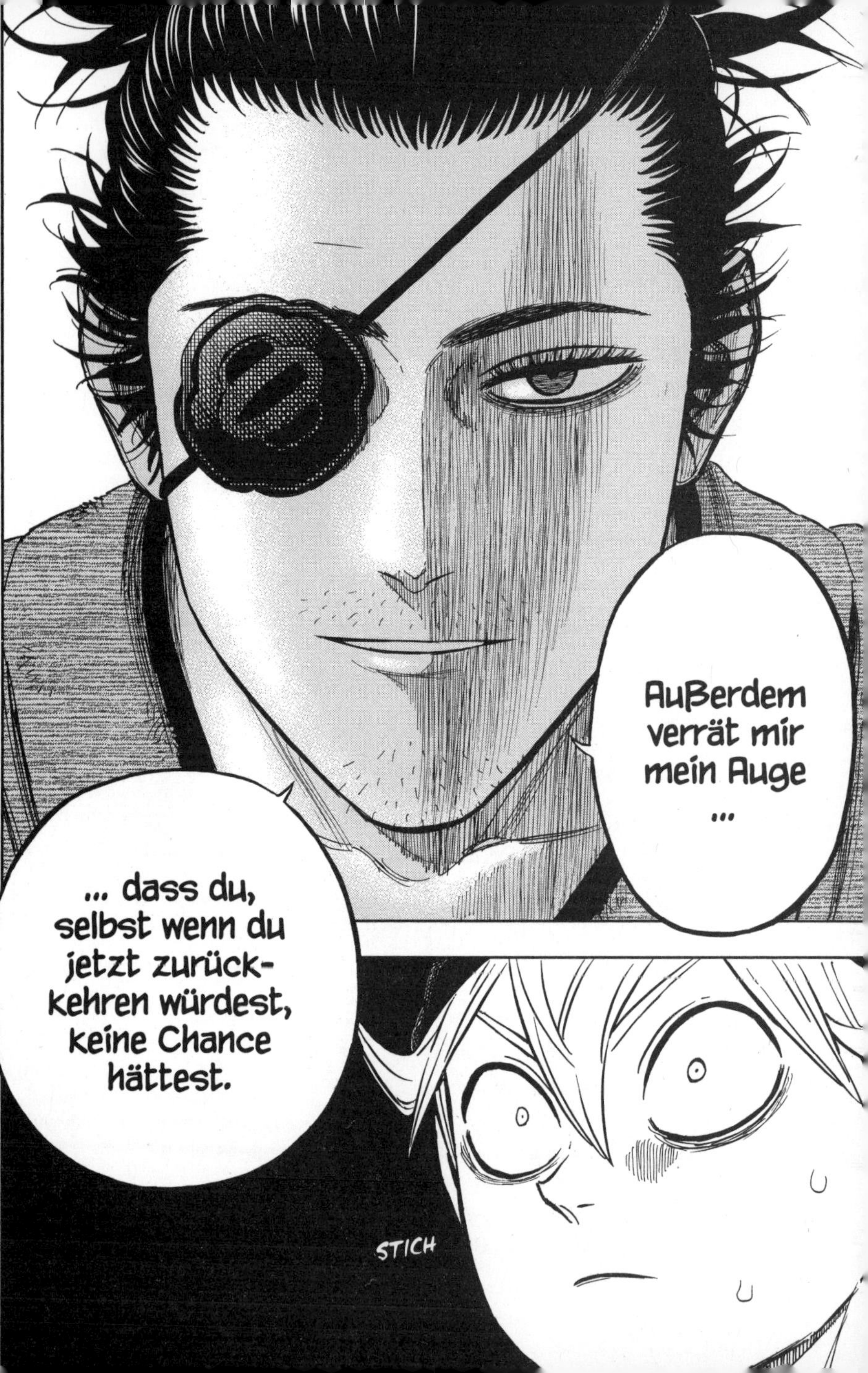
Außerdem verrät mir mein Auge ...
... dass du, selbst wenn du jetzt zurück-kehren würdest, keine Chance hättest.
STICH

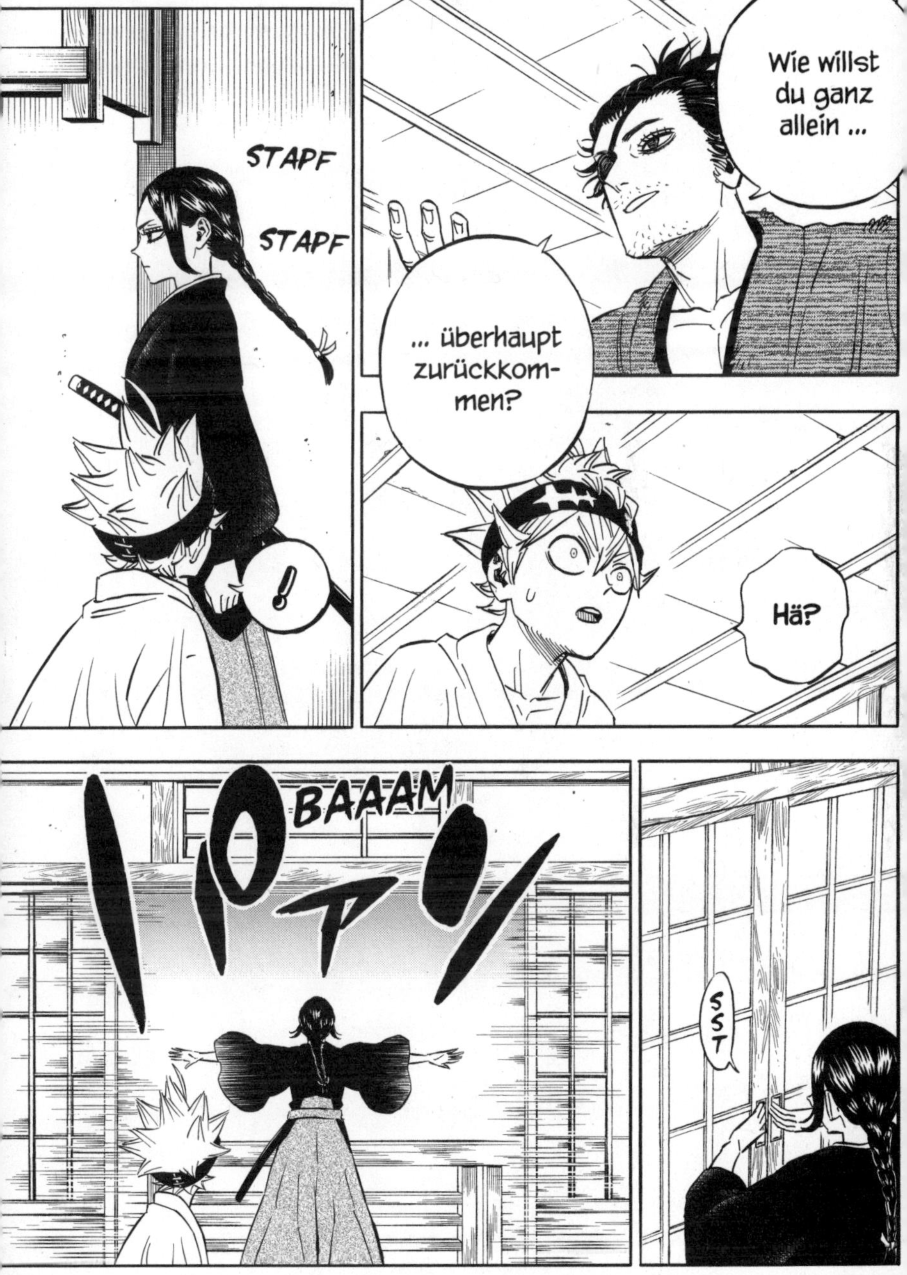

Wie willst du ganz allein ...
... überhaupt zurückkommen?
Hä?
STAPF
STAPF
!
SST
BAAAM

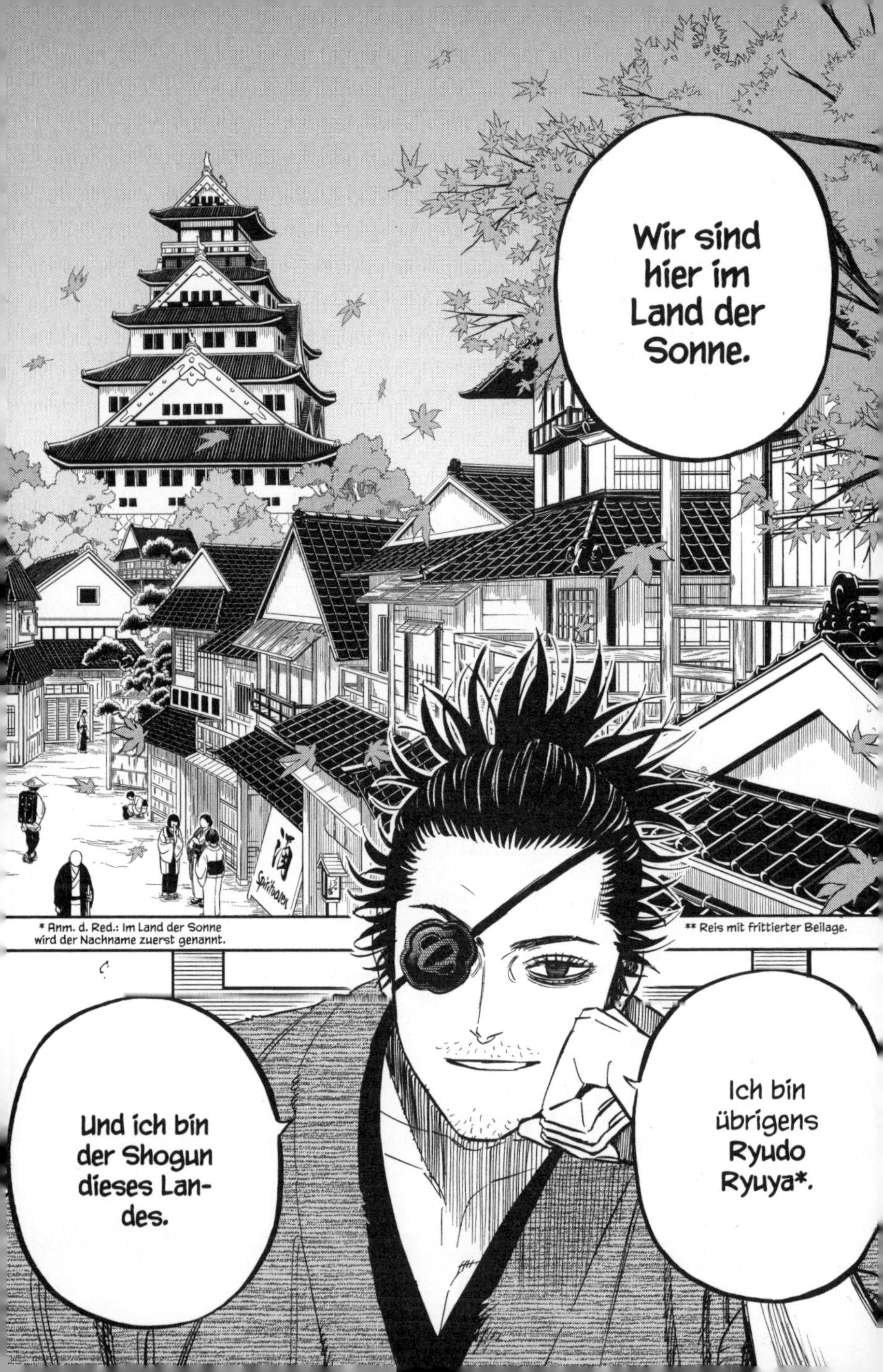

* Anm. d. Red.: Im Land der Sonne wird der Nachname zuerst genannt.

** Reis mit frittierter Beilage.

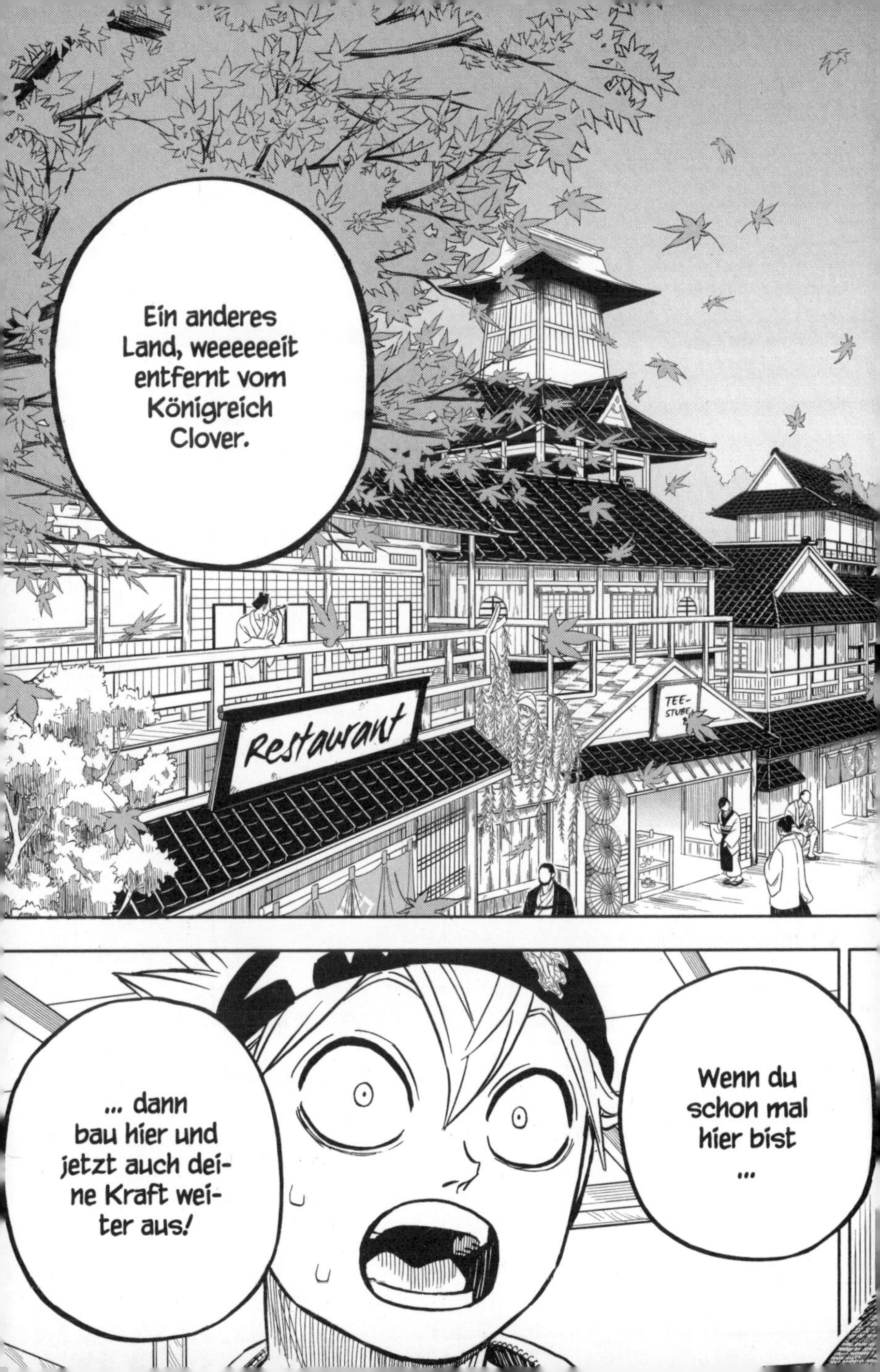
Ein anderes Land, weeeeeeit entfernt vom Königreich Clover.
TEE-STUBE
Restaurant
Wenn du schon mal hier bist ...
... dann bau hier und jetzt auch deine Kraft weiter aus!

DER SCHWARZ-WEISSE BILDERORDEN NR. 1

In diesem Bereich werden Leserzeichnungen abgedruckt! Auch diesmal danke ich euch für die vielen Einsendungen! Sie sind alle echt klasse!

Das starke Band zwischen Lehrer und Schüler!

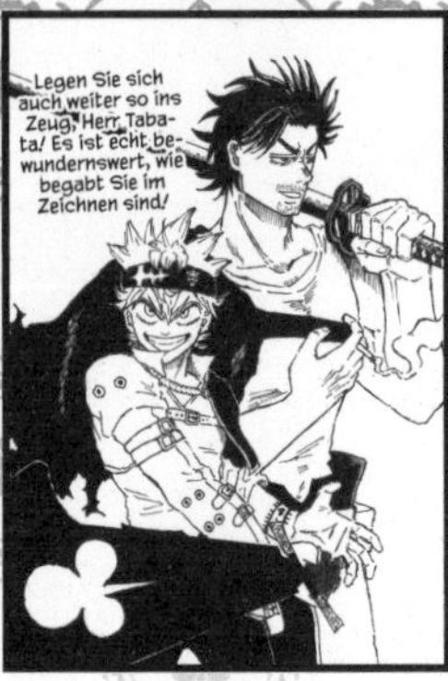

Bunta Togo aus Shiga

Nacht und Morgen! Er wird ihn für immer in seinem Herzen tragen.

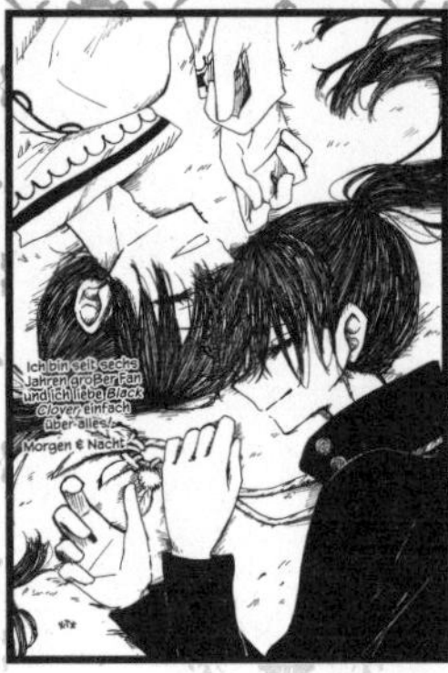

Lampenschein aus Fukuoka

Julius und Lucius ... Sind ihre Persönlichkeiten zwei Seiten derselben Medaille?!

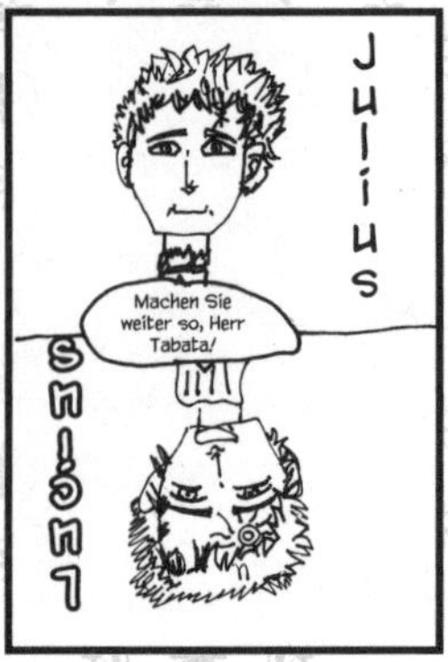

Chico aus Kagoshima

Die drei Flammenmagie nutzenden Vermillion-Geschwister!

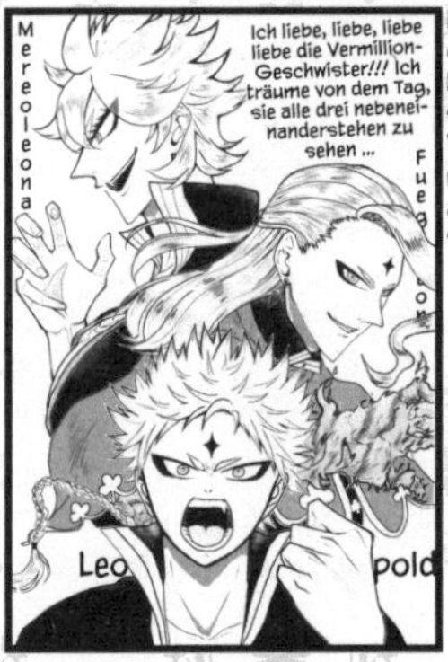

Diener des Hauses Vermillion aus Saga

Wenn sie doch nur miteinander ausgehen könnten ... Kleiner Scherz!

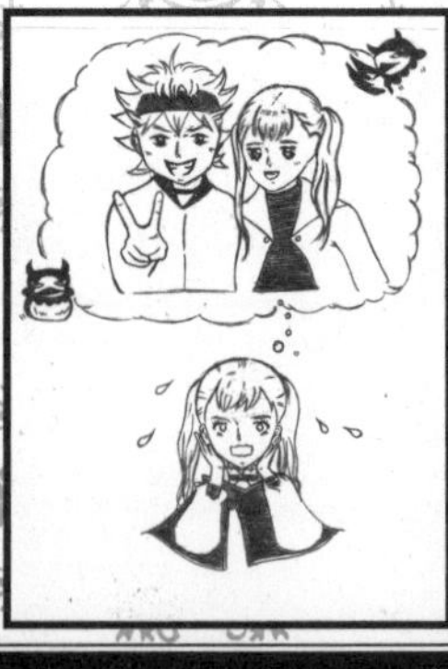

Rin aus Taiwan

Die Geburtstage der zwei liegen nur einen Tag auseinander! Also passen sie doch gut zusammen?!

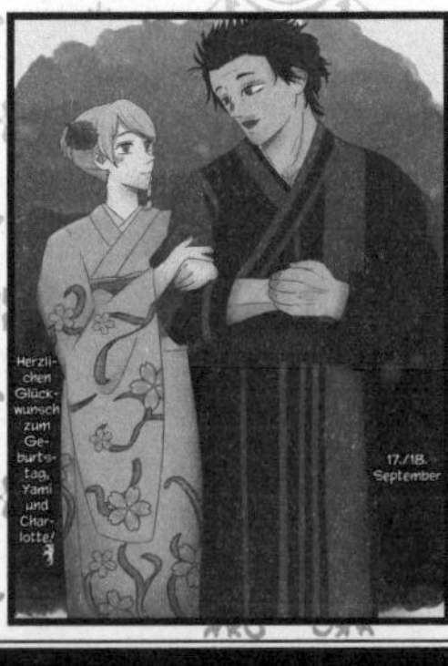

Luna aus Deutschland

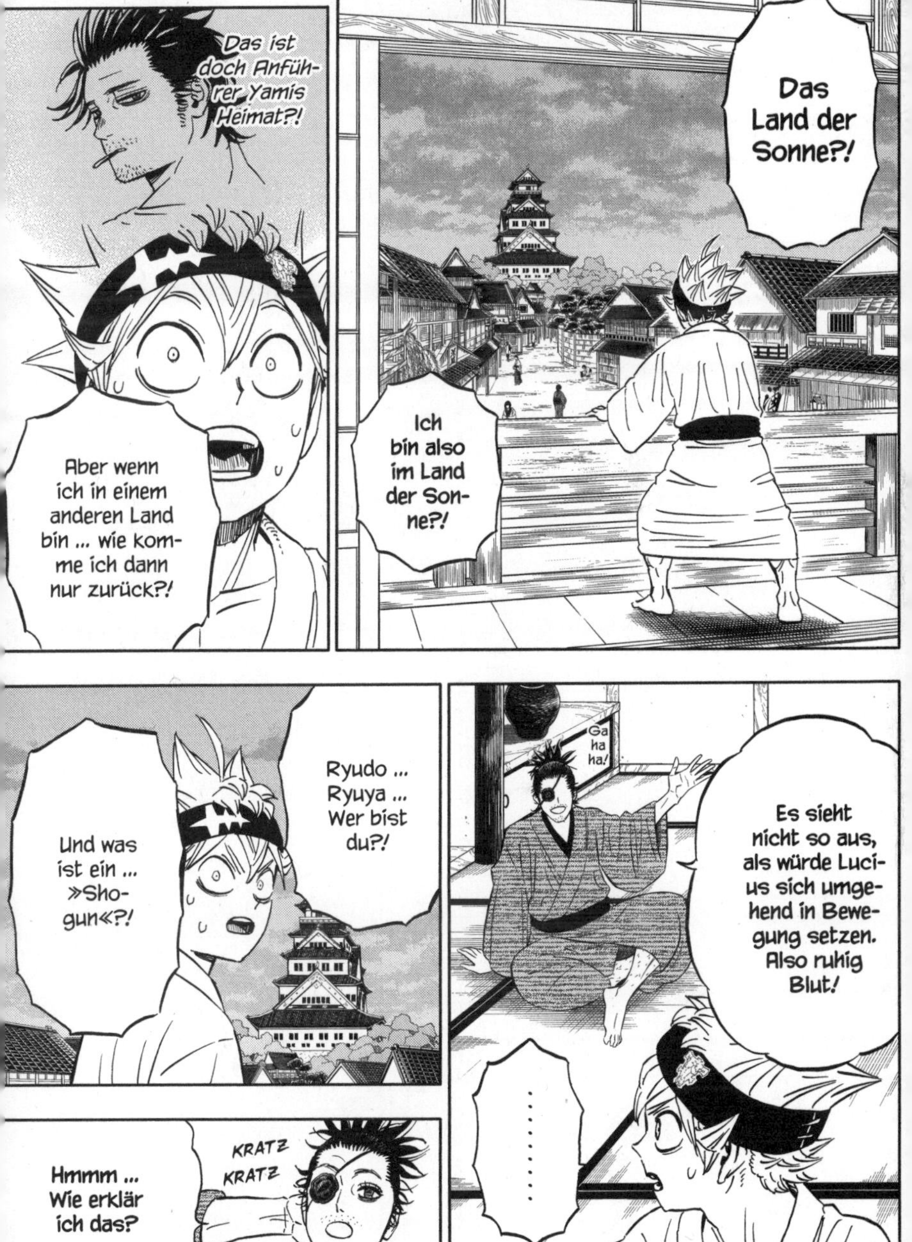

PAGE 338 ✿ SPANNUNGEN AUF DEM WEG DURCH EIN FREMDES LAND

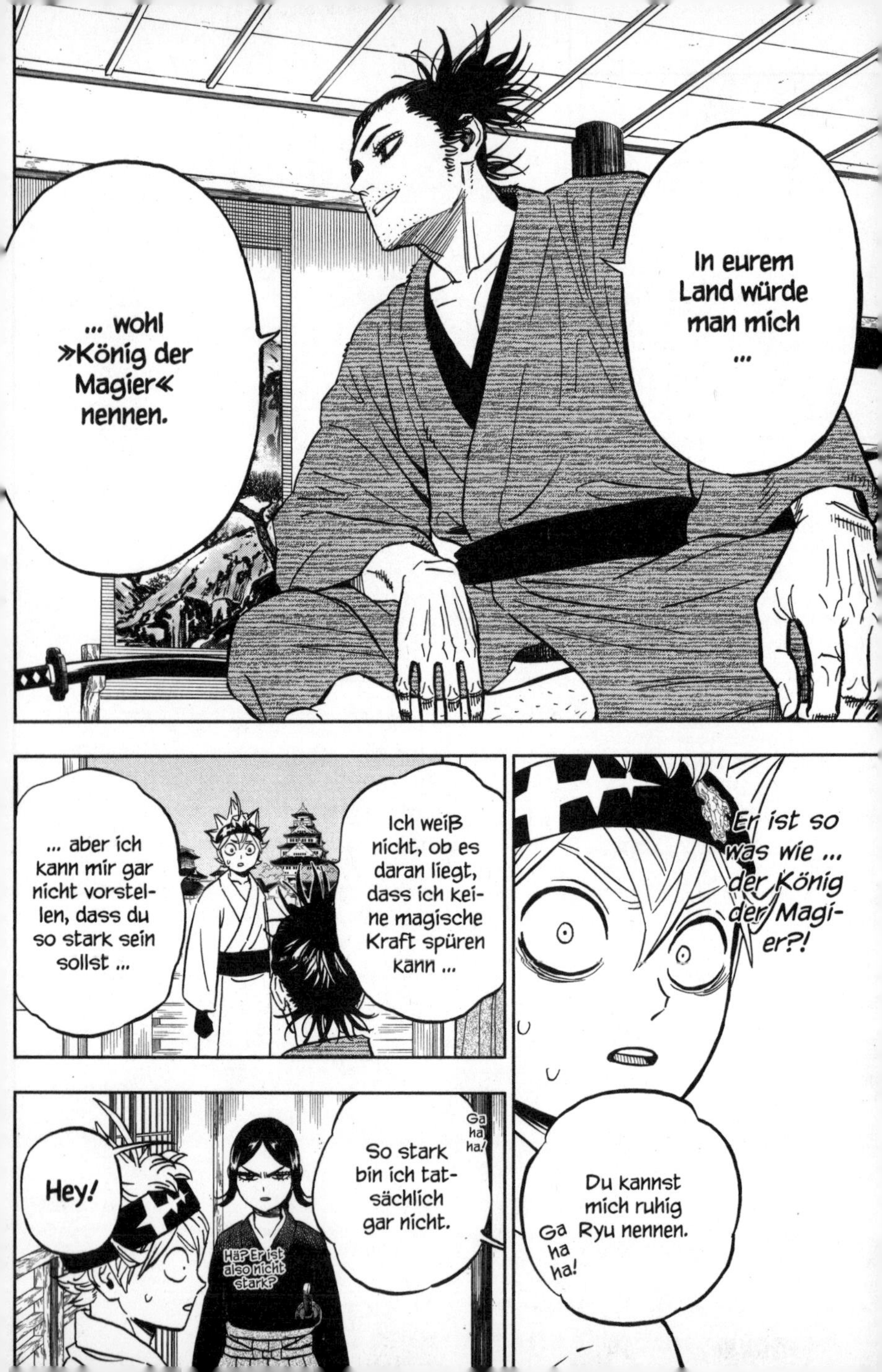
In eurem Land würde man mich ...
... wohl »König der Magier« nennen.
Er ist so was wie ... der König der Magi-er?!
Du kannst mich ruhig Ryu nennen.
Ga ha ha!
Ich weiß nicht, ob es daran liegt, dass ich kei-ne magische Kraft spüren kann ...
... aber ich kann mir gar nicht vorstel-len, dass du so stark sein sollst ...
So stark bin ich tat-sächlich gar nicht.
Ga ha ha!
Hey!
Hä? Er ist also nicht stark?

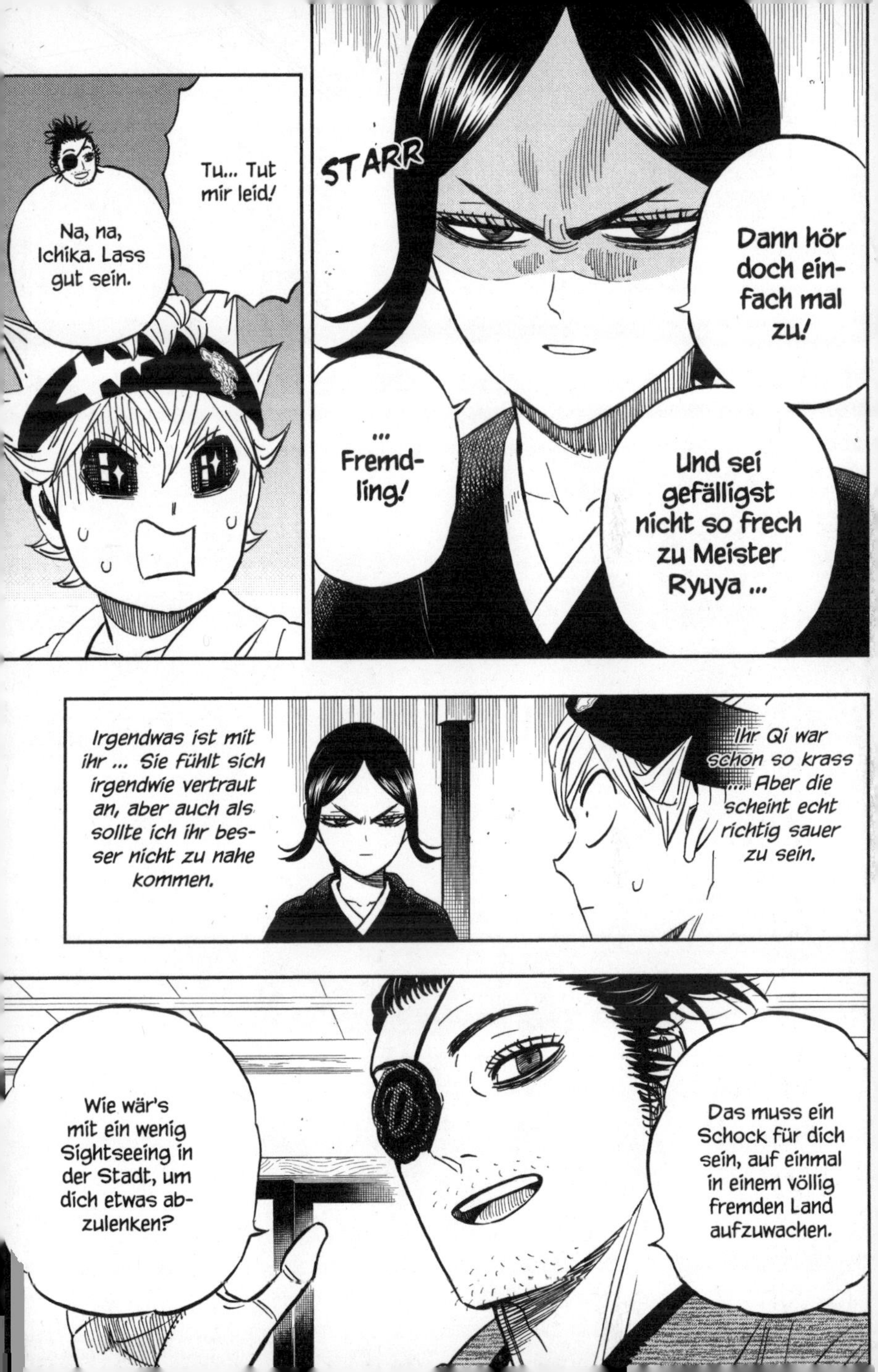
STARR
Dann hör doch einfach mal zu!
Und sei gefälligst nicht so frech zu Meister Ryuya ...
... Fremdling!
Tu... Tut mir leid!
Na, na, Ichika. Lass gut sein.
Ihr Qi war schon so krass ... Aber die scheint echt richtig sauer zu sein.
Irgendwas ist mit ihr ... Sie fühlt sich irgendwie vertraut an, aber auch als sollte ich ihr besser nicht zu nahe kommen.
Das muss ein Schock für dich sein, auf einmal in einem völlig fremden Land aufzuwachen.
Wie wär's mit ein wenig Sightseeing in der Stadt, um dich etwas abzulenken?

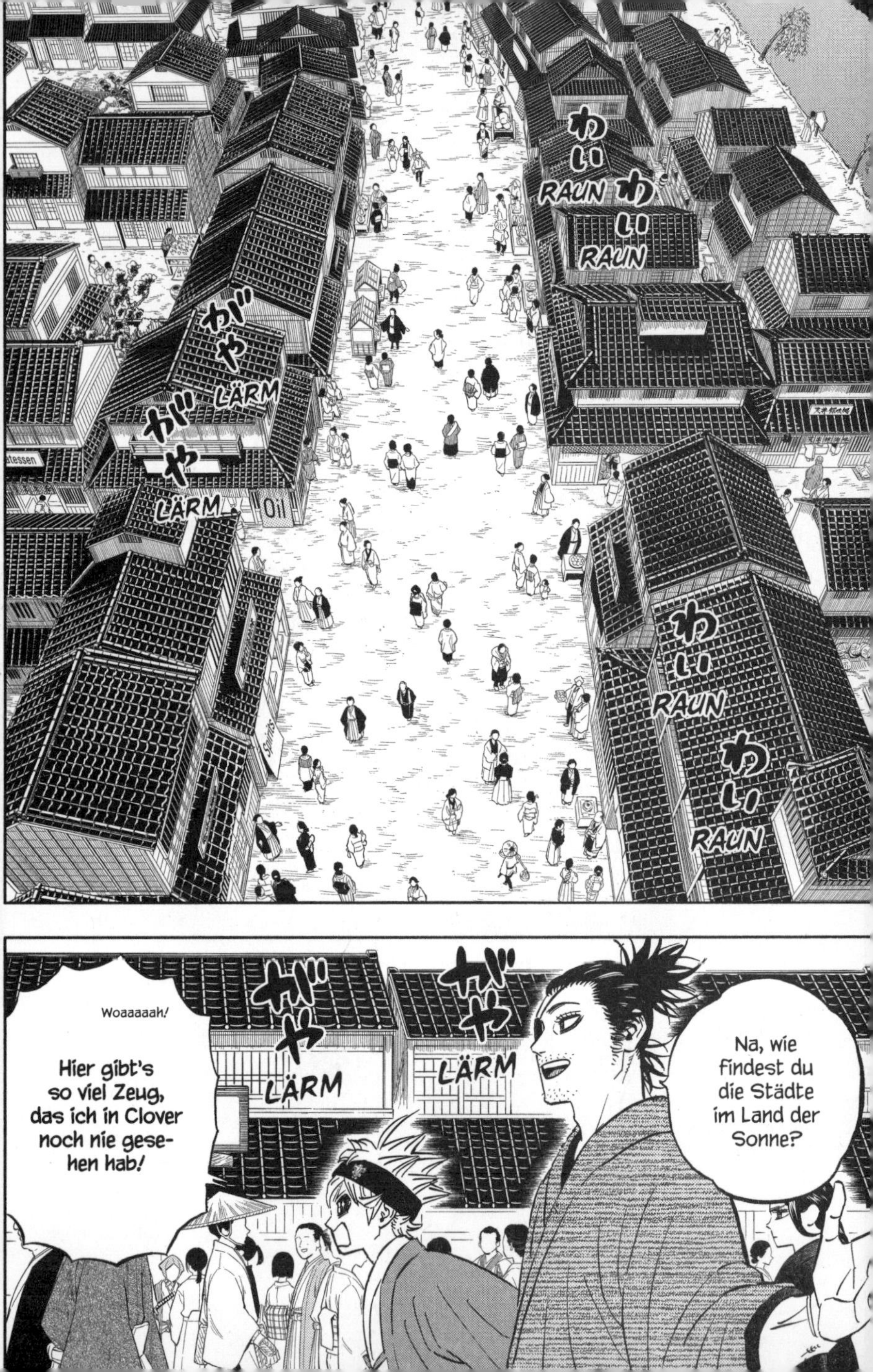

わい RAUN
わい RAUN
わい RAUN
わい RAUN
がや LÄRM
がや LÄRM
Oil
Na, wie findest du die Städte im Land der Sonne?
がや LÄRM
がや LÄRM
Woaaaaah!
Hier gibt's so viel Zeug, das ich in Clover noch nie gesehen hab!

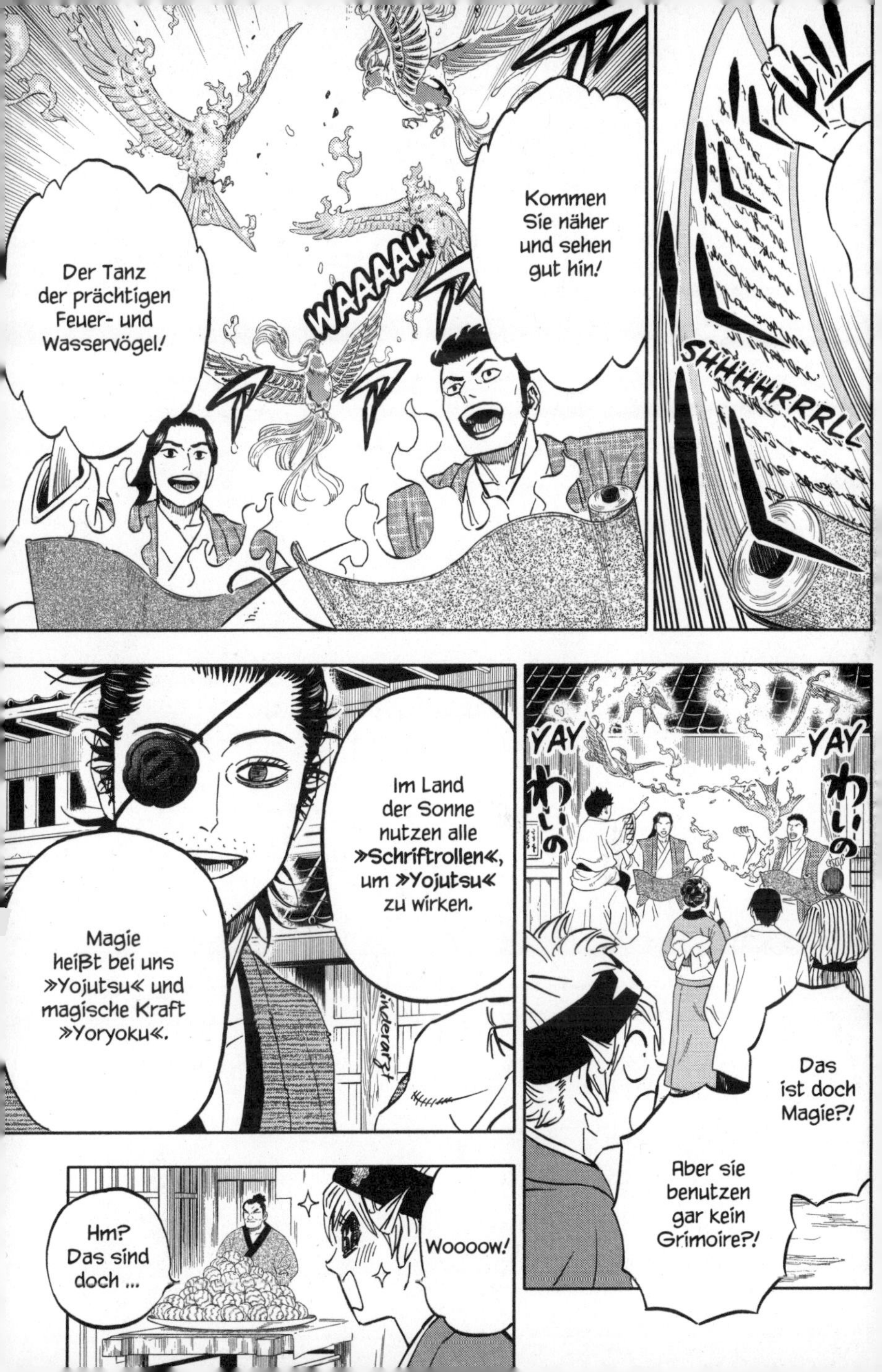
SHHHHRRRLL
Kommen Sie näher und sehen gut hin!
WAAAAH
Der Tanz der prächtigen Feuer- und Wasservögel!
YAY
わいの
YAY
わいの
Das ist doch Magie?!
Aber sie benutzen gar kein Grimoire?!
Im Land der Sonne nutzen alle »Schriftrollen«, um »Yojutsu« zu wirken.
Magie heißt bei uns »Yojutsu« und magische Kraft »Yoryoku«.
Wooooow!
Hm? Das sind doch ...

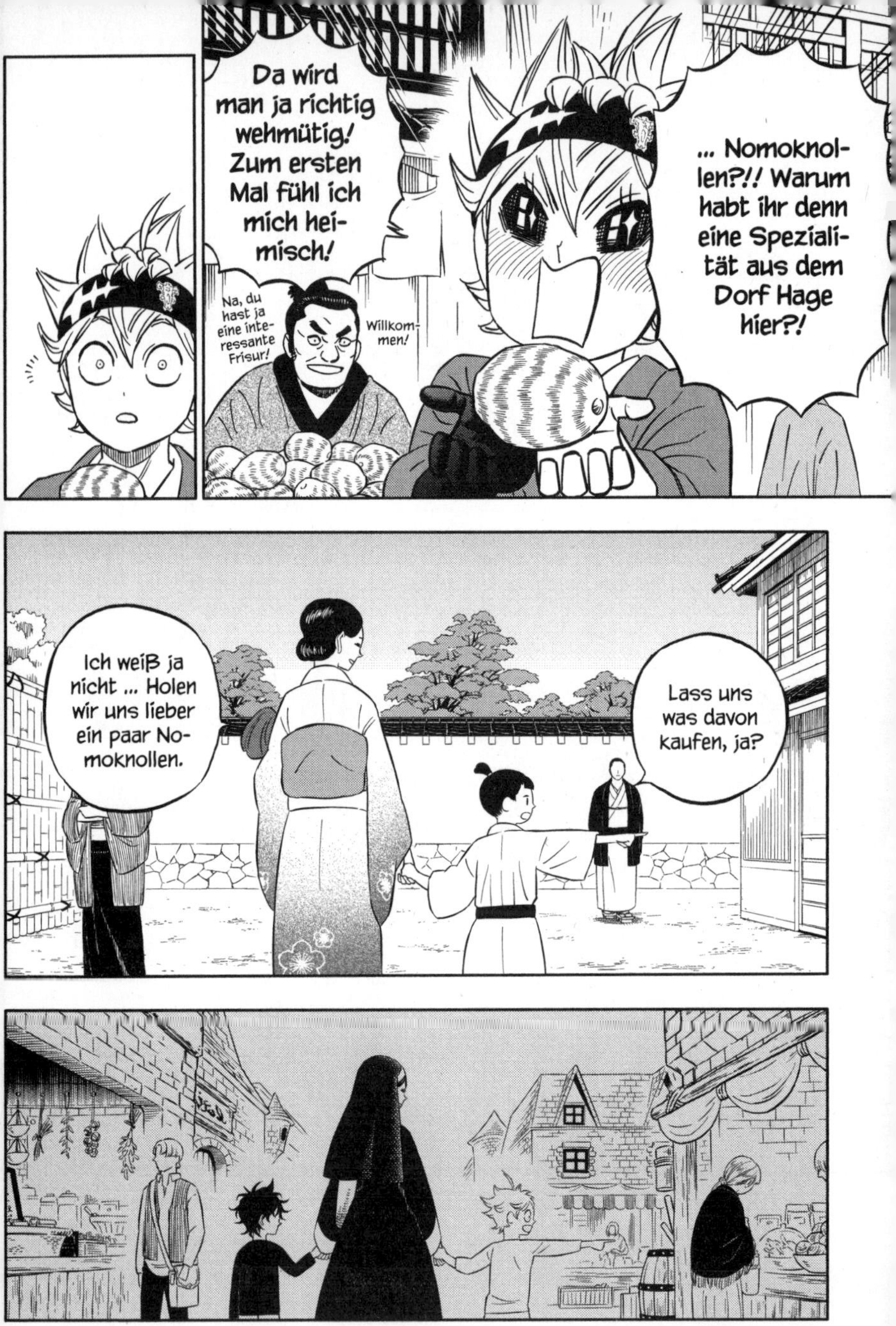
... Nomoknollen?!! Warum habt ihr denn eine Spezialität aus dem Dorf Hage hier?!
Da wird man ja richtig wehmütig! Zum ersten Mal fühl ich mich heimisch!
Willkommen!
Na, du hast ja eine interessante Frisur!
Lass uns was davon kaufen, ja?
Ich weiß ja nicht ... Holen wir uns lieber ein paar Nomoknollen.

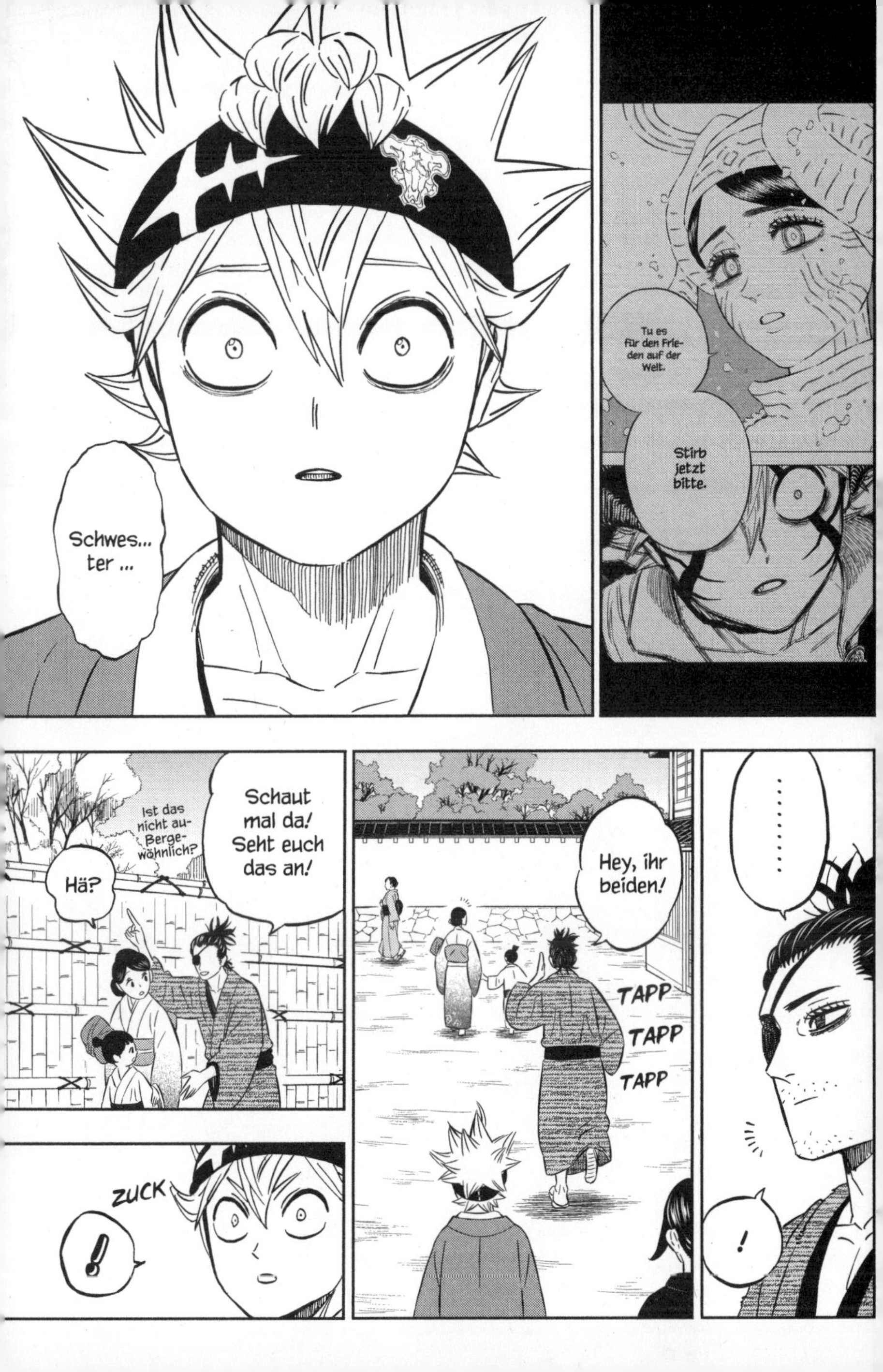

Tu es für den Frieden auf der Welt.
Stirb jetzt bitte.
Schwes... ter ...
......
!
Hey, ihr beiden!
TAPP
TAPP
TAPP
Schaut mal da! Seht euch das an!
Hä?
Ist das nicht außergewöhnlich?
ZUCK
!

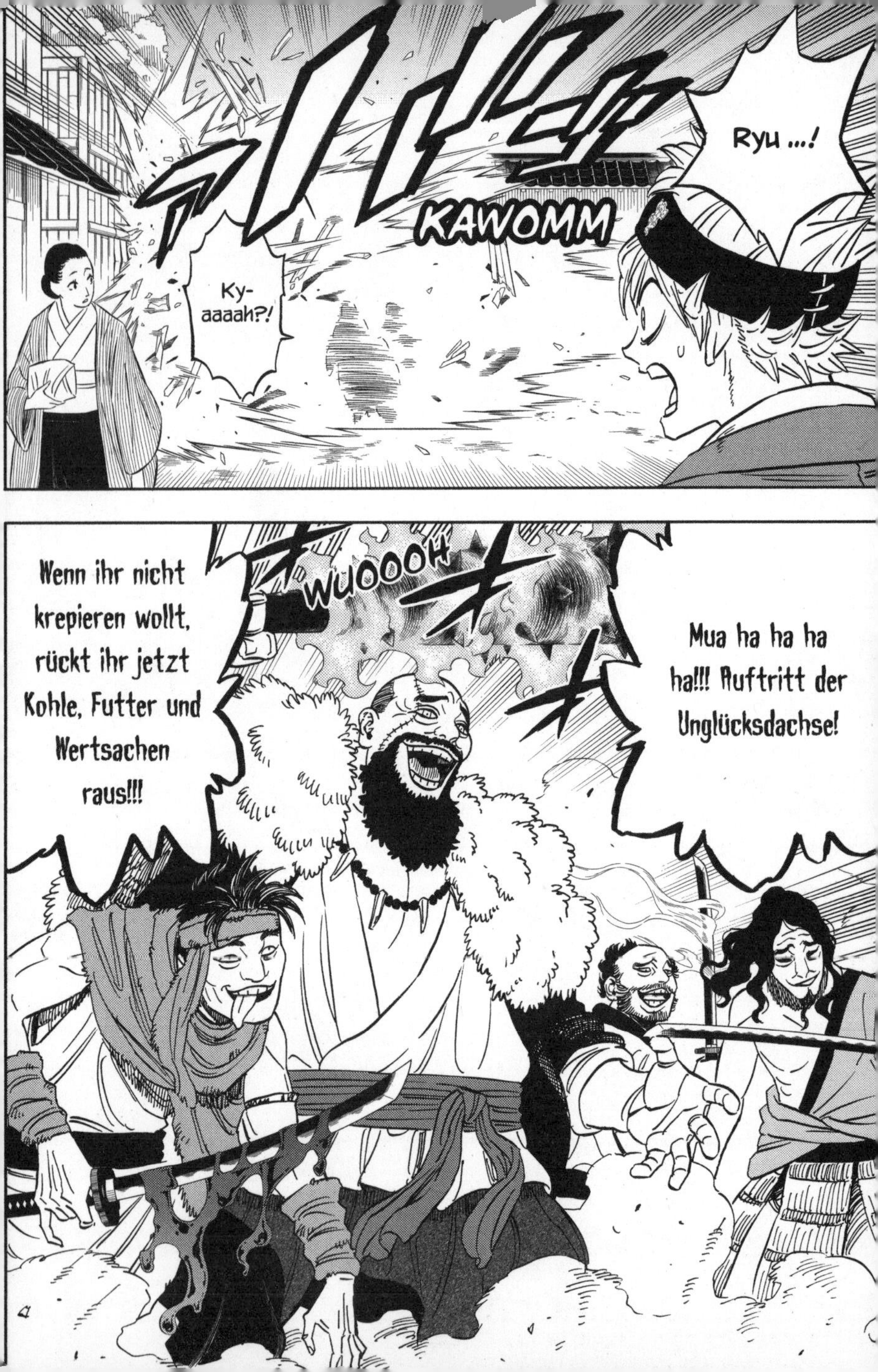
Ryu ...!
KAWOMM
Ky-
aaaah?!
WUOOOH
Mua ha ha ha
ha!!! Auftritt der
Unglücksdachse!
Wenn ihr nicht
krepieren wollt,
rückt ihr jetzt
Kohle, Futter und
Wertsachen
raus!!!

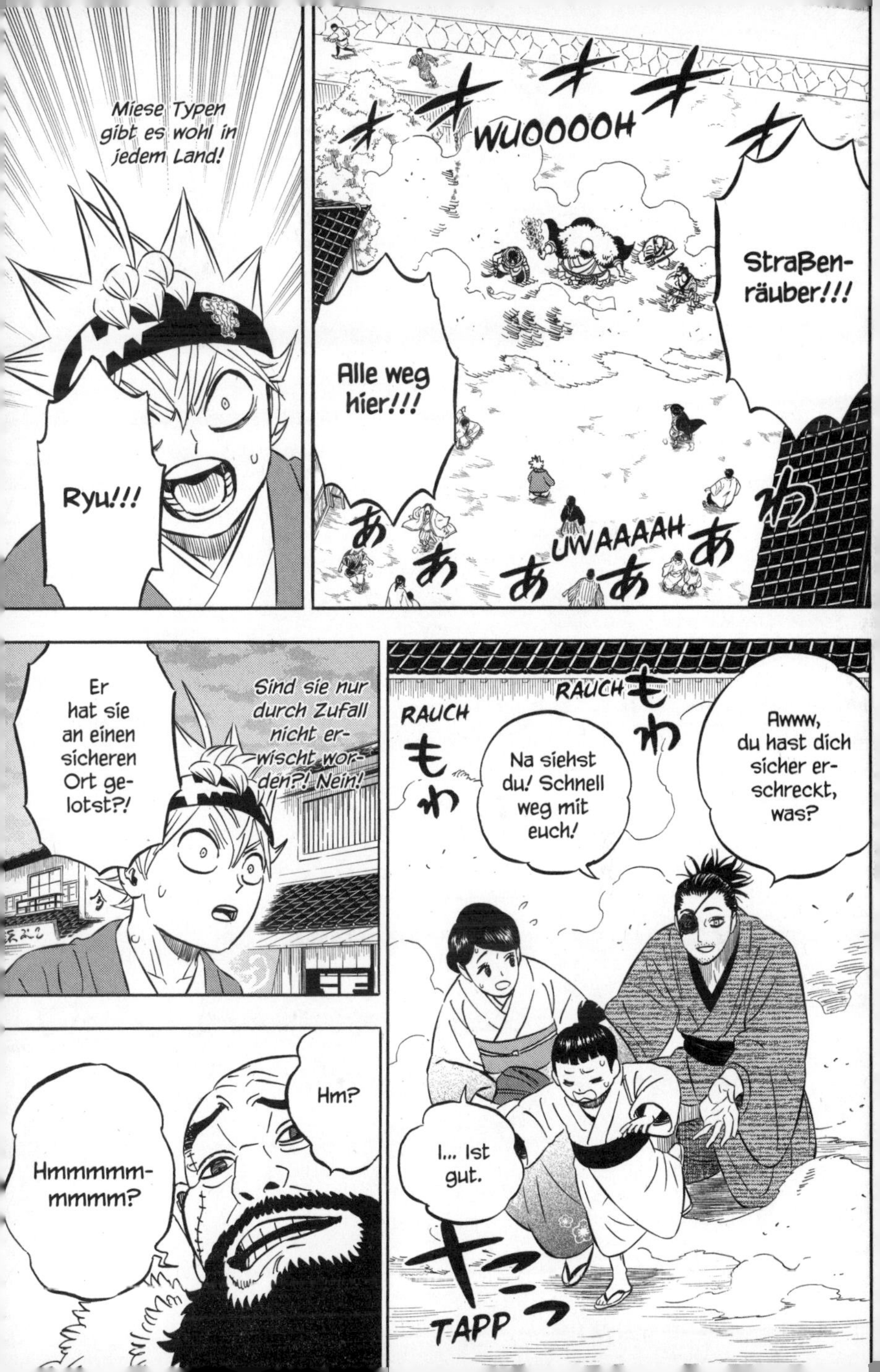
WUOOOOH
Straßen-räuber!!!
Alle weg hier!!!
UWAAAAH
Miese Typen gibt es wohl in jedem Land!
Ryu!!!
RAUCH
RAUCH
Awww, du hast dich sicher er-schreckt, was?
Na siehst du! Schnell weg mit euch!
I... Ist gut.
TAPP
Sind sie nur durch Zufall nicht er-wischt wor-den?! Nein!
Er hat sie an einen sicheren Ort ge-lotst?!
Hm?
Hmmmmm-mmmm?

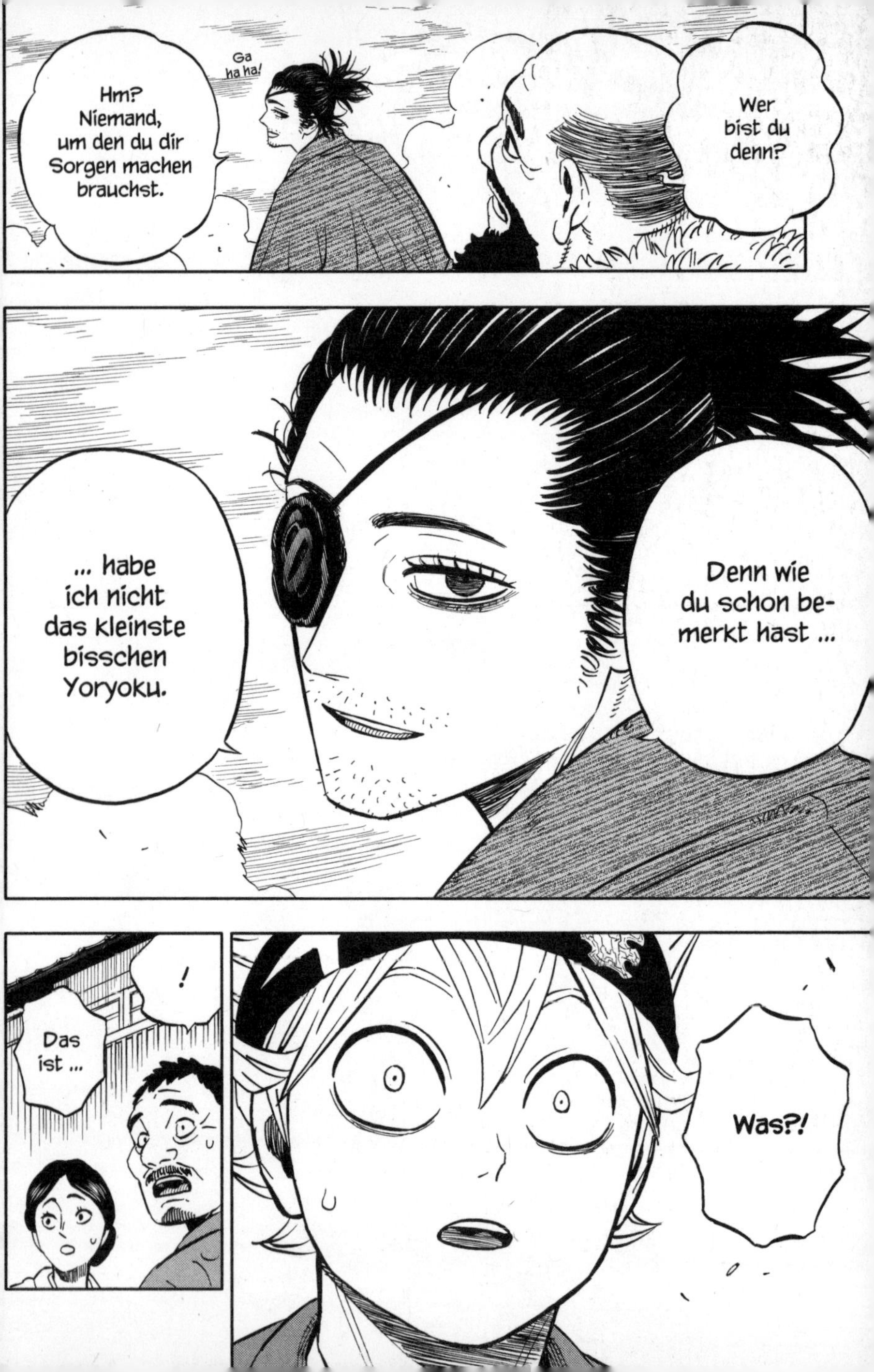
Wer bist du denn?
Ga ha ha!
Hm? Niemand, um den du dir Sorgen machen brauchst.
Denn wie du schon bemerkt hast ...
... habe ich nicht das kleinste bisschen Yoryoku.
Was?!
!
Das ist ...

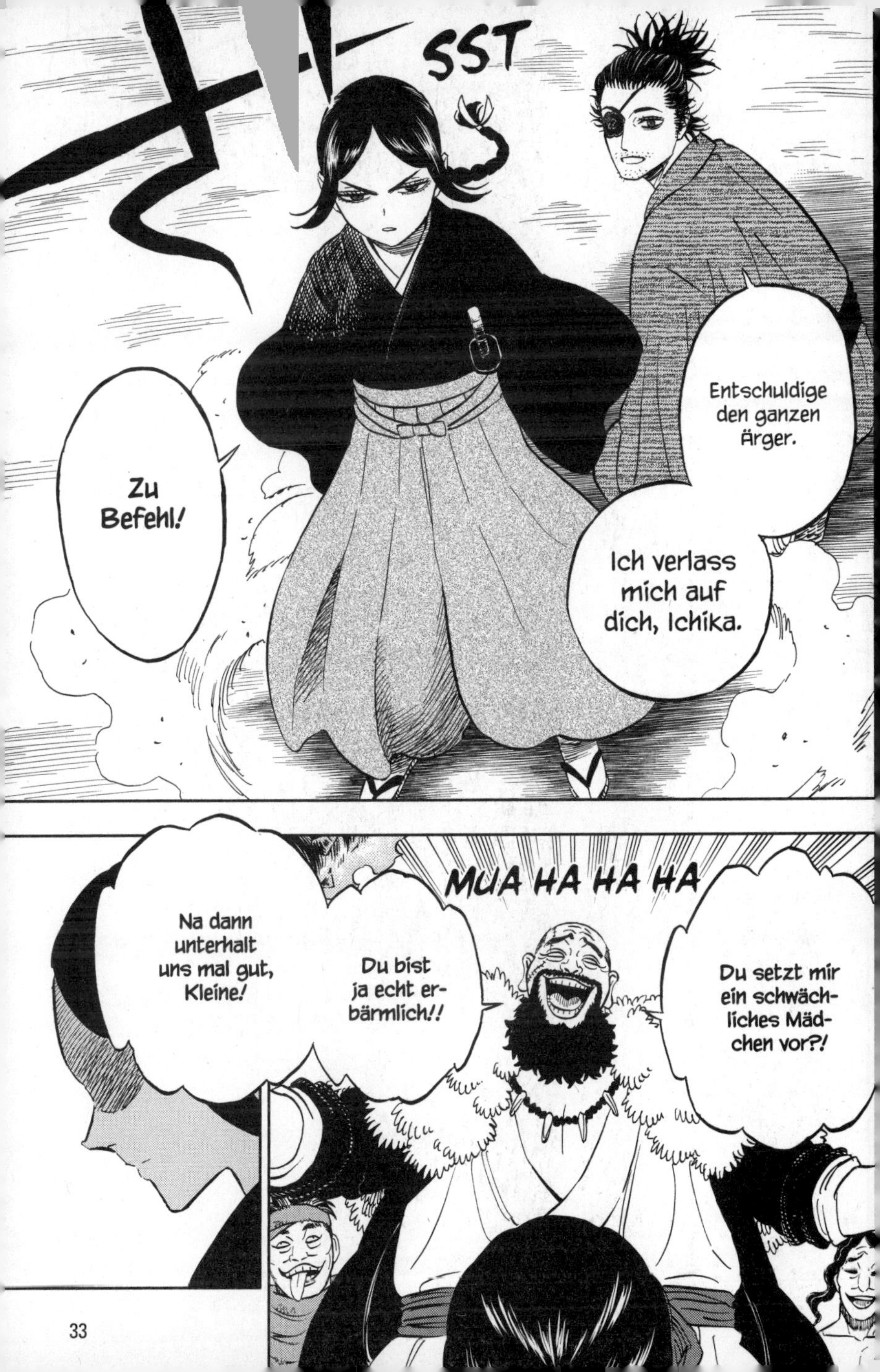
SST
Entschuldige den ganzen Ärger.
Ich verlass mich auf dich, Ichika.
Zu Befehl!
MUA HA HA HA
Du setzt mir ein schwäch-liches Mäd-chen vor?!
Du bist ja echt er-bärmlich!!
Na dann unterhalt uns mal gut, Kleine!

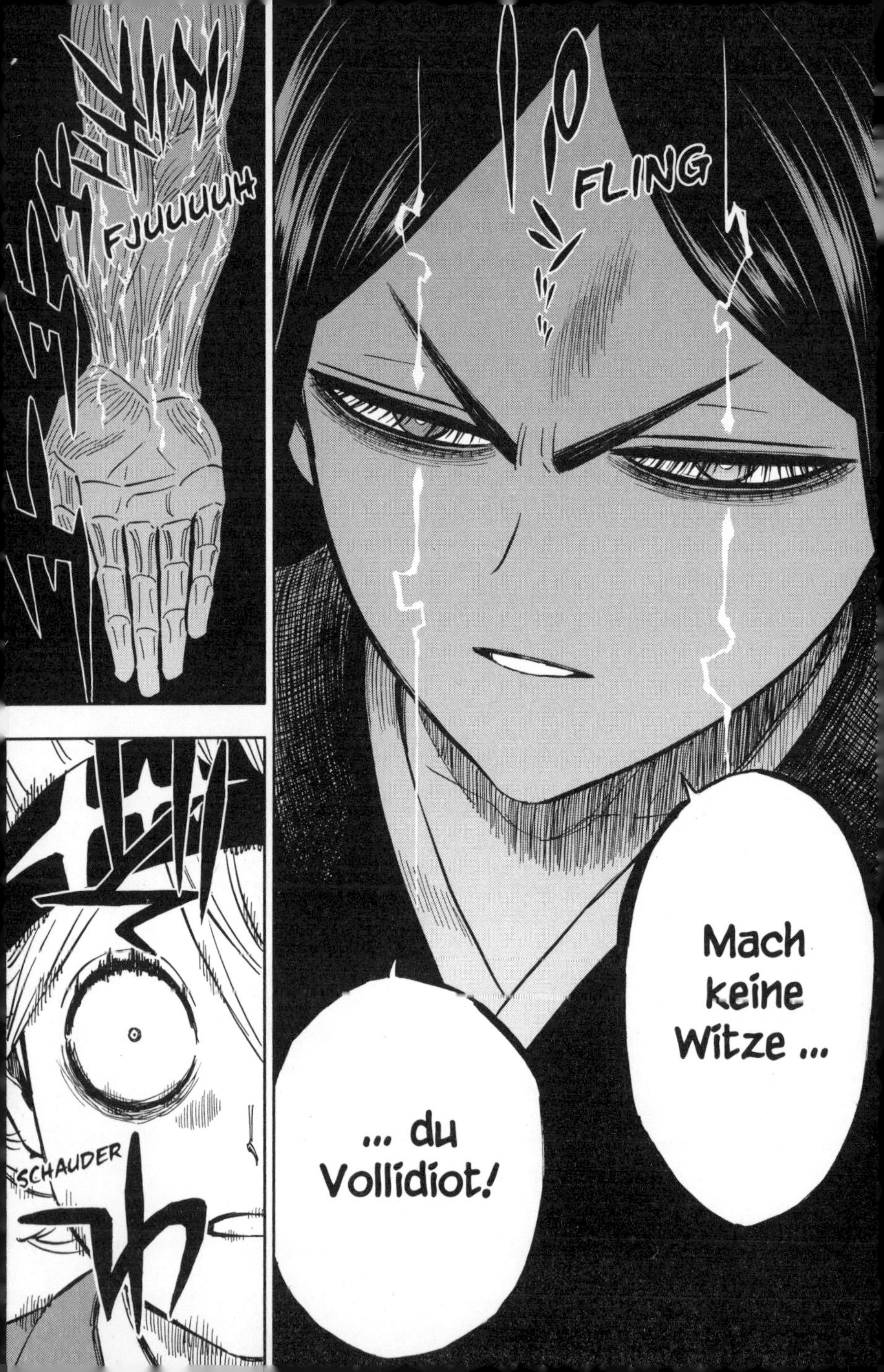
FLING
Mach keine Witze ...
... du Vollidiot!
FJUUUUH
SCHAUDER

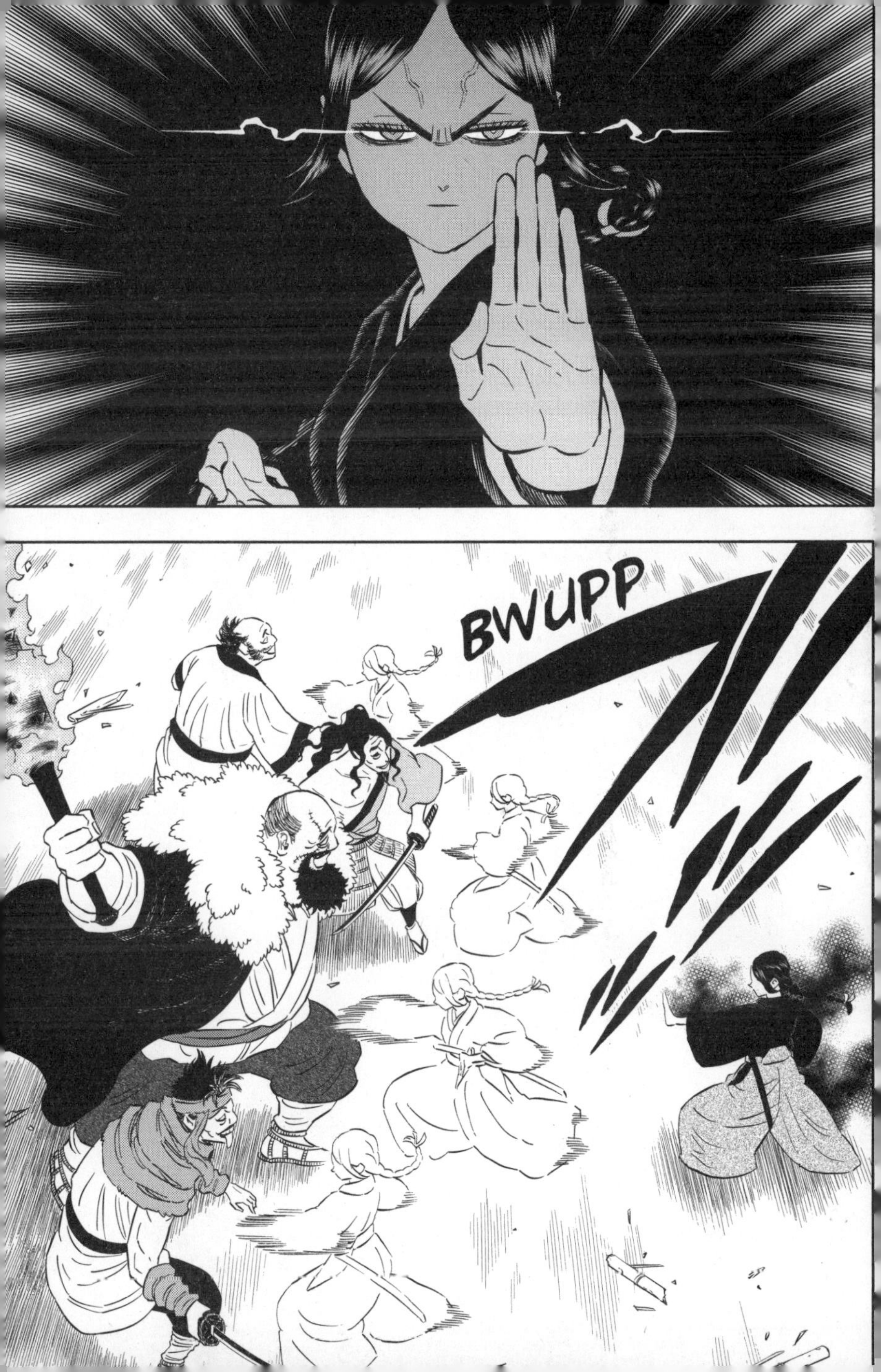
BWUPP

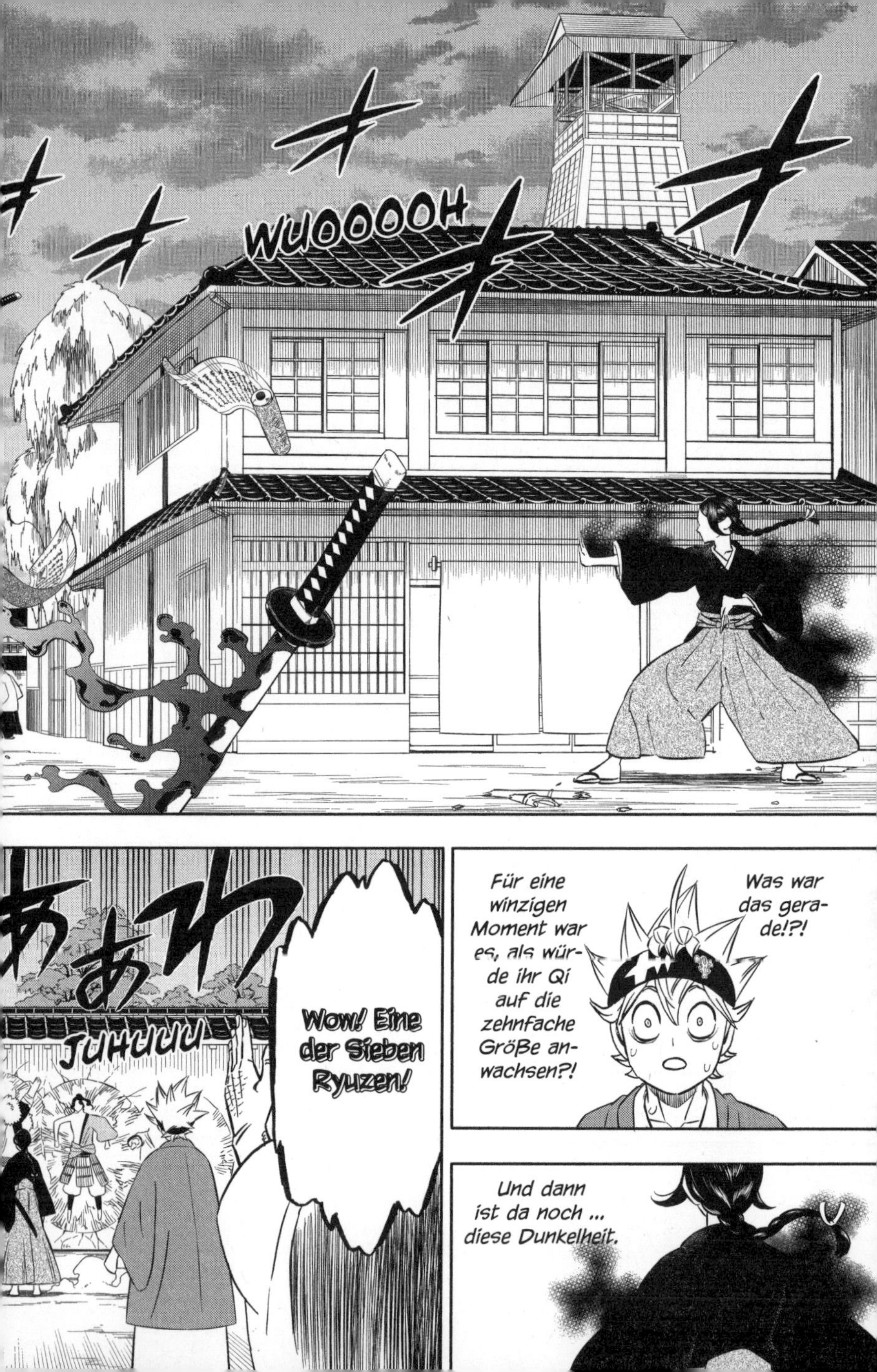
WUOOOOH
Wow! Eine der Sieben Ryuzen!
JUHUUU
あああ
Was war das gerade!?!
Für eine winzigen Moment war es, als würde ihr Qi auf die zehnfache Größe anwachsen?!
Und dann ist da noch ... diese Dunkelheit.

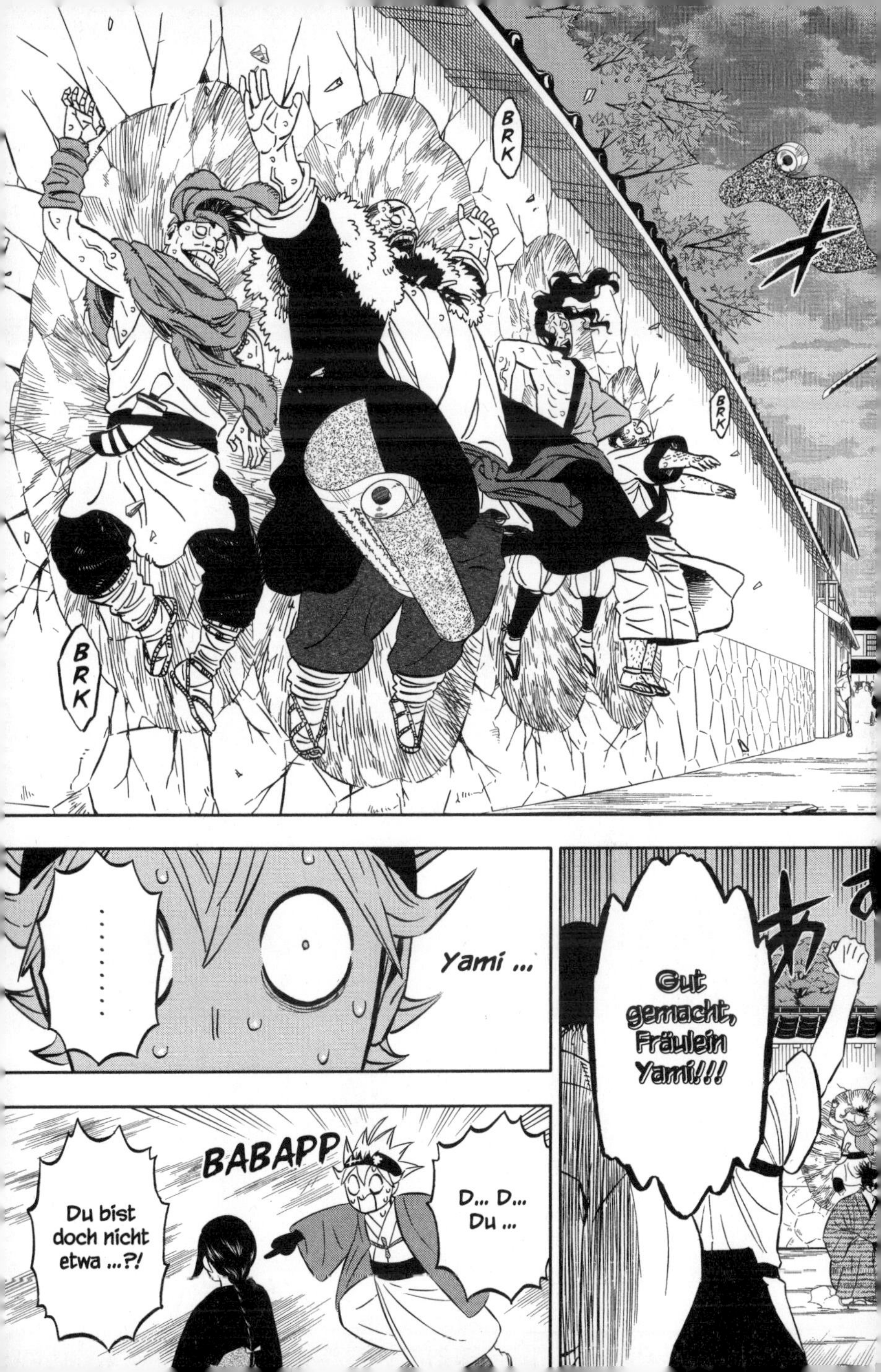
BRK
BRK
BRK
Gut gemacht, Fräulein Yami!!!
Yami ...
......
D... D... Du ...
BABAPP
Du bist doch nicht etwa ...?!

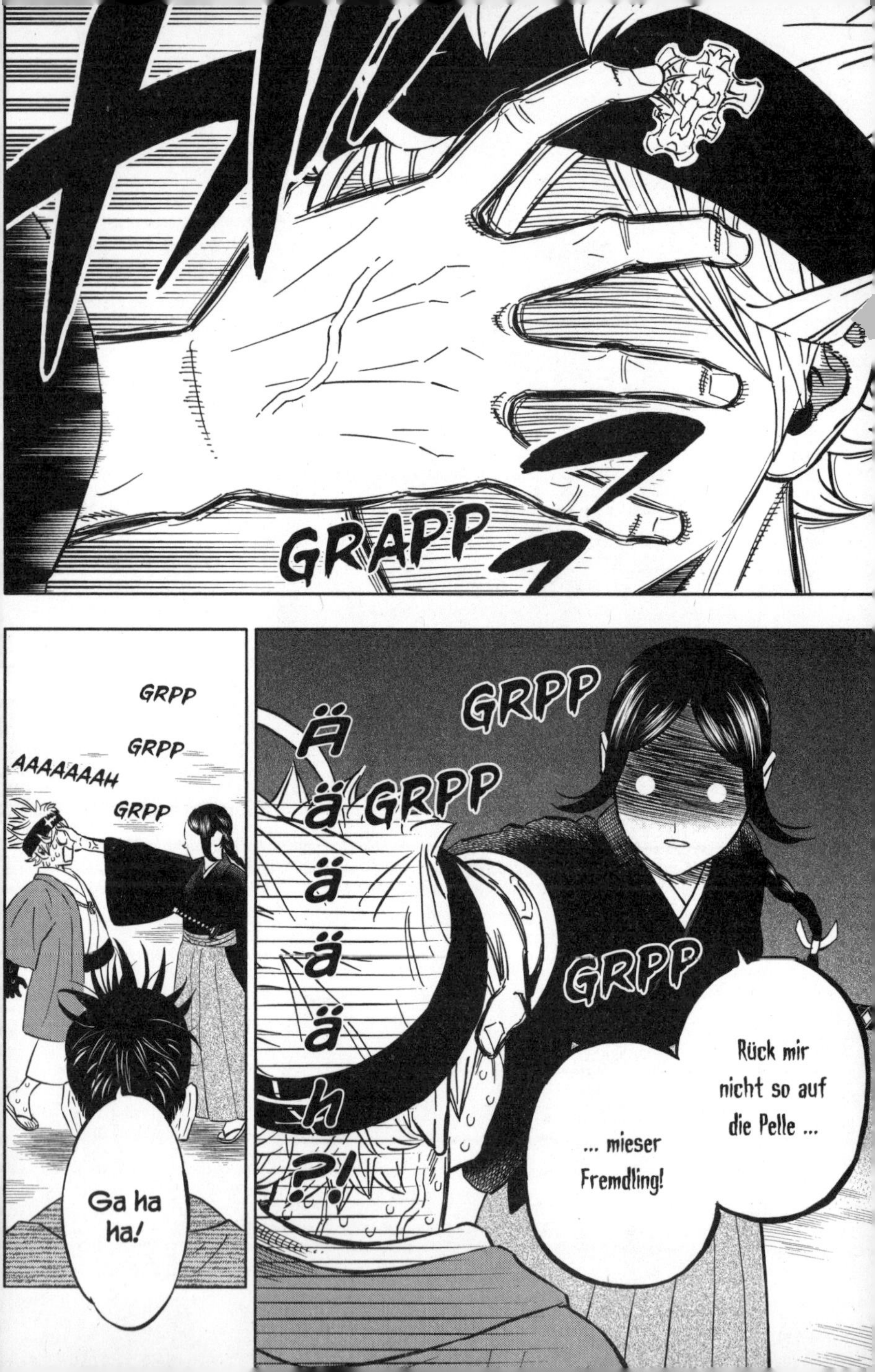
GRAPP
GRPP
GRPP
Ä ä ä ä ä h ?!
GRPP
Rück mir nicht so auf die Pelle ...
... mieser Fremdling!
GRPP
GRPP
AAAAAAAH
GRPP
Ga ha ha!

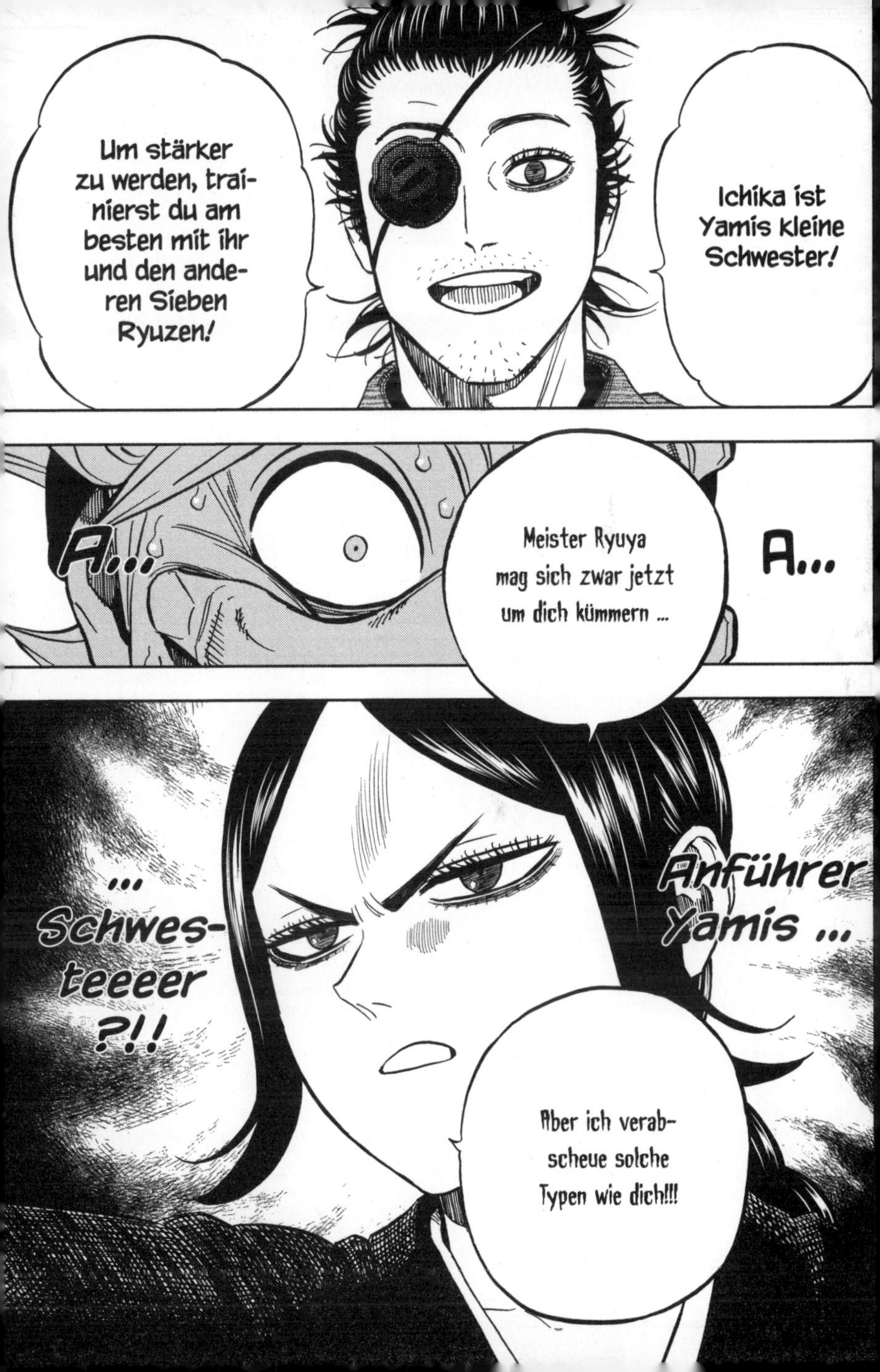
Ichika ist Yamis kleine Schwester!
Um stärker zu werden, trainierst du am besten mit ihr und den anderen Sieben Ryuzen!
A...
Meister Ryuya mag sich zwar jetzt um dich kümmern ...
A...
Anführer Yamis ...
... Schwesteeeeer?!!
Aber ich verabscheue solche Typen wie dich!!!

DER SCHWARZ-WEISSE BILDERORDEN NR. 2

Luck liebt es einfach, mit anderen zu kämpfen!

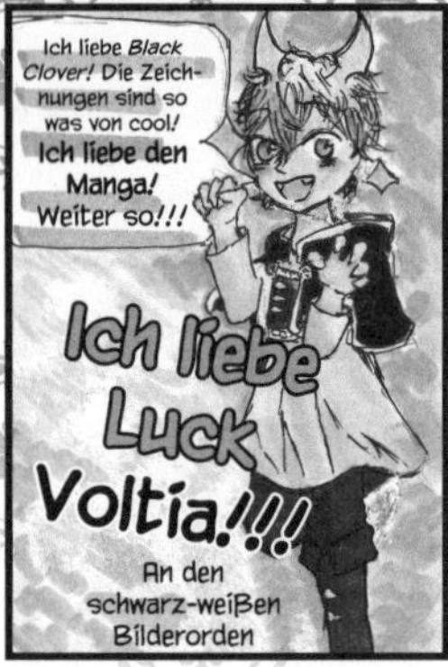

Peeerry aus Kanagawa

Noelle im Bikini. Bald ist wieder Sommer in Clover!

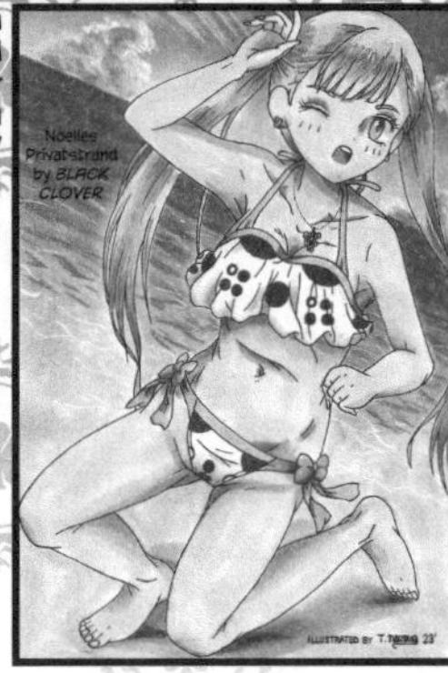

Takashi Nozawa aus Hokkaido

Yumepii aus Nagasaki

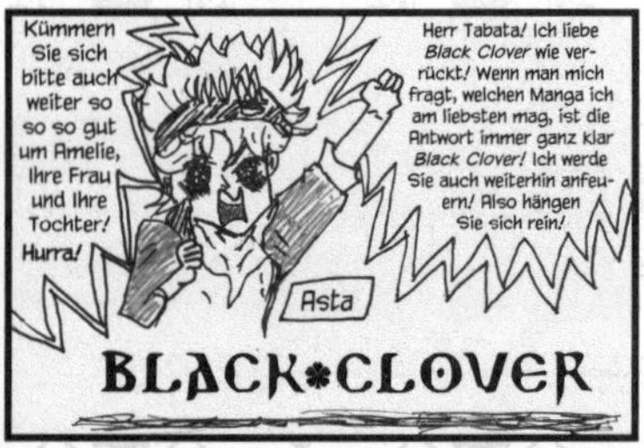

Vielen Dank für deine Anfeuerungsmagie! Ich gebe mein Bestes!

Zahnpasta aus Nagasaki

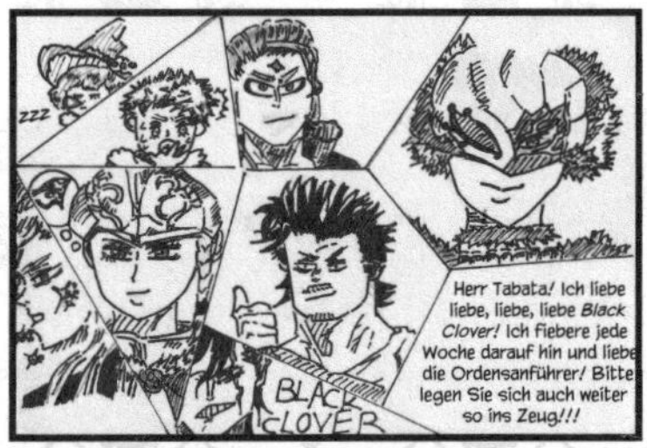

Die verlässlichen Ordensanführer, die das Königreich Clover beschützen!

AUFGEPASST!

✤ Liebe Leser, auch im nächsten Band wird es einen Bereich mit Illustrationen geben. Ich präsentiere wieder Fanarts zu *Black Clover!*

Danke für eure Unterstützung!

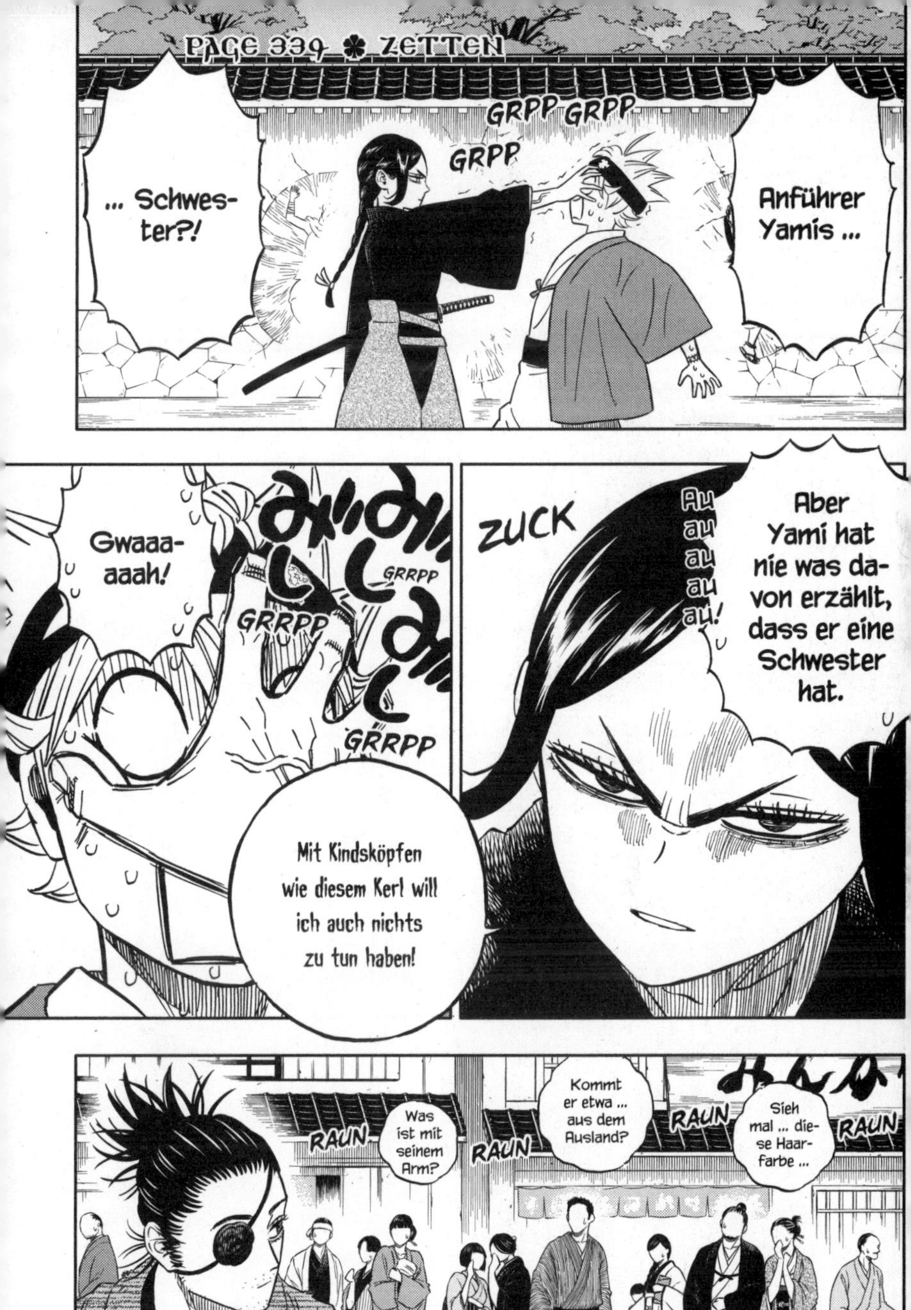
PAGE 339 ✿ ZETTEN
Anführer Yamis ...
GRPP GRPP
GRPP
... Schwester?!
Aber Yami hat nie was davon erzählt, dass er eine Schwester hat.
Au au au au au!
ZUCK
Gwaaa-aaah!
GRRPP
GRRPP
GRRPP
Mit Kindsköpfen wie diesem Kerl will ich auch nichts zu tun haben!
RAUN
Sieh mal ... diese Haarfarbe ...
RAUN
Kommt er etwa ... aus dem Ausland?
RAUN
Was ist mit seinem Arm?
RAUN

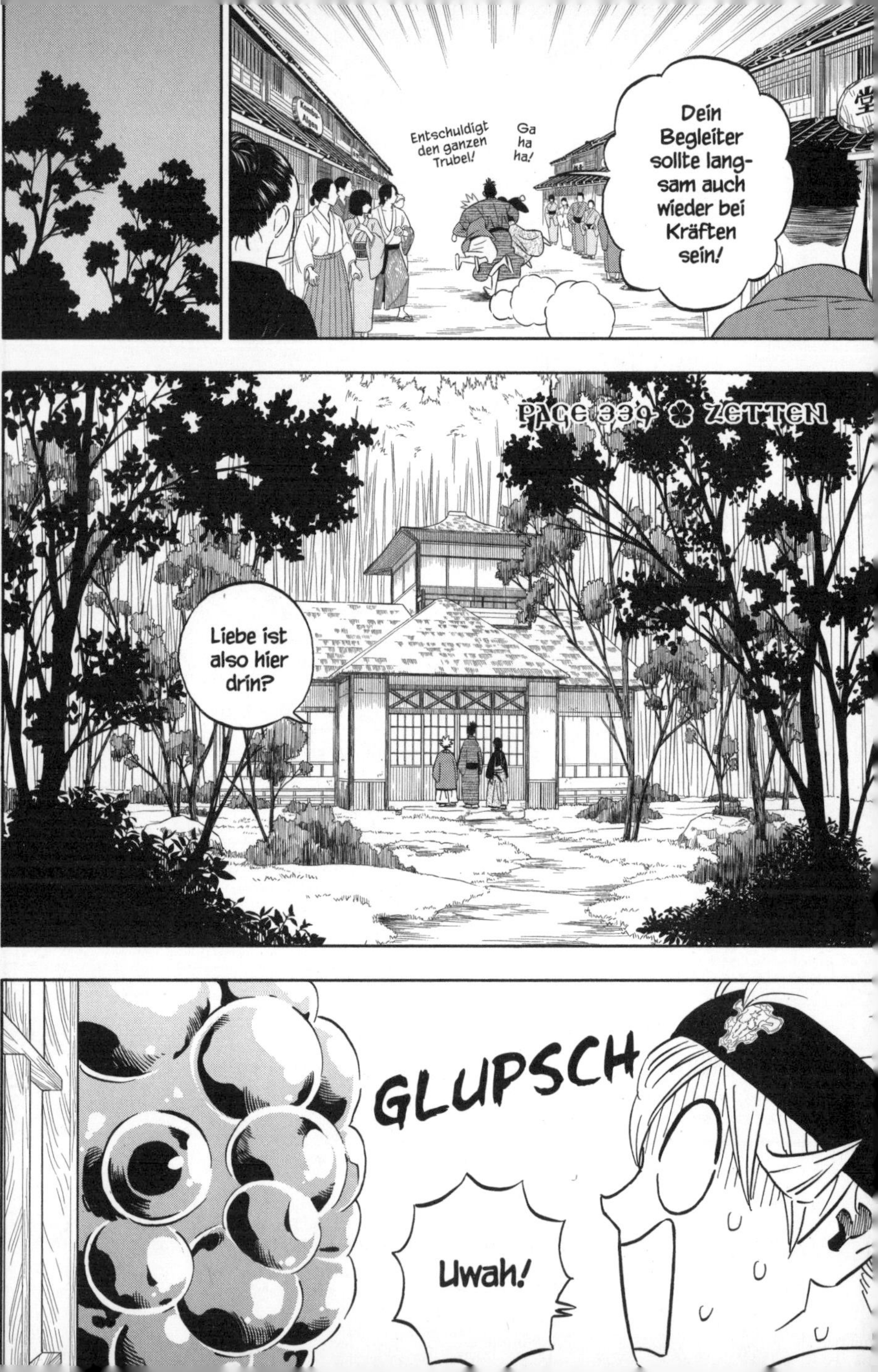
Dein Begleiter sollte langsam auch wieder bei Kräften sein!
Ga ha ha!
Entschuldigt den ganzen Trubel!
Kombu-Algen
PAGE 339 ✿ ZETTEN
Liebe ist also hier drin?
GLUPSCH
Uwah!

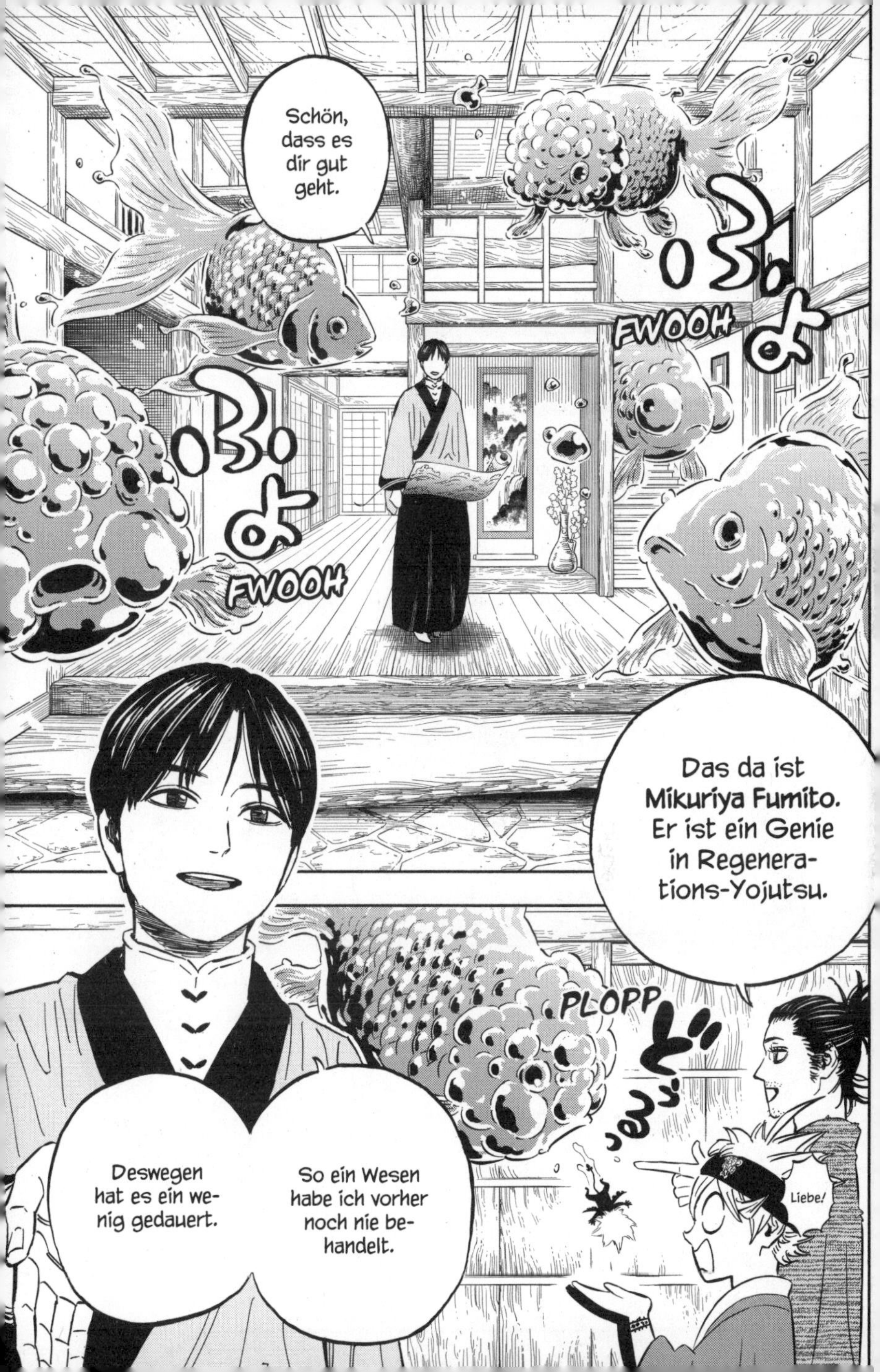
Schön, dass es dir gut geht.
FWOOH
FWOOH
Das da ist Mikuriya Fumito. Er ist ein Genie in Regenerations-Yojutsu.
PLOPP
Liebe!
So ein Wesen habe ich vorher noch nie behandelt.
Deswegen hat es ein wenig gedauert.

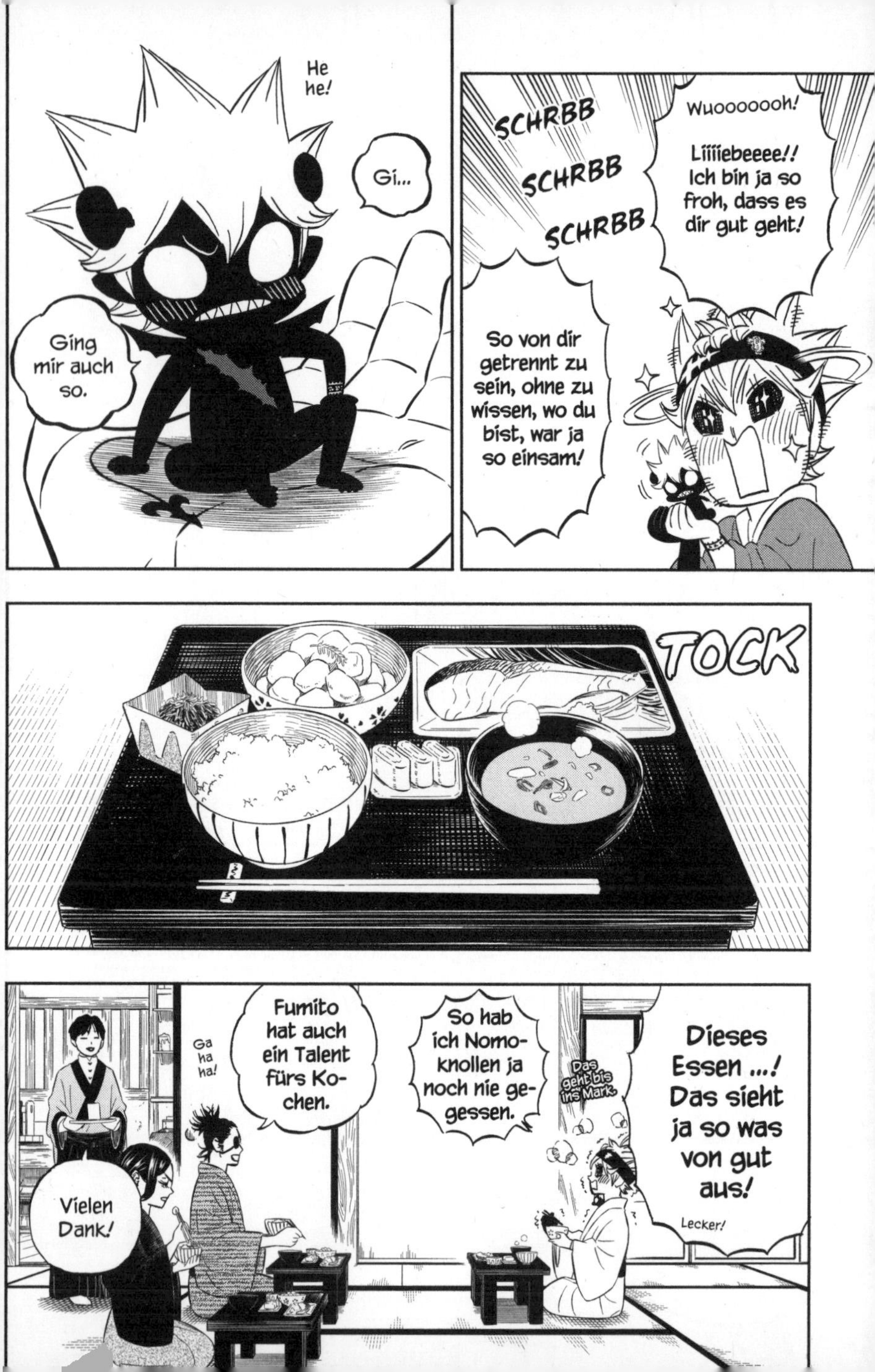
Wuooooooh!
Liiiiebeeee!! Ich bin ja so froh, dass es dir gut geht!
SCHRBB
SCHRBB
SCHRBB
So von dir getrennt zu sein, ohne zu wissen, wo du bist, war ja so einsam!
He he!
Gi...
Ging mir auch so.
TOCK
Dieses Essen ...! Das sieht ja so was von gut aus!
Lecker!
Das geht bis ins Mark.
So hab ich Nomoknollen ja noch nie gegessen.
Fumito hat auch ein Talent fürs Kochen.
Ga ha ha!
Vielen Dank!

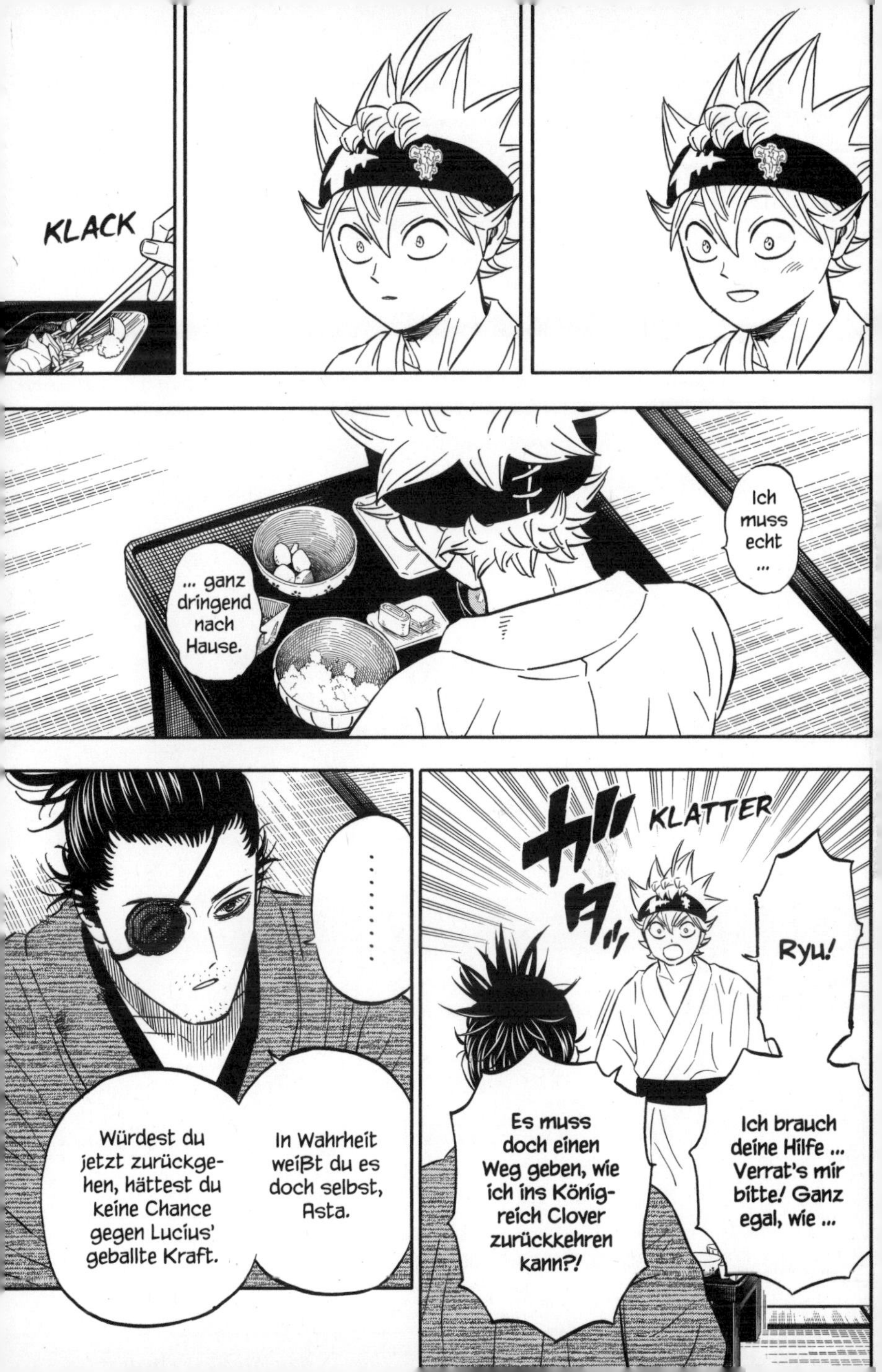
KLACK
Ich muss echt ...
... ganz dringend nach Hause.
KLATTER
Ryu!
Ich brauch deine Hilfe ... Verrat's mir bitte! Ganz egal, wie ...
Es muss doch einen Weg geben, wie ich ins König-reich Clover zurückkehren kann?!
......
In Wahrheit weißt du es doch selbst, Asta.
Würdest du jetzt zurückge-hen, hättest du keine Chance gegen Lucius' geballte Kraft.

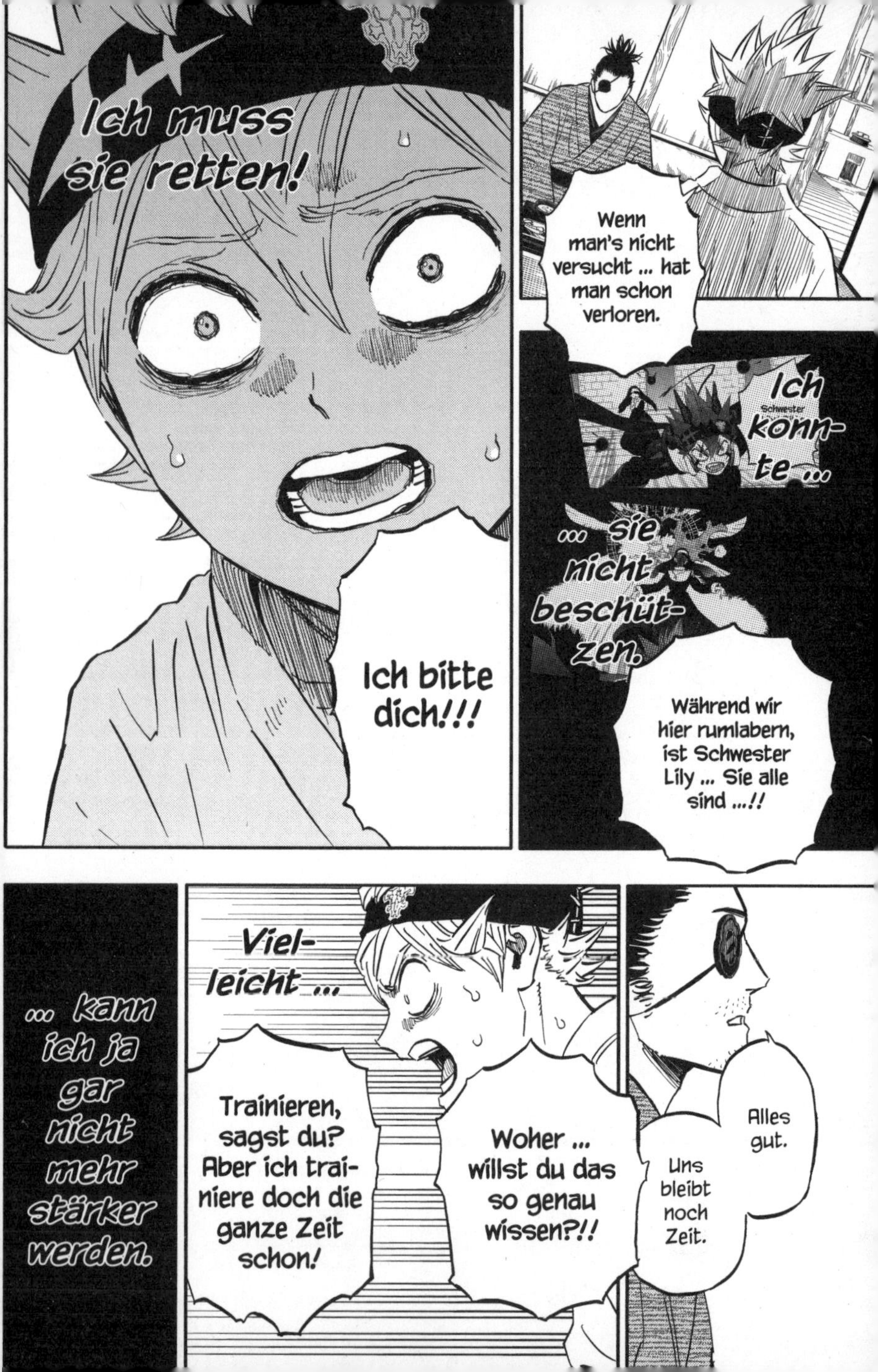
Wenn man's nicht versucht ... hat man schon verloren.
Ich konnte ...
Schwester
... sie nicht beschützen.
Während wir hier rumlabern, ist Schwester Lily ... Sie alle sind ...!!
Ich muss sie retten!
Ich bitte dich!!!
Alles gut.
Uns bleibt noch Zeit.
Woher ... willst du das so genau wissen?!!
Trainieren, sagst du? Aber ich trainiere doch die ganze Zeit schon!
Vielleicht ...
... kann ich ja gar nicht mehr stärker werden.

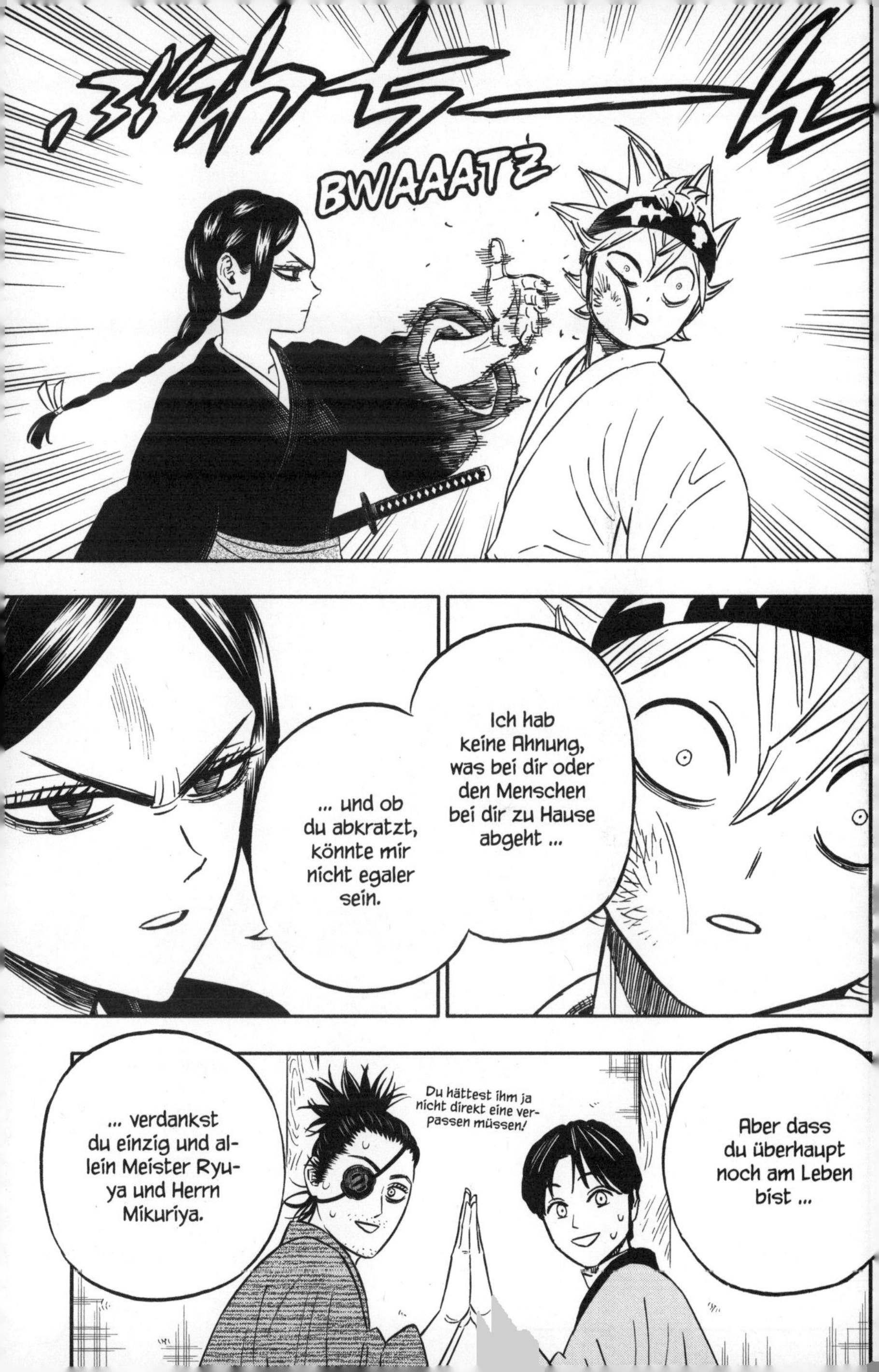
BWAAATZ
Ich hab keine Ahnung, was bei dir oder den Menschen bei dir zu Hause abgeht ...
... und ob du abkratzt, könnte mir nicht egaler sein.
Aber dass du überhaupt noch am Leben bist ...
Du hättest ihm ja nicht direkt eine verpassen müssen!
... verdankst du einzig und allein Meister Ryuya und Herrn Mikuriya.

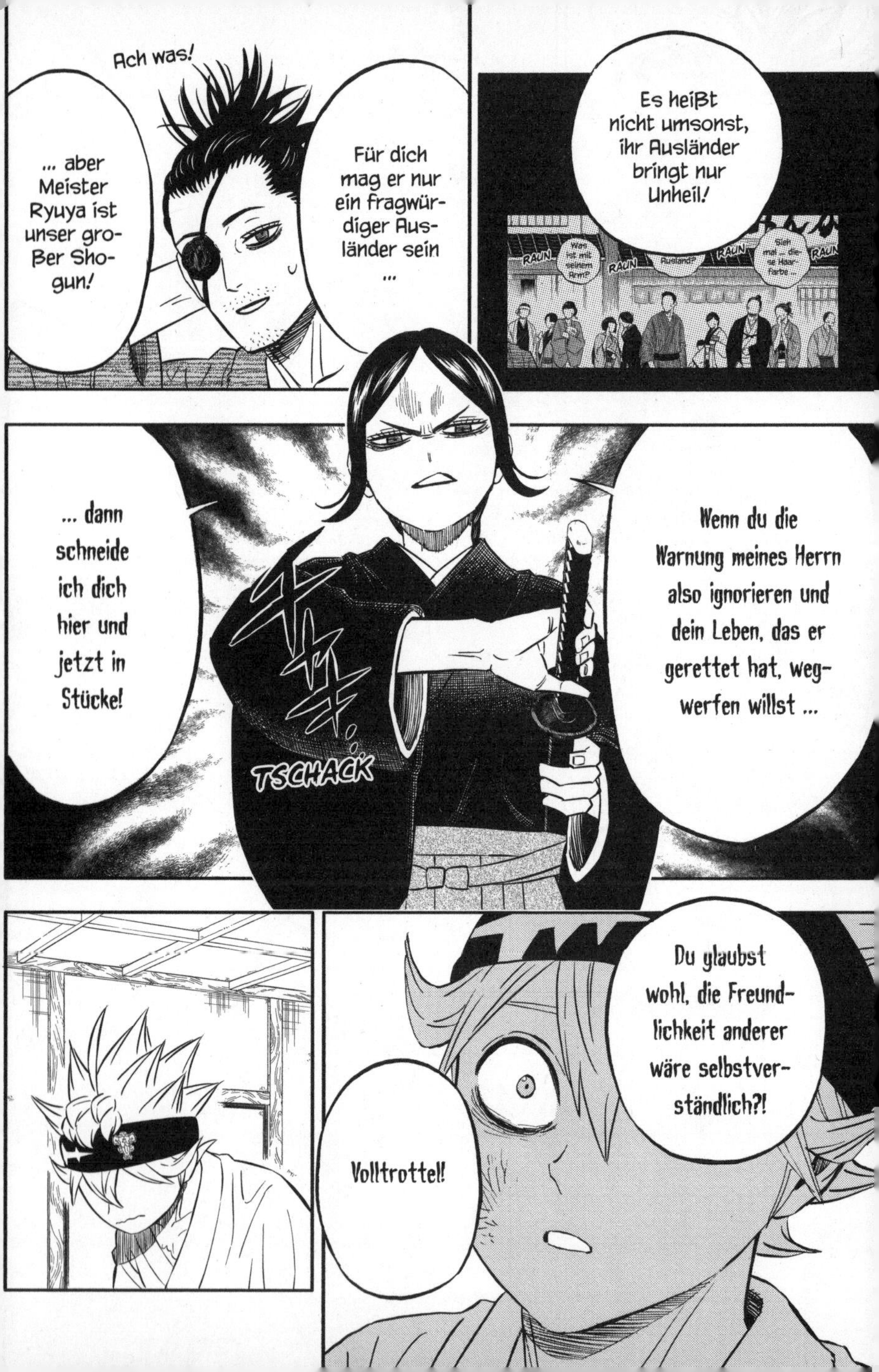
Es heißt nicht umsonst, ihr Ausländer bringt nur Unheil!
RAUN
Sieh mal … diese Haarfarbe …
RAUN
Ausland?
RAUN
Was ist mit seinem Arm?
RAUN
Ach was!
Für dich mag er nur ein fragwürdiger Ausländer sein …
… aber Meister Ryuya ist unser großer Shogun!
Wenn du die Warnung meines Herrn also ignorieren und dein Leben, das er gerettet hat, wegwerfen willst …
… dann schneide ich dich hier und jetzt in Stücke!
TSCHACK
Du glaubst wohl, die Freundlichkeit anderer wäre selbstverständlich?!
Volltrottel!

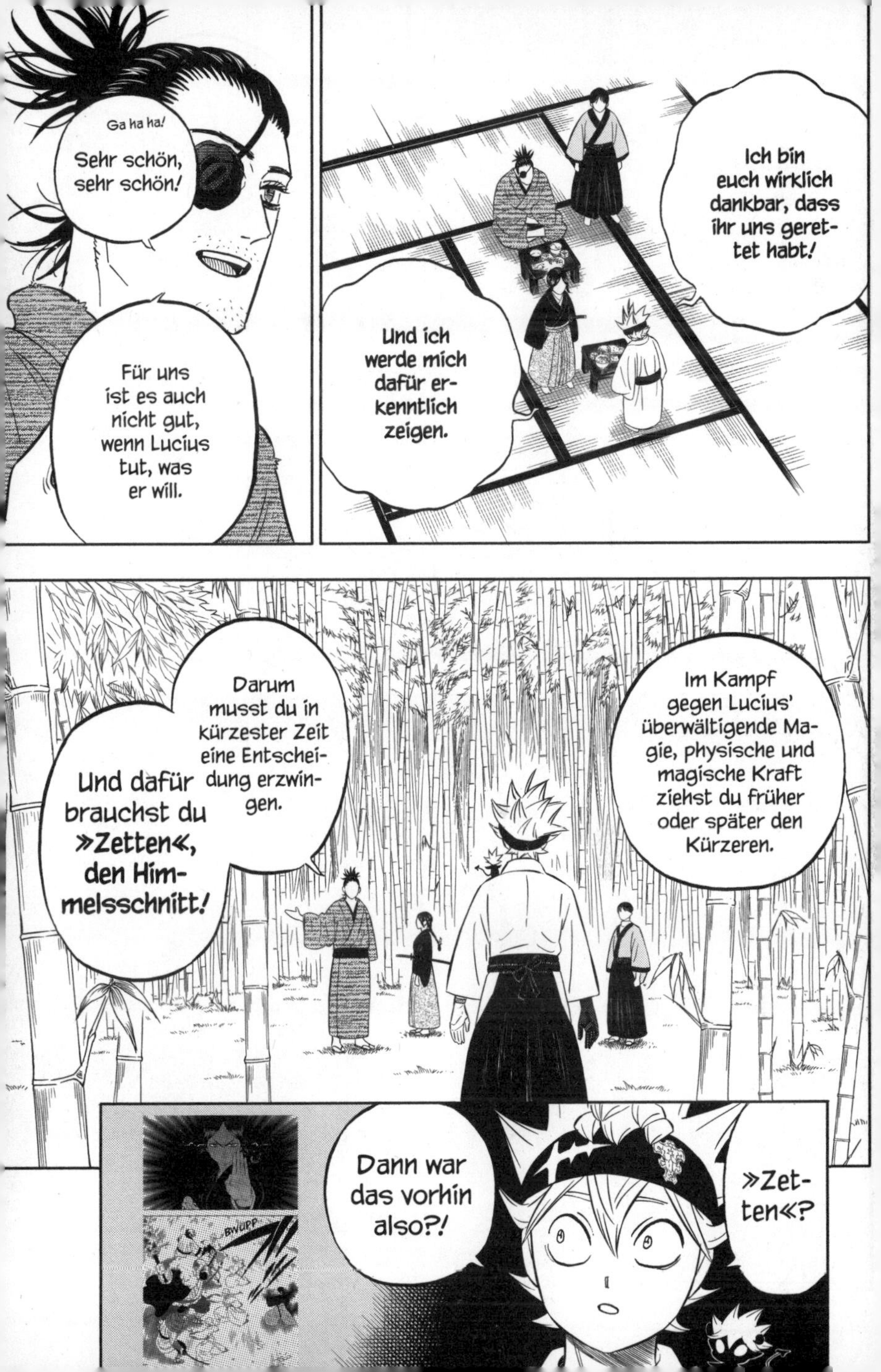
Ich bin euch wirklich dankbar, dass ihr uns gerettet habt!
Und ich werde mich dafür erkenntlich zeigen.
Ga ha ha!
Sehr schön, sehr schön!
Für uns ist es auch nicht gut, wenn Lucius tut, was er will.
Im Kampf gegen Lucius' überwältigende Magie, physische und magische Kraft ziehst du früher oder später den Kürzeren.
Darum musst du in kürzester Zeit eine Entscheidung erzwingen.
Und dafür brauchst du »Zetten«, den Himmelsschnitt!
»Zetten«?
Dann war das vorhin also?!
BWUPP

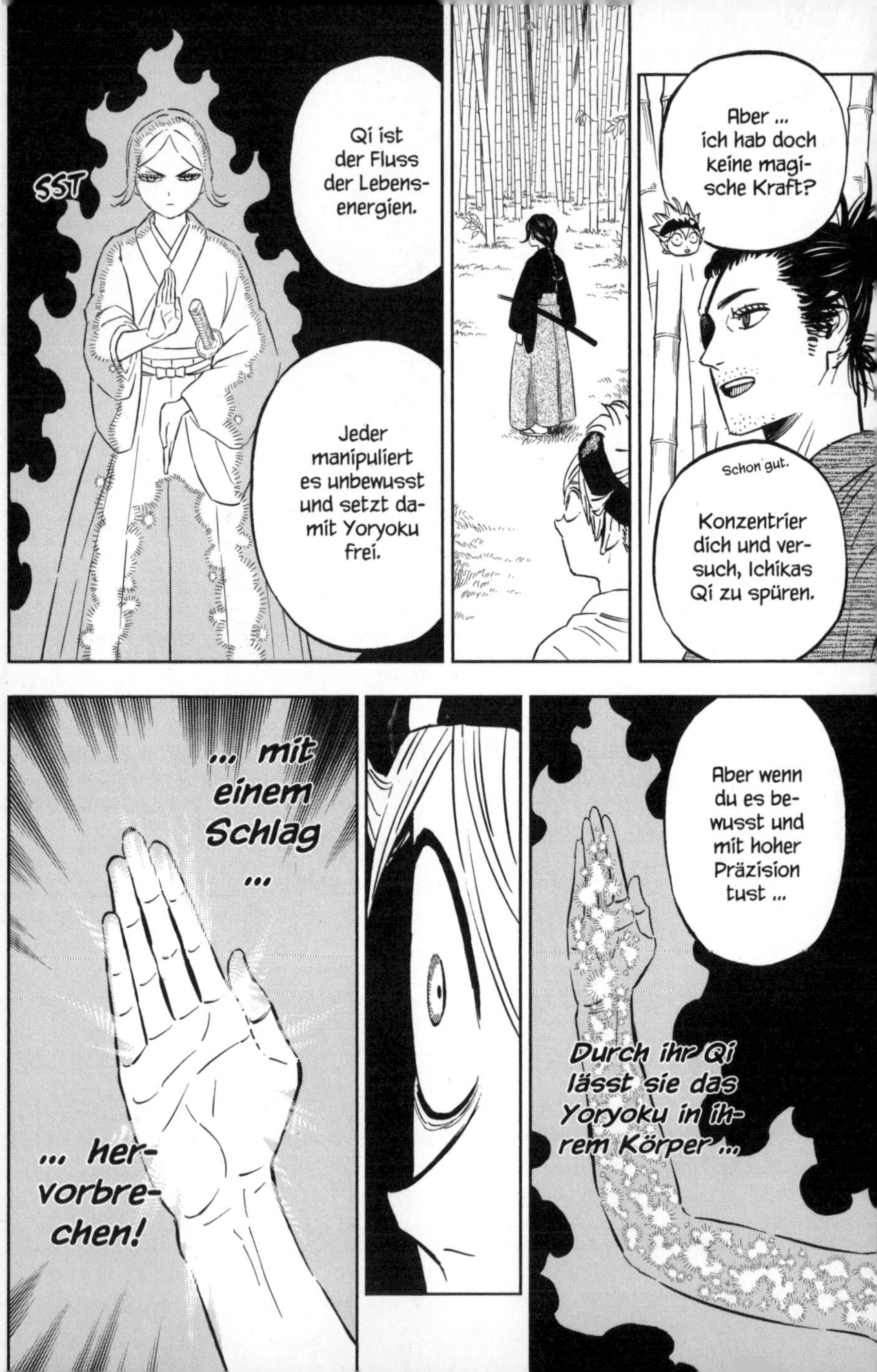
Aber ... ich hab doch keine magische Kraft?
Schon gut.
Konzentrier dich und versuch, Ichikas Qi zu spüren.
Qi ist der Fluss der Lebensenergien.
Jeder manipuliert es unbewusst und setzt damit Yoryoku frei.
SST
Aber wenn du es bewusst und mit hoher Präzision tust ...
Durch ihr Qi lässt sie das Yoryoku in ihrem Körper ...
... mit einem Schlag ...
... hervorbrechen!

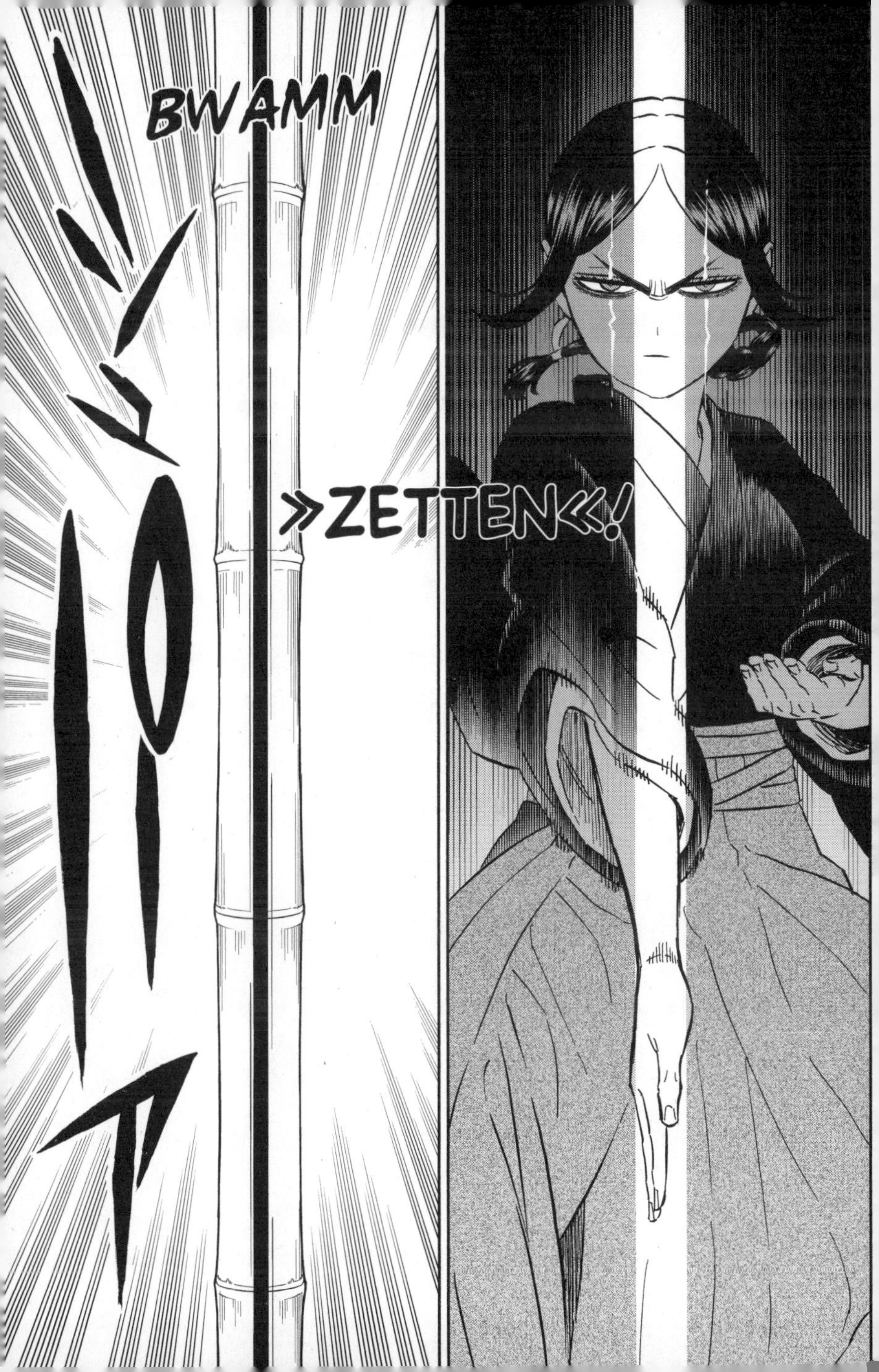
BWAMM
»ZETTEN«!

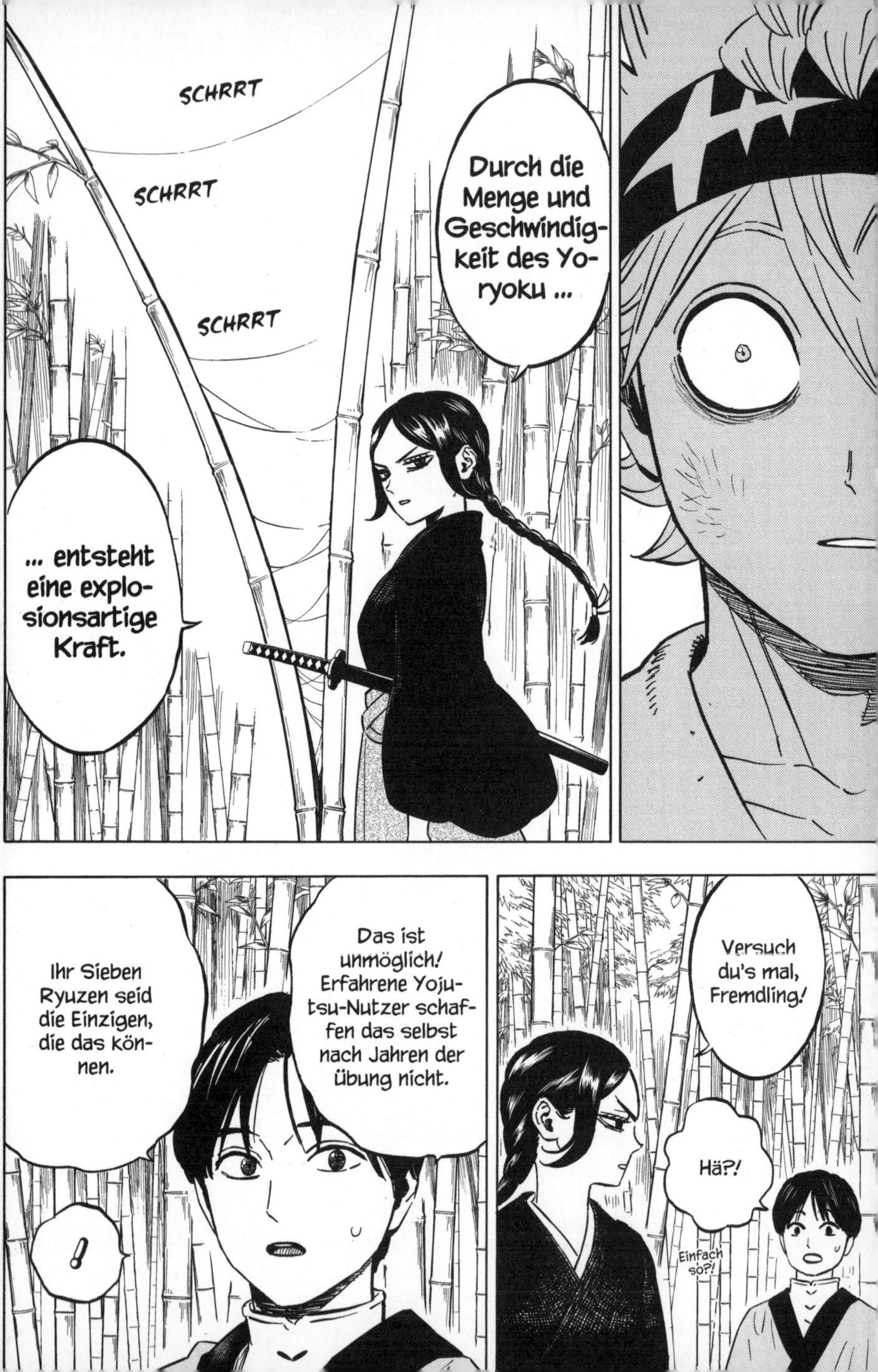
SCHRRT
SCHRRT
SCHRRT
Durch die Menge und Geschwindigkeit des Yoryoku ...
... entsteht eine explosionsartige Kraft.
Das ist unmöglich! Erfahrene Yojutsu-Nutzer schaffen das selbst nach Jahren der Übung nicht.
Ihr Sieben Ryuzen seid die Einzigen, die das können.
!
Versuch du's mal, Fremdling!
Hä?!
Einfach so?!

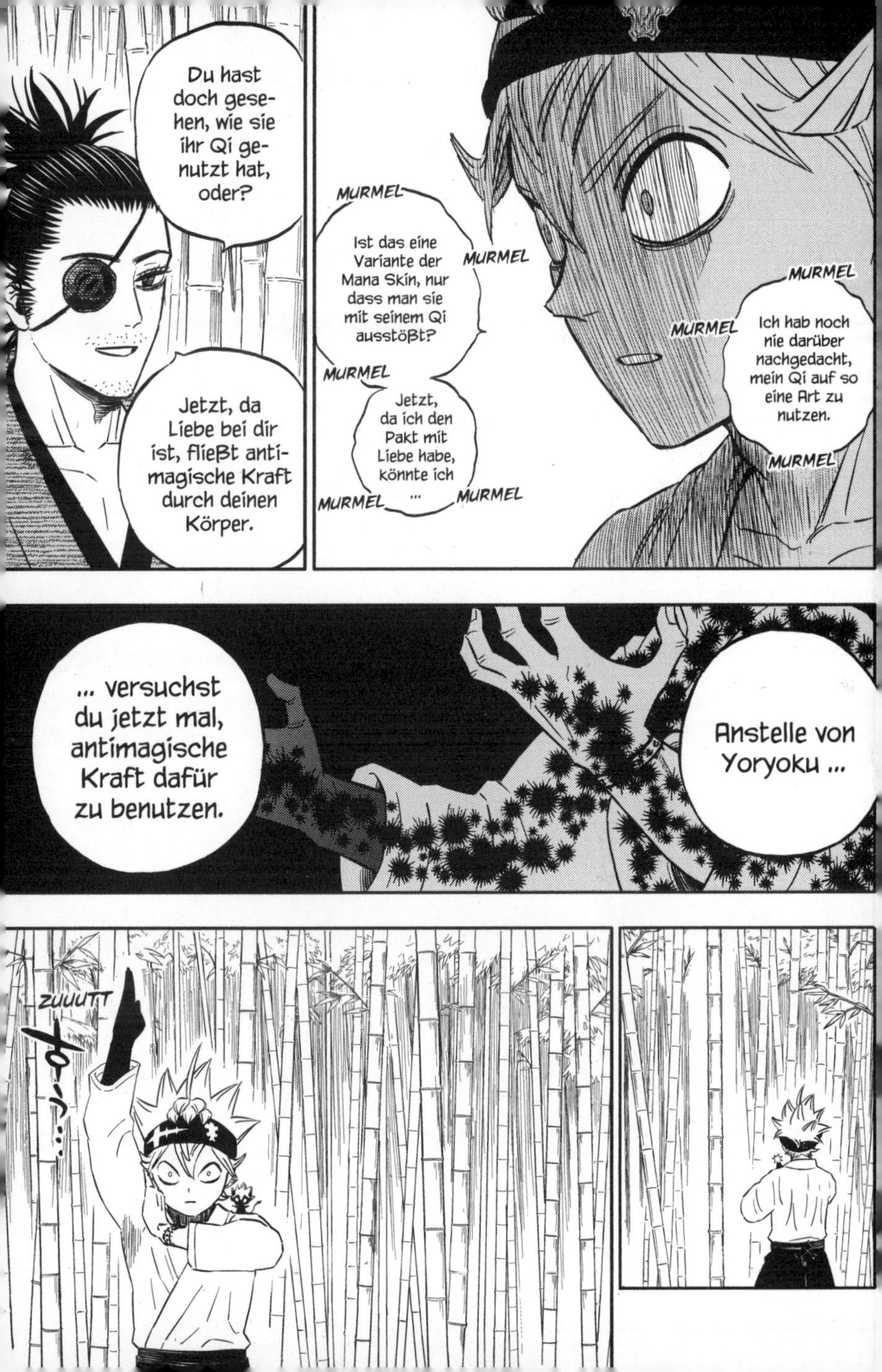
Du hast doch gesehen, wie sie ihr Qi genutzt hat, oder?
Jetzt, da Liebe bei dir ist, fließt antimagische Kraft durch deinen Körper.
MURMEL
Ich hab noch nie darüber nachgedacht, mein Qi auf so eine Art zu nutzen.
MURMEL
MURMEL
MURMEL
Ist das eine Variante der Mana Skin, nur dass man sie mit seinem Qi ausstößt?
MURMEL
MURMEL
Jetzt, da ich den Pakt mit Liebe habe, könnte ich ...
MURMEL
MURMEL
Anstelle von Yoryoku ...
... versuchst du jetzt mal, antimagische Kraft dafür zu benutzen.
ZUUUTT

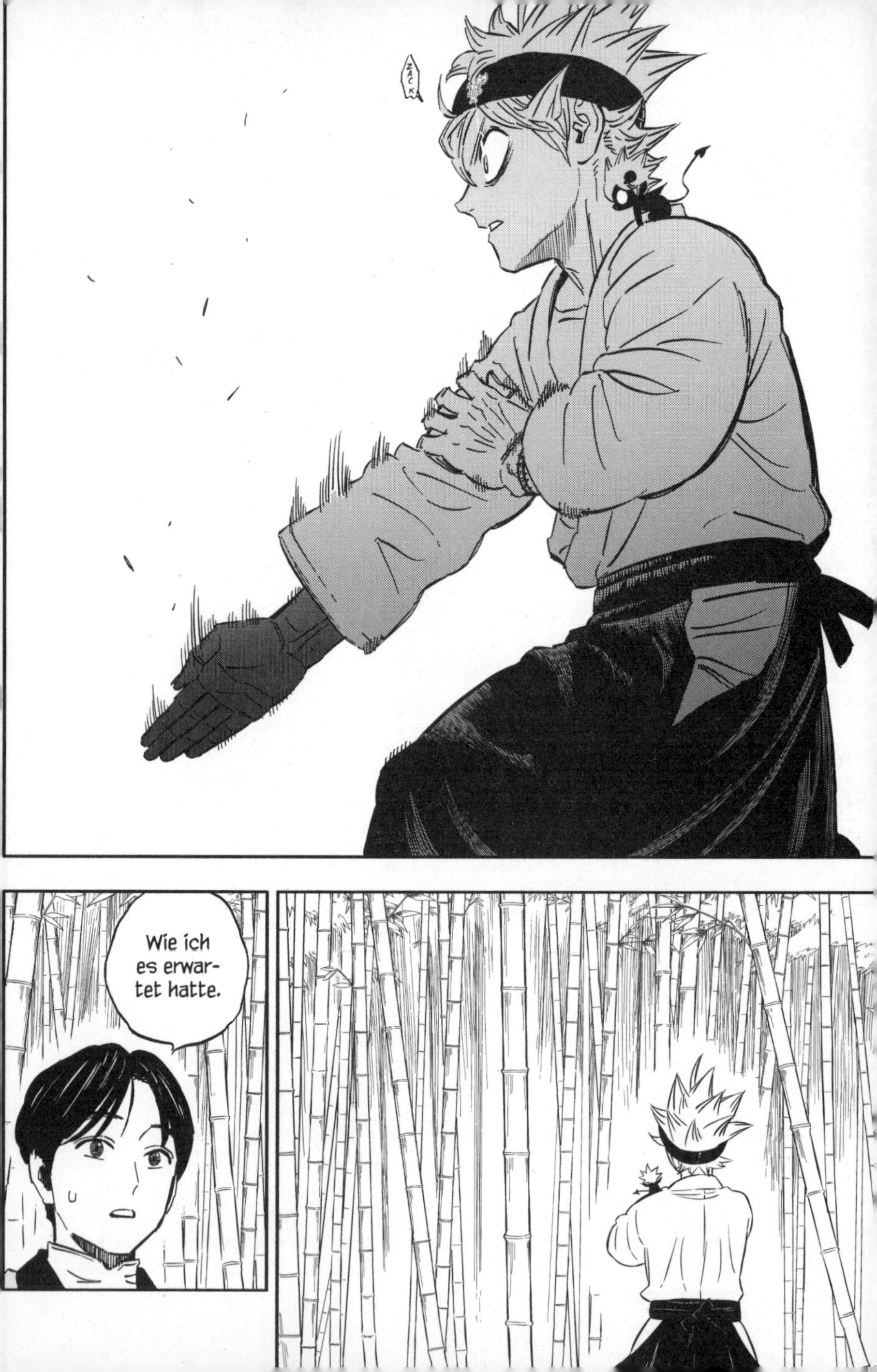
ZACK
Wie ich es erwartet hatte.

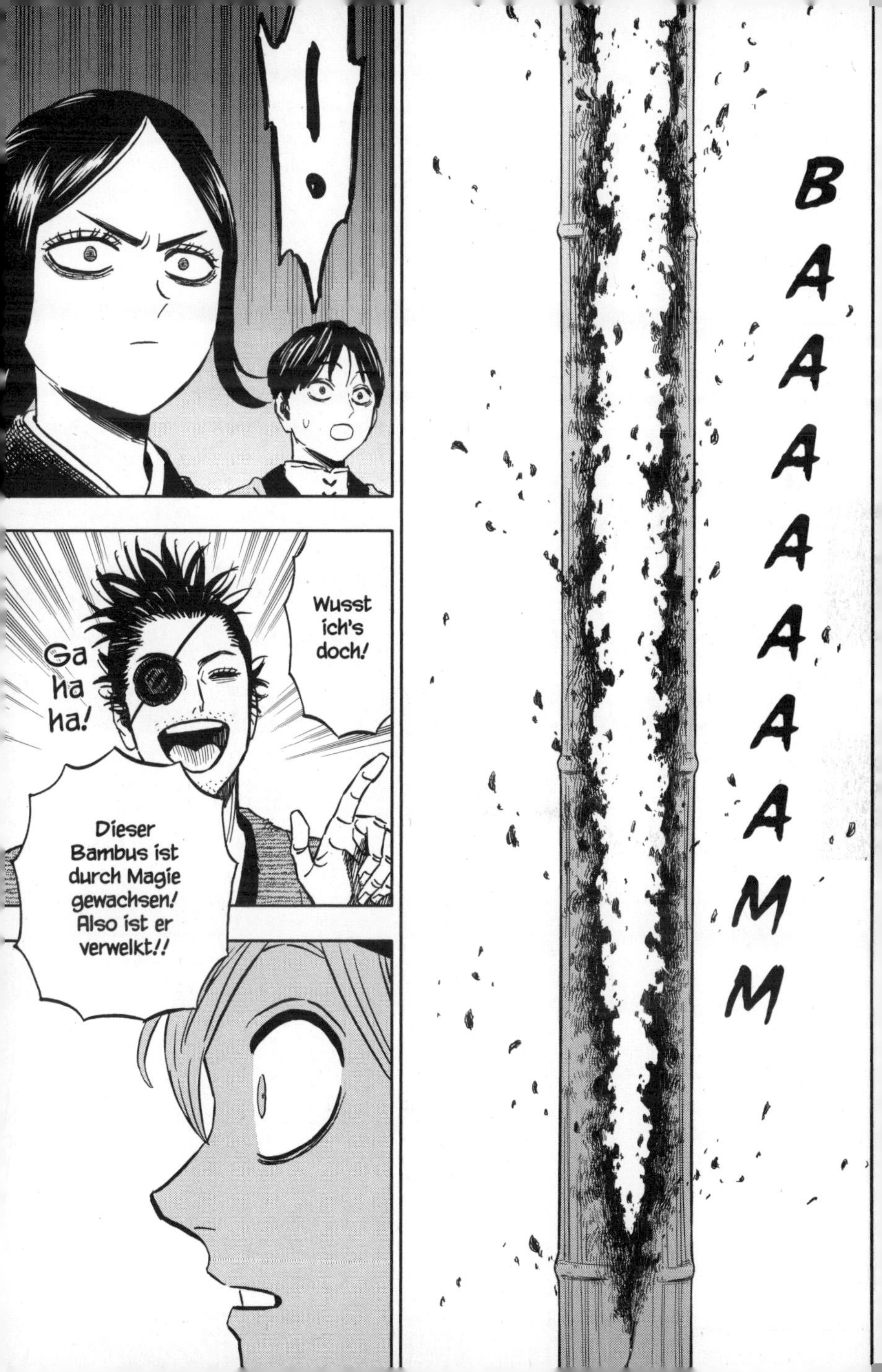

!
Wusst ich's doch!
Ga ha ha!
Dieser Bambus ist durch Magie gewachsen! Also ist er verwelkt!!
BAAAAAAAAMM

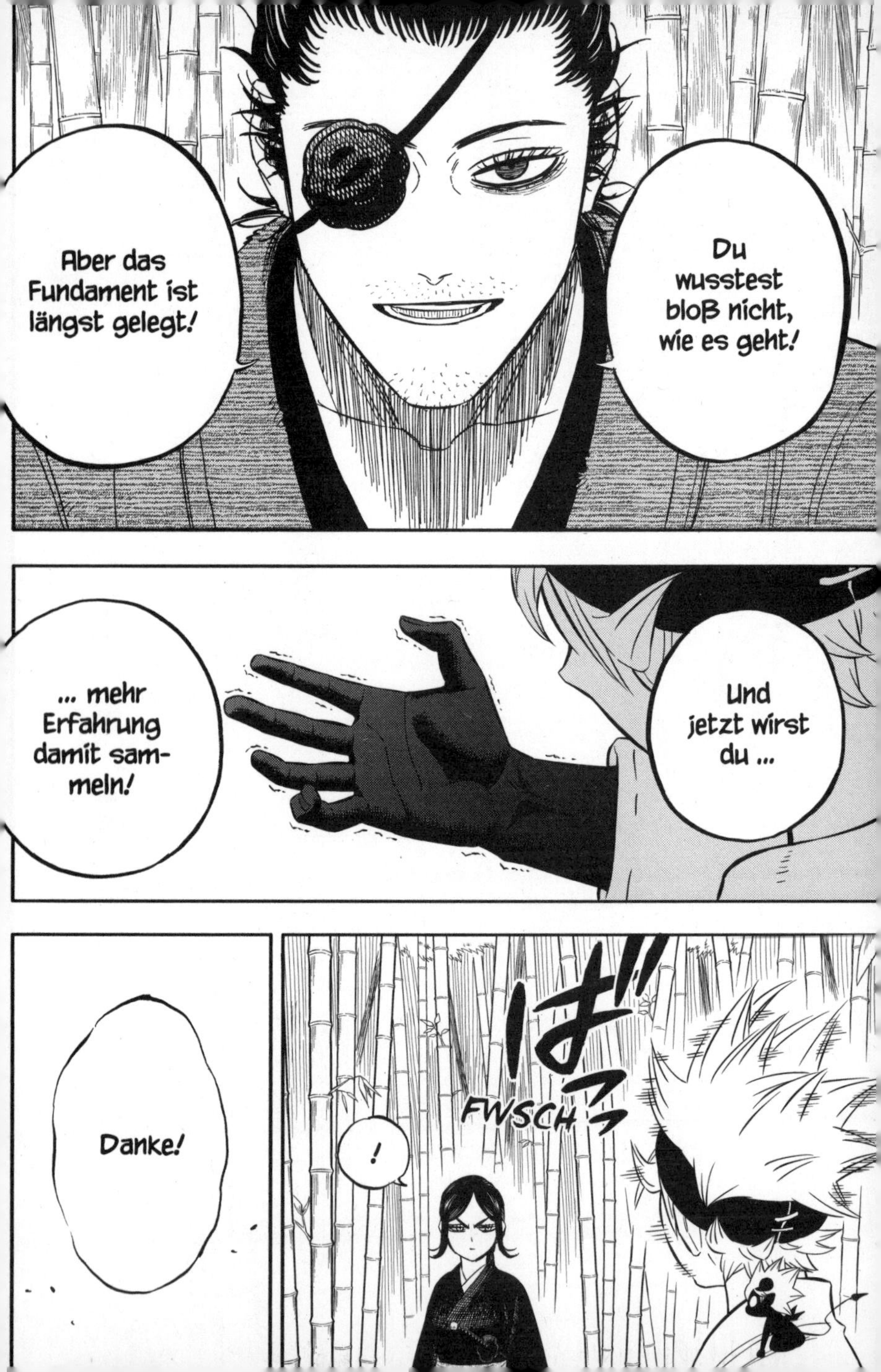
Du wusstest bloß nicht, wie es geht!
Aber das Fundament ist längst gelegt!
Und jetzt wirst du ...
... mehr Erfahrung damit sammeln!
ばっ
FWSCH
!
Danke!

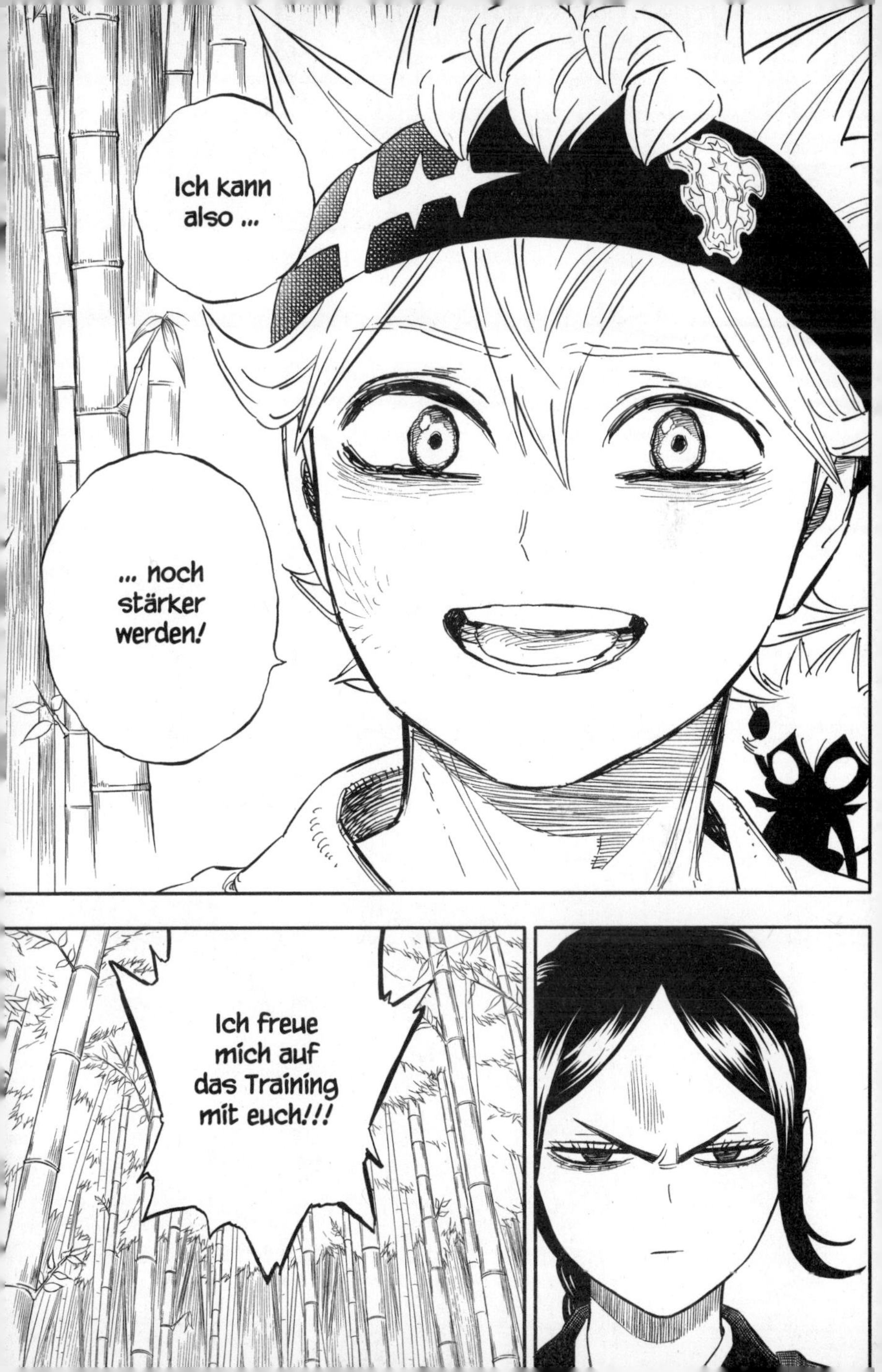
Ich kann also ...
... noch stärker werden!
Ich freue mich auf das Training mit euch!!!

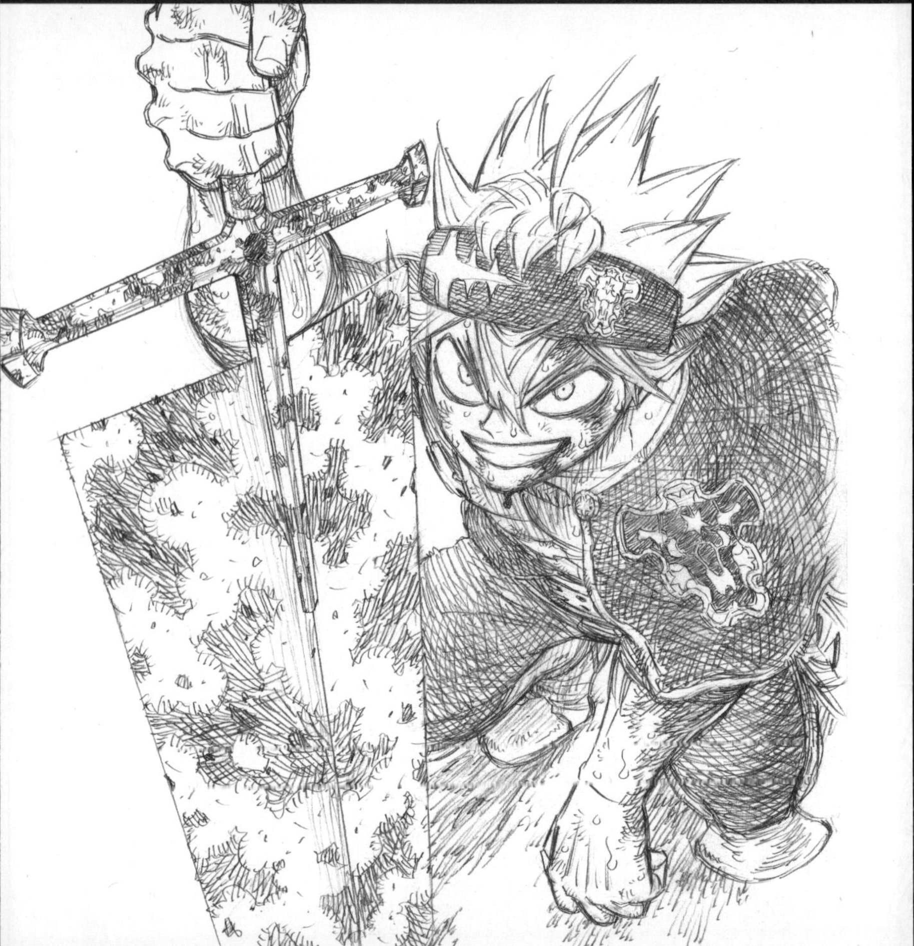

PAGE 340 ✿ GÜNSTIGE GELEGENHEIT

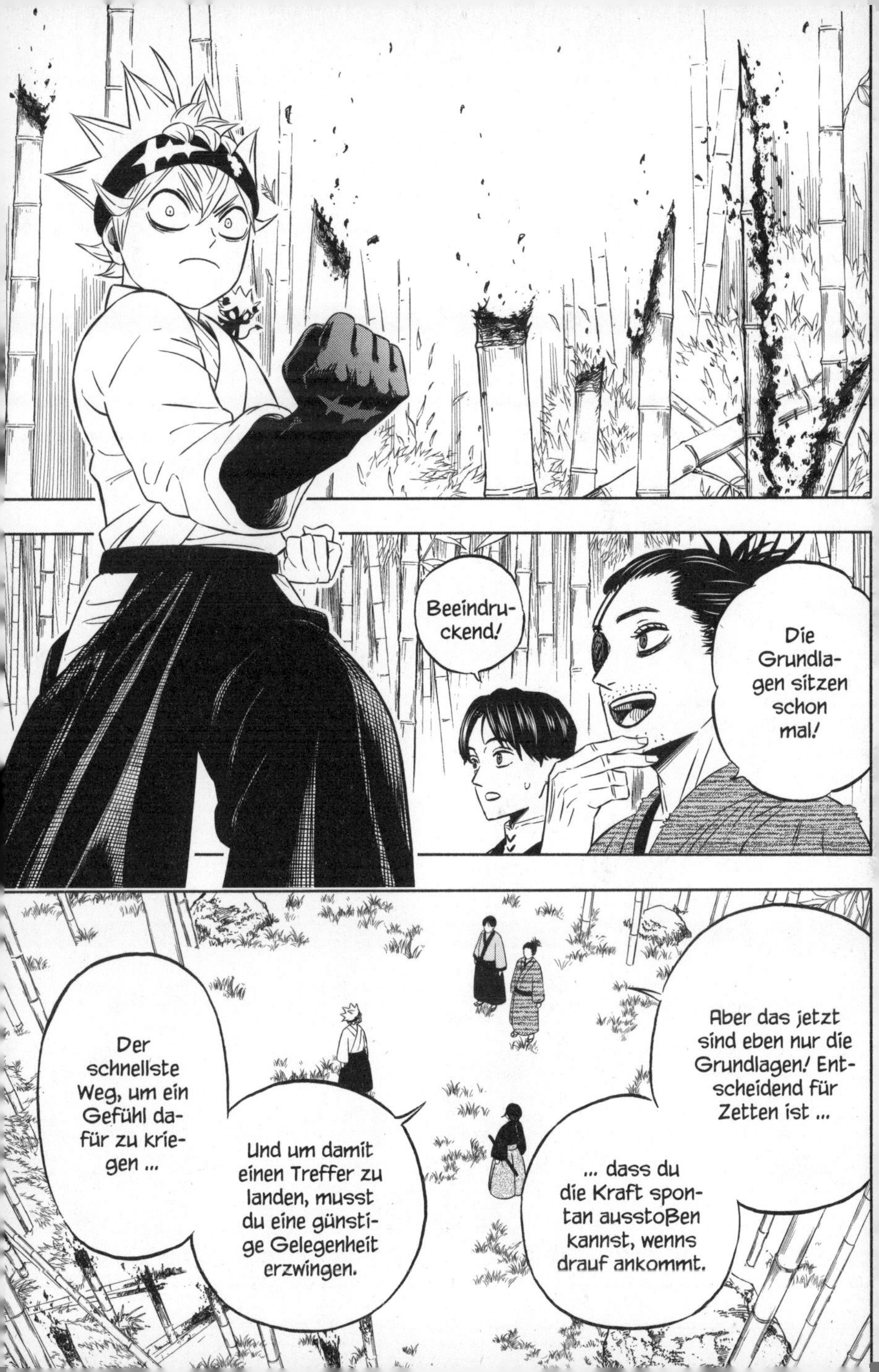
Die Grundlagen sitzen schon mal!
Beeindruckend!
Aber das jetzt sind eben nur die Grundlagen! Entscheidend für Zetten ist ...
... dass du die Kraft spontan ausstoßen kannst, wenns drauf ankommt.
Der schnellste Weg, um ein Gefühl dafür zu kriegen ...
Und um damit einen Treffer zu landen, musst du eine günstige Gelegenheit erzwingen.

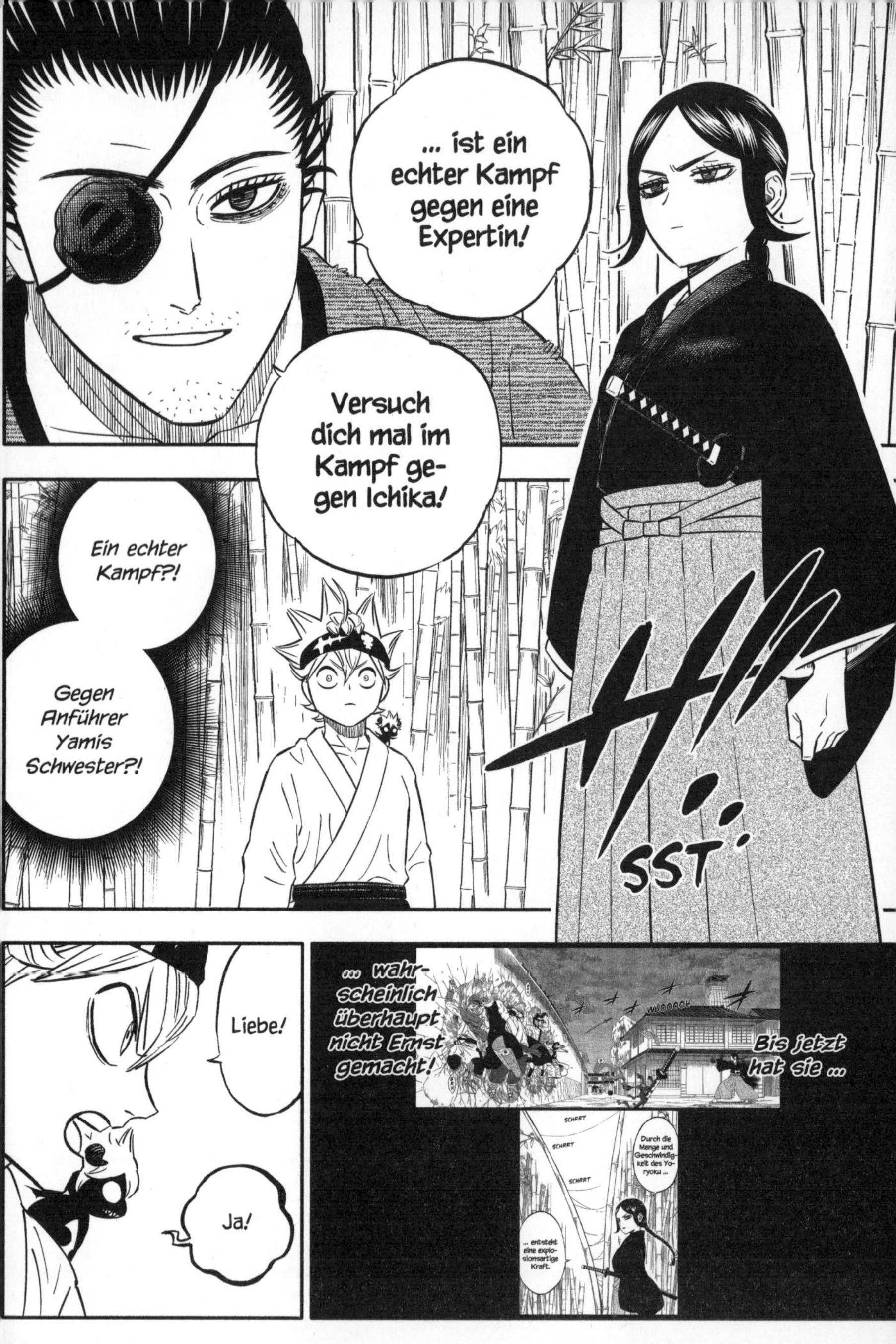

... ist ein echter Kampf gegen eine Expertin!
Versuch dich mal im Kampf gegen Ichika!
Ein echter Kampf?!
Gegen Anführer Yamis Schwester?!
SST
Bis jetzt hat sie ...
... wahrscheinlich überhaupt nicht Ernst gemacht!
SCHRRT
SCHRRT
SCHRRT
Durch die Menge und Geschwindigkeit des Yoryoku ...
... entsteht eine explosionsartige Kraft.
Liebe!
Ja!

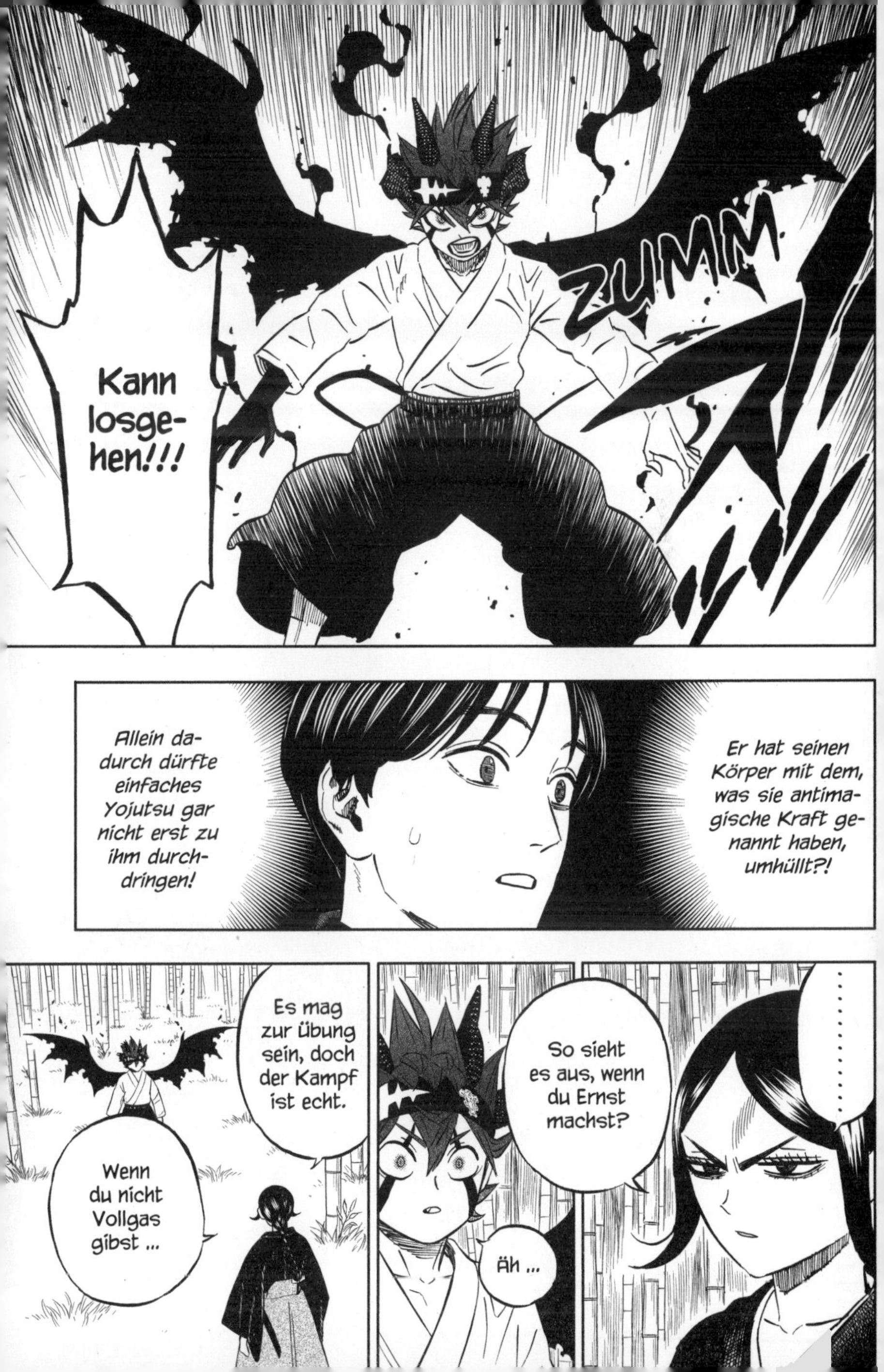
Kann losgehen!!!
ZUMM
Er hat seinen Körper mit dem, was sie antimagische Kraft genannt haben, umhüllt?!
Allein dadurch dürfte einfaches Yojutsu gar nicht erst zu ihm durchdringen!
……
So sieht es aus, wenn du Ernst machst?
Äh ...
Es mag zur übung sein, doch der Kampf ist echt.
Wenn du nicht Vollgas gibst ...

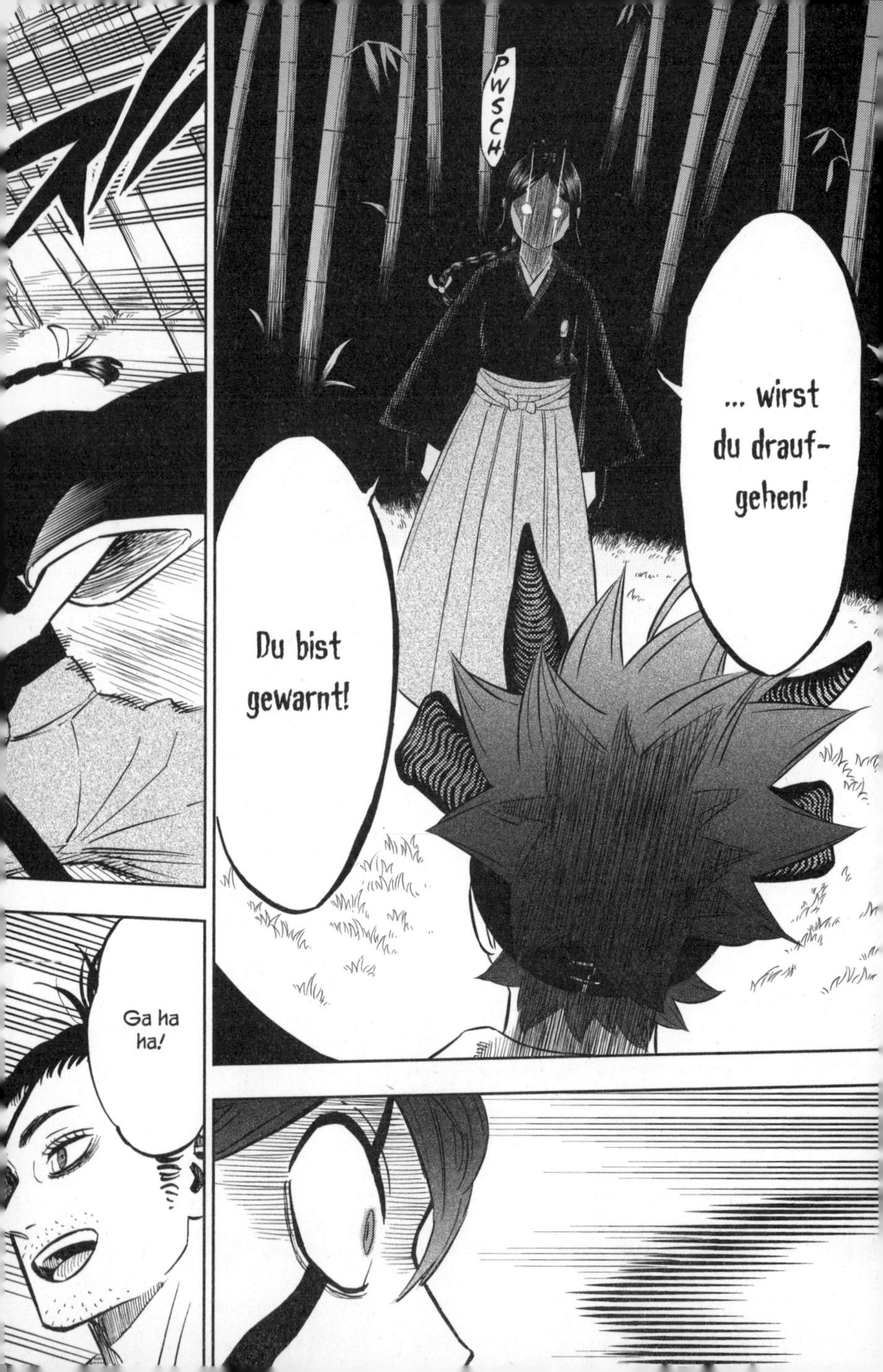
PWSCH
... wirst du drauf-gehen!
Du bist gewarnt!
Ga ha ha!

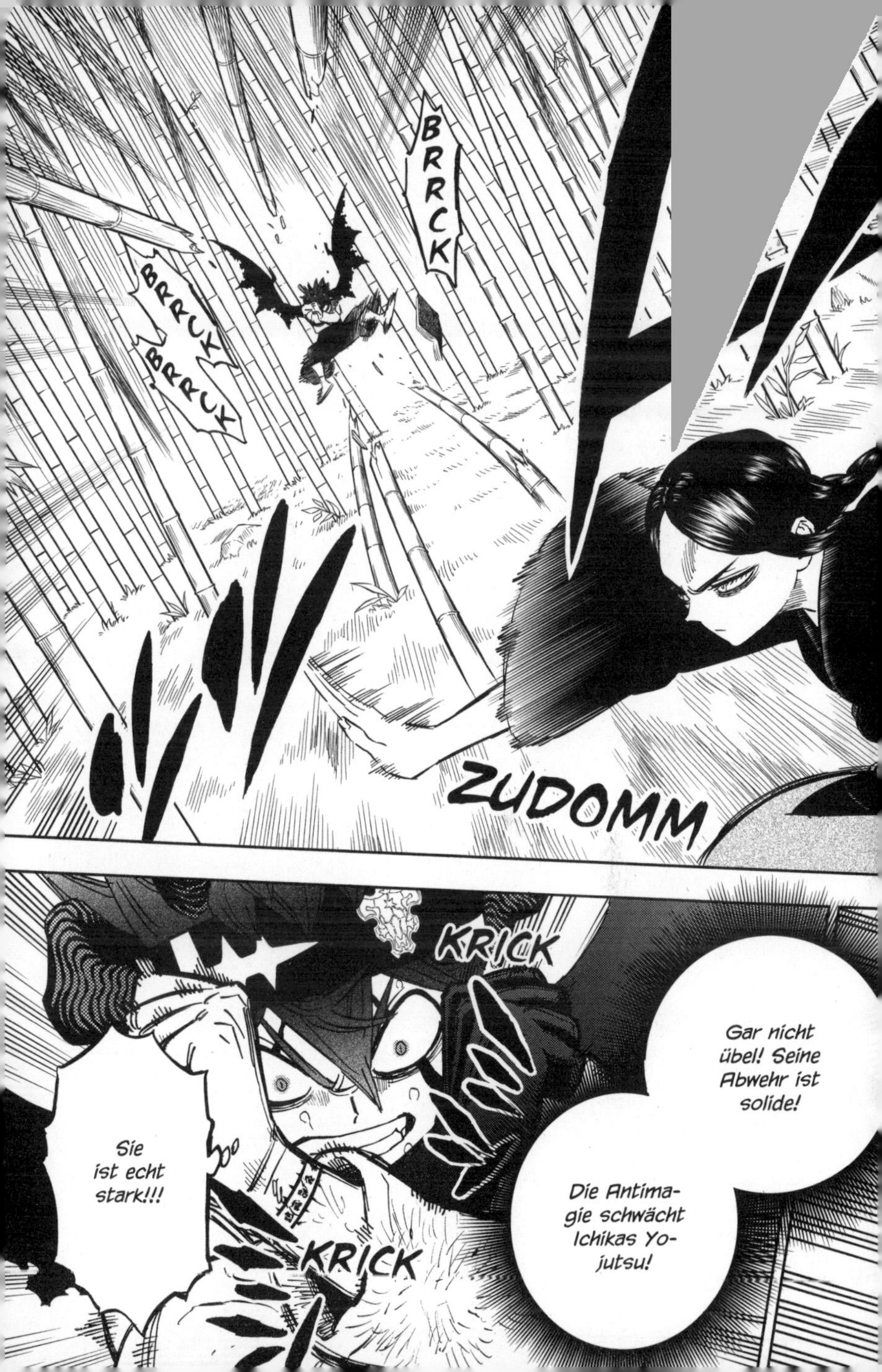
BRRCK
BRRCK
BRRCK
ZUDOMM
KRICK
Gar nicht übel! Seine Abwehr ist solide!
Die Antimagie schwächt Ichikas Yojutsu!
Sie ist echt stark!!!
KRICK

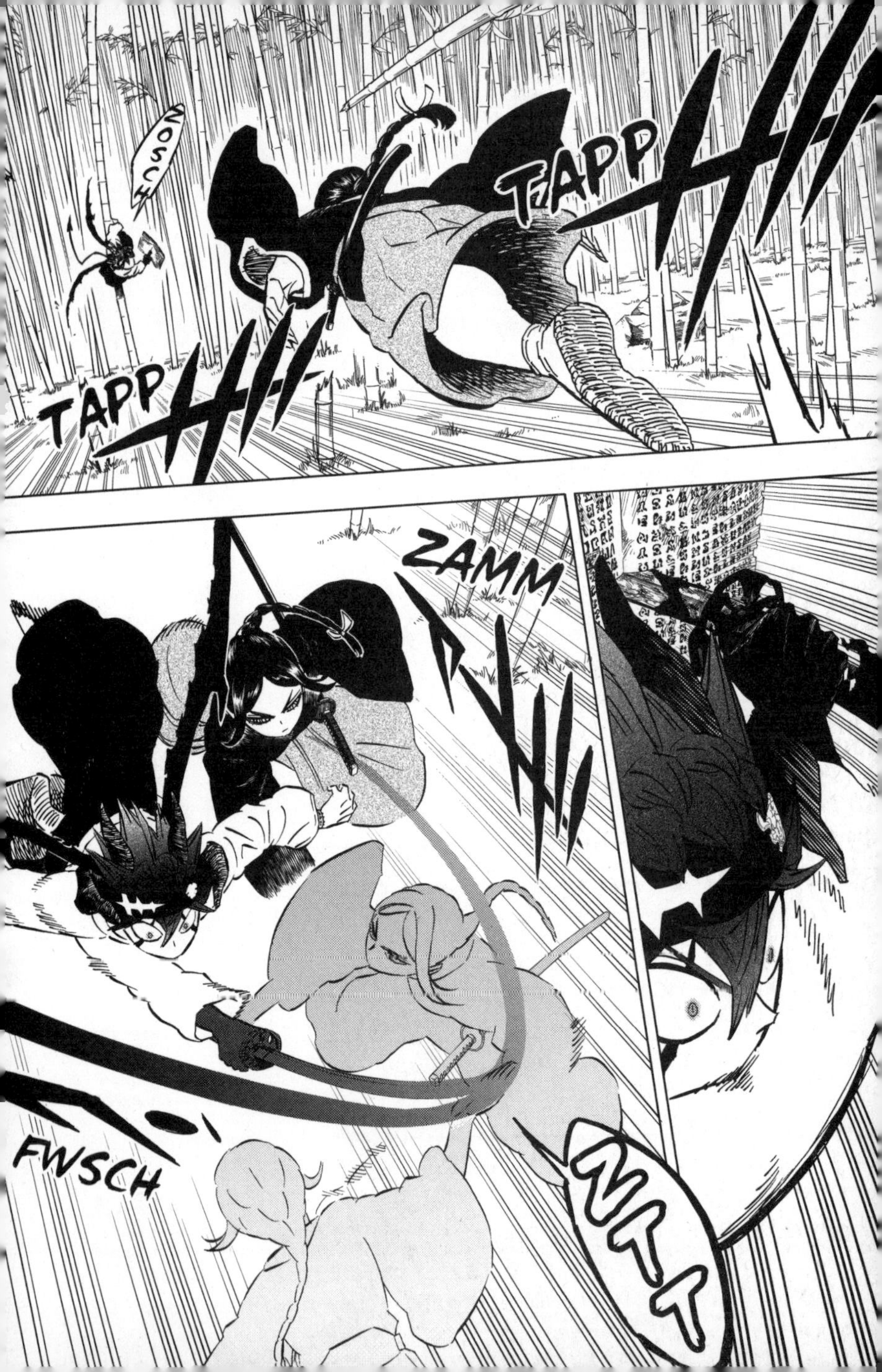
WOSCH
TAPP
TAPP
ZAMM
FWSCH
ZAP!!

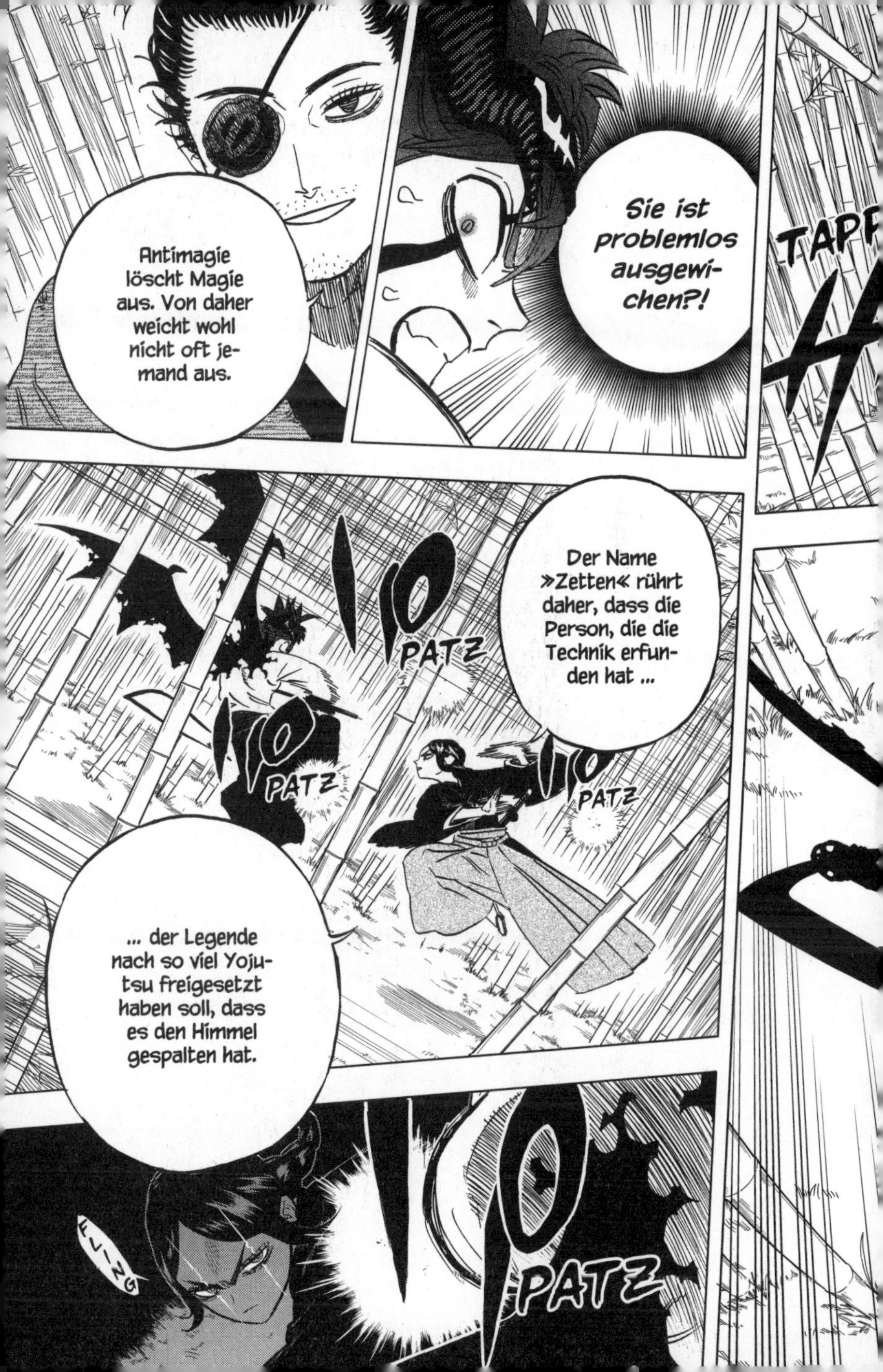
TAPP
Sie ist problemlos ausgewi-chen?!
Antimagie löscht Magie aus. Von daher weicht wohl nicht oft je-mand aus.
Der Name »Zetten« rührt daher, dass die Person, die die Technik erfun-den hat ...
PATZ
PATZ
PATZ
... der Legende nach so viel Yoju-tsu freigesetzt haben soll, dass es den Himmel gespalten hat.
PATZ

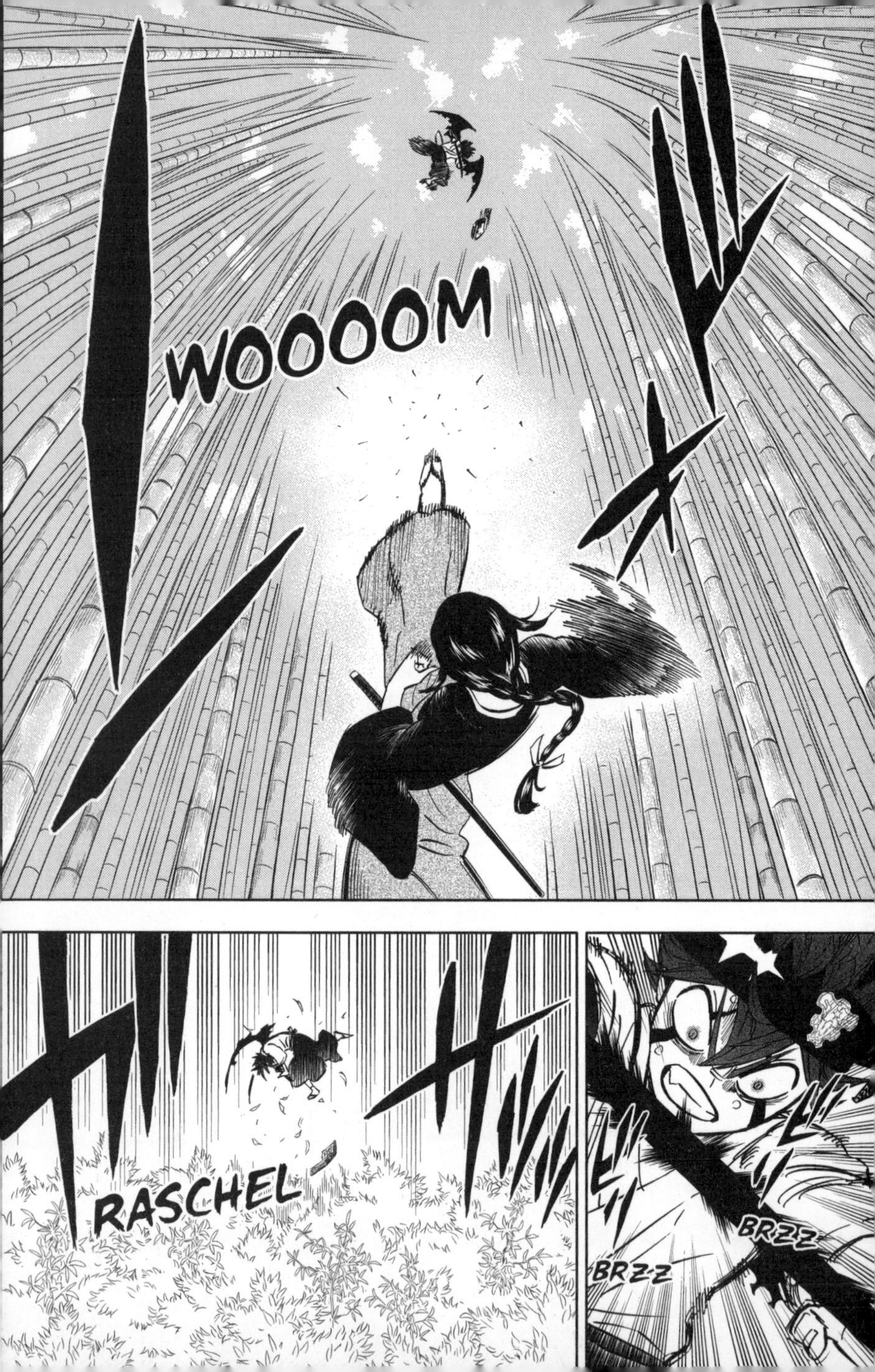
WOOOOM
BRZ-Z
BRZ-Z
RASCHEL

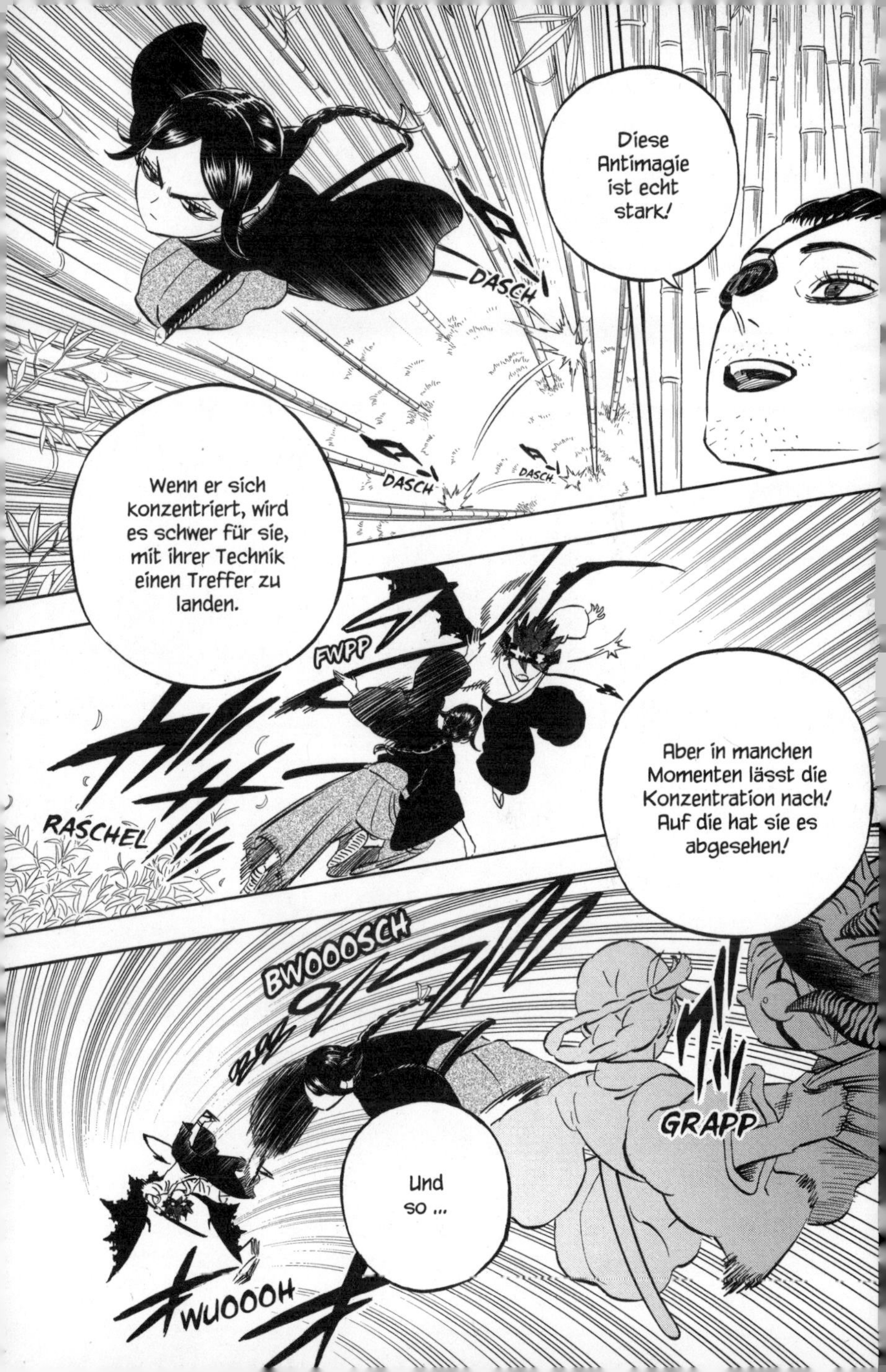
Diese Antimagie ist echt stark!
DASCH
DASCH
DASCH
Wenn er sich konzentriert, wird es schwer für sie, mit ihrer Technik einen Treffer zu landen.
FWPP
RASCHEL
Aber in manchen Momenten lässt die Konzentration nach! Auf die hat sie es abgesehen!
BWOOOSCH
GRAPP
Und so ...
WUOOOH

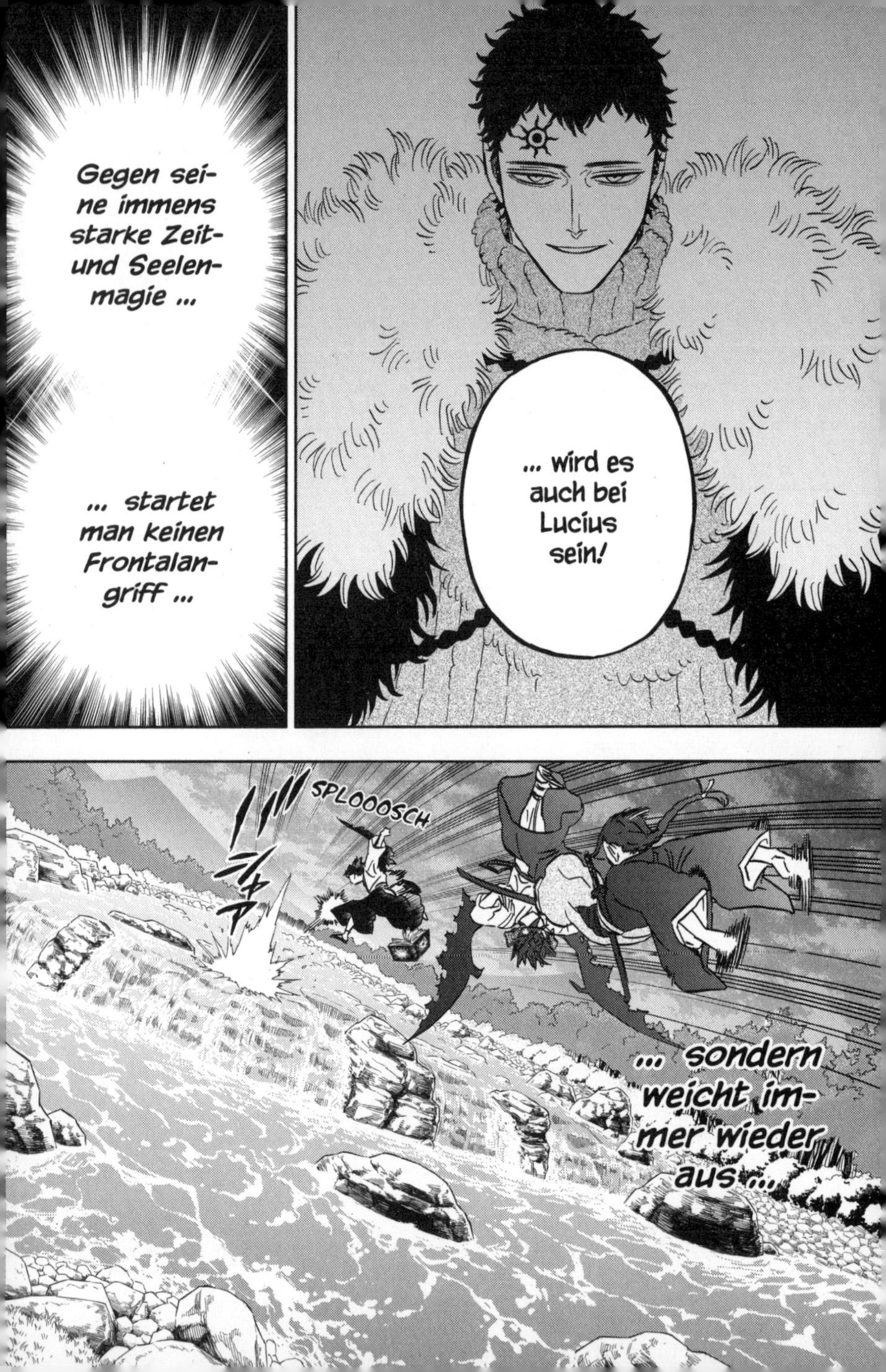

... wird es auch bei Lucius sein!
Gegen seine immens starke Zeit- und Seelenmagie ...
... startet man keinen Frontalangriff ...
SPLOOOSCH
... sondern weicht immer wieder aus ...

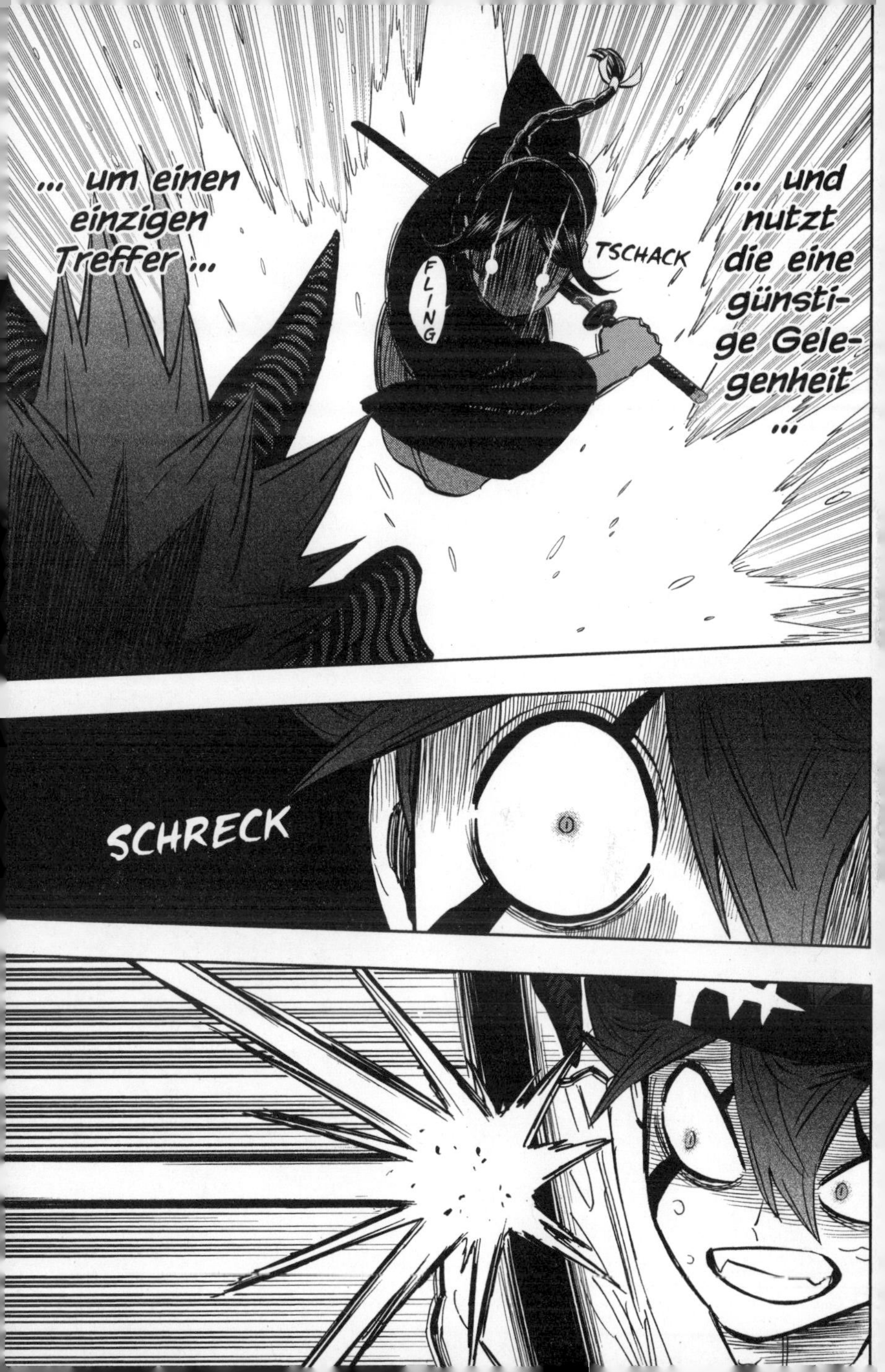

... und nutzt die eine günsti-ge Gele-genheit ...
TSCHACK
FLING
... um einen einzigen Treffer ...
SCHRECK

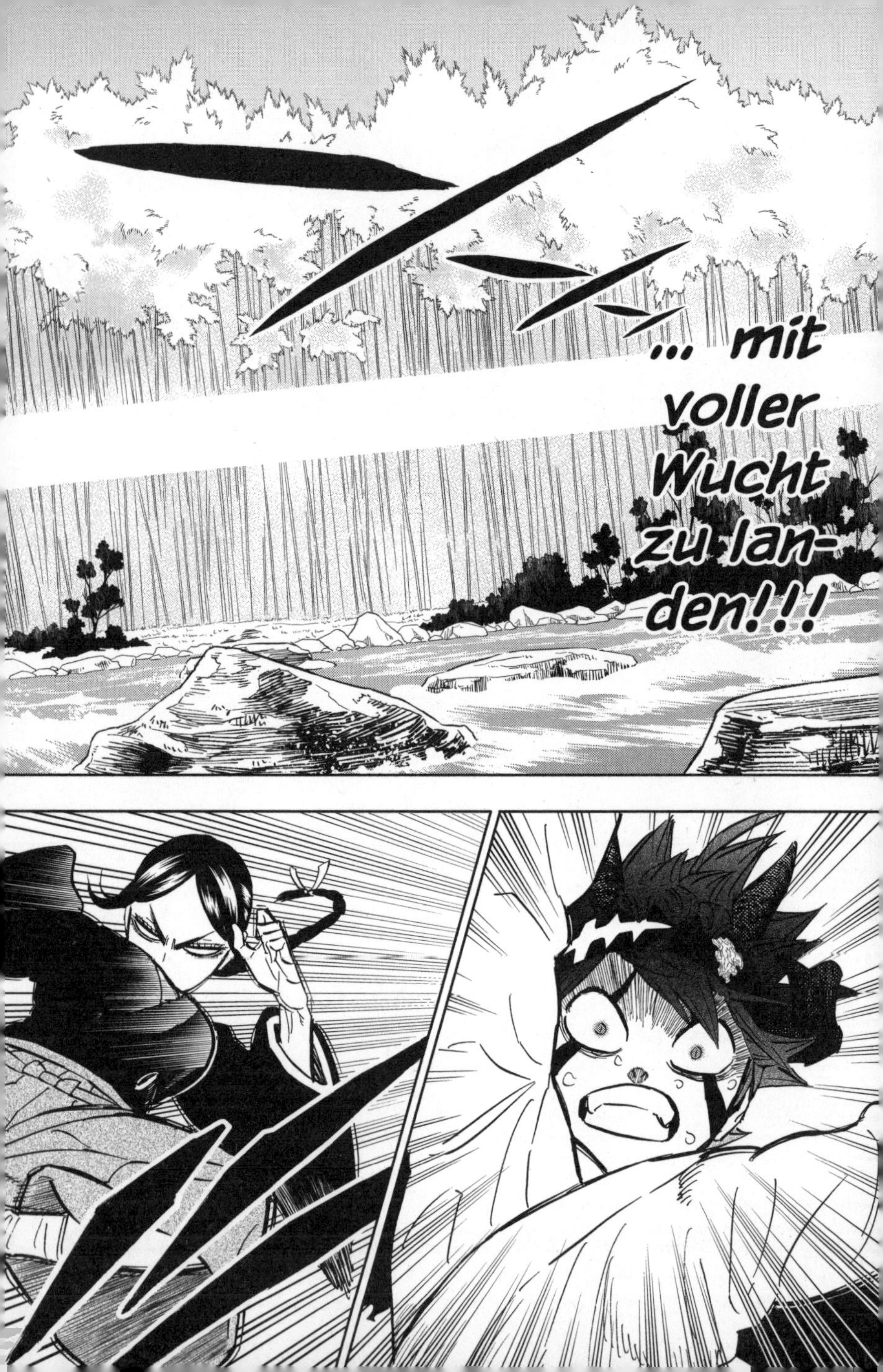
... mit voller Wucht zu lan-den!!!

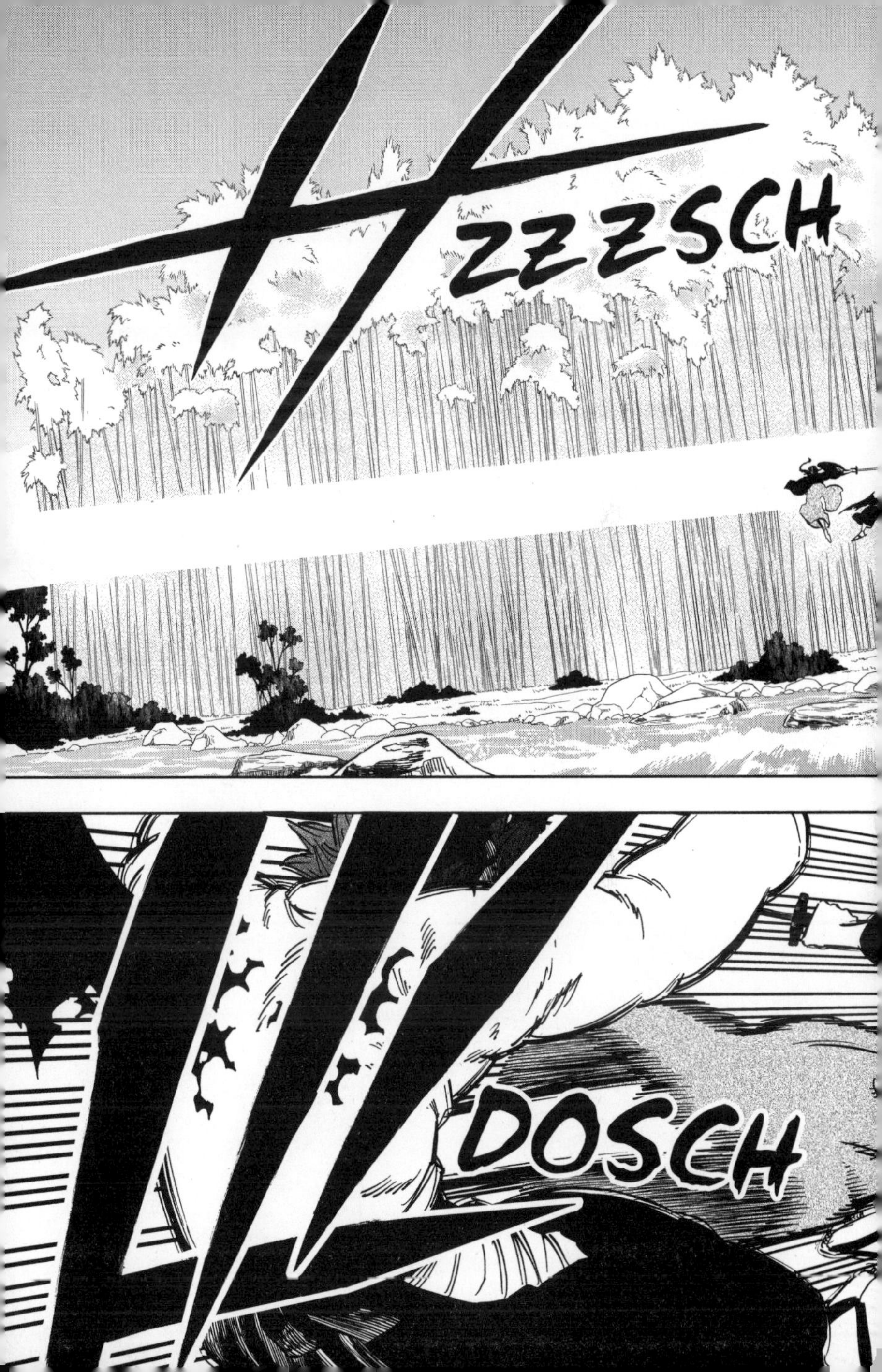
ZZZSCH
DOSCH

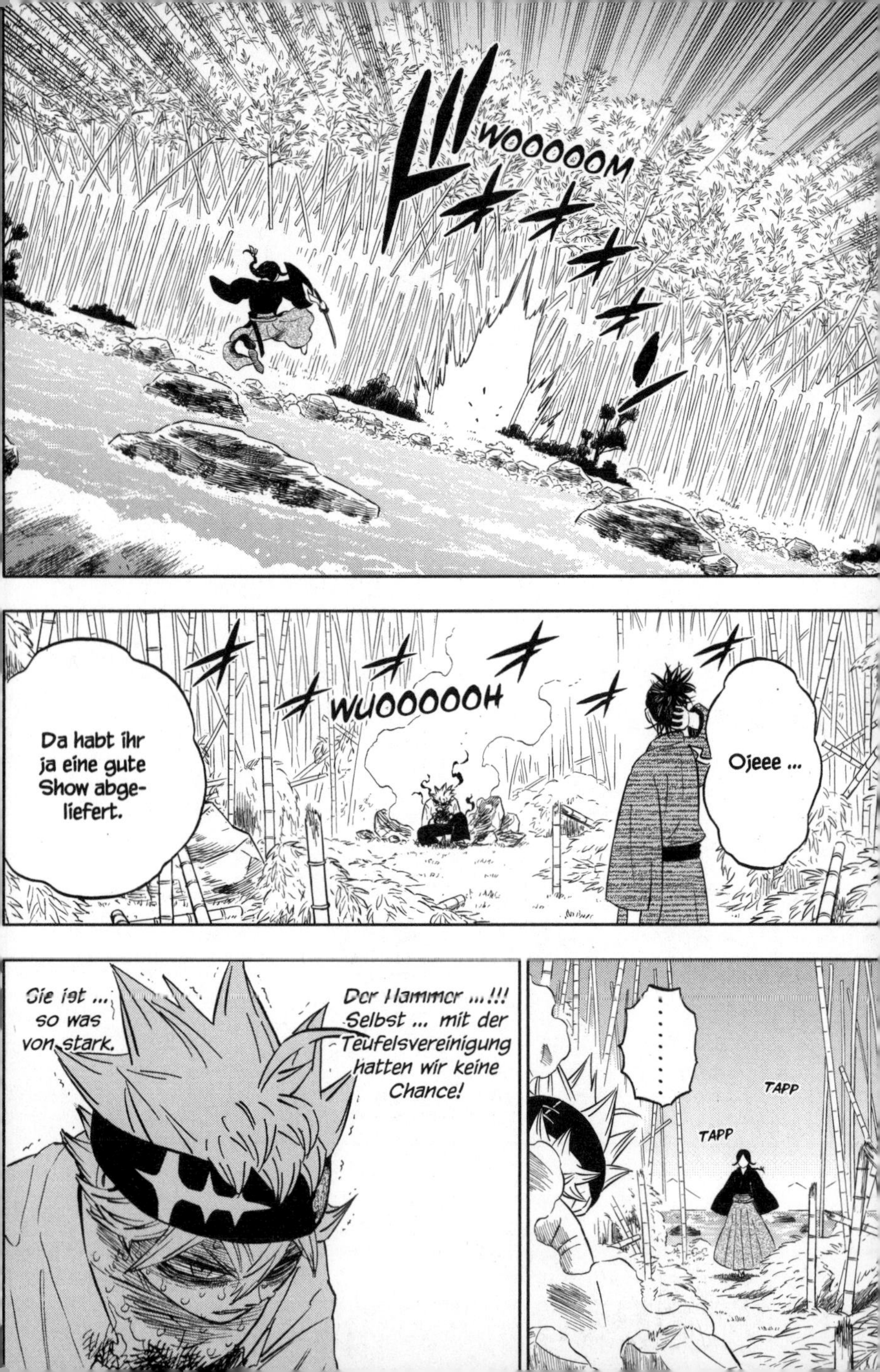
WOOOOOM
WUOOOOOH
Ojeee ...
Da habt ihr ja eine gute Show abgeliefert.
Der Hammer ...!!! Selbst ... mit der Teufelsvereinigung hatten wir keine Chance!
Sie ist ... so was von stark.
....
TAPP
TAPP

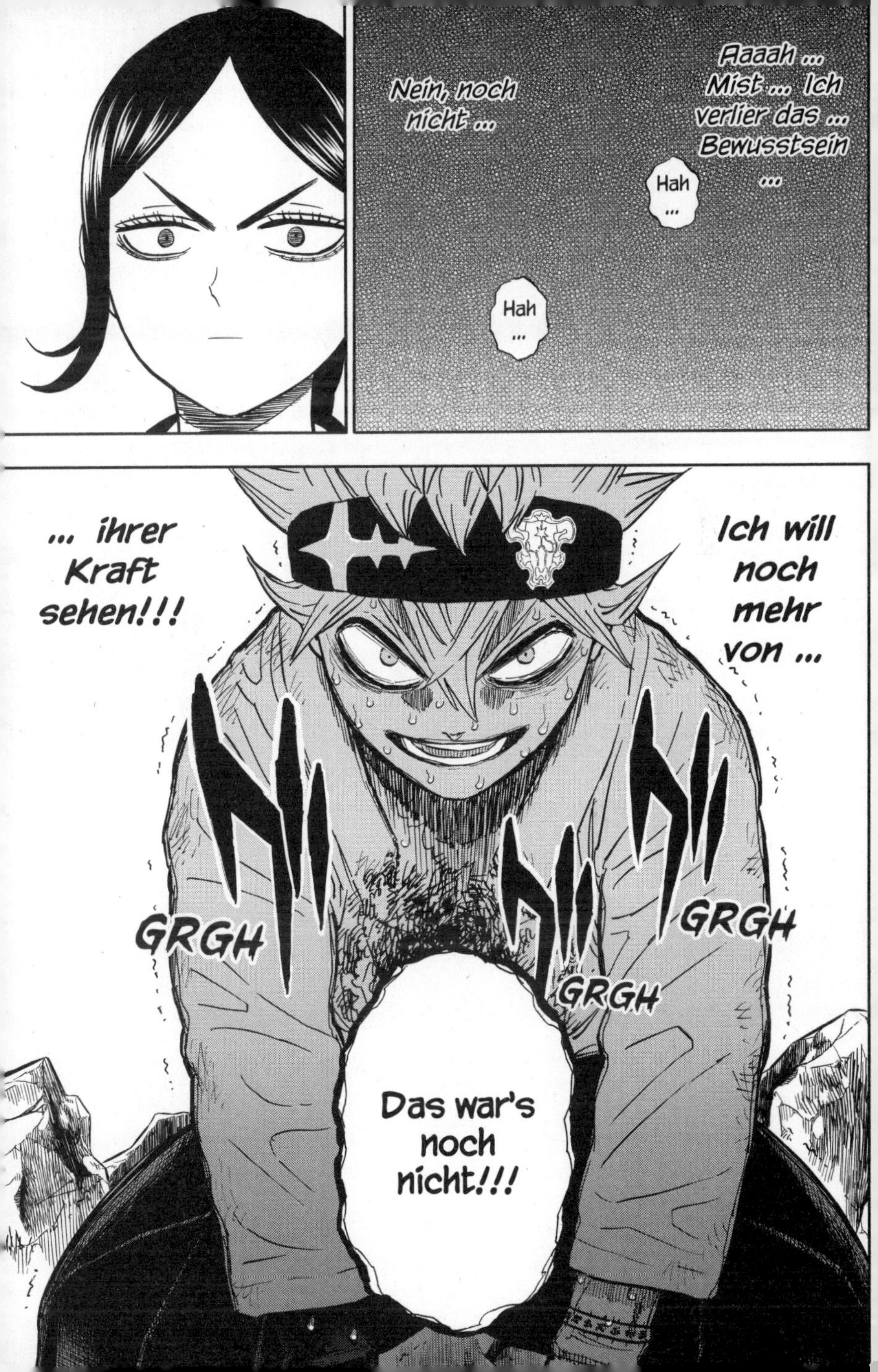

Aaaah ... Mist ... Ich verlier das ... Bewusstsein ...
Hah ...
Nein, noch nicht ...
Hah ...
Ich will noch mehr von ...
... ihrer Kraft sehen!!!
GRGH
GRGH
GRGH
Das war's noch nicht!!!

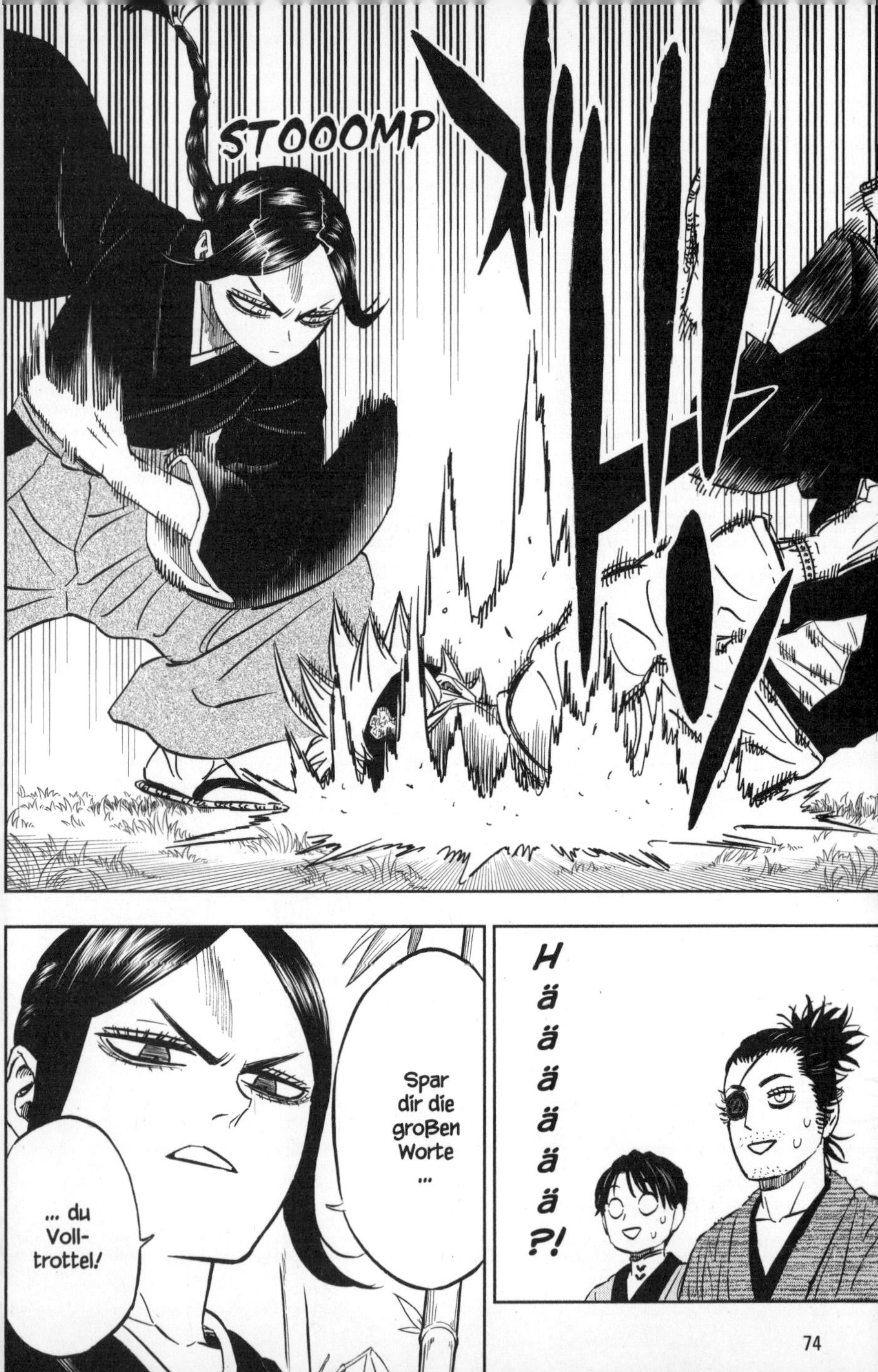
STOOOMP
Häääääää?!
Spar dir die großen Worte ...
... du Voll-trottel!

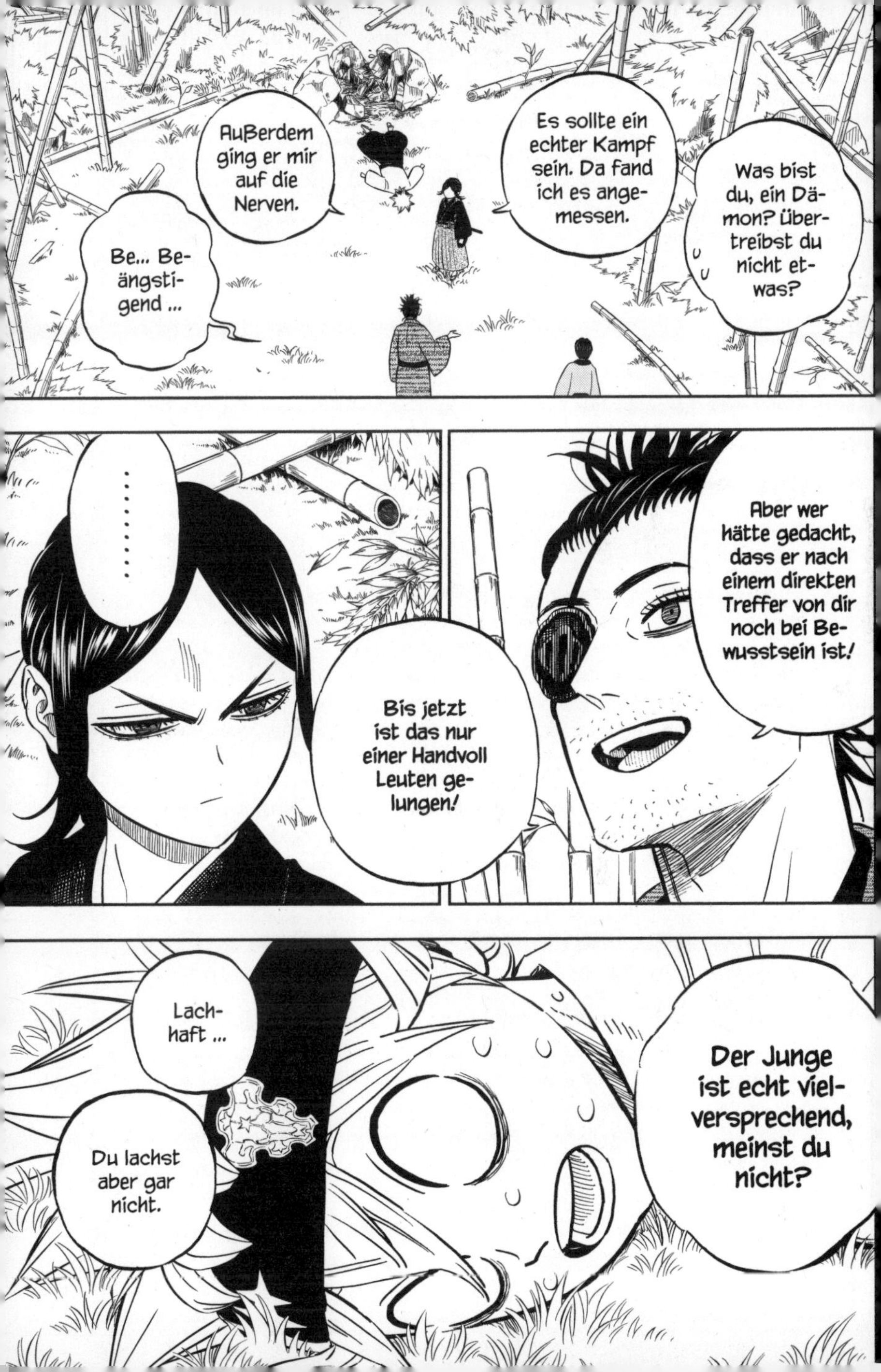
Was bist du, ein Dämon? übertreibst du nicht etwas?
Es sollte ein echter Kampf sein. Da fand ich es angemessen.
Außerdem ging er mir auf die Nerven.
Be... Beängstigend ...
Aber wer hätte gedacht, dass er nach einem direkten Treffer von dir noch bei Bewusstsein ist!
Bis jetzt ist das nur einer Handvoll Leuten gelungen!
......
Der Junge ist echt vielversprechend, meinst du nicht?
Lachhaft ...
Du lachst aber gar nicht.

Aus Yûki Tabatas Nähkästchen ⑨

Als ich etwa zwanzig war, sollte ein 45-seitiger One Shot von mir in einer Extraausgabe der *Jump* (ehemals *Akamaru Jump*, heute *Jump Giga*) veröffentlicht werden. Mir blieben ungefähr zwei Monate bis zur Deadline, die mir von meinem Redakteur W-shi mitgeteilt worden war (Zumindest glaubte ich das.) ... Und so dachte ich mir: »Bis jetzt habe ich mir Zeit gelassen und länger für meine Entwürfe gebraucht ... Aber na ja, für eine wöchentliche Veröffentlichung muss mir das Zeichnen schneller von der Hand gehen. Wenn ich es also schaffe, jeden Tag eine Seite zu zeichnen, und mich nur auf den Entwurf konzentriere, kriege ich das locker hin!«, und fing an zu zeichnen. Für die erste Seite brauchte ich dann zwei Tage ... »Ach was, bei dieser Seite war der Hintergrund einfach tierisch aufwändig. Deswegen habe ich mit der ja auch angefangen.« Ich dachte, wenn ich erst mal mit den komplizierteren Entwürfen weitermachen würde, würde sich schon alles finden. »Oh, das dauert ja doch länger als gedacht ... Na ja, von jetzt an werde ich mich einfach noch mehr reinhängen. Ab jetzt wird es super laufen!«. Nachdem es dann etwa die Hälfte der Zeit so weiterging, dachte ich mir: »Ähm, das ist gar nicht gut, oder? So schaffe ich es doch gar nicht rechtzeitig?!« Und obwohl ich eigentlich vorgehabt hatte, alles ganz allein zu machen, ließ ich mir dann von zwei guten Freunden, mit denen ich damals übertrieben viel Zeit verbrachte, bei den restlichen Hintergründen und der Feinarbeit helfen. Jeden Tag saßen wir bis spät bei mir zu Hause und schlugen uns die Nächte um die Ohren, während wir Sätze aus *Prinzessin Mononoke* rezitierten. Vielen Dank noch mal!

Und dann brach schließlich der Morgen der Deadline heran. Ganz allein saß ich komplett ausgetrocknet auf dem Sofa im Wohnzimmer, ließ mich von der Morgensonne bescheinen und hatte das Gefühl zu schmelzen. In meinem Kopf war nur: »Es fehlen immer noch ein paar Seiten ... Es ist physikalisch komplett unmöglich, das noch zu schaffen!«, und ich verzweifelte allmählich.

Weiter geht's in Teil ⑩

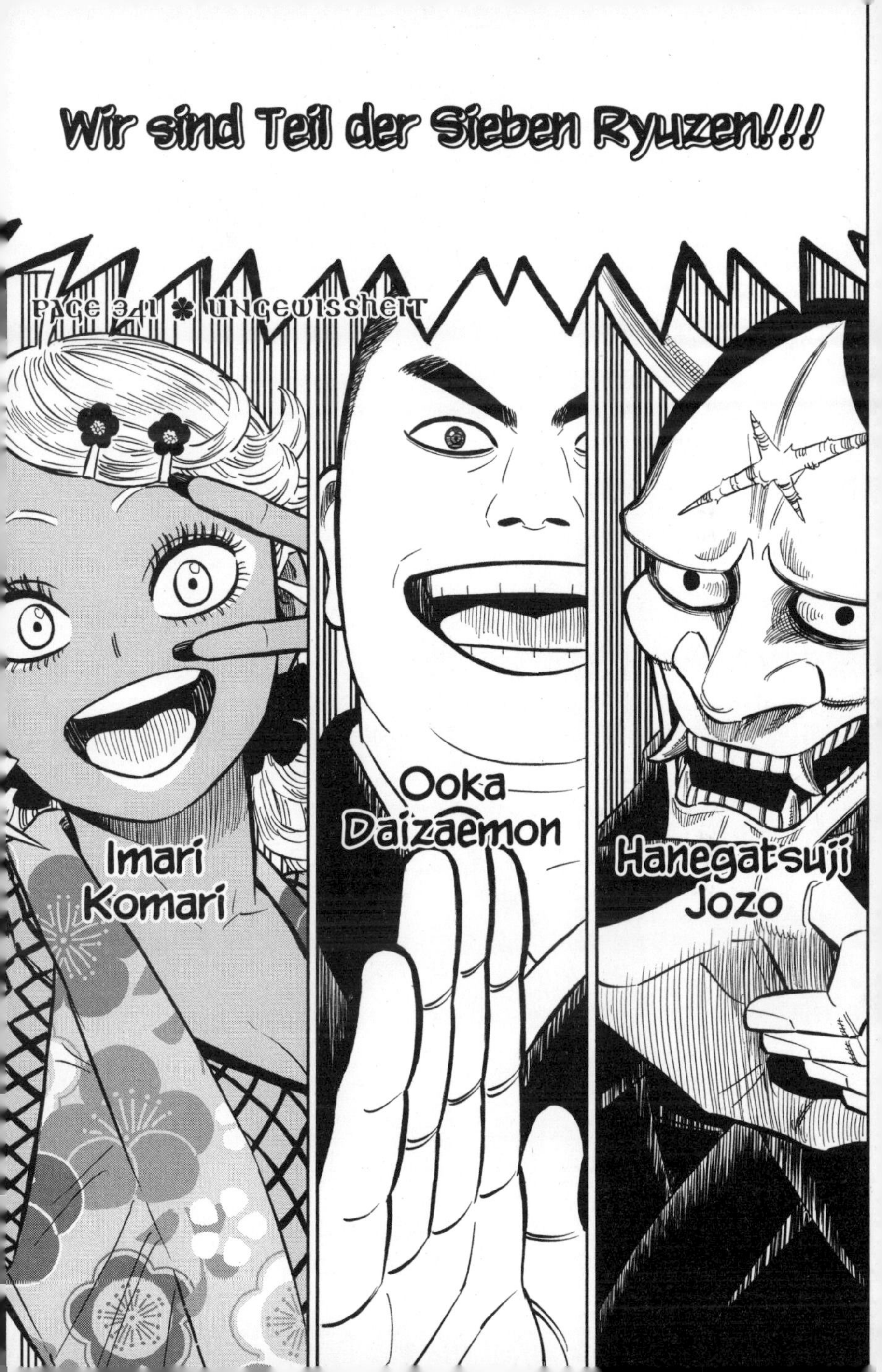
Wir sind Teil der Sieben Ryuzen!!!
Page 341 ✿ Ungewissheit
Imari Komari
Ooka Daizaemon
Hanegatsuji Jozo

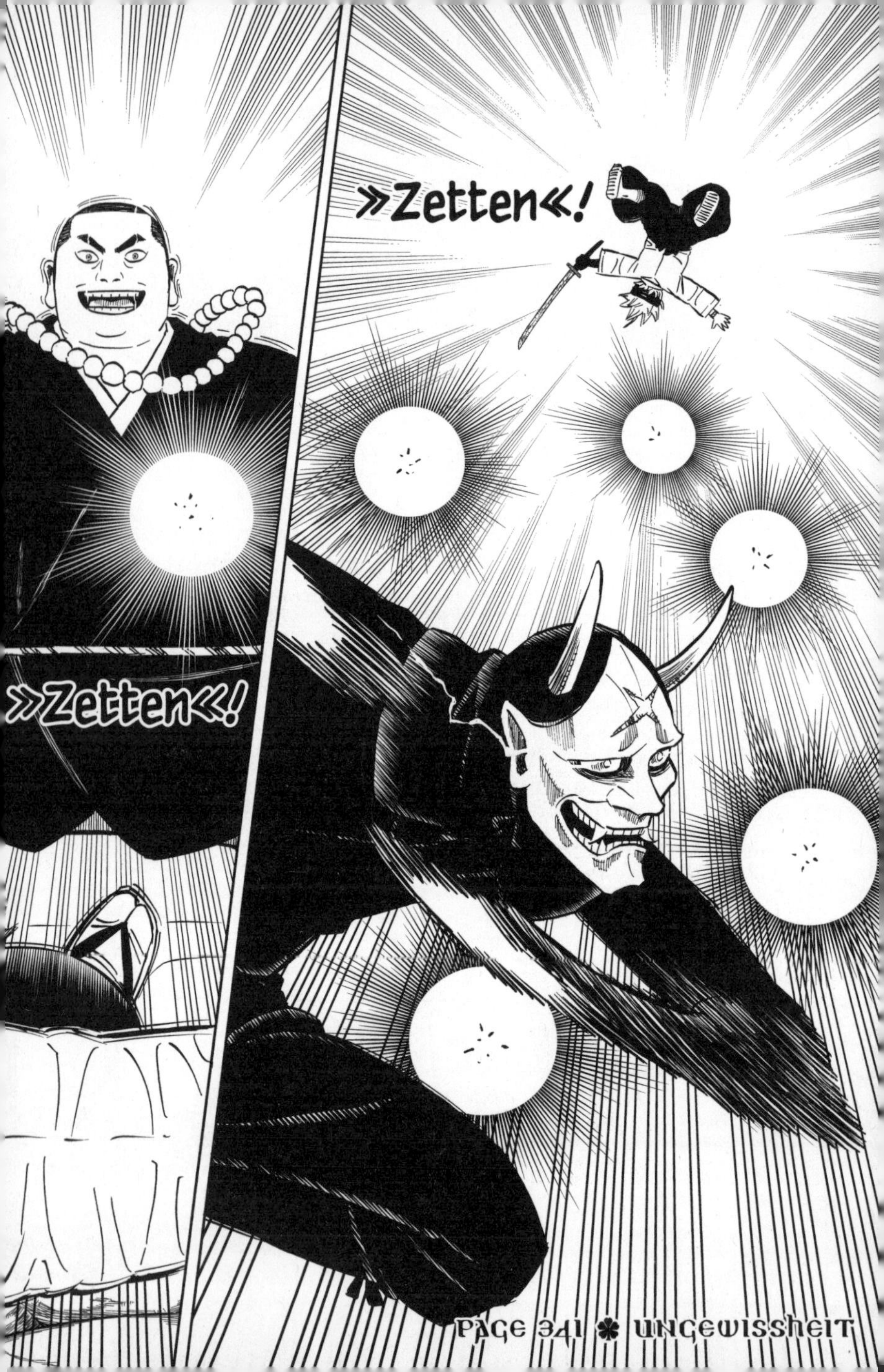
»Zetten«!
»Zetten«!
PAGE 341 ❀ UNGEWISSHEIT

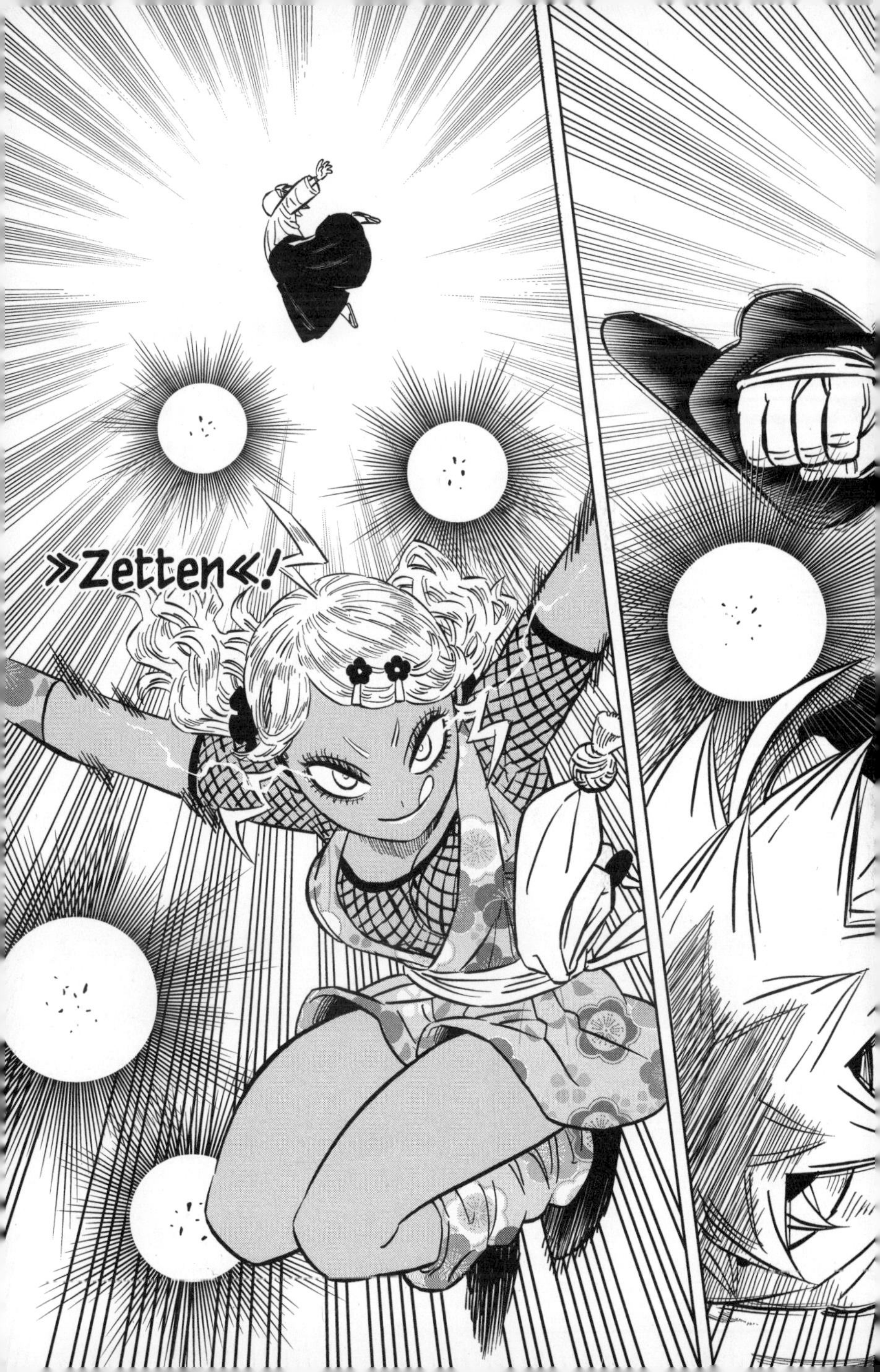
»Zetten«!

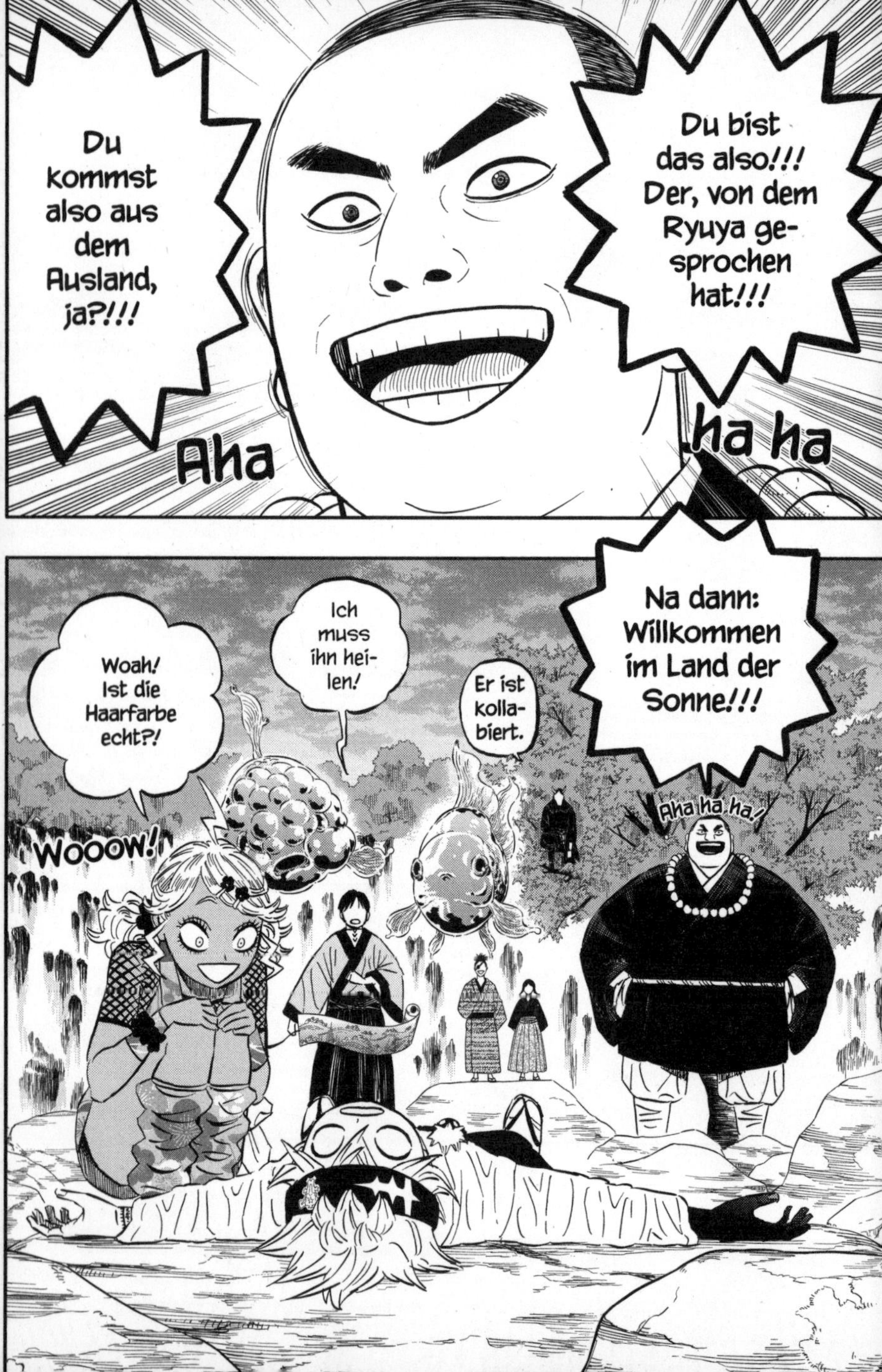
Du bist das also!!! Der, von dem Ryuya gesprochen hat!!!
Du kommst also aus dem Ausland, ja?!!!
ha ha
Aha
Na dann: Willkommen im Land der Sonne!!!
Aha ha ha!
Er ist kollabiert.
Ich muss ihn heilen!
Woah! Ist die Haarfarbe echt?!
WOOOW!

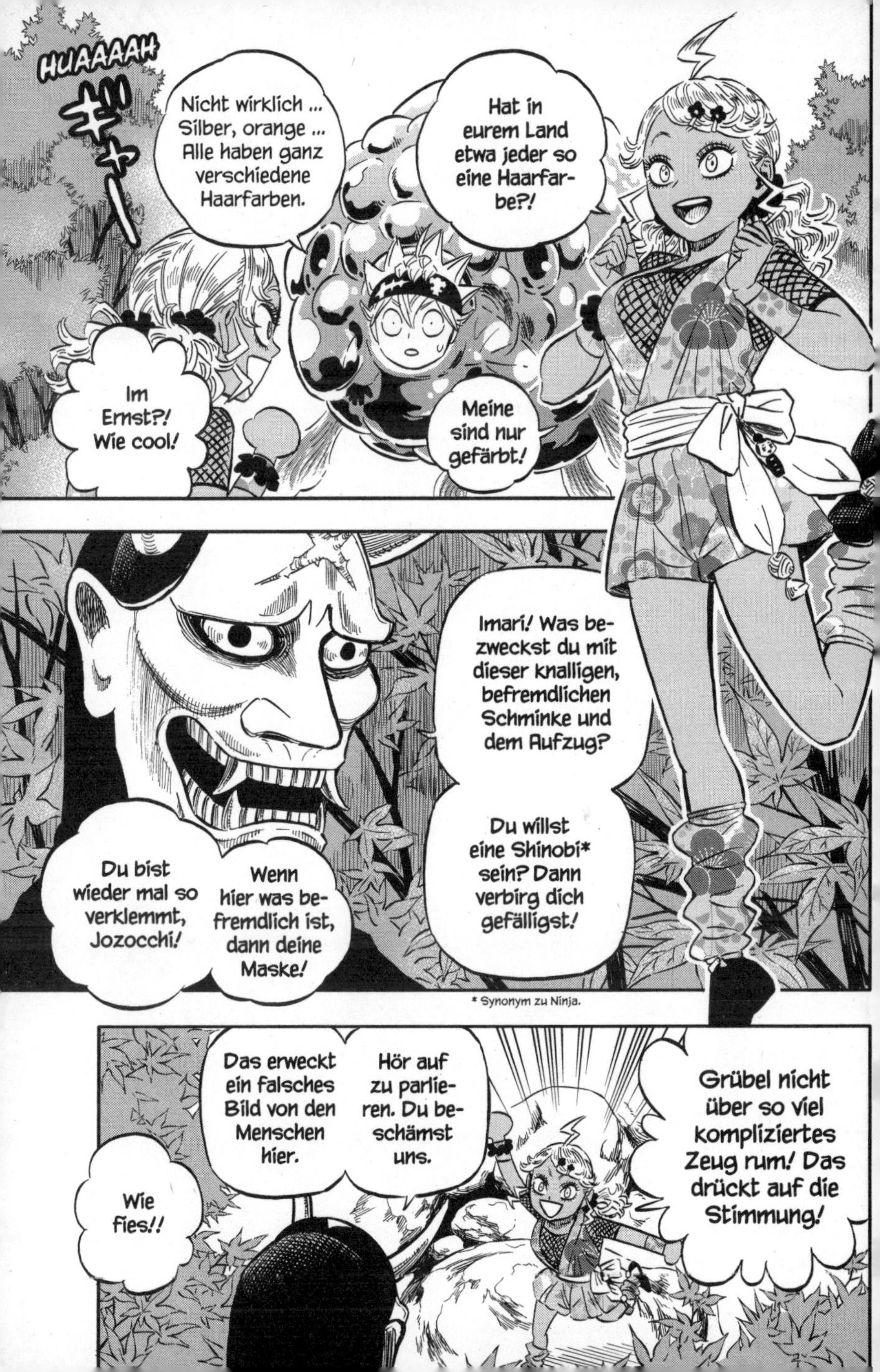

* Synonym zu Ninja.

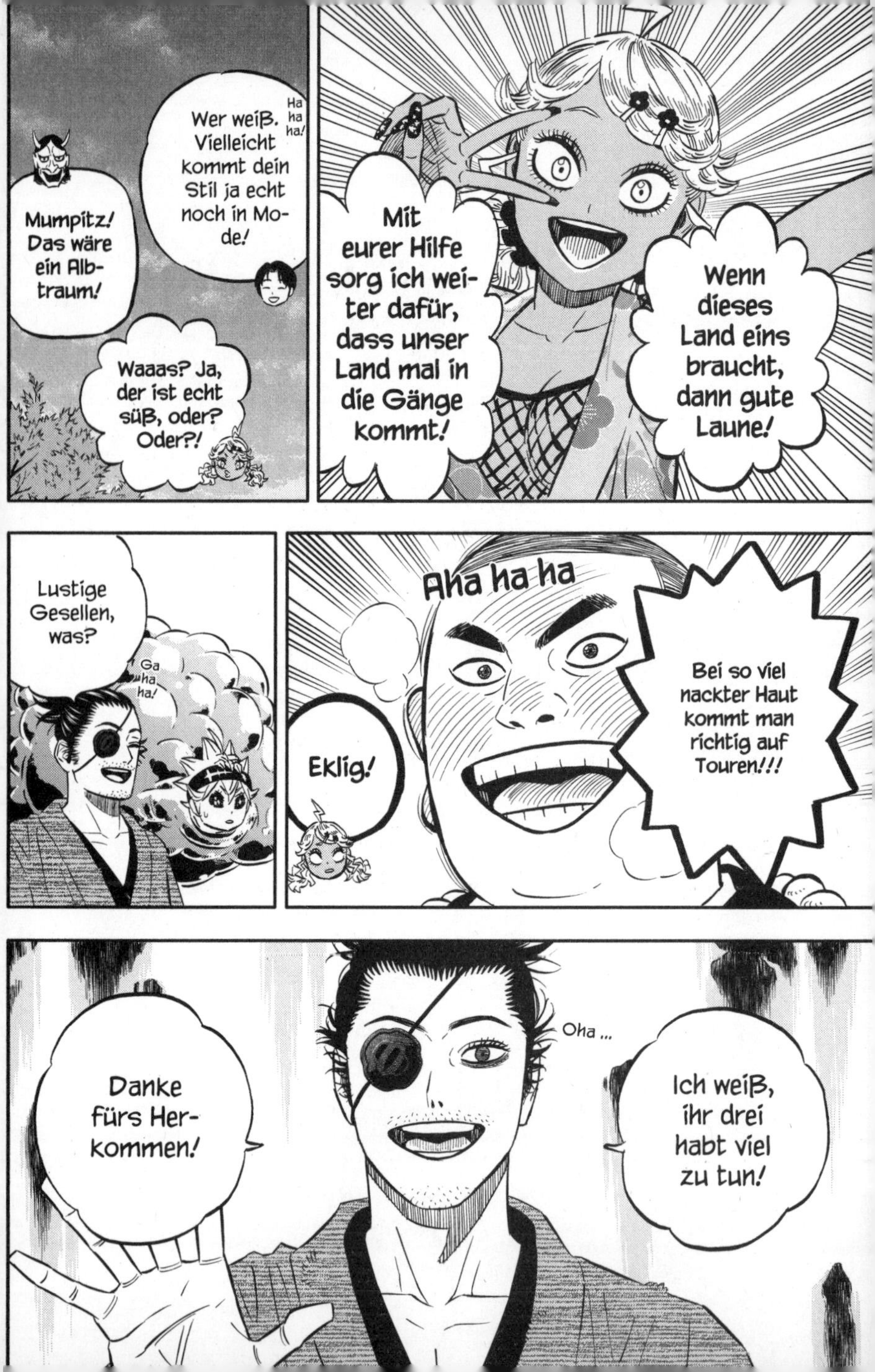
Wenn dieses Land eins braucht, dann gute Laune!
Mit eurer Hilfe sorg ich weiter dafür, dass unser Land mal in die Gänge kommt!
Wer weiß. Vielleicht kommt dein Stil ja echt noch in Mode!
Ha ha ha!
Mumpitz! Das wäre ein Albtraum!
Waaas? Ja, der ist echt süß, oder? Oder?!
Aha ha ha
Bei so viel nackter Haut kommt man richtig auf Touren!!!
Eklig!
Lustige Gesellen, was?
Ga ha ha!
Ich weiß, ihr drei habt viel zu tun!
Oha ...
Danke fürs Herkommen!

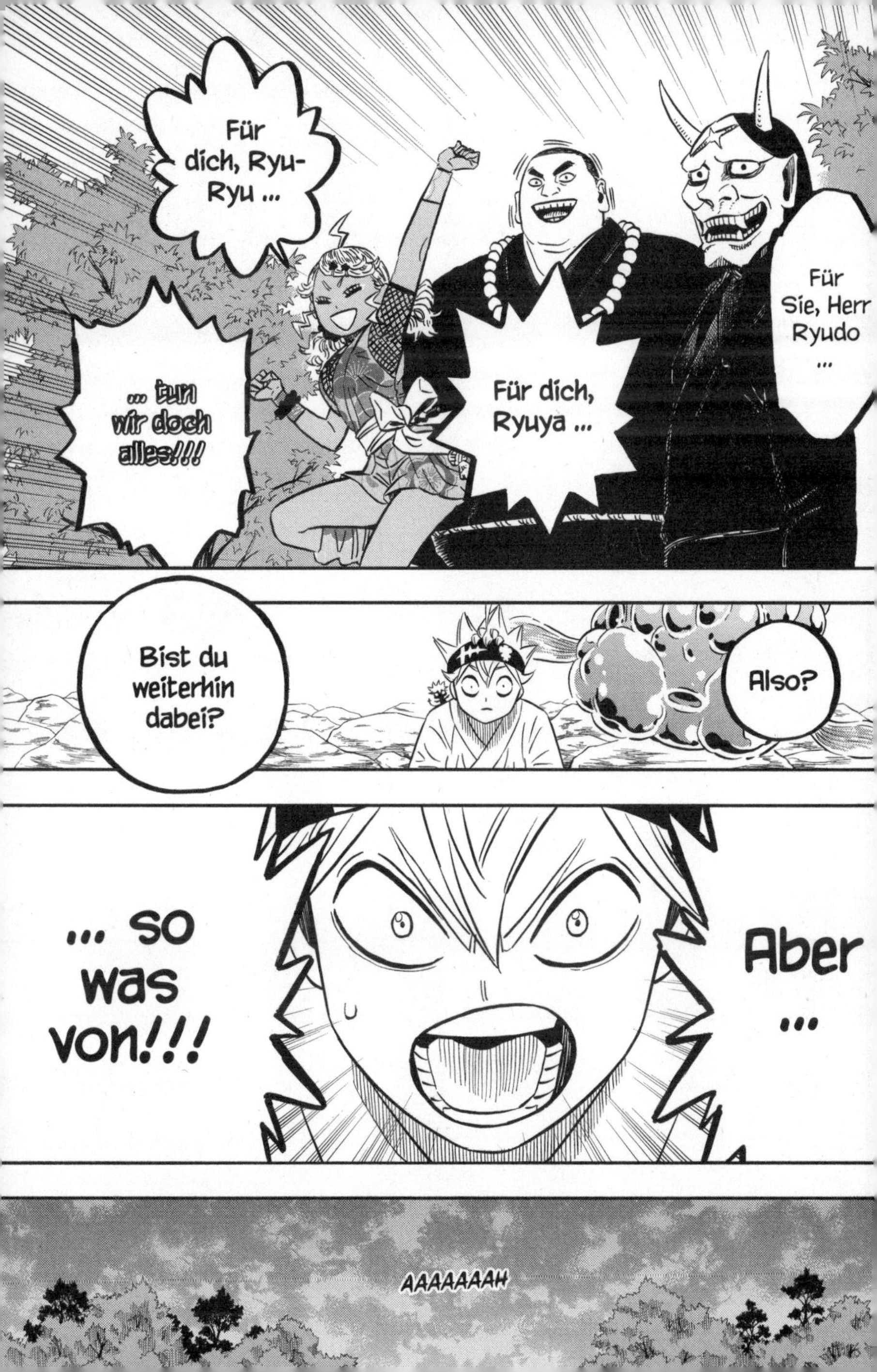

Für Sie, Herr Ryudo ...
Für dich, Ryuya ...
Für dich, Ryu-Ryu ...
... tun wir doch alles!!!
Also?
Bist du weiterhin dabei?
Aber ...
... so was von!!!
AAAAAAAH

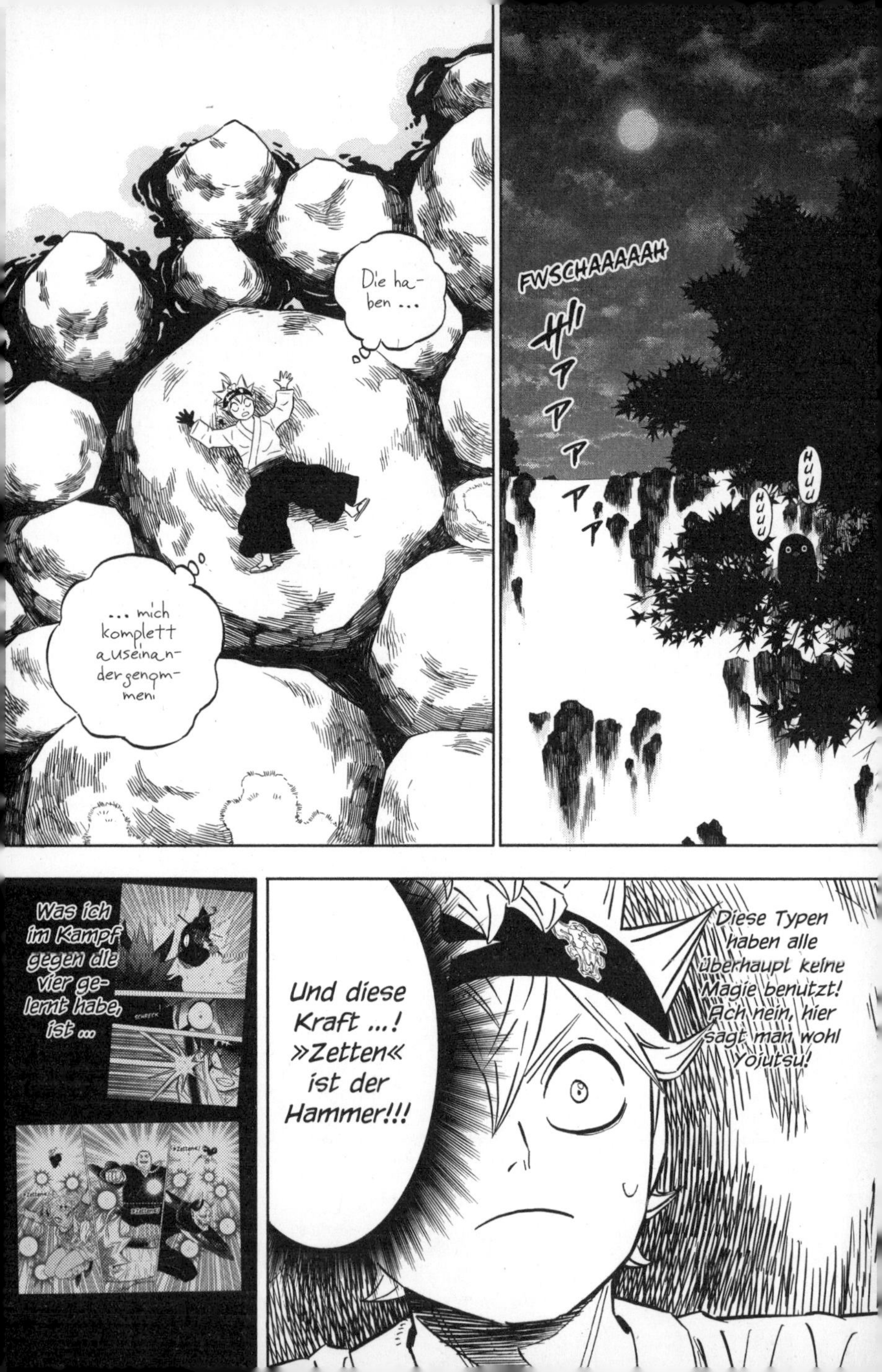
FWSCHAAAAAH
Huuu
Huuu
Die ha-ben ...
... mich komplett auseinan-dergenom-men!
Diese Typen haben alle überhaupt keine Magie benutzt! Ach nein, hier sagt man wohl Yojutsu!
Und diese Kraft ...! »Zetten« ist der Hammer!!!
Was ich im Kampf gegen die vier ge-lernt habe, ist ...

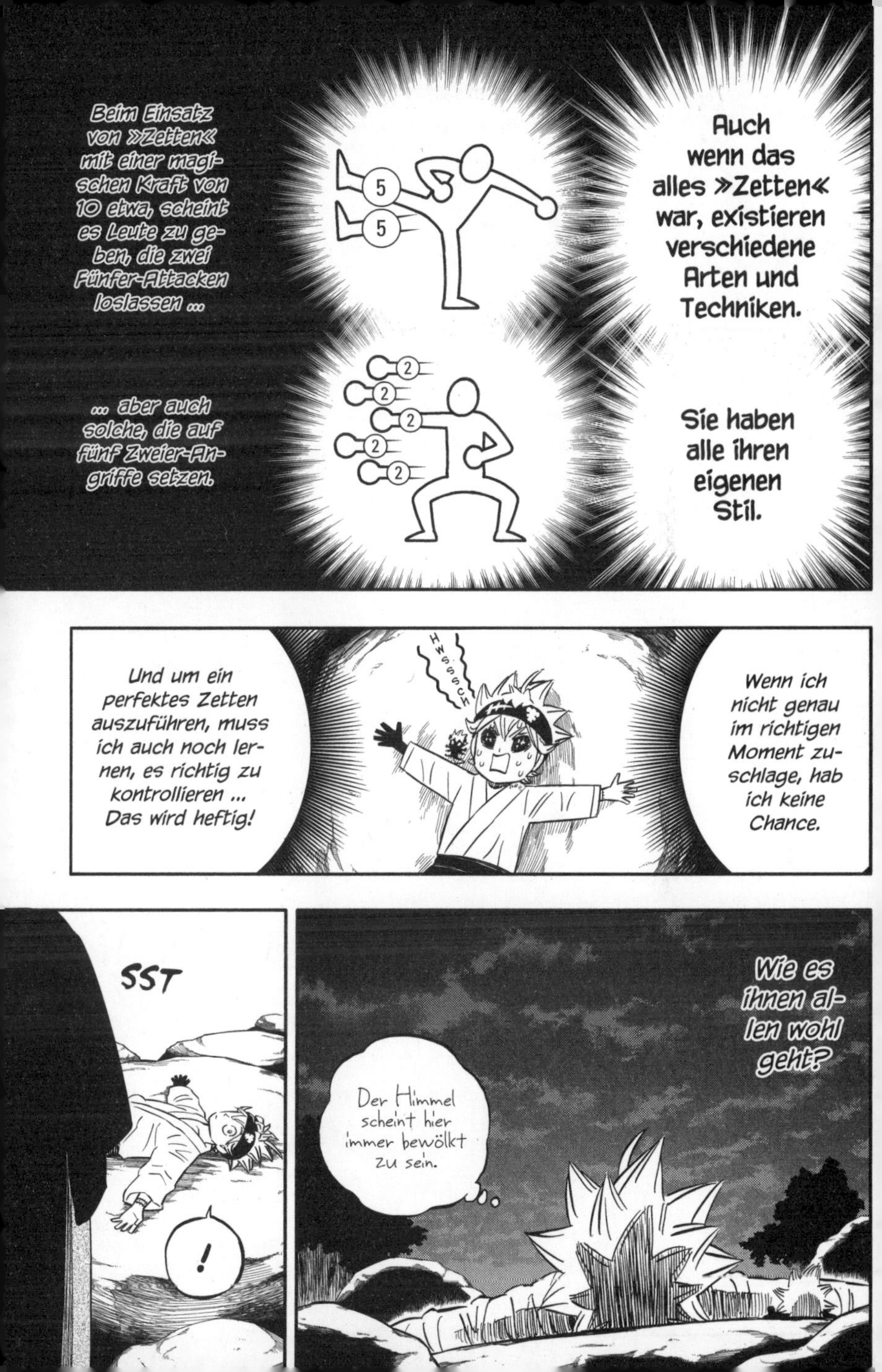
Auch wenn das alles »Zetten« war, existieren verschiedene Arten und Techniken.
Beim Einsatz von »Zetten« mit einer magischen Kraft von 10 etwa, scheint es Leute zu geben, die zwei Fünfer-Attacken loslassen ...
5
5
Sie haben alle ihren eigenen Stil.
... aber auch solche, die auf fünf Zweier-Angriffe setzen.
2
2
2
2
2
Wenn ich nicht genau im richtigen Moment zuschlage, hab ich keine Chance.
HWSSSCH
Und um ein perfektes Zetten auszuführen, muss ich auch noch lernen, es richtig zu kontrollieren ... Das wird heftig!
Wie es ihnen allen wohl geht?
Der Himmel scheint hier immer bewölkt zu sein.
SST
!

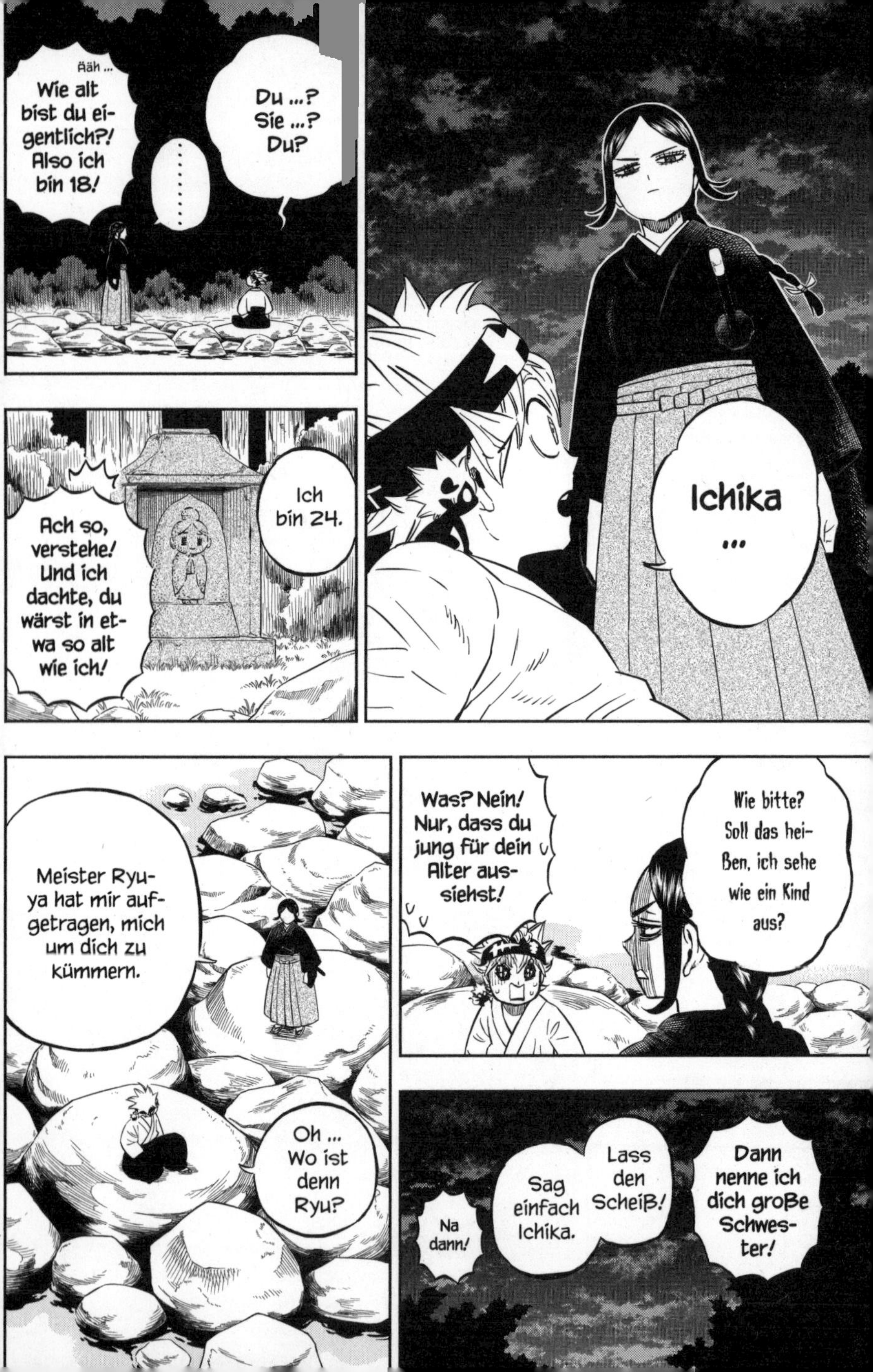
Ichika …
Du …? Sie …? Du?
……
Ääh …
Wie alt bist du ei-gentlich?! Also ich bin 18!
Ich bin 24.
Ach so, verstehe! Und ich dachte, du wärst in et-wa so alt wie ich!
Wie bitte? Soll das hei-ßen, ich sehe wie ein Kind aus?
Was? Nein! Nur, dass du jung für dein Alter aus-siehst!
Dann nenne ich dich große Schwes-ter!
Lass den Scheiß!
Sag einfach Ichika.
Na dann!
Meister Ryu-ya hat mir auf-getragen, mich um dich zu kümmern.
Oh … Wo ist denn Ryu?

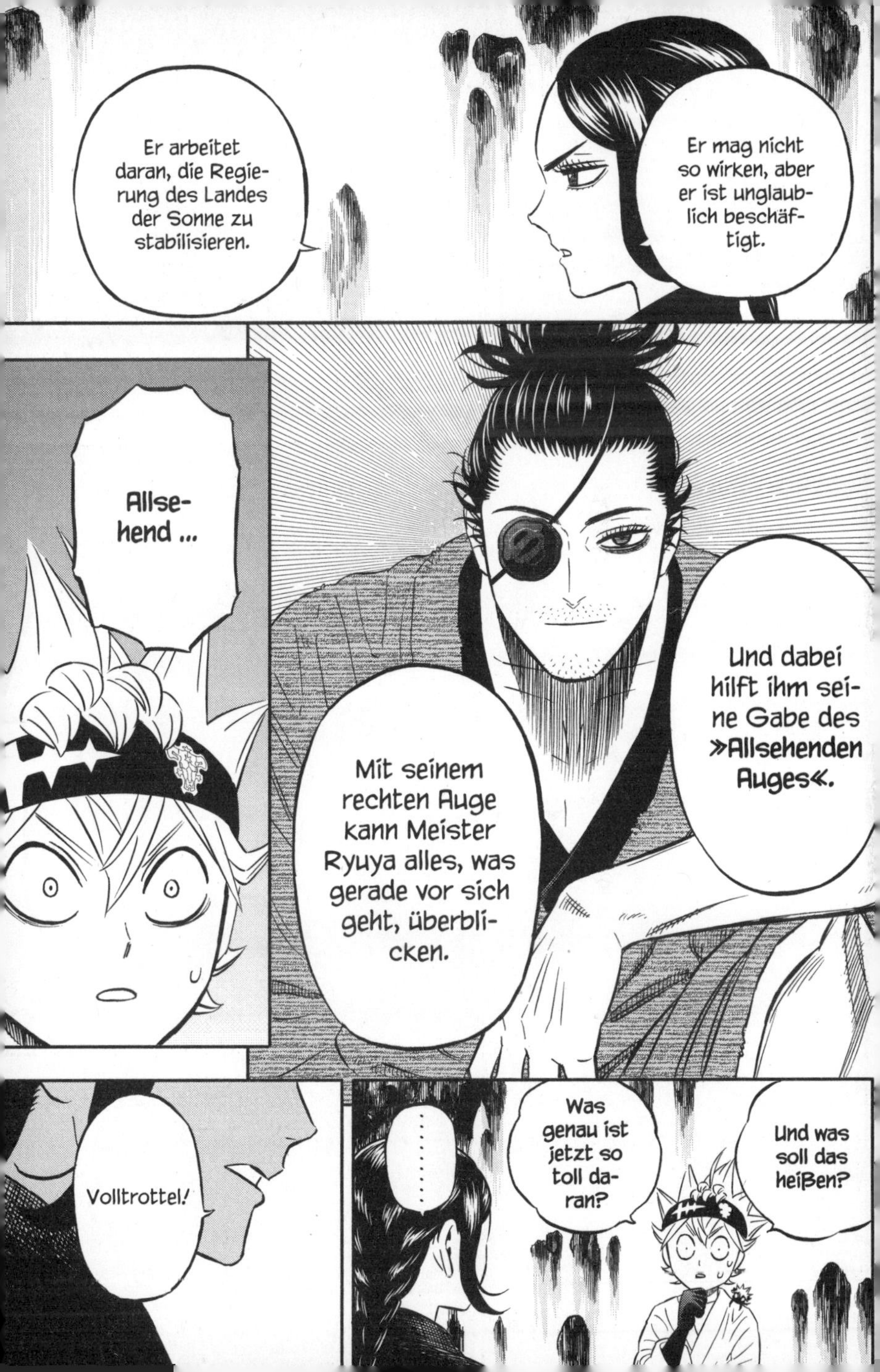
Er mag nicht so wirken, aber er ist unglaublich beschäftigt.
Er arbeitet daran, die Regierung des Landes der Sonne zu stabilisieren.
Und dabei hilft ihm seine Gabe des »Allsehenden Auges«.
Mit seinem rechten Auge kann Meister Ryuya alles, was gerade vor sich geht, überblicken.
Allsehend ...
Und was soll das heißen?
Was genau ist jetzt so toll daran?
……
Volltrottel!

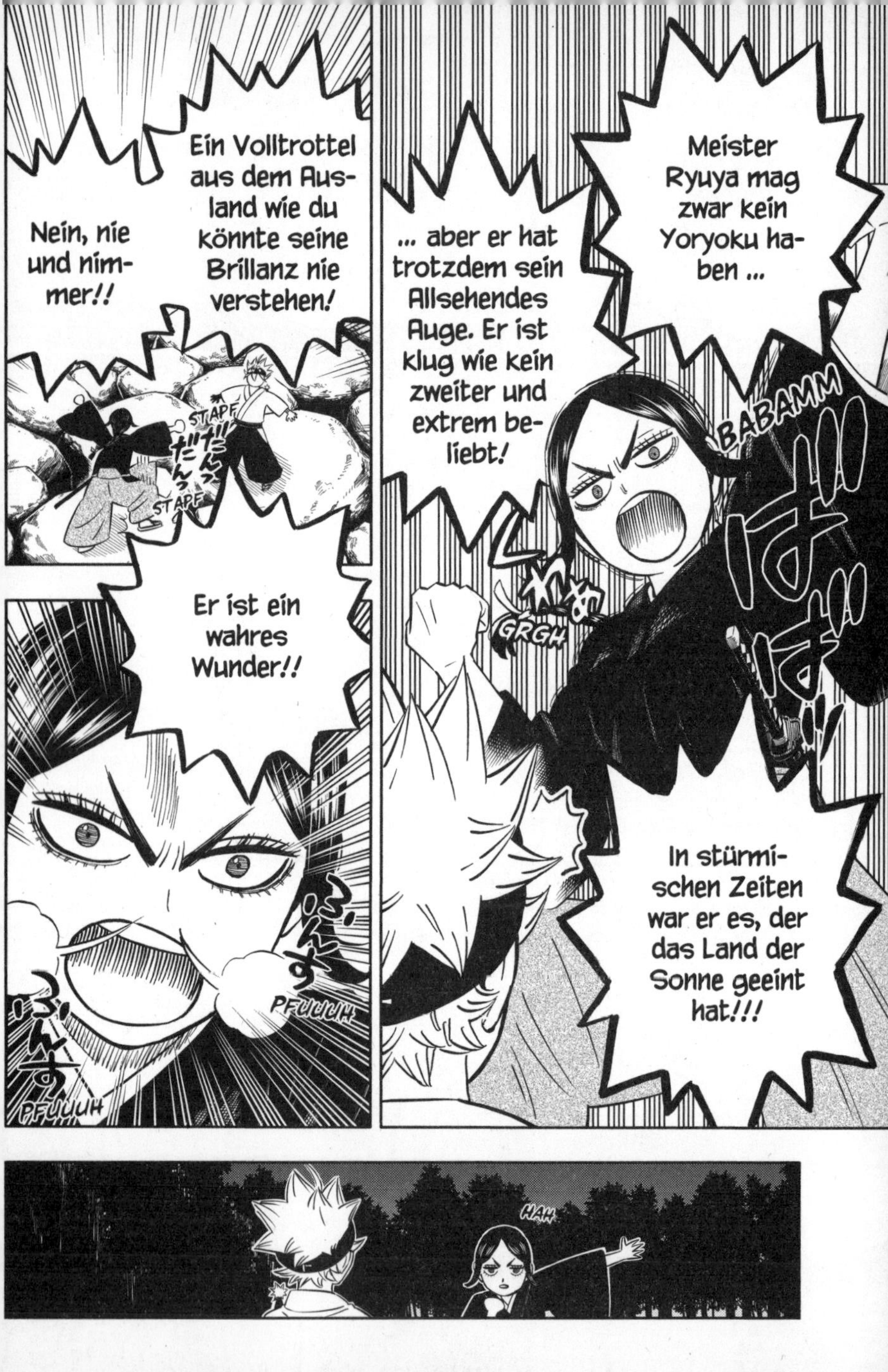
Meister Ryuya mag zwar kein Yoryoku haben ...
... aber er hat trotzdem sein Allsehendes Auge. Er ist klug wie kein zweiter und extrem beliebt!
BABAMM
GRGH
In stürmischen Zeiten war er es, der das Land der Sonne geeint hat!!!
Ein Volltrottel aus dem Ausland wie du könnte seine Brillanz nie verstehen!
Nein, nie und nimmer!!
STAPF
STAPF
Er ist ein wahres Wunder!!
PFUUUH
PFUUUH
HAH

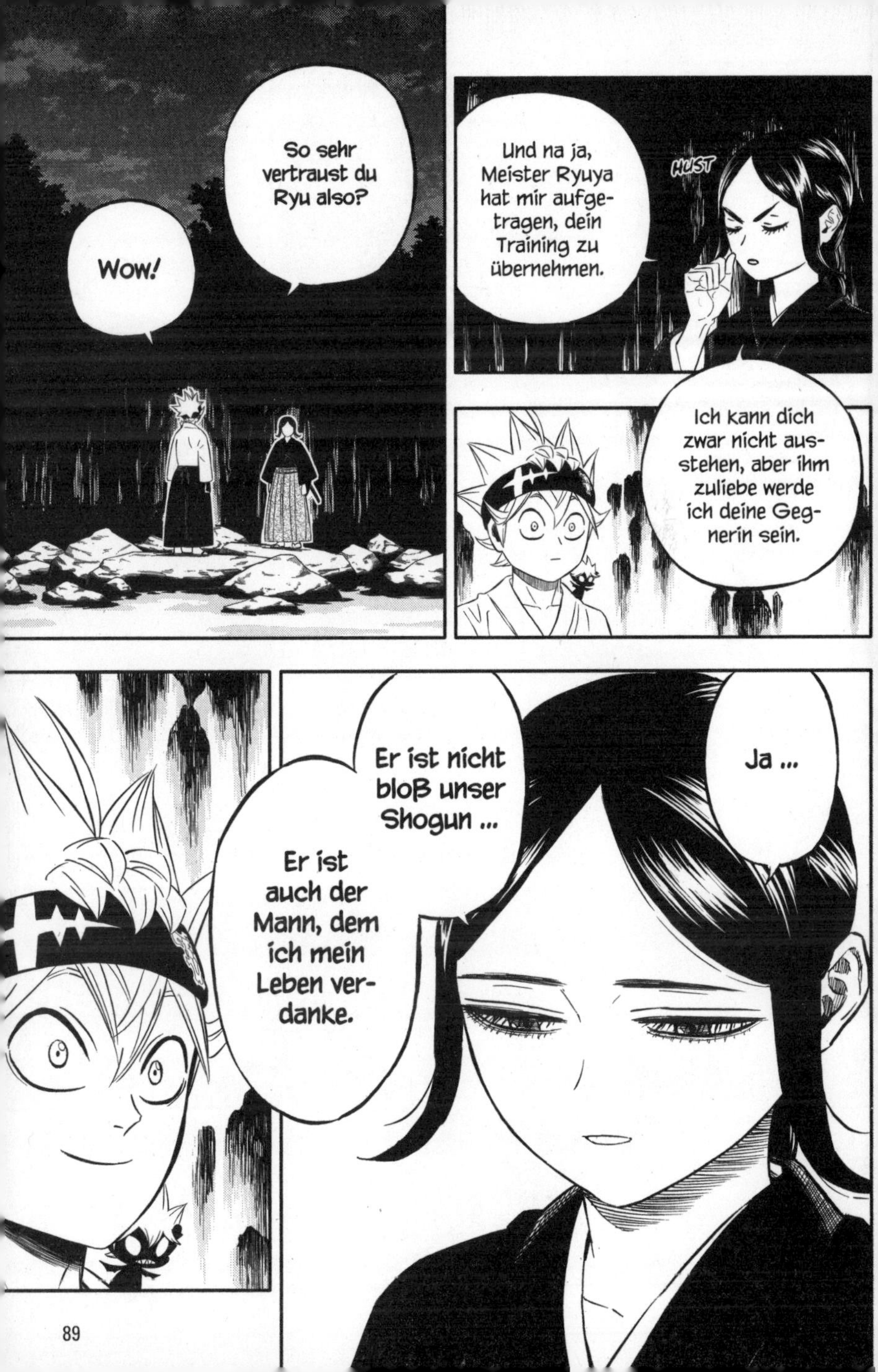
HUST
Und na ja, Meister Ryuya hat mir aufgetragen, dein Training zu übernehmen.
Ich kann dich zwar nicht ausstehen, aber ihm zuliebe werde ich deine Gegnerin sein.
So sehr vertraust du Ryu also?
Wow!
Ja ...
Er ist nicht bloß unser Shogun ...
Er ist auch der Mann, dem ich mein Leben verdanke.

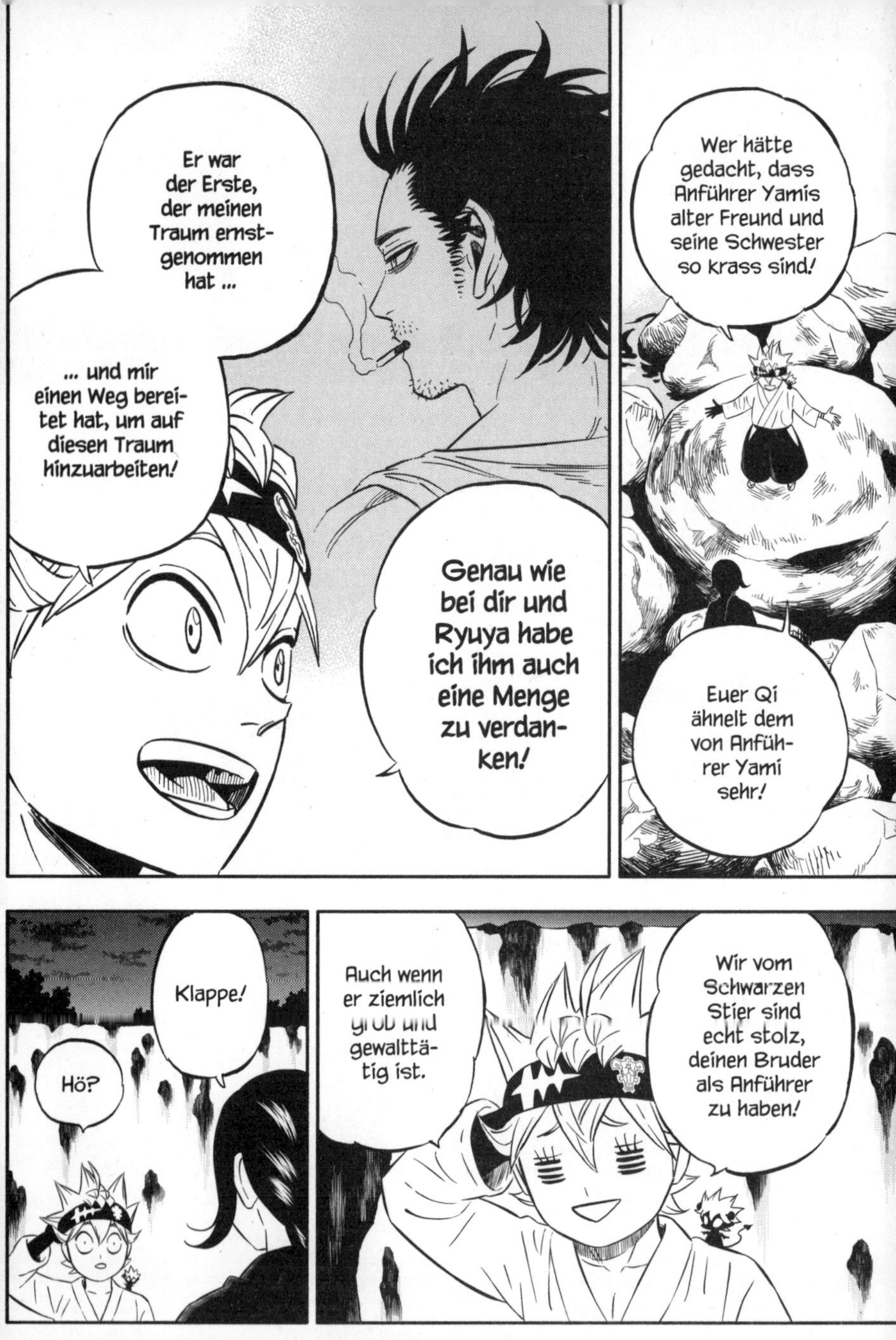
Wer hätte gedacht, dass Anführer Yamis alter Freund und seine Schwester so krass sind!
Euer Qi ähnelt dem von Anführer Yami sehr!
Er war der Erste, der meinen Traum ernstgenommen hat ...
... und mir einen Weg bereitet hat, um auf diesen Traum hinzuarbeiten!
Genau wie bei dir und Ryuya habe ich ihm auch eine Menge zu verdanken!
Wir vom Schwarzen Stier sind echt stolz, deinen Bruder als Anführer zu haben!
Auch wenn er ziemlich grob und gewalttätig ist.
Klappe!
Hö?

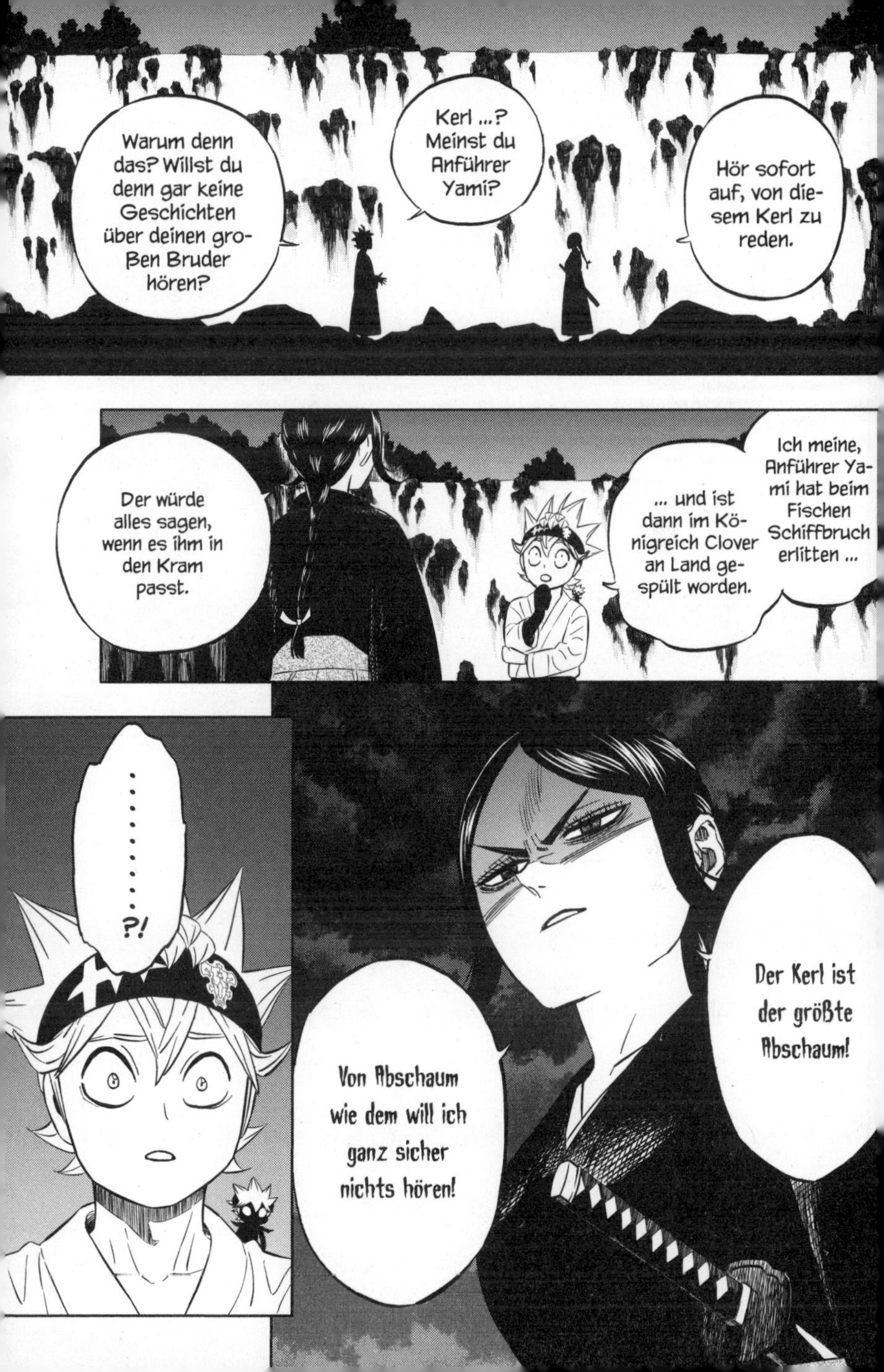
Hör sofort auf, von diesem Kerl zu reden.
Kerl ...? Meinst du Anführer Yami?
Warum denn das? Willst du denn gar keine Geschichten über deinen großen Bruder hören?
Ich meine, Anführer Yami hat beim Fischen Schiffbruch erlitten ...
... und ist dann im Königreich Clover an Land gespült worden.
Der würde alles sagen, wenn es ihm in den Kram passt.
Der Kerl ist der größte Abschaum!
Von Abschaum wie dem will ich ganz sicher nichts hören!
............?!

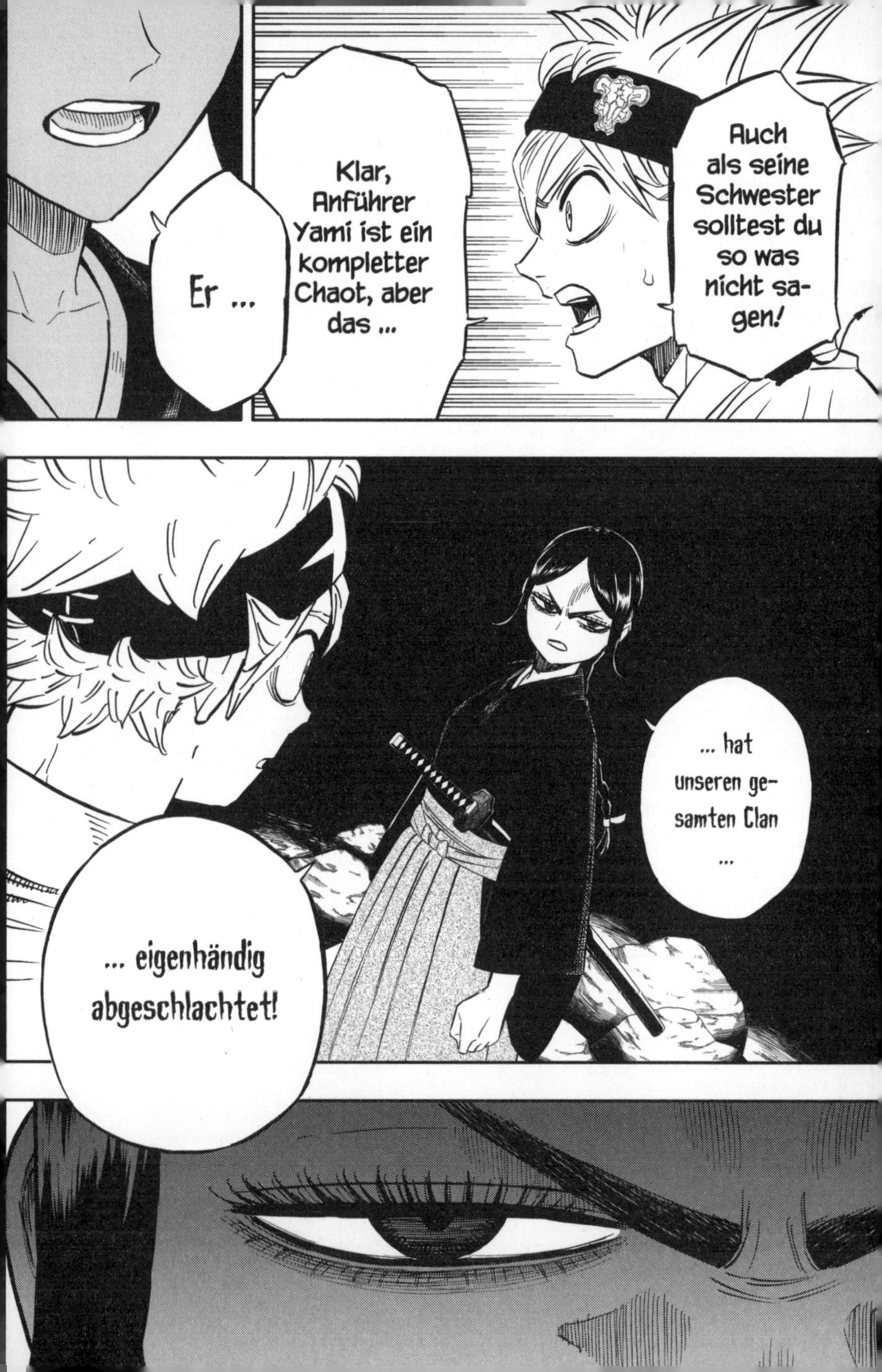
Auch als seine Schwester solltest du so was nicht sagen!
Klar, Anführer Yami ist ein kompletter Chaot, aber das ...
Er ...
... hat unseren gesamten Clan ...
... eigenhändig abgeschlachtet!

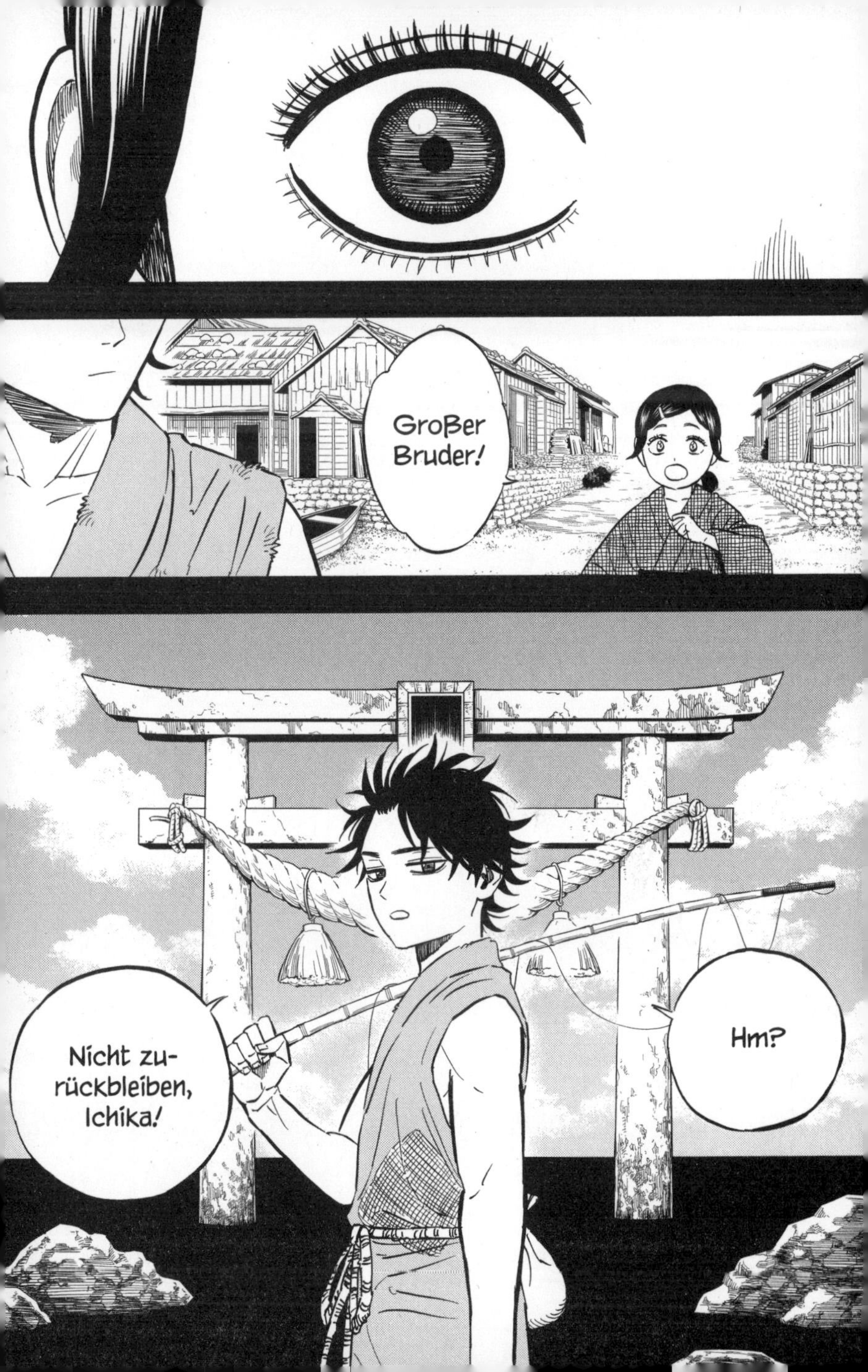
Großer Bruder!
Hm?
Nicht zurückbleiben, Ichika!

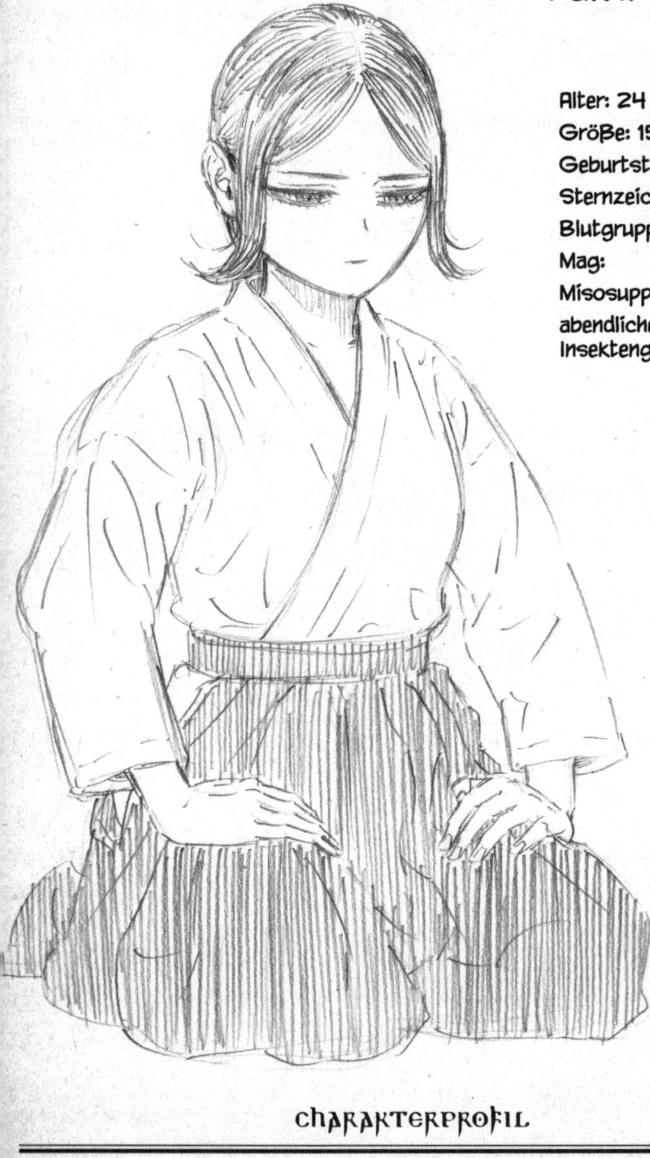

Yami Ichika

Alter: 24 Jahre
Größe: 156 cm
Geburtstag: 5. September
Sternzeichen: Stier
Blutgruppe: A
Mag:
Misosuppe mit Tofu,
abendliche
Insektengeräusche

CHARAKTERPROFIL

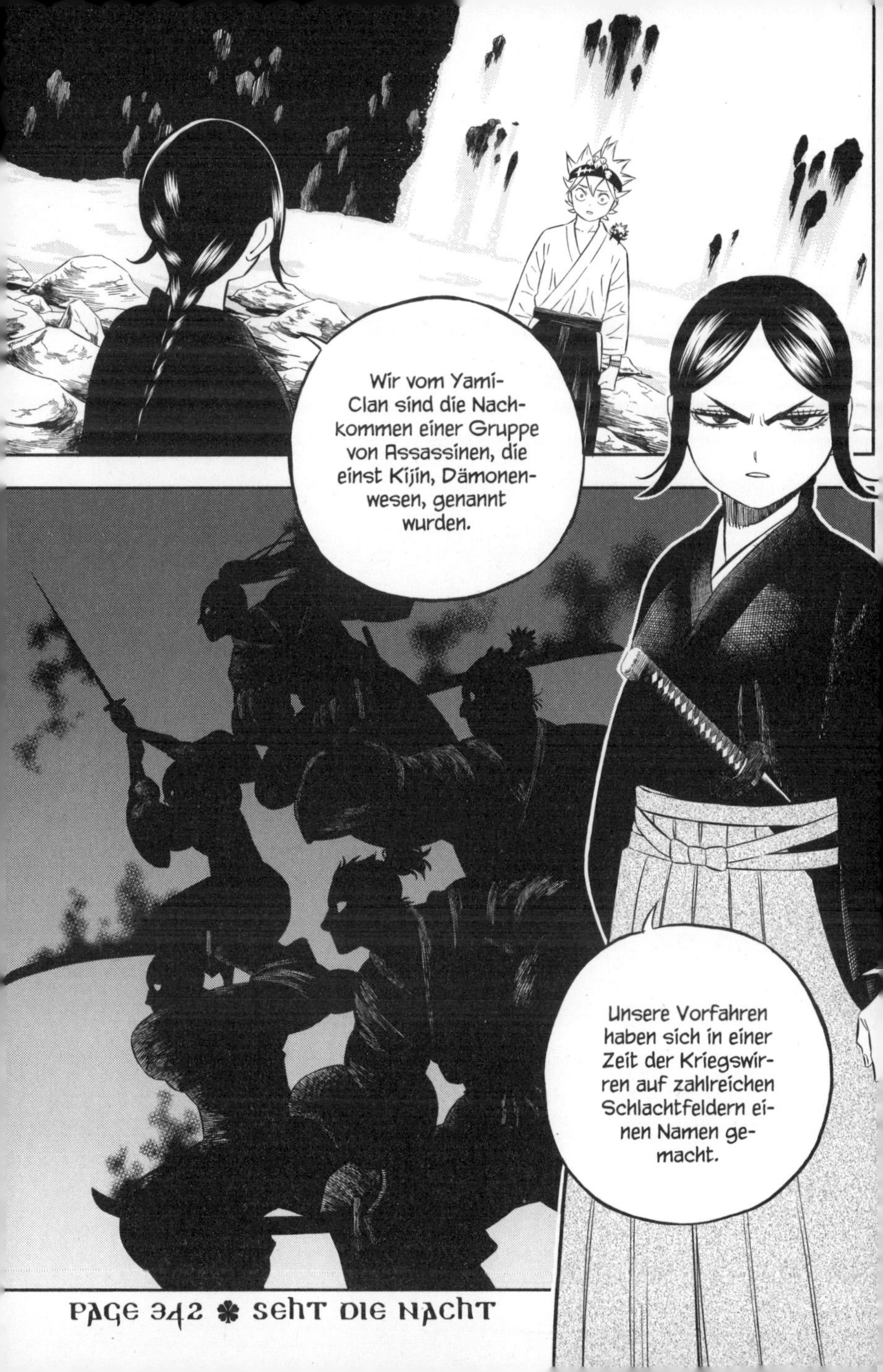

PAGE 342 ✿ SEHT DIE NACHT

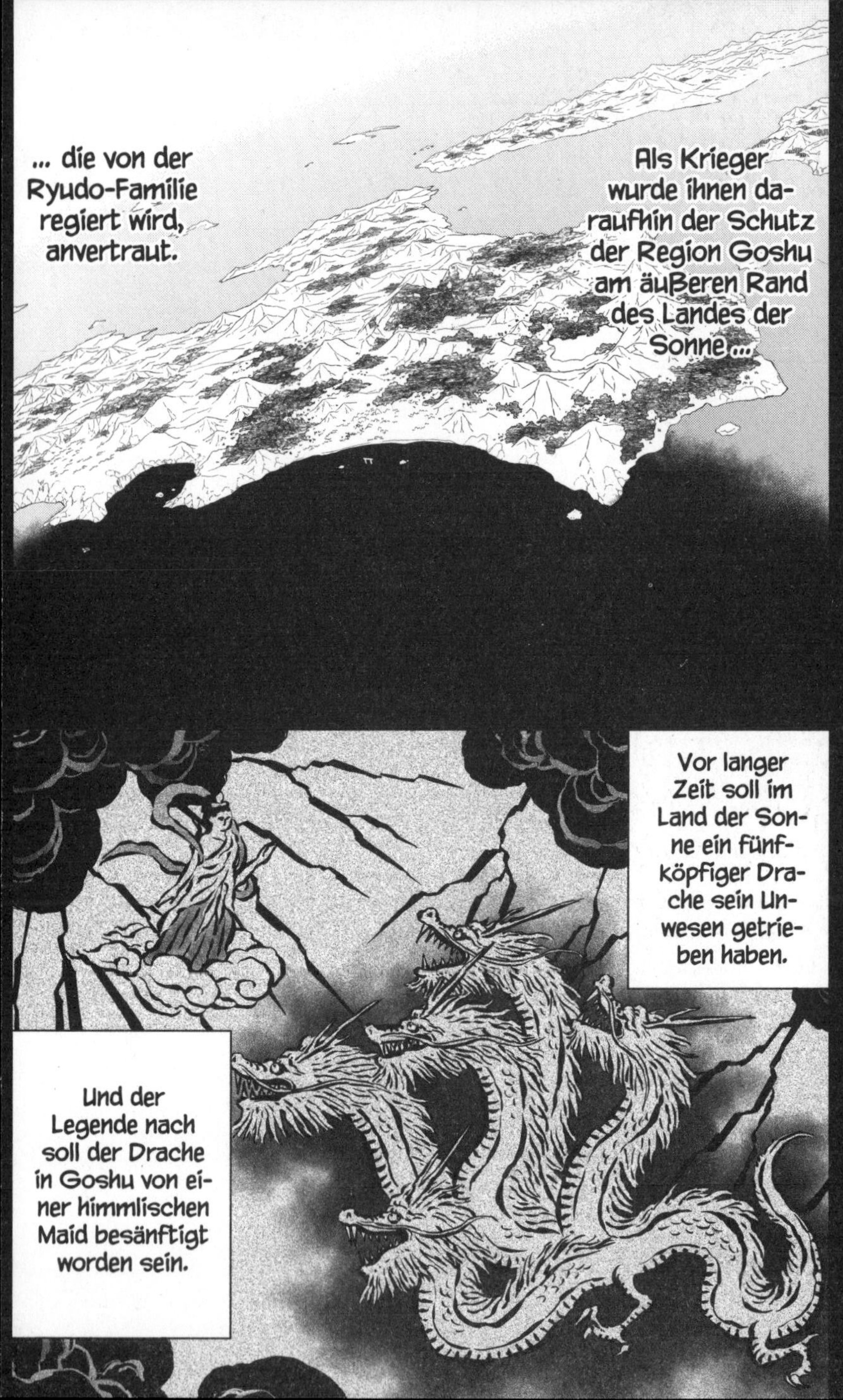
Als Krieger wurde ihnen daraufhin der Schutz der Region Goshu am äußeren Rand des Landes der Sonne ...
... die von der Ryudo-Familie regiert wird, anvertraut.
Vor langer Zeit soll im Land der Sonne ein fünfköpfiger Drache sein Unwesen getrieben haben.
Und der Legende nach soll der Drache in Goshu von einer himmlischen Maid besänftigt worden sein.

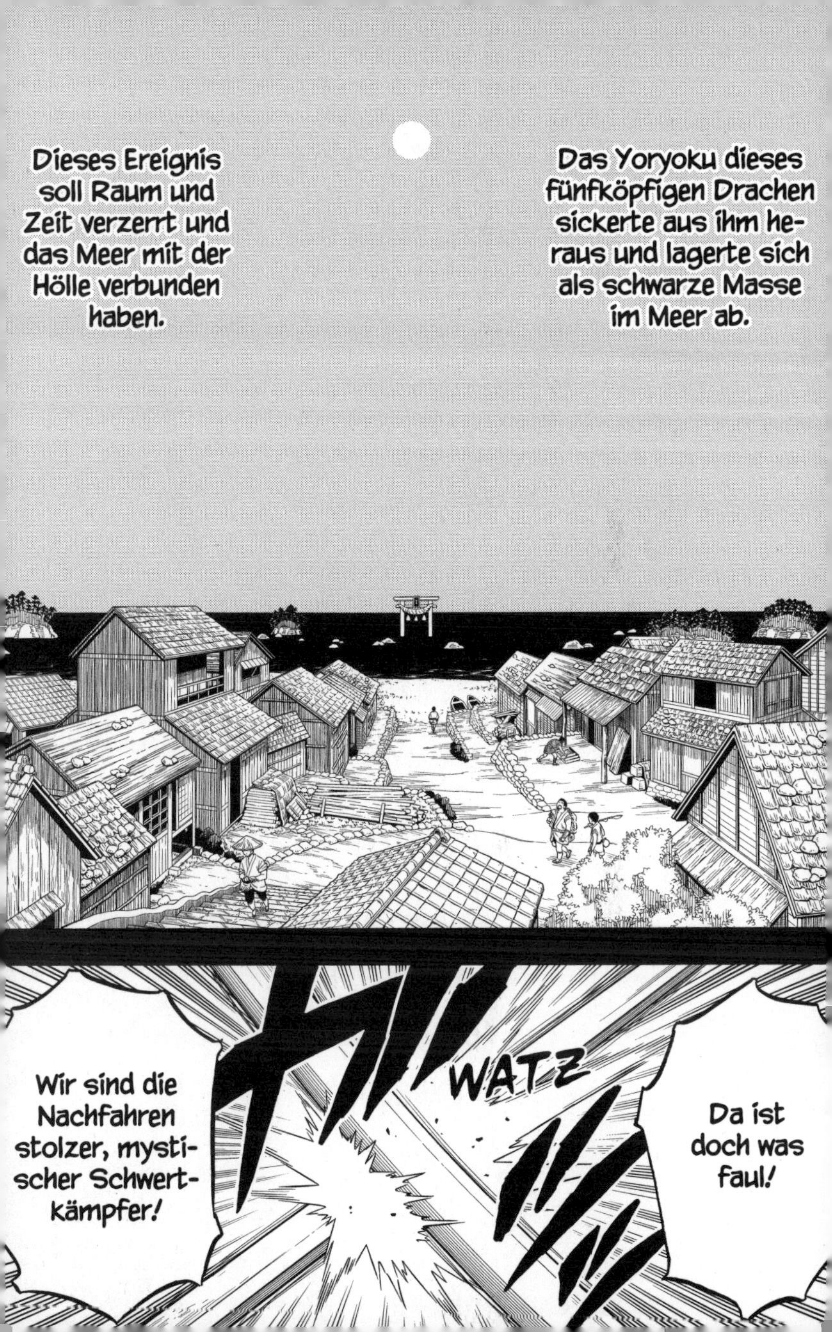
Das Yoryoku dieses fünfköpfigen Drachen sickerte aus ihm heraus und lagerte sich als schwarze Masse im Meer ab.
Dieses Ereignis soll Raum und Zeit verzerrt und das Meer mit der Hölle verbunden haben.
Da ist doch was faul!
WATZ
Wir sind die Nachfahren stolzer, mystischer Schwertkämpfer!

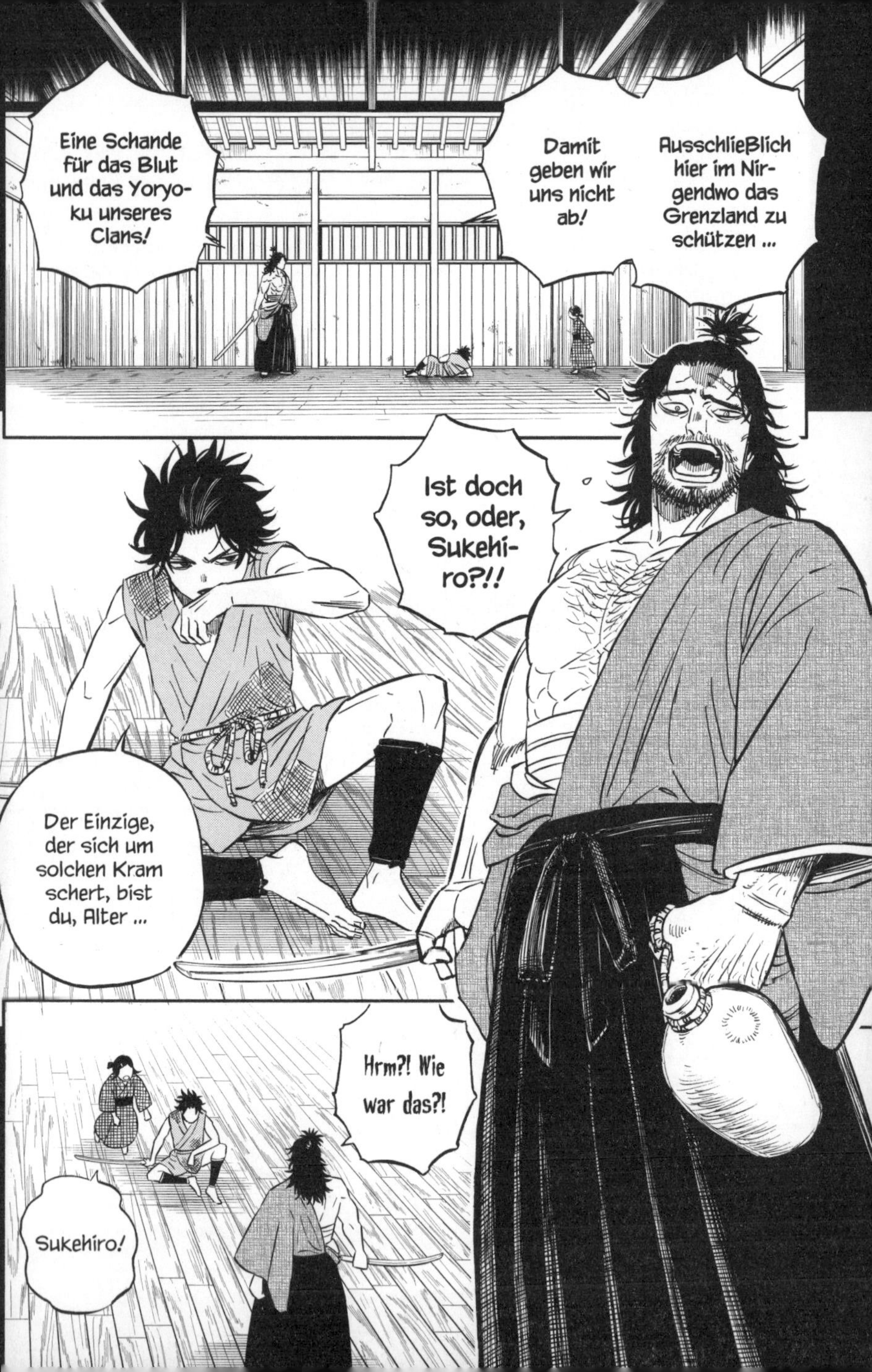
Ausschließlich hier im Nirgendwo das Grenzland zu schützen ...
Damit geben wir uns nicht ab!
Eine Schande für das Blut und das Yoryoku unseres Clans!
Ist doch so, oder, Sukehiro?!!
Der Einzige, der sich um solchen Kram schert, bist du, Alter ...
Hrm?! Wie war das?!
Sukehiro!

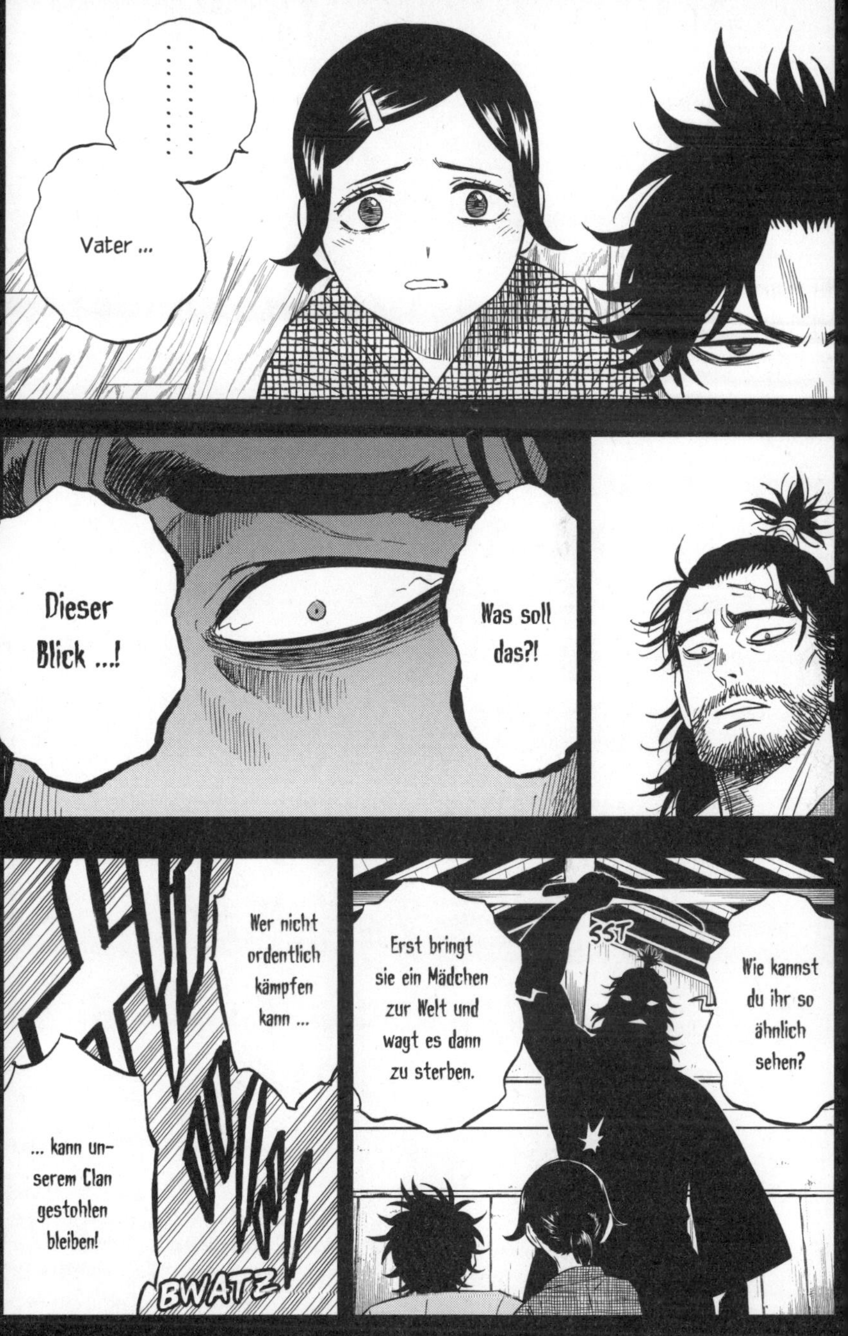
……
Vater …
Was soll das?!
Dieser Blick …!
Wie kannst du ihr so ähnlich sehen?
SST
Erst bringt sie ein Mädchen zur Welt und wagt es dann zu sterben.
Wer nicht ordentlich kämpfen kann …
… kann unserem Clan gestohlen bleiben!
BWATZ

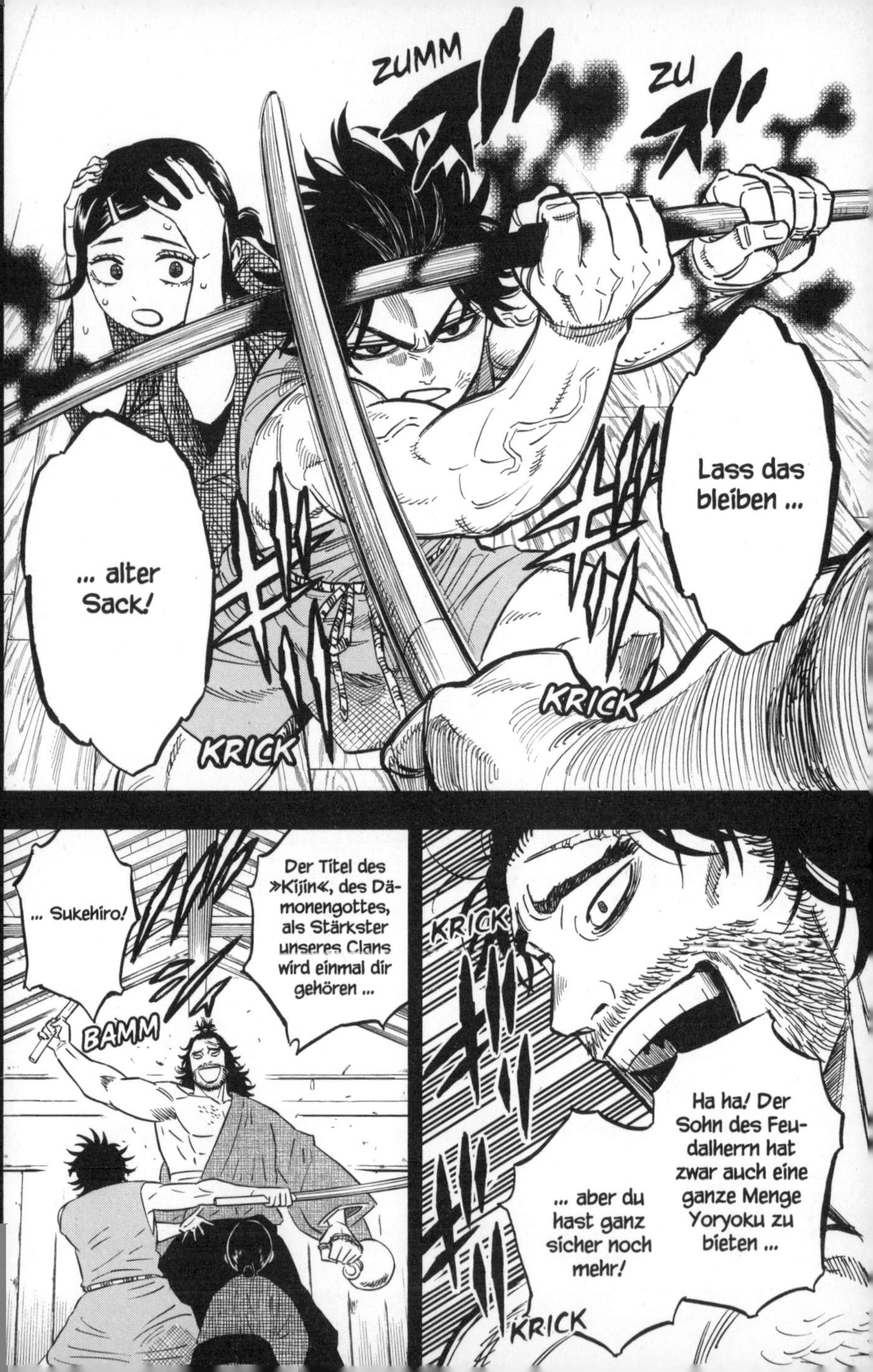
ZUMM
ZU
Lass das bleiben ...
... alter Sack!
KRICK
KRICK
KRICK
Ha ha! Der Sohn des Feudalherrn hat zwar auch eine ganze Menge Yoryoku zu bieten ...
... aber du hast ganz sicher noch mehr!
KRICK
Der Titel des »Kijin«, des Dämonengottes, als Stärkster unseres Clans wird einmal dir gehören ...
... Sukehiro!
BAMM

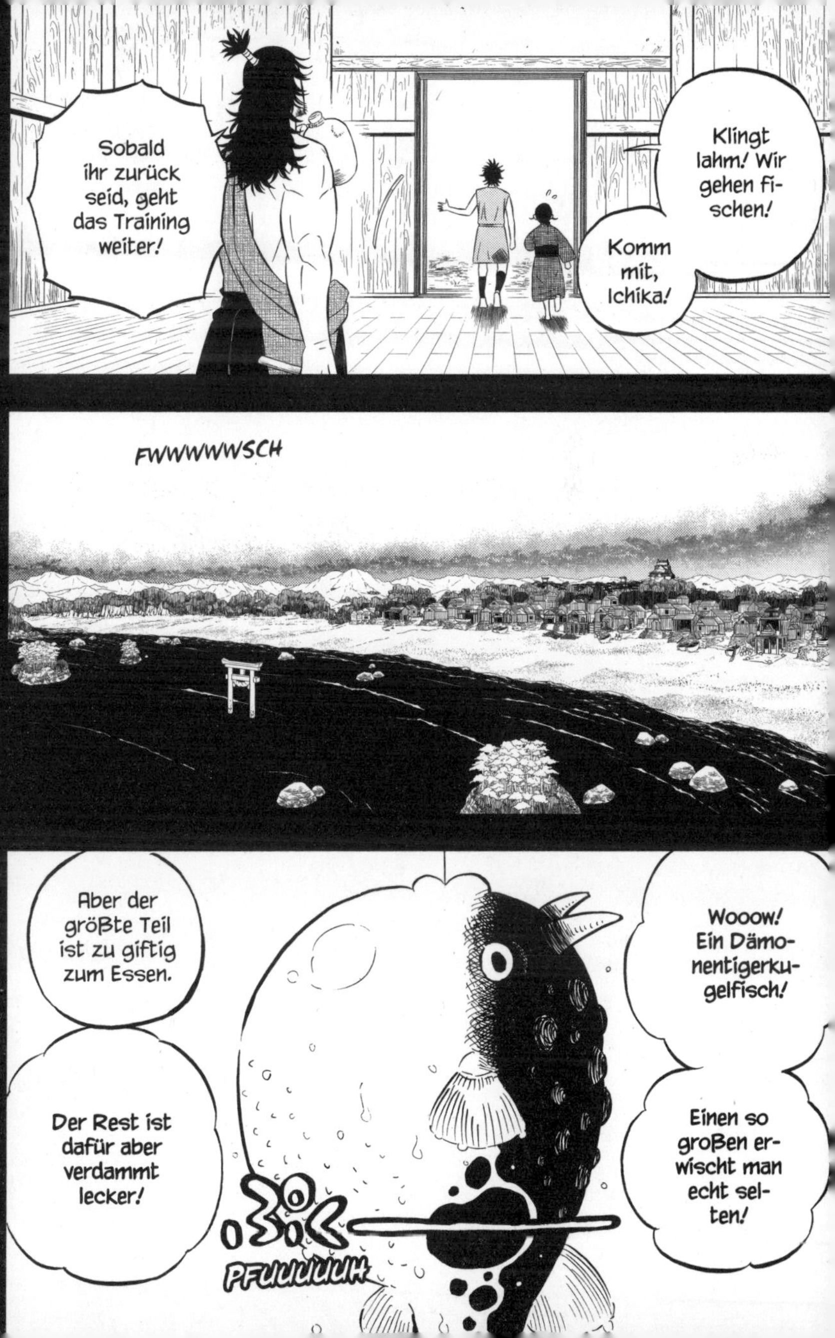
Klingt lahm! Wir gehen fischen!
Komm mit, Ichika!
Sobald ihr zurück seid, geht das Training weiter!
FWWWWWSCH
Wooow! Ein Dämonentigerkugelfisch!
Einen so großen erwischt man echt selten!
Aber der größte Teil ist zu giftig zum Essen.
Der Rest ist dafür aber verdammt lecker!
PFUUUUUH

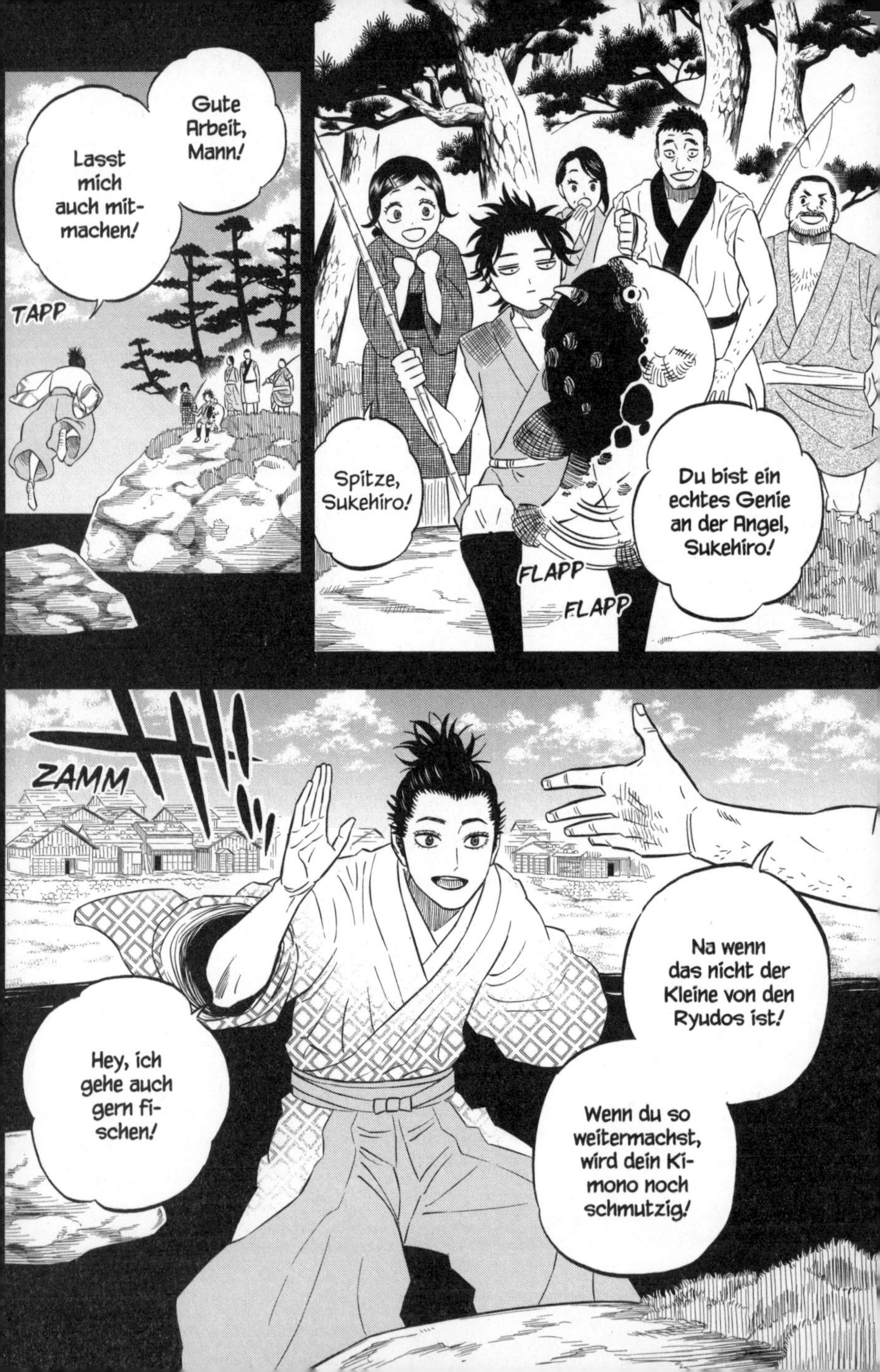
Du bist ein echtes Genie an der Angel, Sukehiro!
Spitze, Sukehiro!
FLAPP
FLAPP
Gute Arbeit, Mann!
Lasst mich auch mit-machen!
TAPP
ZAMM
Na wenn das nicht der Kleine von den Ryudos ist!
Wenn du so weitermachst, wird dein Ki-mono noch schmutzig!
Hey, ich gehe auch gern fi-schen!

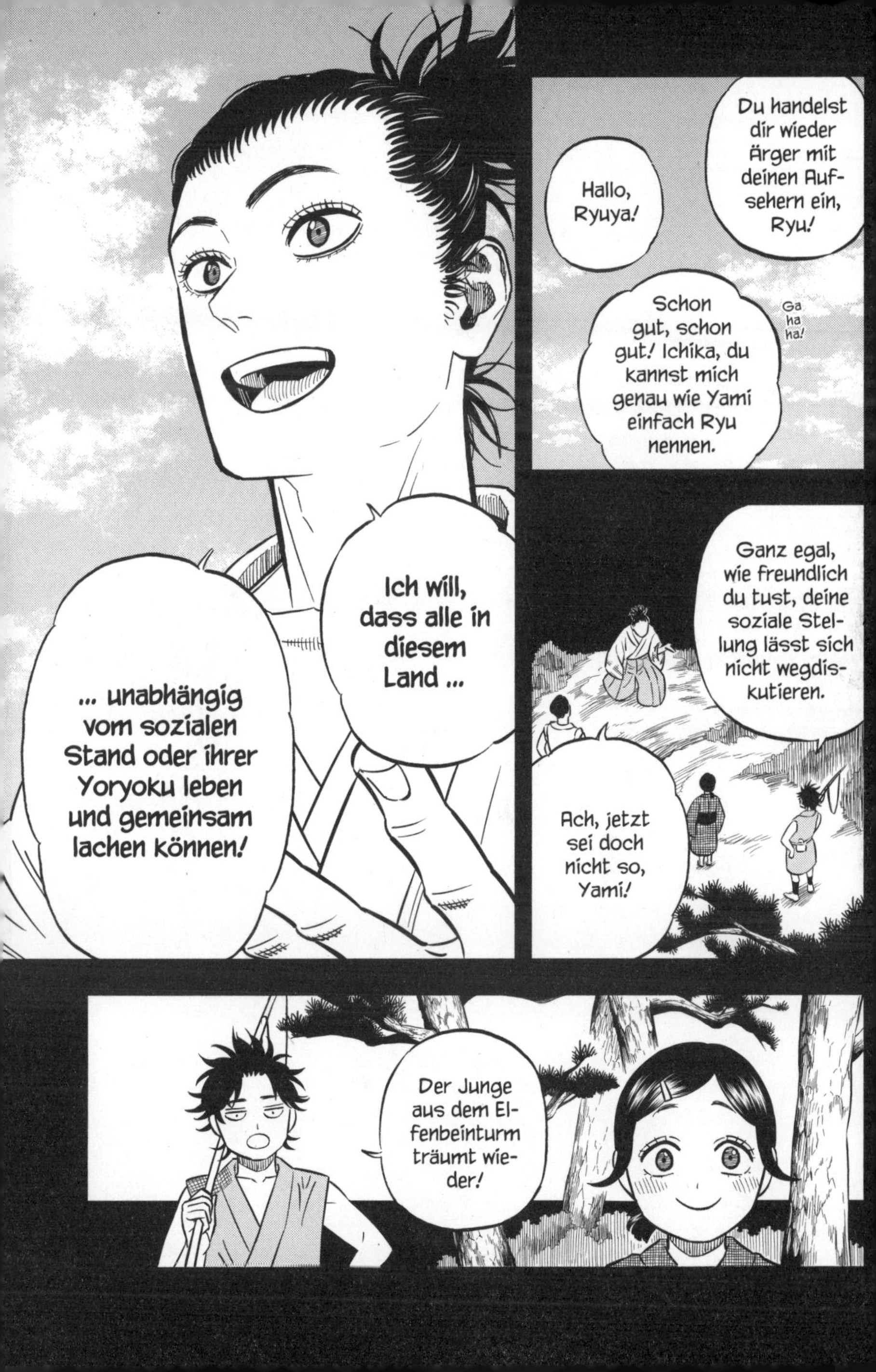
Du handelst dir wieder Ärger mit deinen Aufsehern ein, Ryu!
Hallo, Ryuya!
Schon gut, schon gut! Ichika, du kannst mich genau wie Yami einfach Ryu nennen.
Ga ha ha!
Ganz egal, wie freundlich du tust, deine soziale Stellung lässt sich nicht wegdiskutieren.
Ach, jetzt sei doch nicht so, Yami!
Ich will, dass alle in diesem Land ...
... unabhängig vom sozialen Stand oder ihrer Yoryoku leben und gemeinsam lachen können!
Der Junge aus dem Elfenbeinturm träumt wieder!

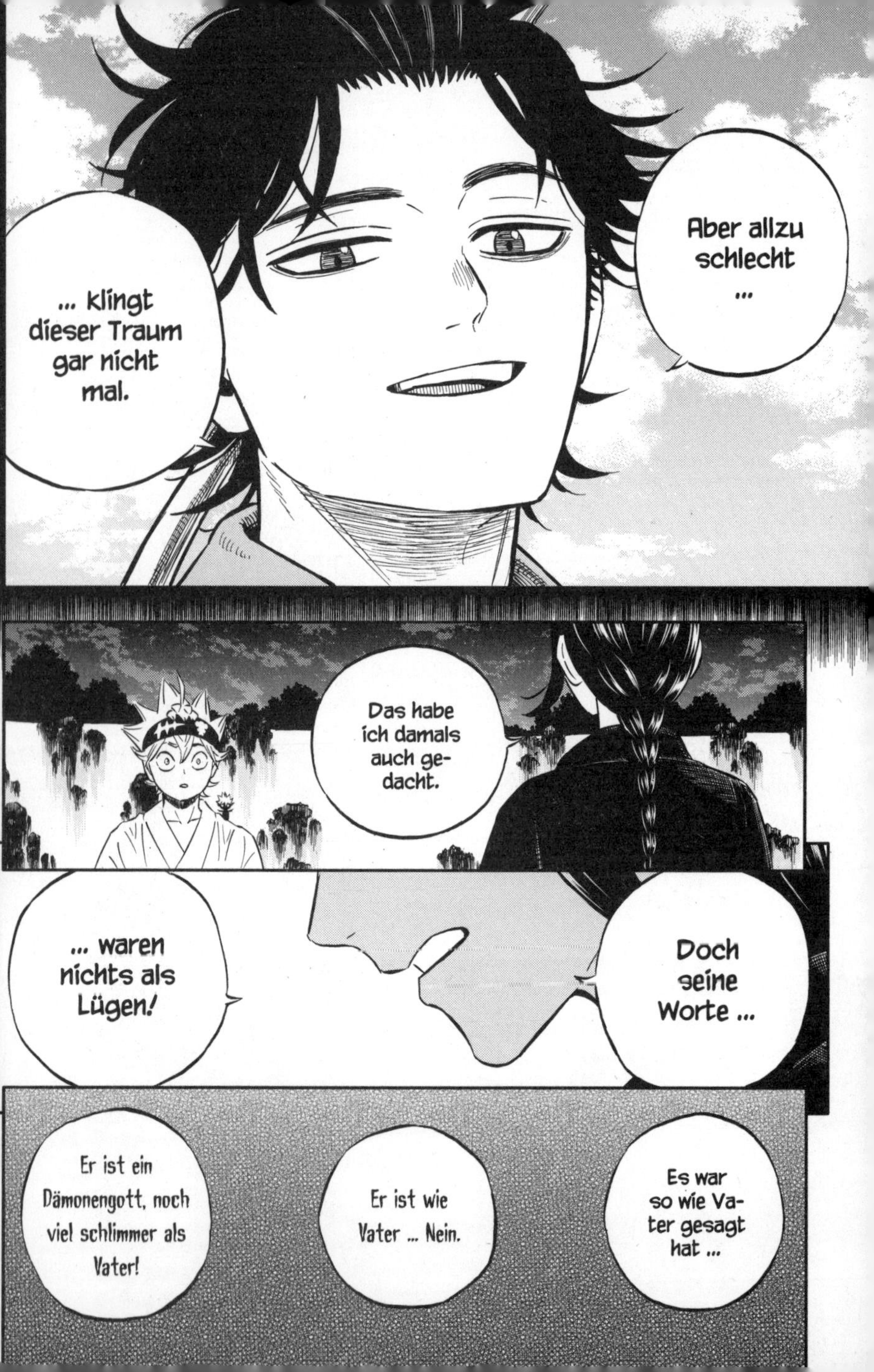
Aber allzu schlecht ...
... klingt dieser Traum gar nicht mal.
Das habe ich damals auch gedacht.
Doch seine Worte ...
... waren nichts als Lügen!
Es war so wie Vater gesagt hat ...
Er ist wie Vater ... Nein.
Er ist ein Dämonengott, noch viel schlimmer als Vater!

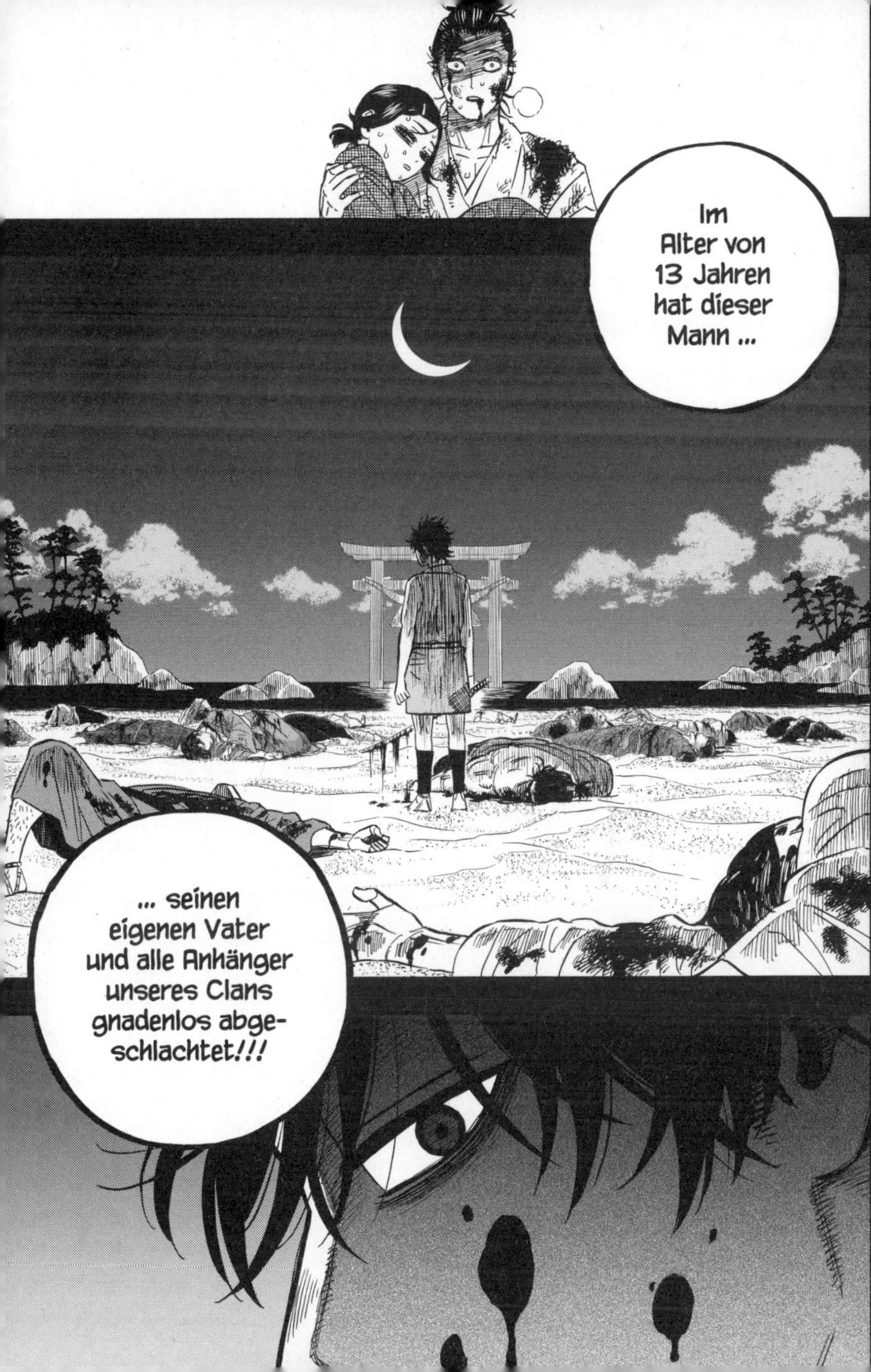
Im Alter von 13 Jahren hat dieser Mann ...
... seinen eigenen Vater und alle Anhänger unseres Clans gnadenlos abgeschlachtet!!!

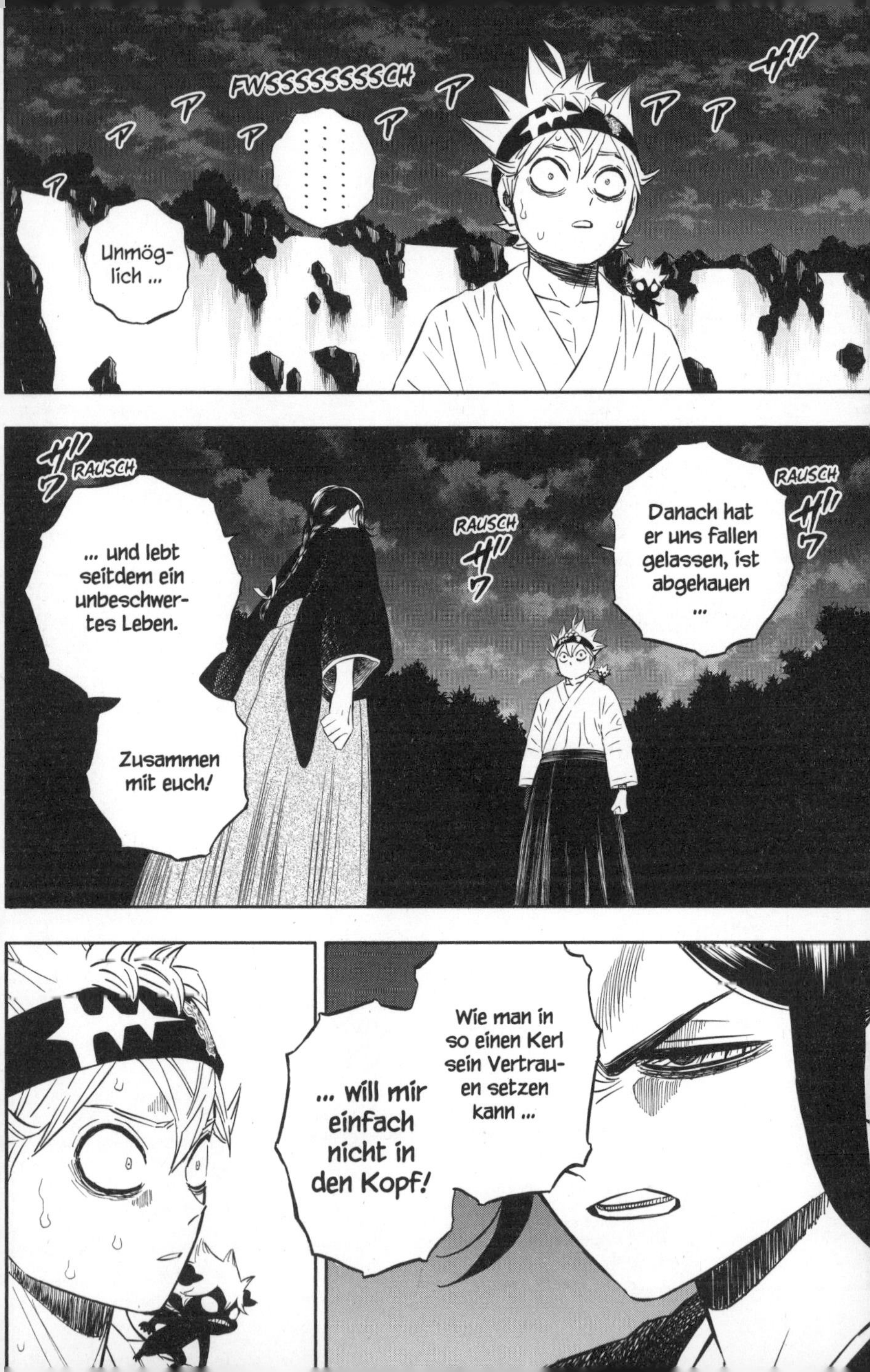
FWSSSSSSSSSCH
Unmög-
lich ...
RAUSCH
Danach hat er uns fallen gelassen, ist abgehauen ...
RAUSCH
... und lebt seitdem ein unbeschwer-
tes Leben.
Zusammen mit euch!
RAUSCH
Wie man in so einen Kerl sein Vertrau-
en setzen kann ...
... will mir einfach nicht in den Kopf!

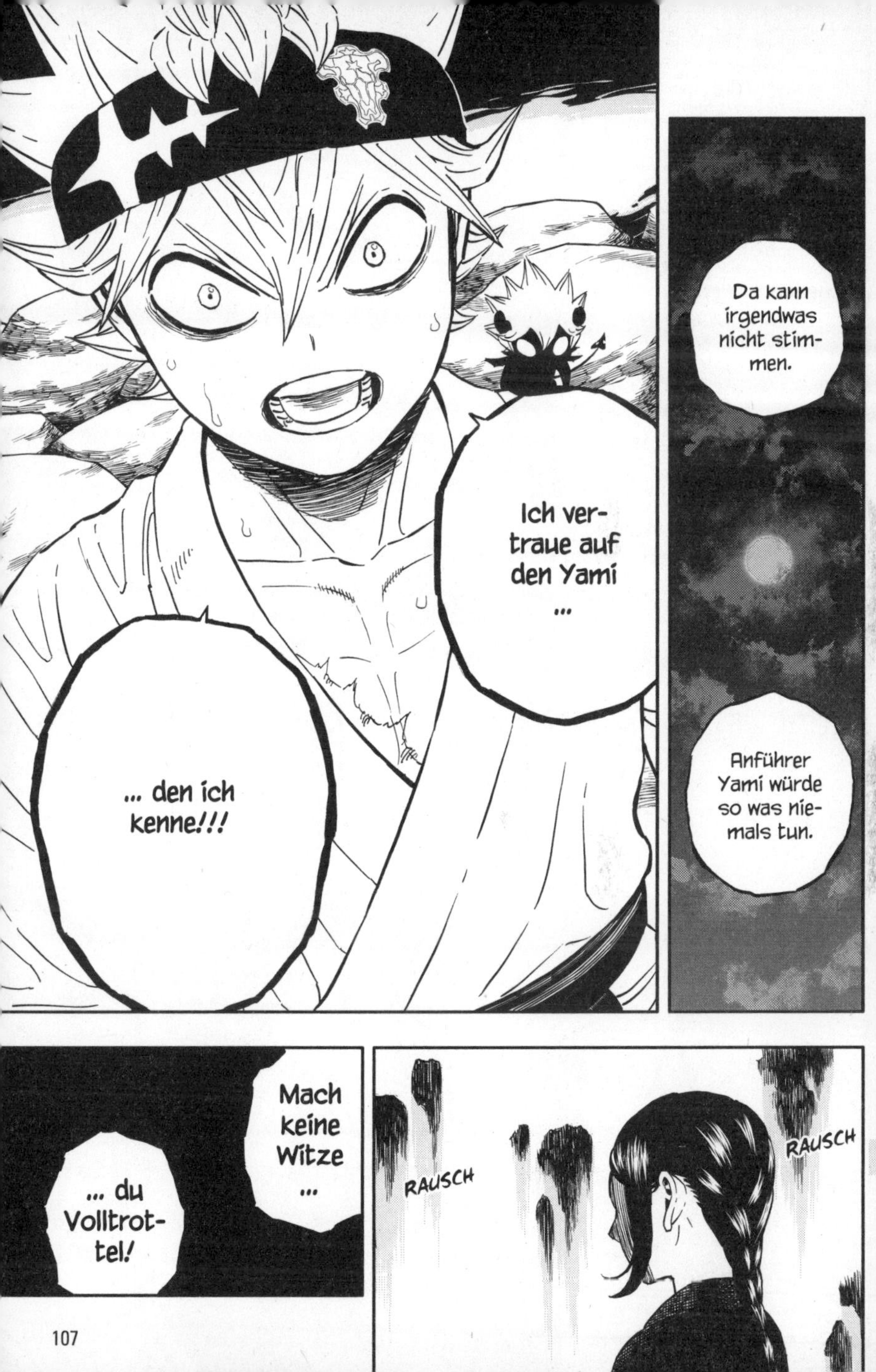
Da kann irgendwas nicht stimmen.
Anführer Yami würde so was niemals tun.
Ich vertraue auf den Yami ...
... den ich kenne!!!
RAUSCH
RAUSCH
Mach keine Witze ...
... du Volltrottel!

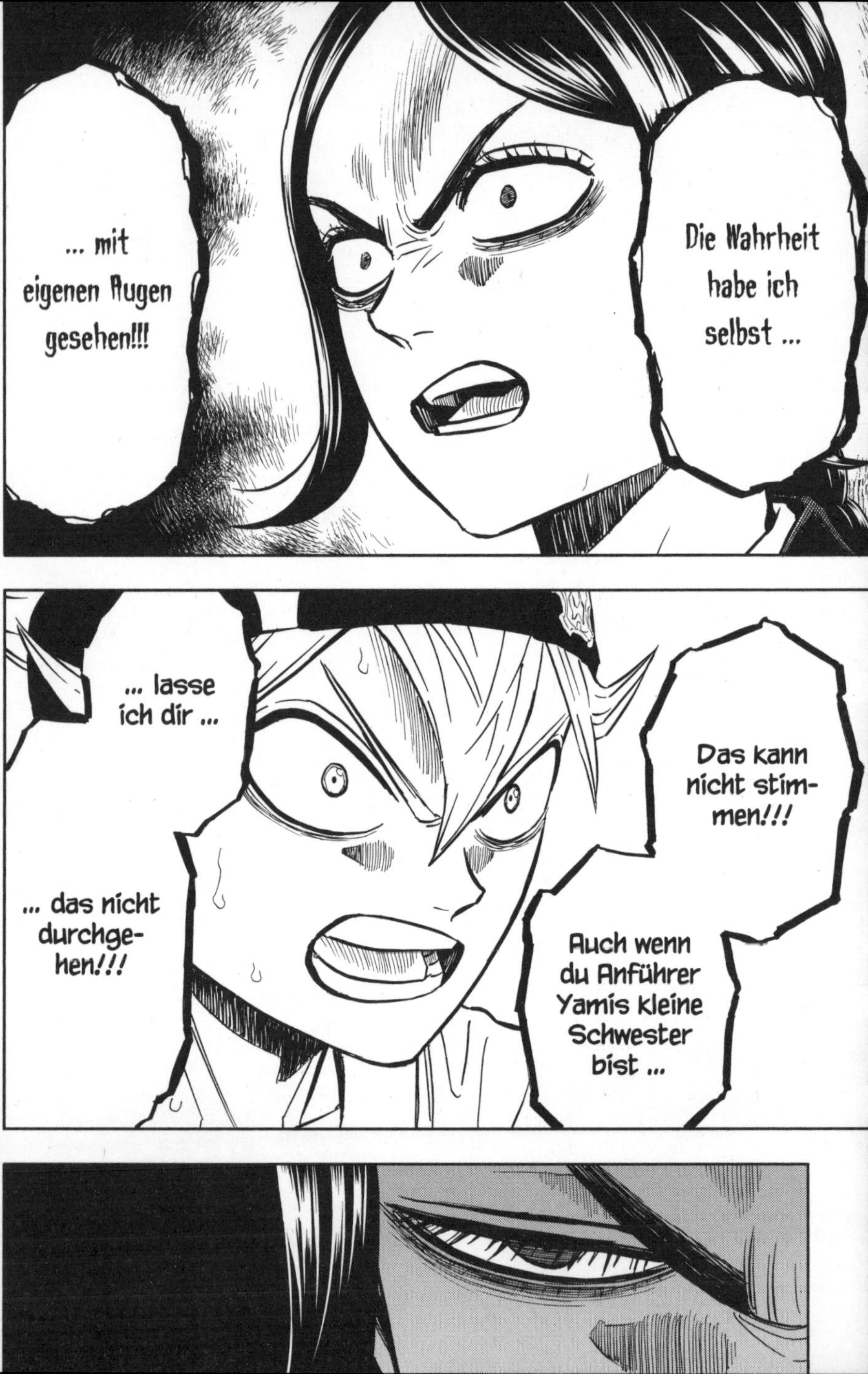
Die Wahrheit habe ich selbst ...
... mit eigenen Augen gesehen!!!
Das kann nicht stimmen!!!
Auch wenn du Anführer Yamis kleine Schwester bist ...
... lasse ich dir ...
... das nicht durchgehen!!!

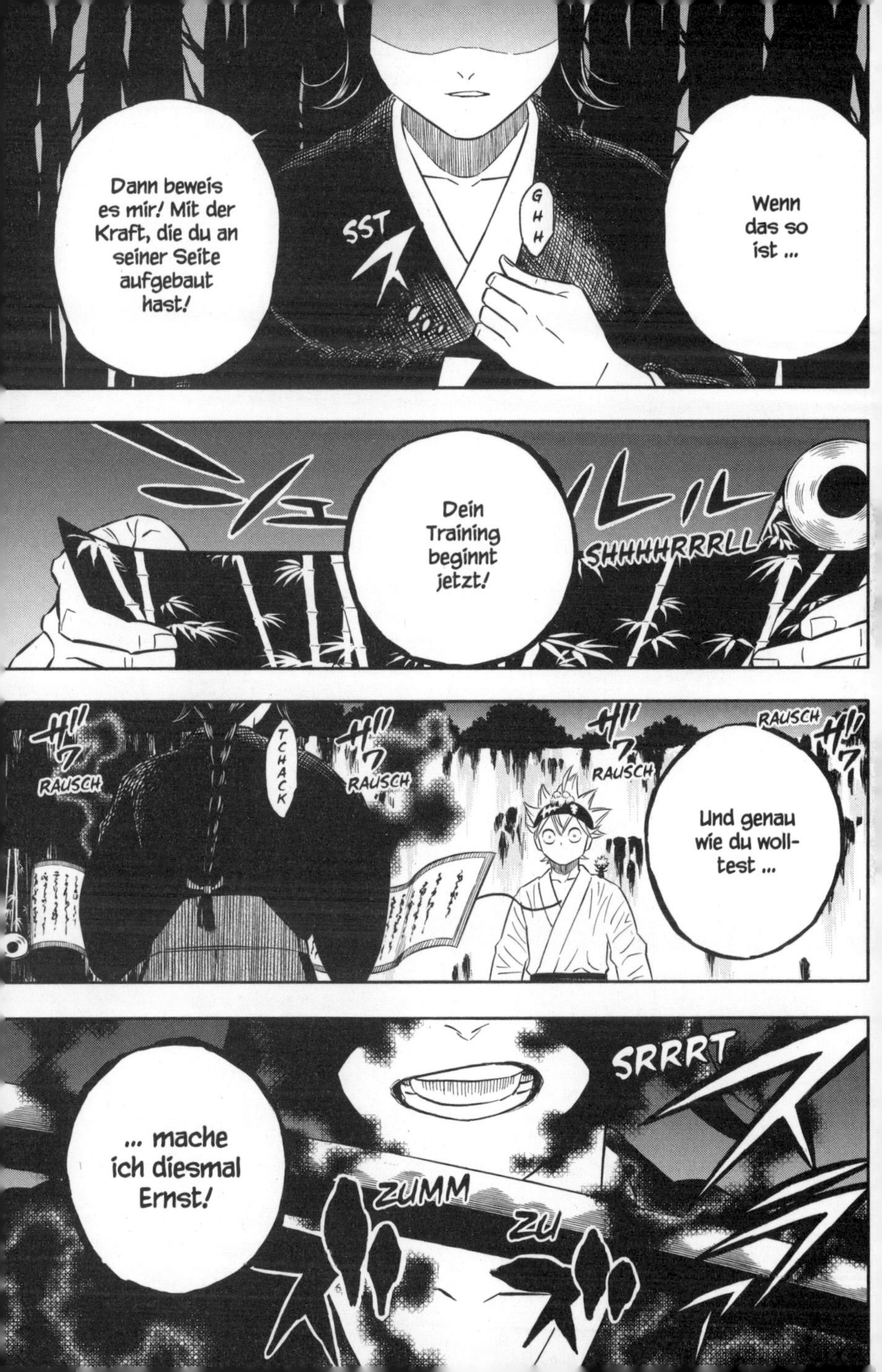
Wenn das so ist ...
GHH
SST
Dann beweis es mir! Mit der Kraft, die du an seiner Seite aufgebaut hast!
SHHHHRRRLL
Dein Training beginnt jetzt!
RAUSCH
RAUSCH
Und genau wie du wolltest ...
RAUSCH
TCHACK
RAUSCH
SRRRT
... mache ich diesmal Ernst!
ZUMM
ZU

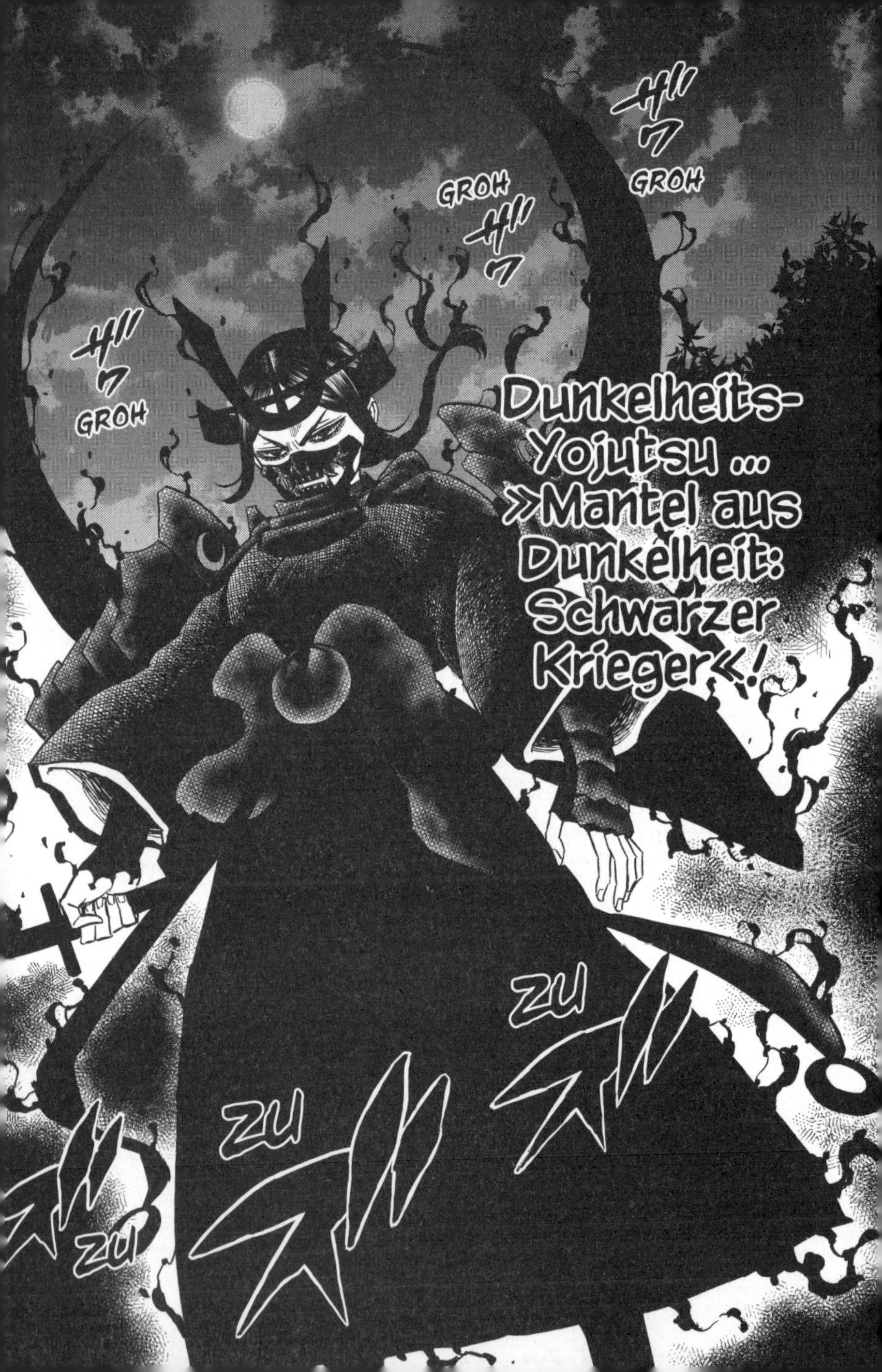
GROH
GROH
GROH
Dunkelheits-Yojutsu ... »Mantel aus Dunkelheit: Schwarzer Krieger«!
ZU
ZU
ZU

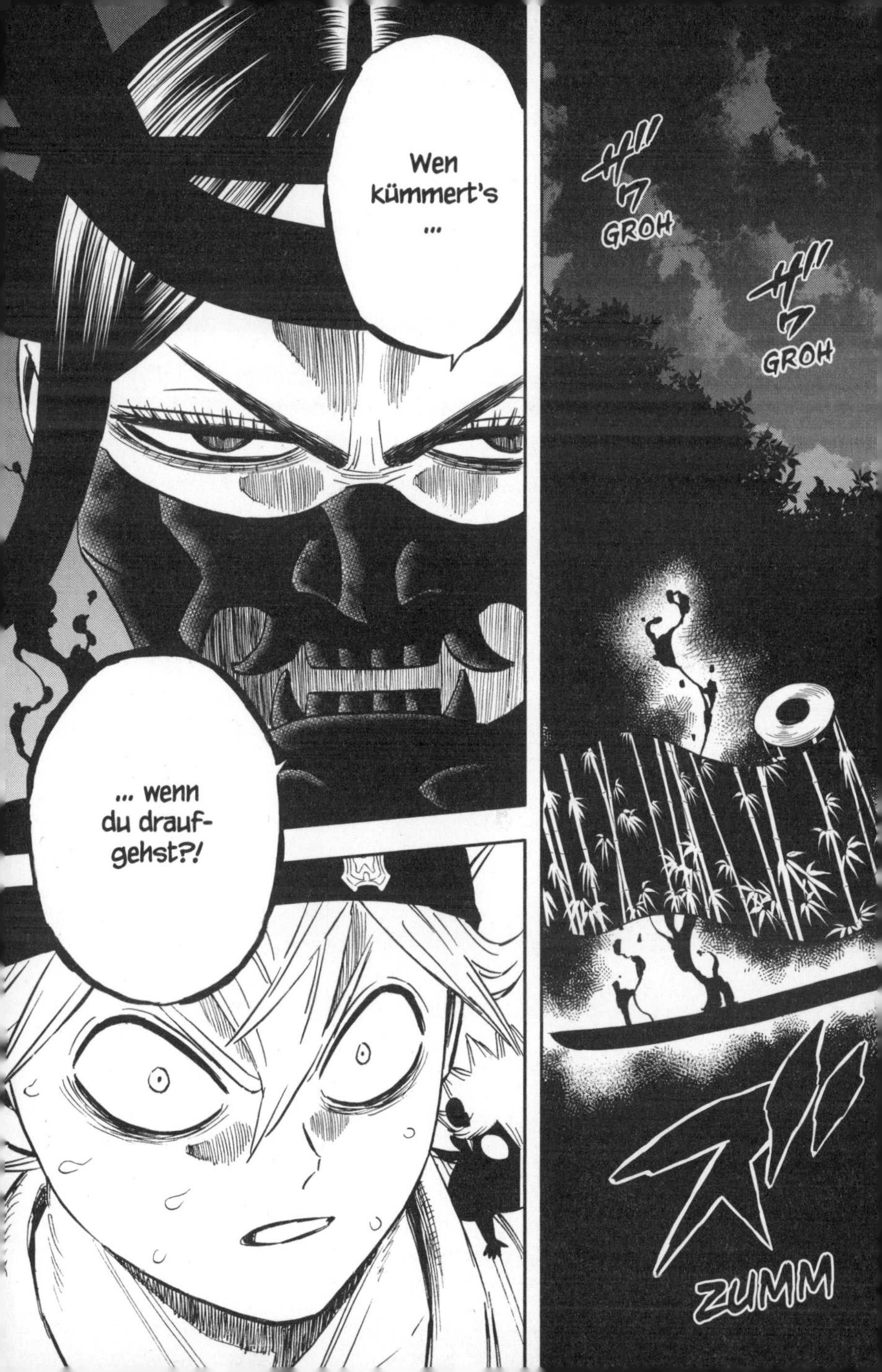
GROH
GROH
ZUMM
Wen kümmert's ...
... wenn du drauf-gehst?!

Mikuriya Fumito

Alter: 21 Jahre
Größe: 176 cm
Geburtstag: 3. Dezember
Sternzeichen: Fische
Blutgruppe: B
Mag:
gegrillten Lachs,
Kochen

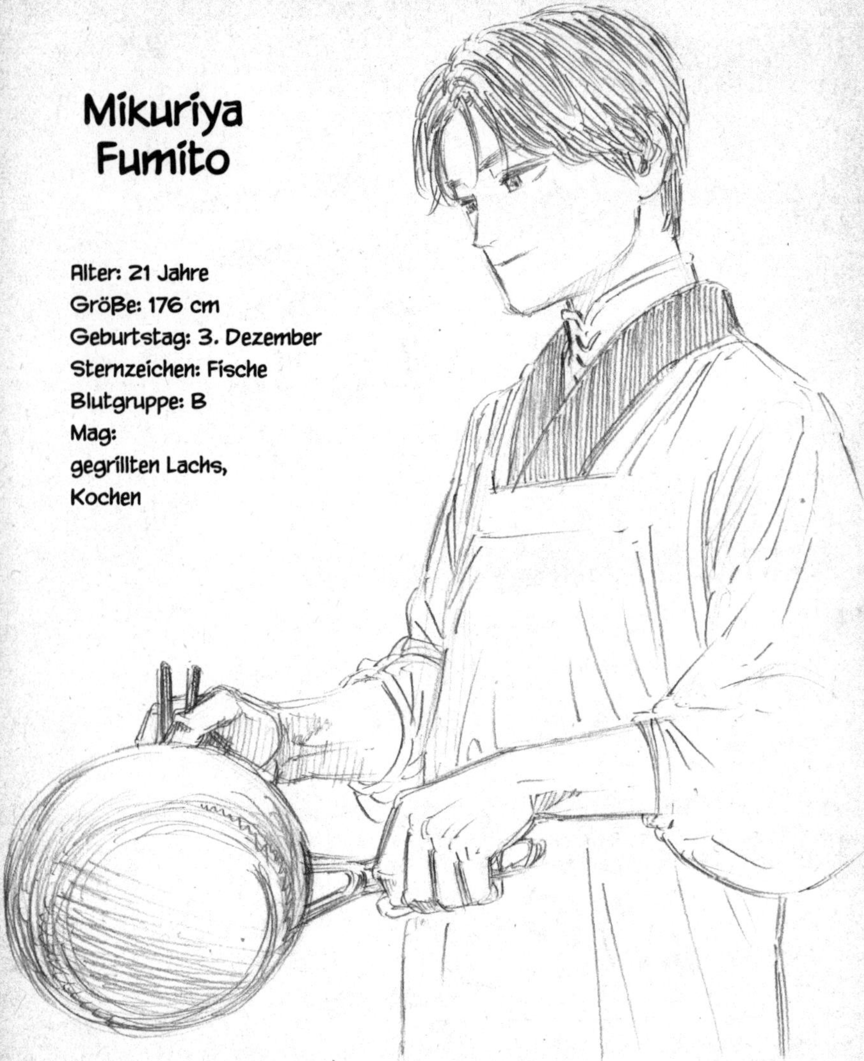

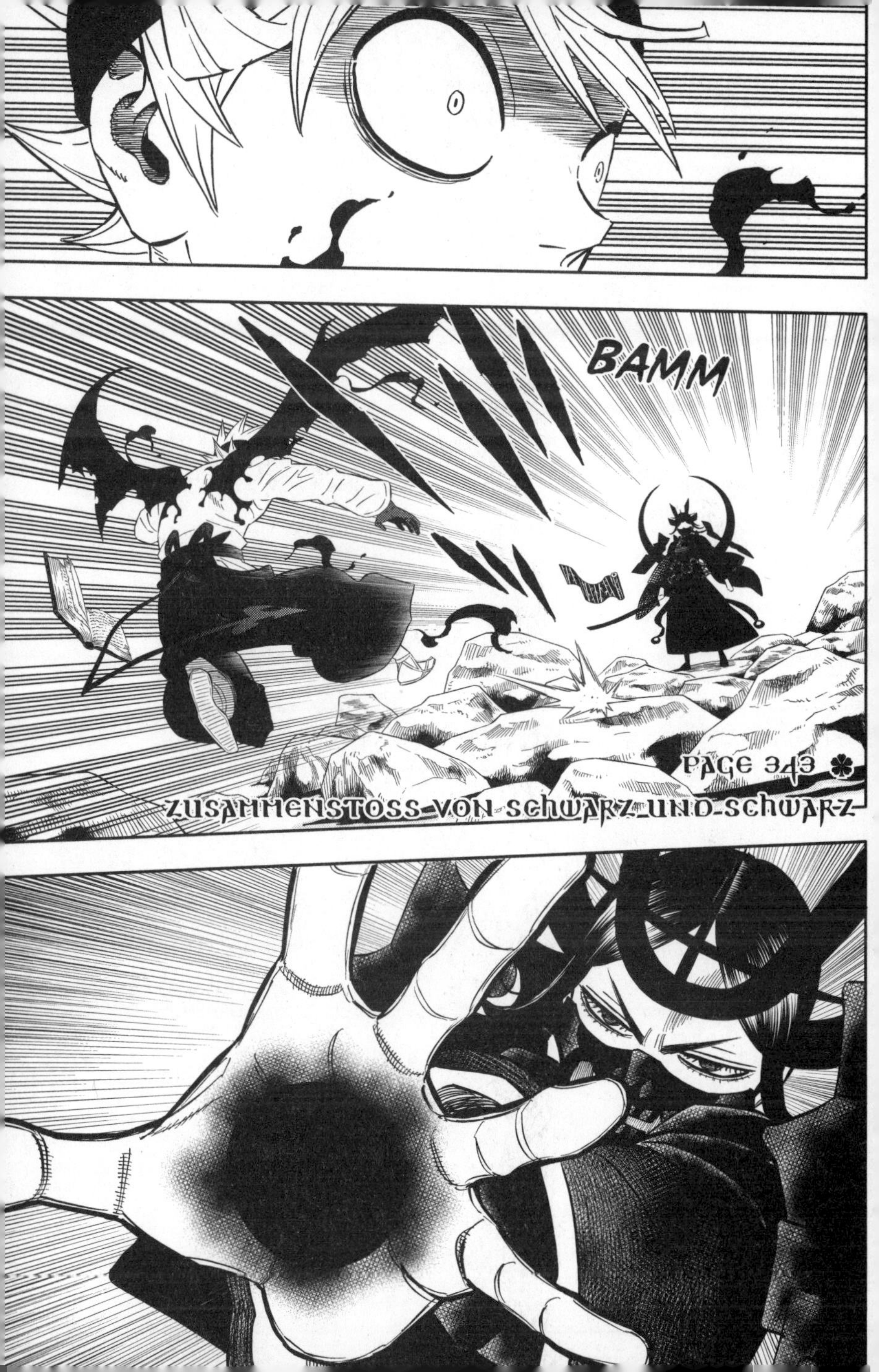
BAMM
PAGE 343
ZUSAMMENSTOSS VON SCHWARZ UND SCHWARZ

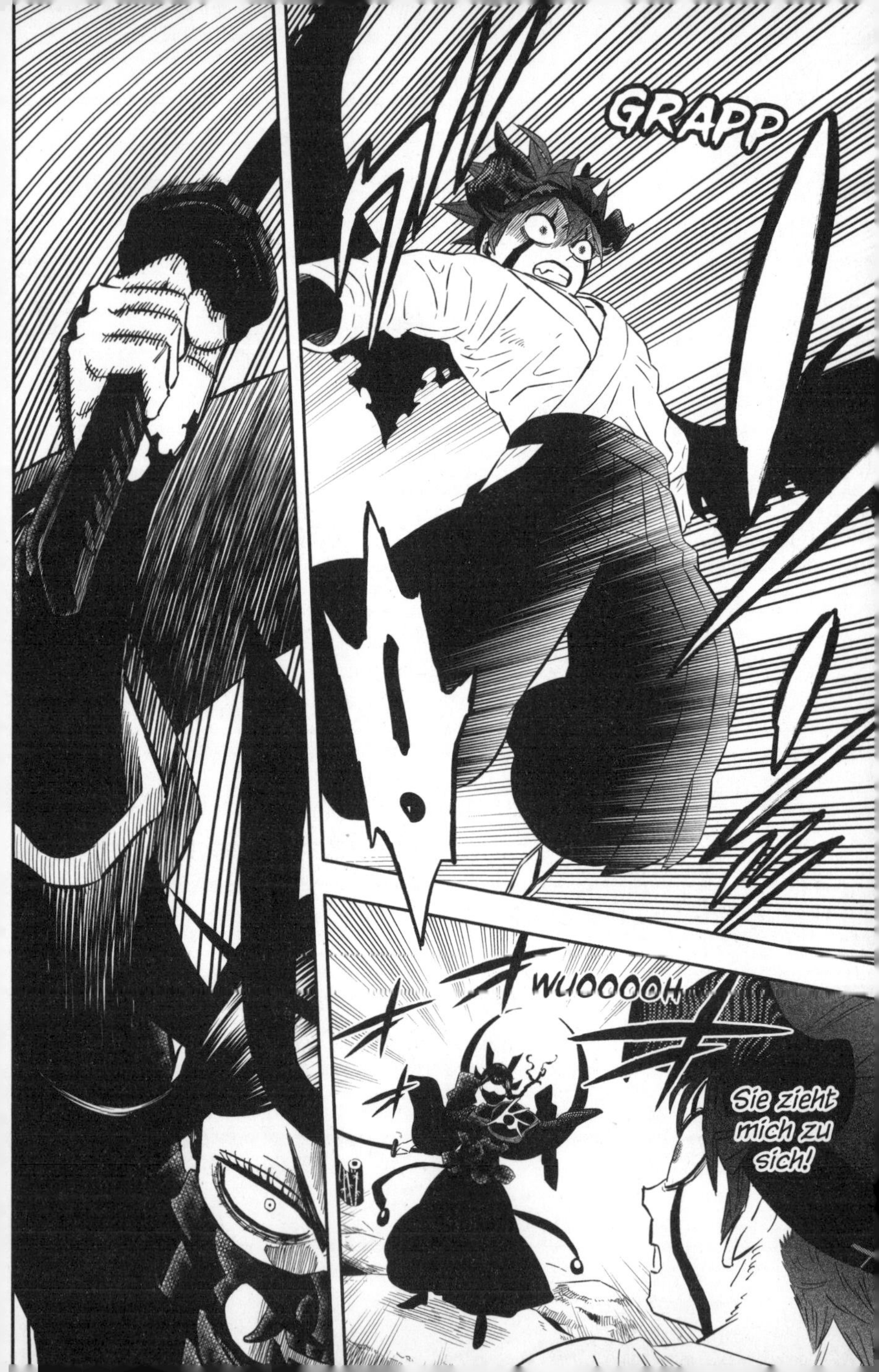
GRAPP
WUOOOOH
Sie zieht mich zu sich!

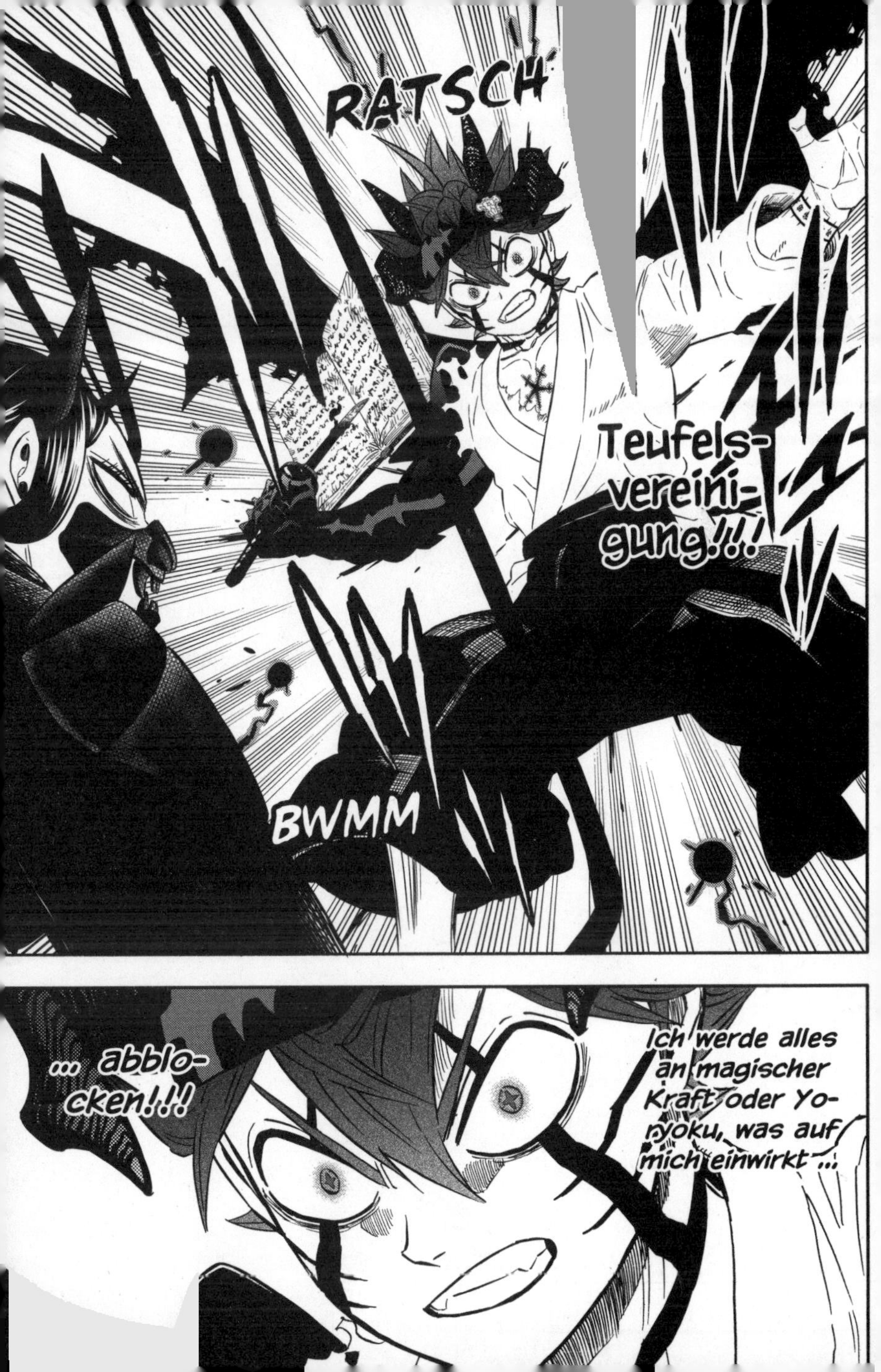
RATSCH
Teufels-vereini-gung!!!
BWMM
Ich werde alles an magischer Kraft oder Yo-ryoku, was auf mich einwirkt ...
... abblo-cken!!!

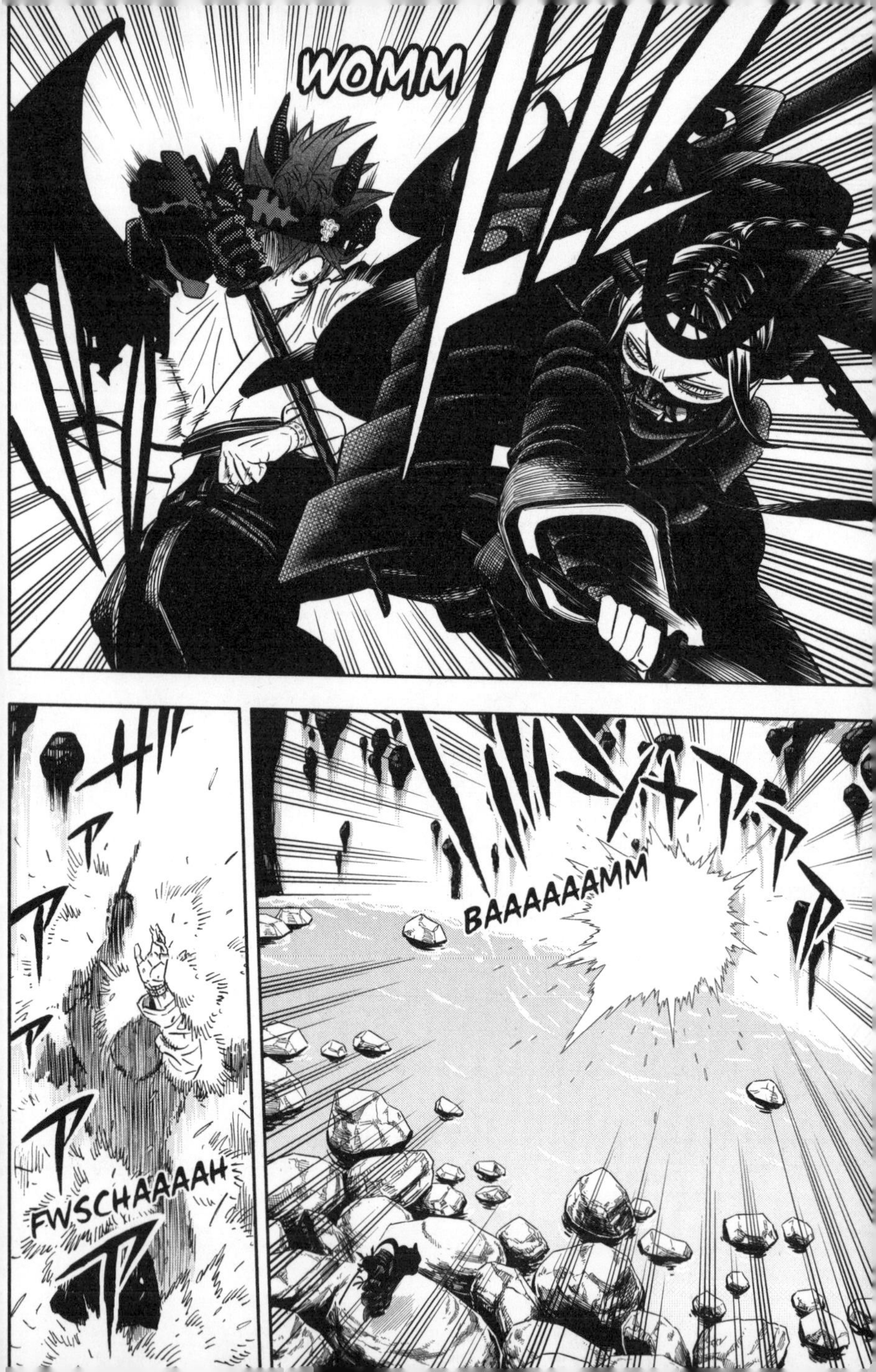
WOMM
BAAAAAAMM
FWSCHAAAAH

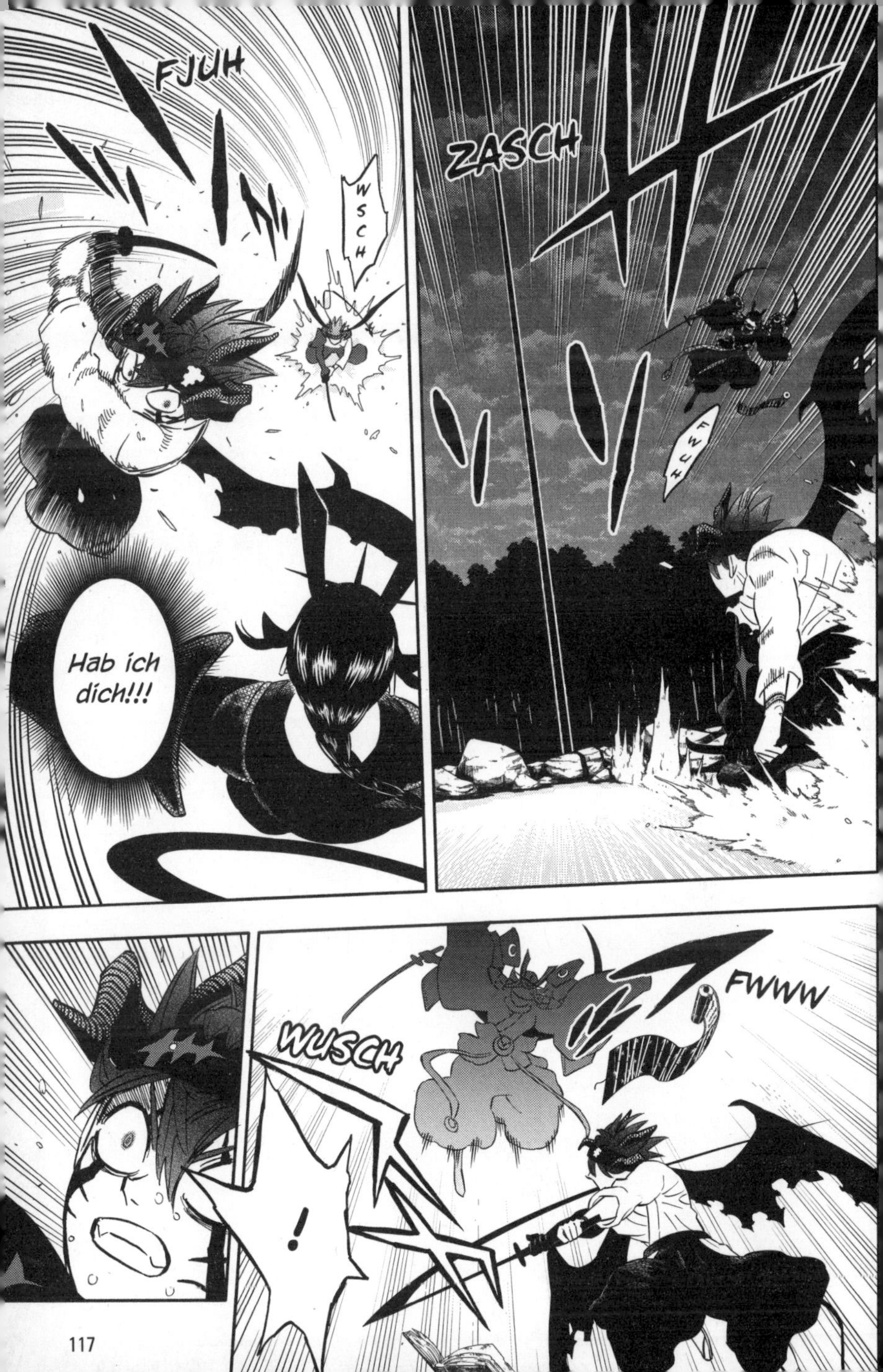
ZASCH
FWUH
FJUH
WSCH
Hab ich dich!!!
FWWW
WUSCH
!

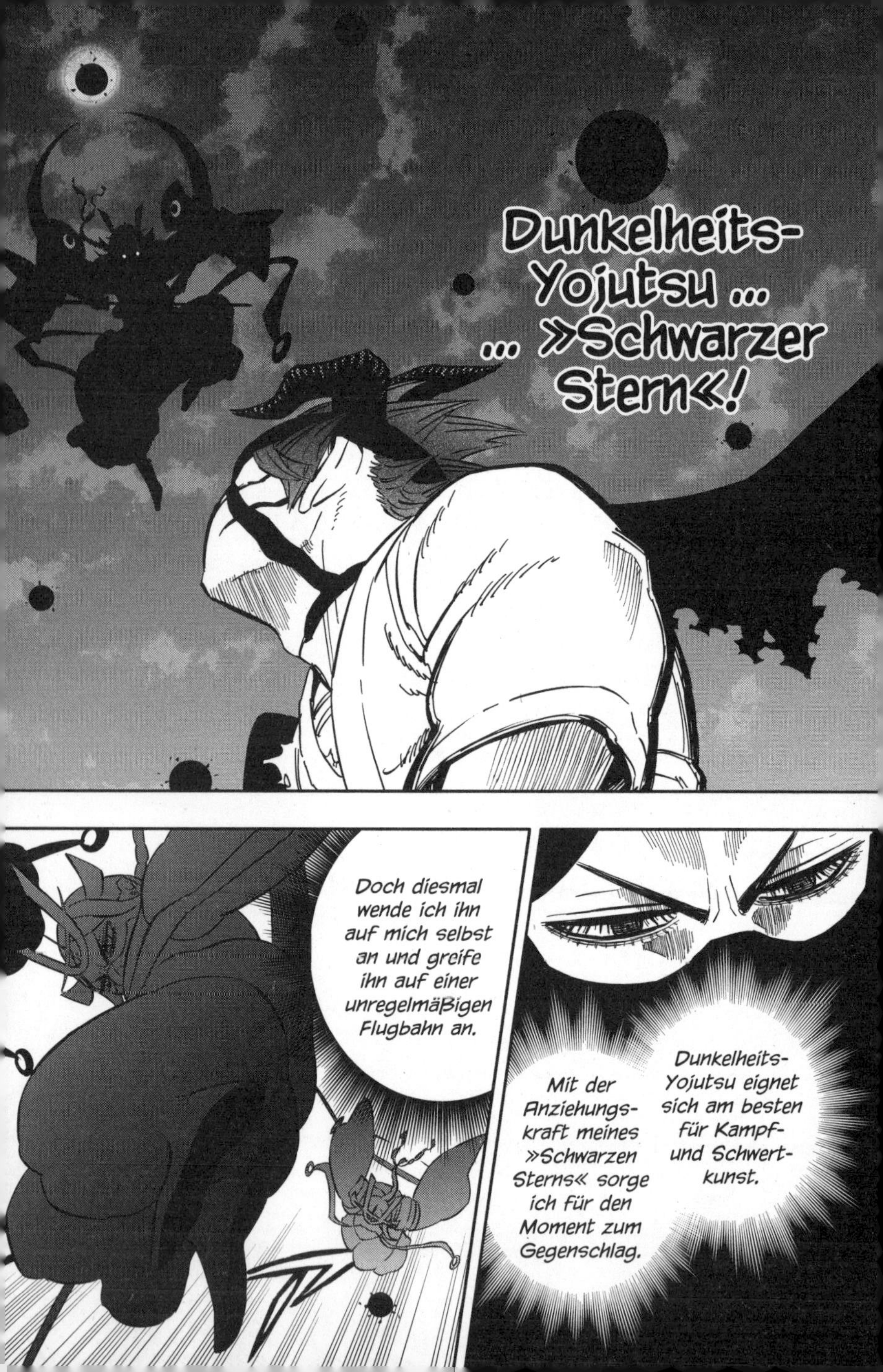
Dunkelheits-Yojutsu ... ... »Schwarzer Stern«!
Doch diesmal wende ich ihn auf mich selbst an und greife ihn auf einer unregelmäßigen Flugbahn an.
Dunkelheits-Yojutsu eignet sich am besten für Kampf- und Schwertkunst.
Mit der Anziehungskraft meines »Schwarzen Sterns« sorge ich für den Moment zum Gegenschlag.

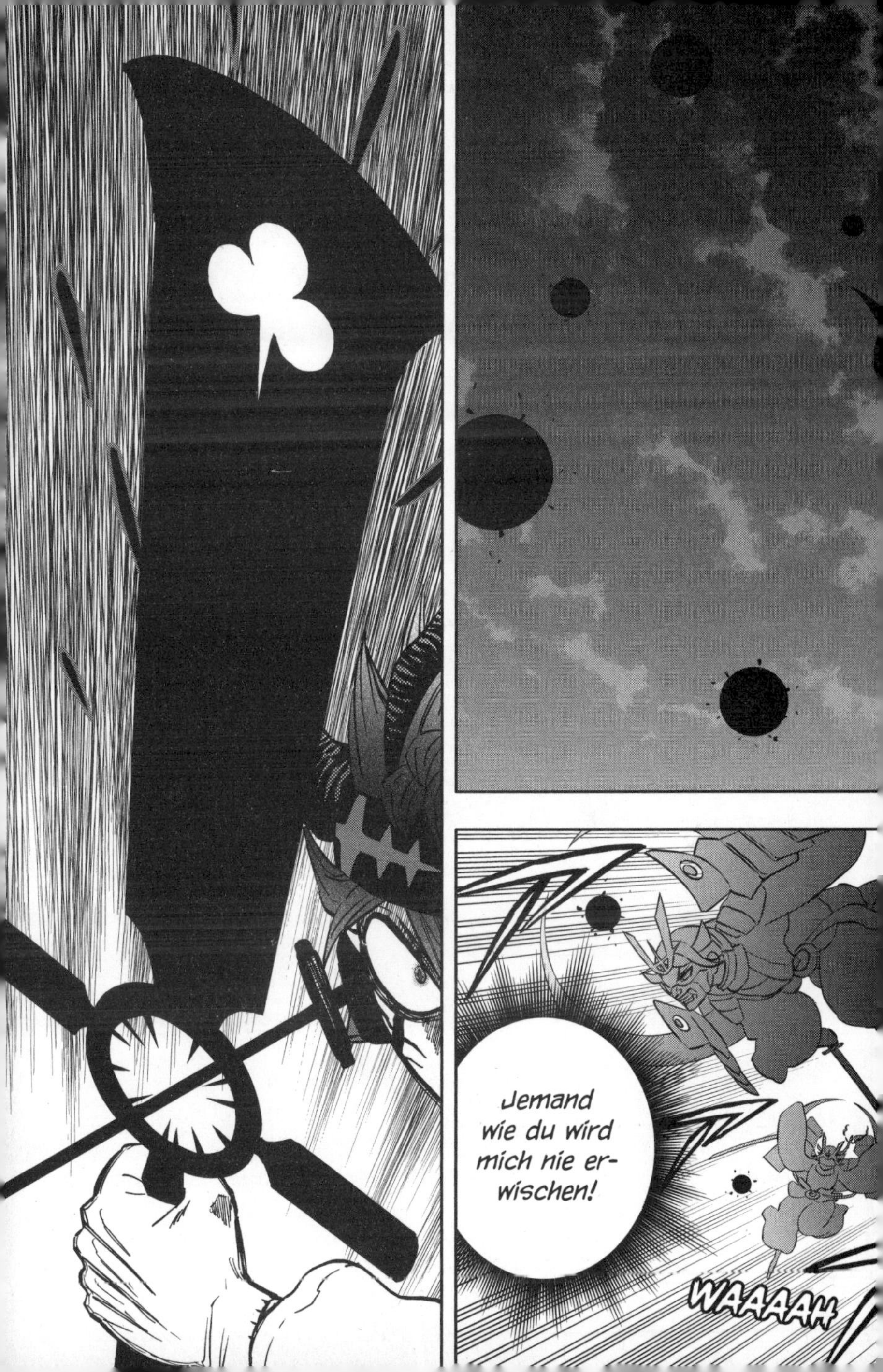
Jemand wie du wird mich nie erwischen!
WAAAAH

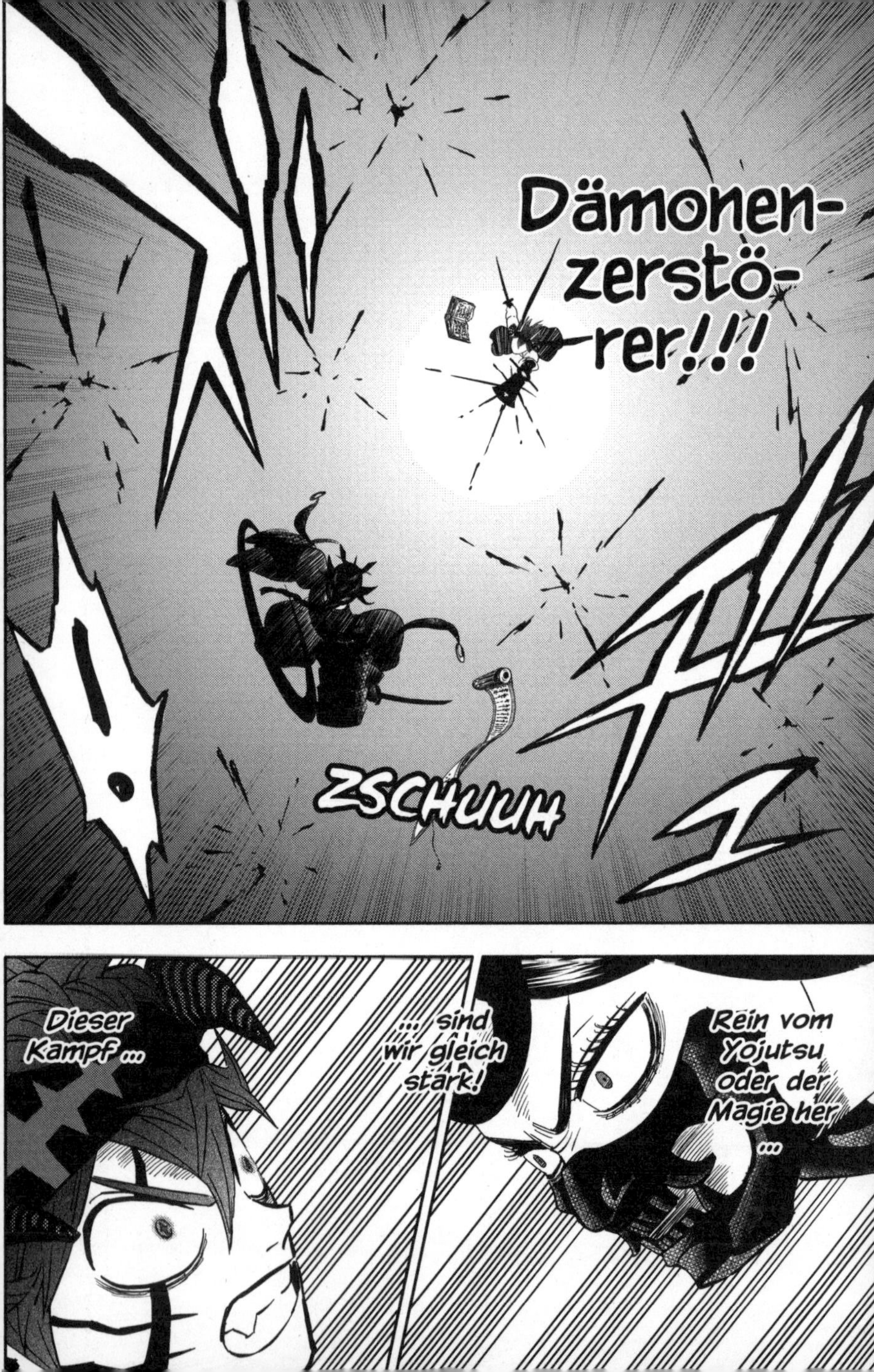
Dämonen-
zerstö-
rer!!!
ZSCHUUUH
Rein vom Yojutsu oder der Magie her ...
... sind wir gleich stark!
Dieser Kampf ...

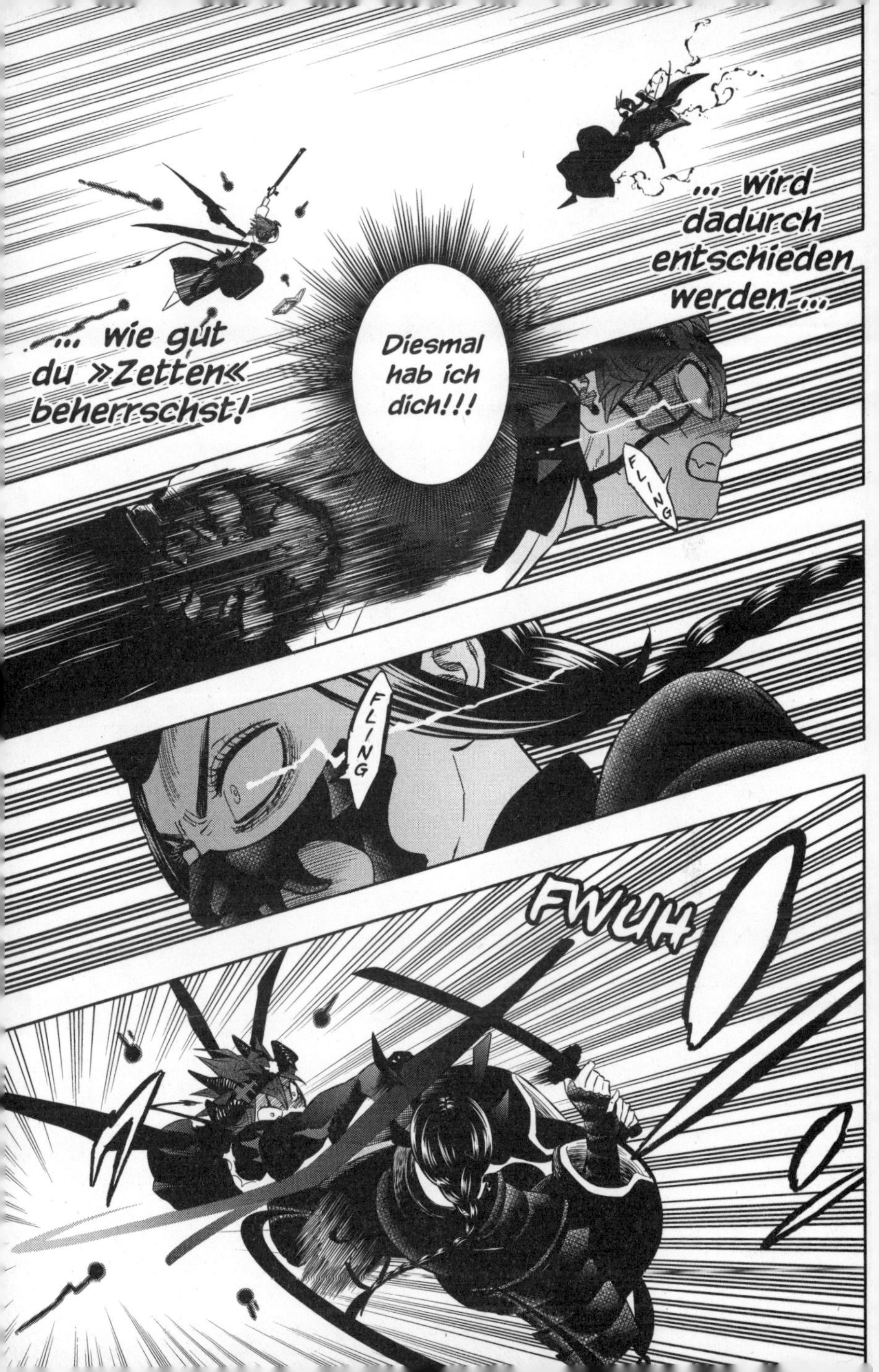
... wird dadurch entschieden werden ...
Diesmal hab ich dich!!!
... wie gut du »Zetten« beherrschst!
FLING
FLING
FWUH

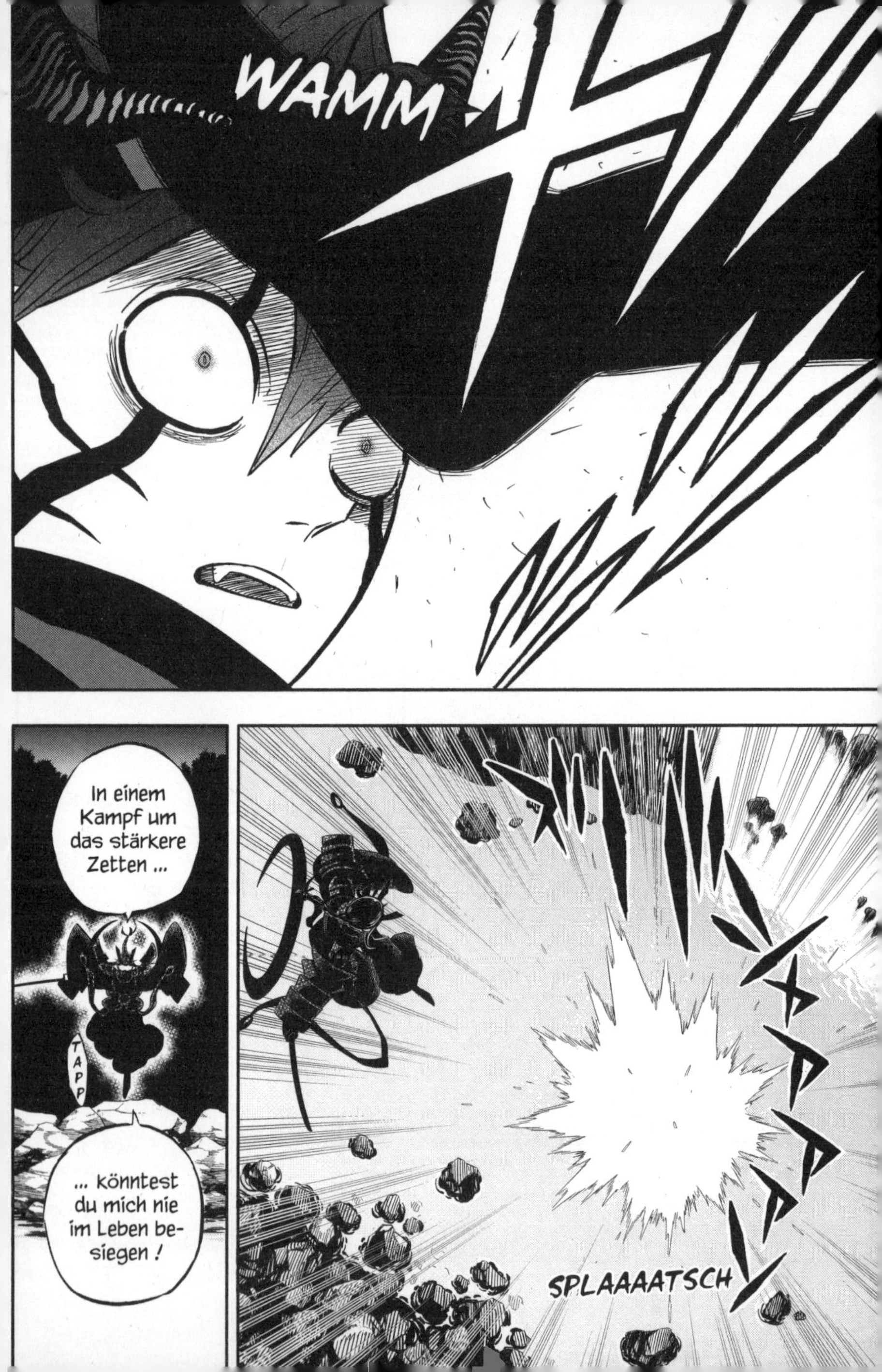
WAMM
SPLAAAATSCH
In einem Kampf um das stärkere Zetten ...
TAPP
... könntest du mich nie im Leben besiegen !

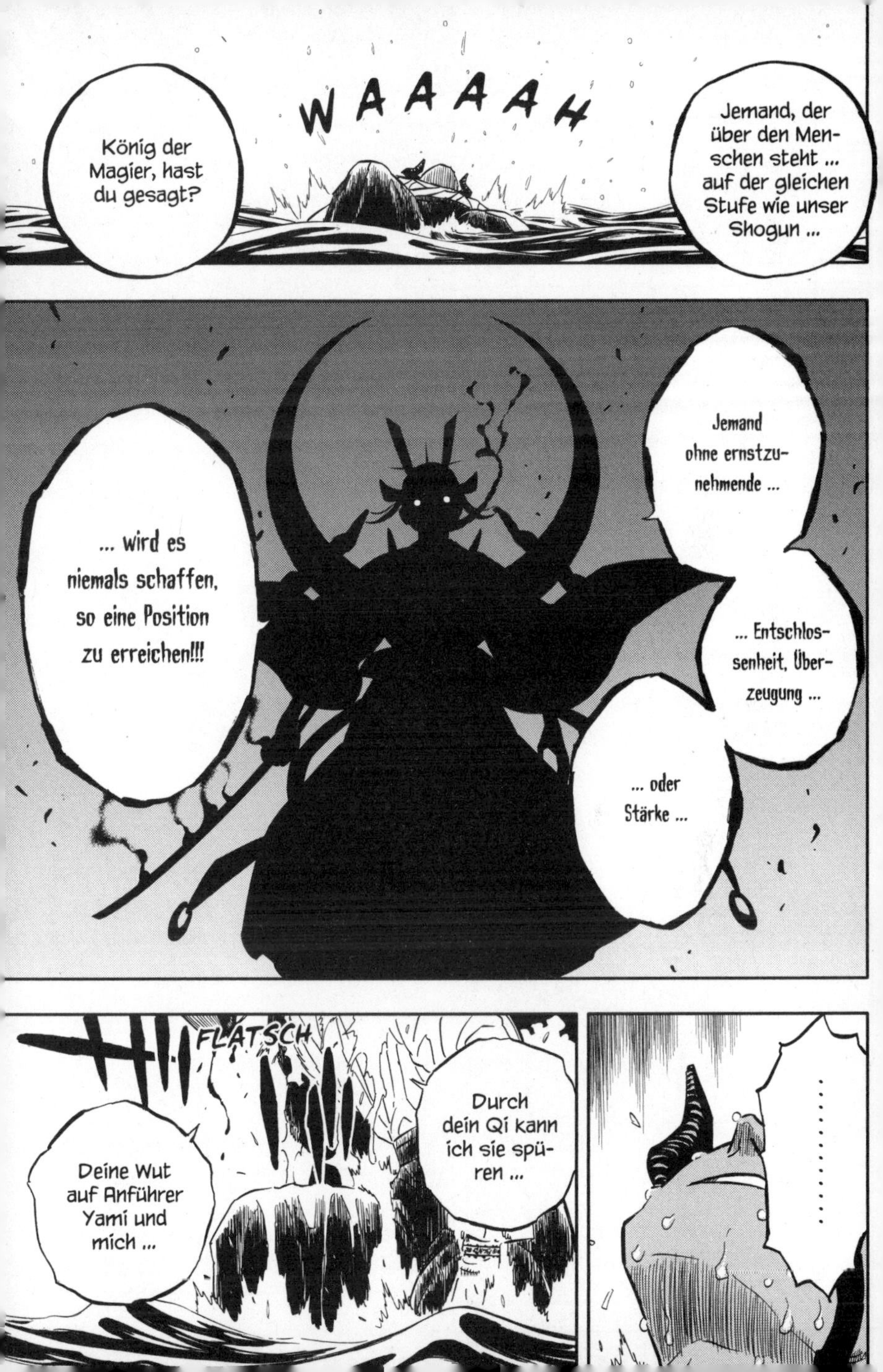
Jemand, der über den Menschen steht ... auf der gleichen Stufe wie unser Shogun ...
WAAAAH
König der Magier, hast du gesagt?
Jemand ohne ernstzunehmende ...
... Entschlossenheit, Überzeugung ...
... oder Stärke ...
... wird es niemals schaffen, so eine Position zu erreichen!!!
......
Durch dein Qi kann ich sie spüren ...
FLATSCH
Deine Wut auf Anführer Yami und mich ...

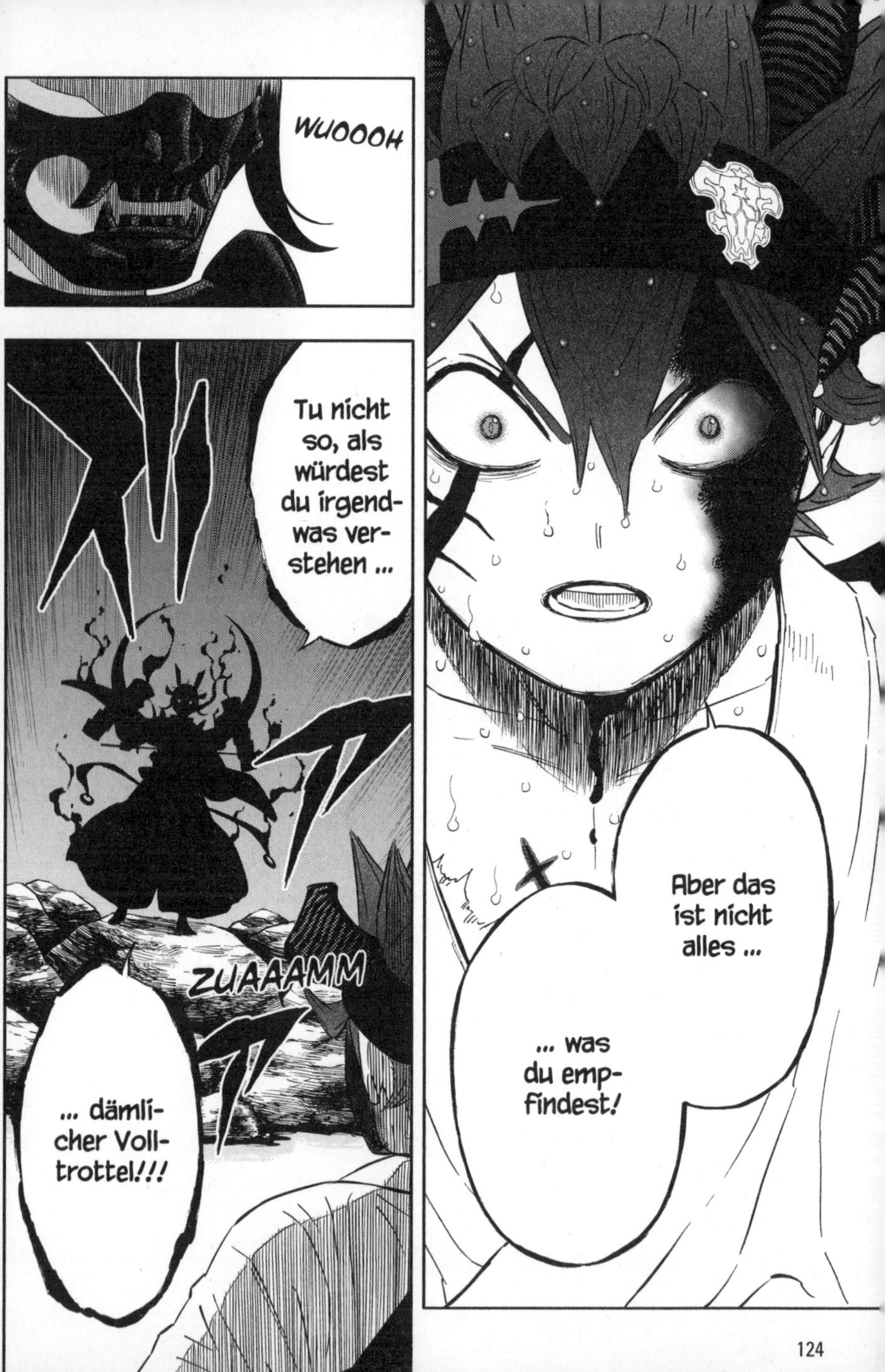
Aber das ist nicht alles ...
... was du empfindest!
WUOOOH
Tu nicht so, als würdest du irgendwas verstehen ...
ZUAAAMM
... dämlicher Volltrottel!!!

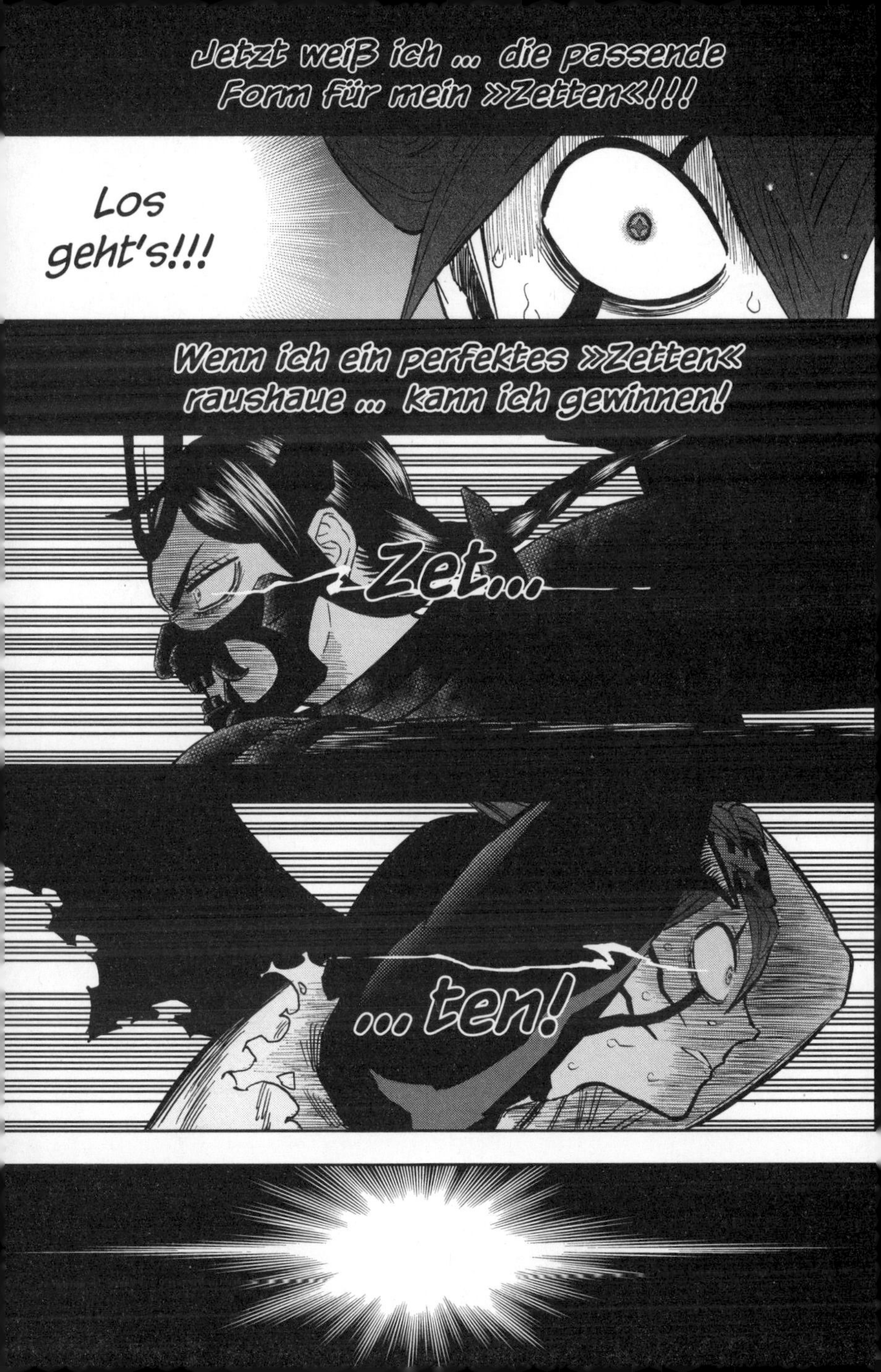
Jetzt weiß ich ... die passende Form für mein »Zetten«!!!
Los geht's!!!
Wenn ich ein perfektes »Zetten« raushaue ... kann ich gewinnen!
Zet...
...ten!

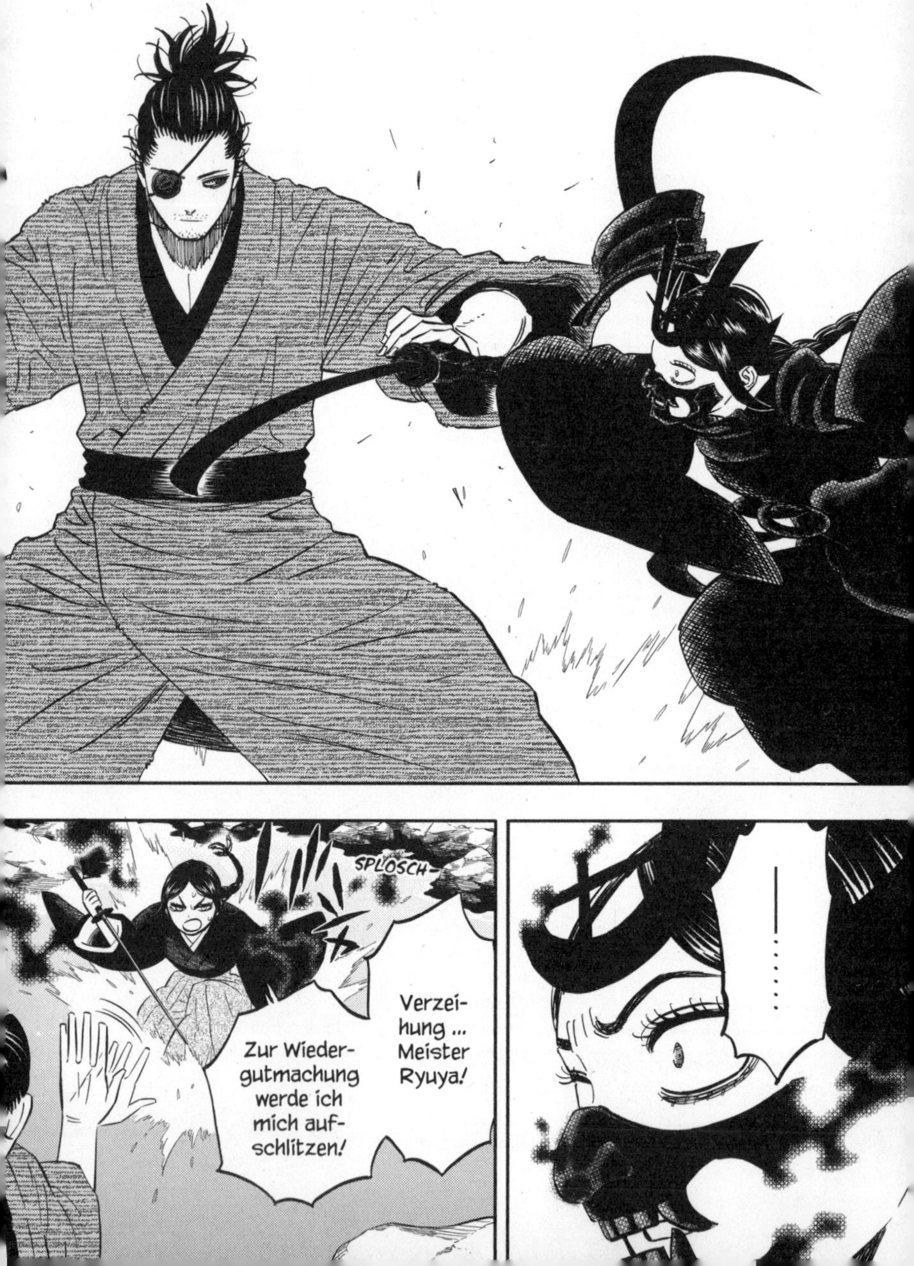

–······
SPLOSCH
Verzeihung ... Meister Ryuya!
Zur Wiedergutmachung werde ich mich aufschlitzen!

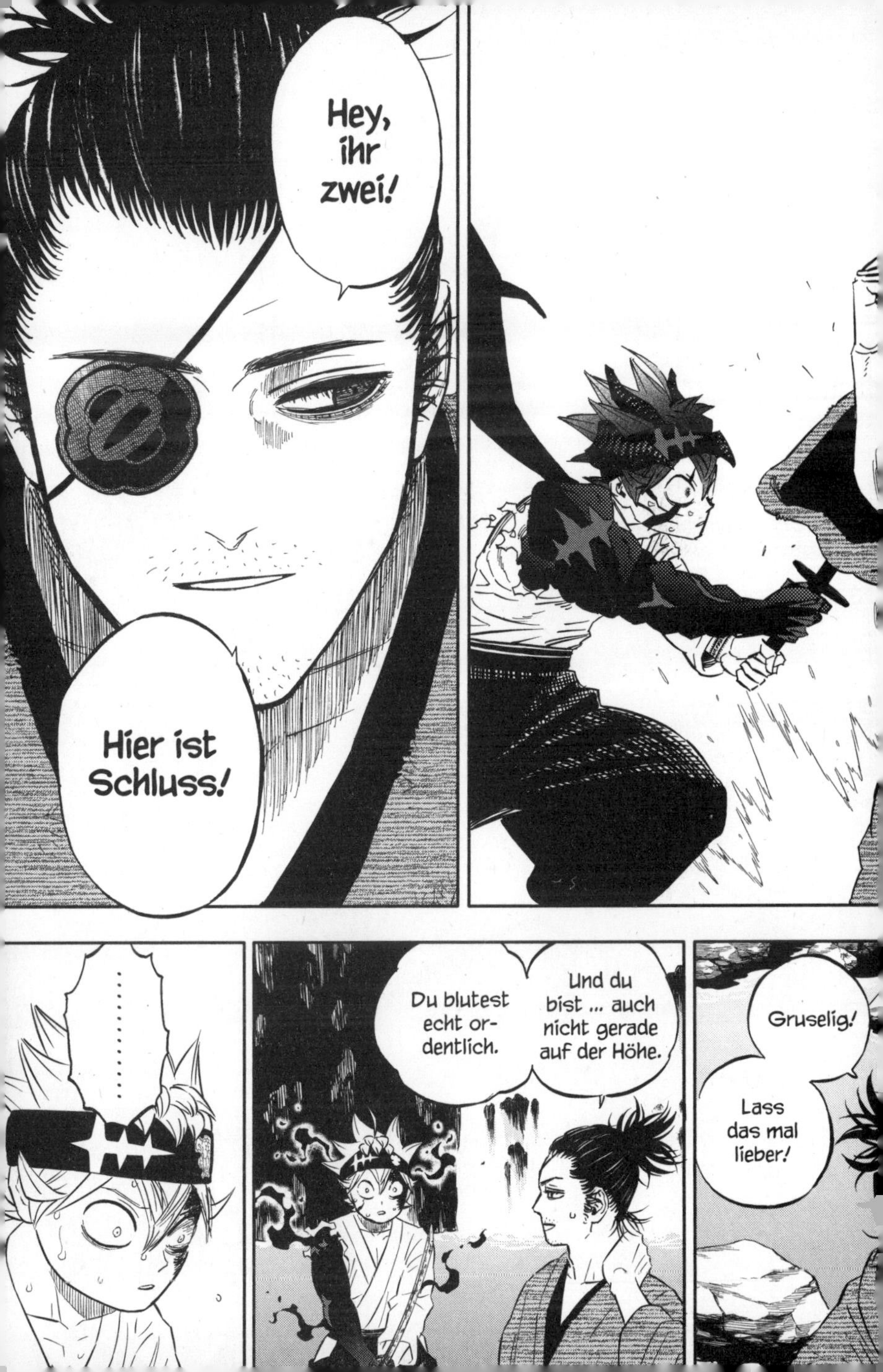
Hey, ihr zwei!
Hier ist Schluss!
Gruselig!
Lass das mal lieber!
Und du bist ... auch nicht gerade auf der Höhe.
Du blutest echt ordentlich.
....

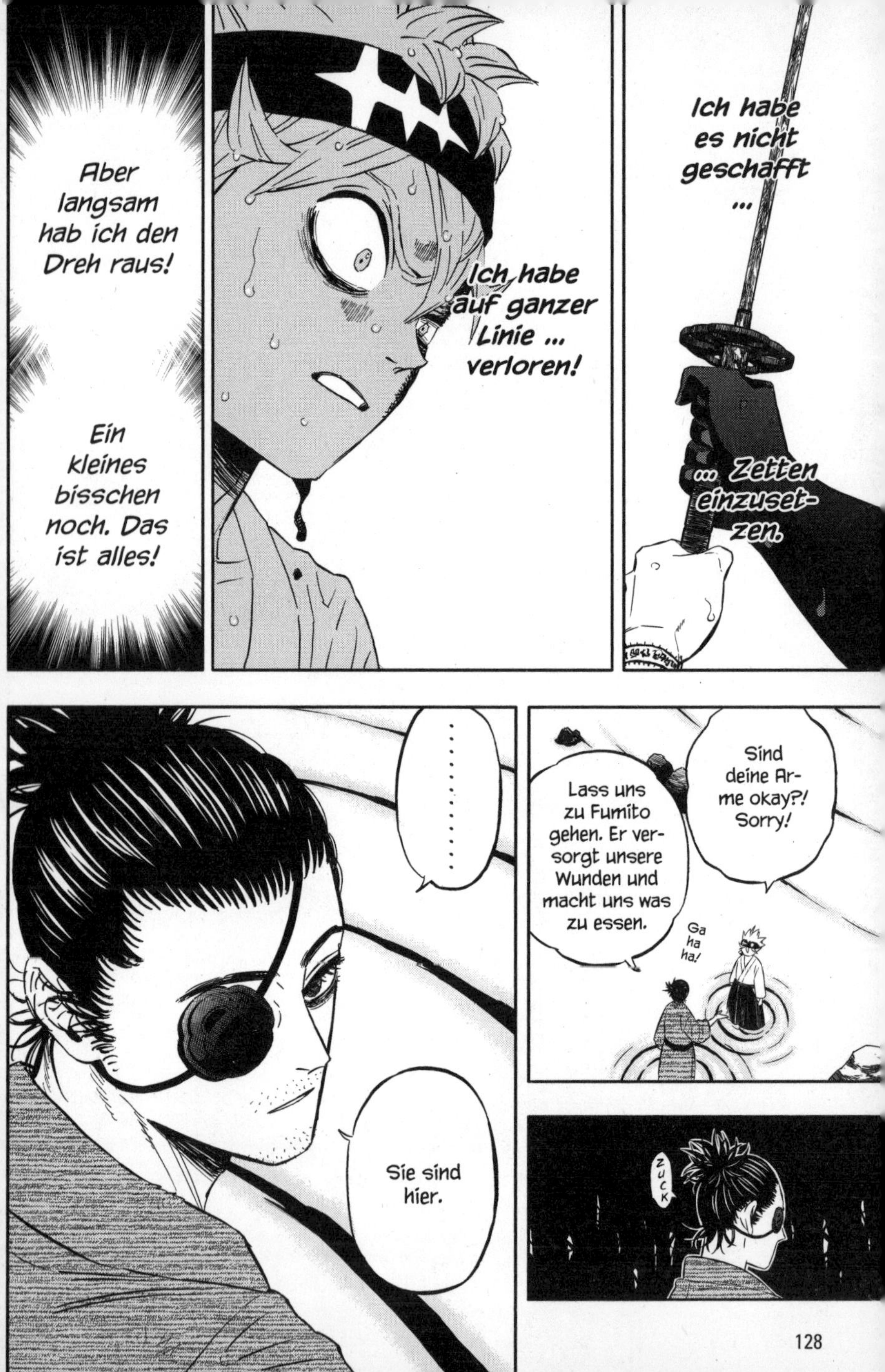
Ich habe es nicht geschafft ...
... Zetten einzusetzen.
Ich habe auf ganzer Linie ... verloren!
Aber langsam hab ich den Dreh raus!
Ein kleines bisschen noch. Das ist alles!
Sind deine Arme okay?! Sorry!
Lass uns zu Fumito gehen. Er versorgt unsere Wunden und macht uns was zu essen.
Ga ha ha!
....
ZUCK
Sie sind hier.

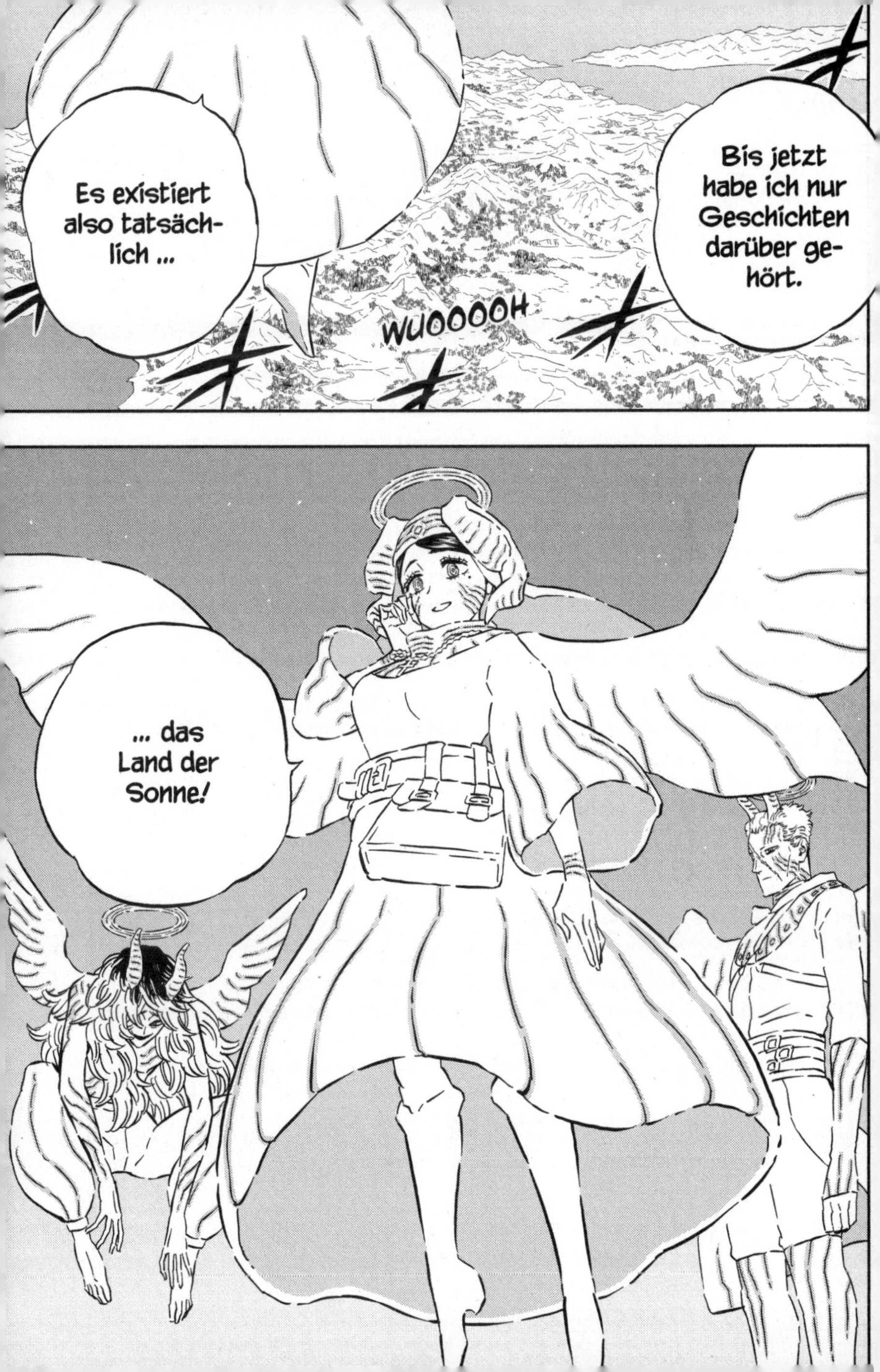
Bis jetzt habe ich nur Geschichten darüber gehört.
Es existiert also tatsächlich ...
WUOOOOH
... das Land der Sonne!

Aus Yûki Tabatas Nähkästchen 10

Der blutige Anfänger hatte also die Deadline für seinen ersten Entwurf gerissen. Auch wenn ich zu der Zeit noch von nichts wirklich eine Ahnung hatte, war mir zumindest die Ernsthaftigkeit dieser Situation bewusst. Ich dachte mir: »Das war's! Es ist aus und vorbei. Es ist aus, noch bevor es überhaupt angefangen hat …«

Und in meiner kompletten Verzweiflung nahm ich das Telefon in die Hand und rief meinen Redakteur W-shi deswegen an. Als W-shi mir dann sagte: »Alles gut! Die tatsächliche Deadline ist erst in zwei Tagen! Also häng dich rein!«, dachte ich mir nur: »Wuoooooh!!! Das ist ja geraaaaade so noch mal gut gegangen!!!«. Ich konnte wieder etwas aufatmen, zeichnete weiter, auch wenn ich körperlich komplett am Ende war, und der Morgen der eigentlichen Deadline brach an … »Nur noch ein kleines bisschen …!!! Du bist immer noch nicht fertig!!! Im Ernst jetzt?!! Du bist echt unmöglich!!!« (← Ich selbst)

Da ich mich in Fukuoka befand, sah es allerdings so aus, dass ich den Entwurf noch am selben Vormittag mit der Post verschicken musste, um nicht zu spät dran zu sein. Einer der besagten Freunde schwang sich dann für mich hinters Steuer, sodass ich im Auto noch weiter am Entwurf arbeiten konnte. Irgendwie habe ich ihn dann doch noch zu Ende gestellt, wirklich im allerletzten Moment in der Postfiliale alle Formalitäten erledigt und den Entwurf verschickt. Der Himmel an diesem Tag war so unglaublich weit.

Dieser One Shot, der dann noch irgendwie wie geplant rauskam, wirkte für einen Anfänger vielleicht gar nicht mal so schlecht, aber danach habe ich planlos versucht, regelmäßig Panel-Layouts zu zeichnen (Absolut keine Chance!), und verbrachte unverändert Zeit mit meinem Freunden. Die Tage vergingen wie im Flug und während meine Freunde um mich herum auf Stellensuche waren, brach jener Tag im Herbst an, als ich 23 Jahre alt war …

W-shi: »In einer Woche kommst du nach Tokyo!«

Ich: »Hä?«

Weiter geht's im nächsten Band?

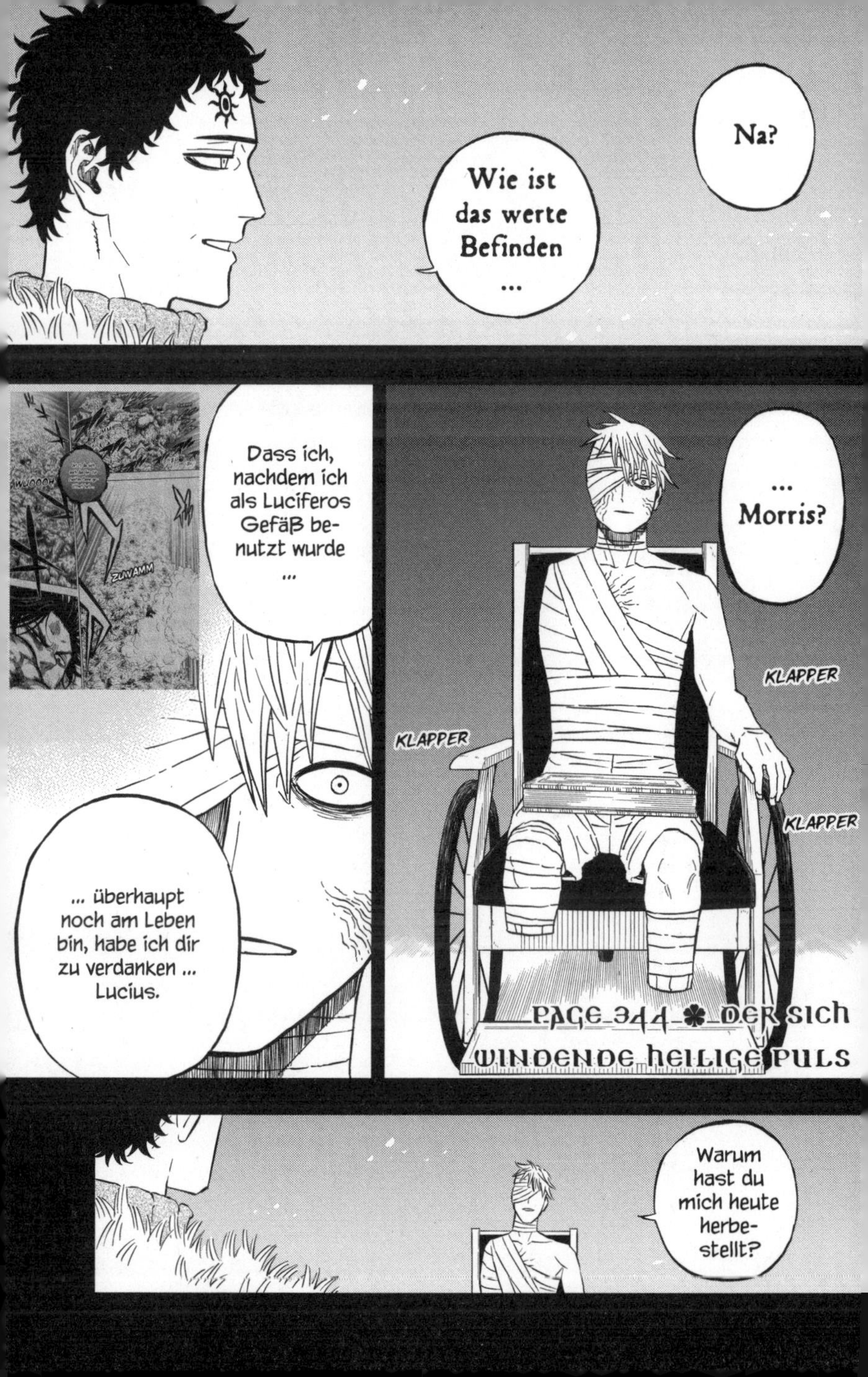
Na?
Wie ist das werte Befinden ...
... Morris?
KLAPPER
KLAPPER
KLAPPER
PAGE 344 DER SICH WINDENDE HEILIGE PULS
Dass ich, nachdem ich als Luciferos Gefäß benutzt wurde ...
... überhaupt noch am Leben bin, habe ich dir zu verdanken ... Lucius.
Warum hast du mich heute herbestellt?

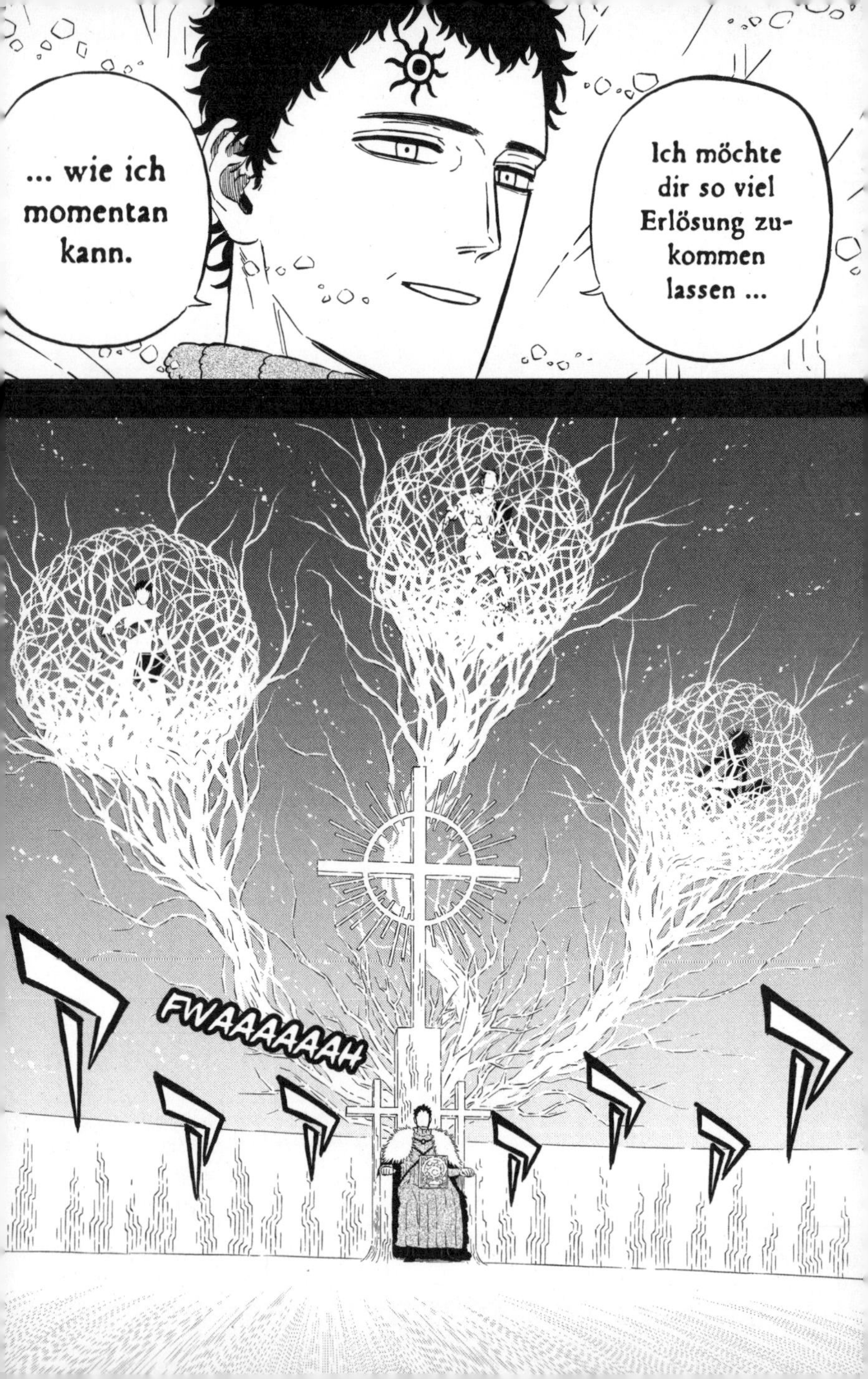
Ich möchte dir so viel Erlösung zukommen lassen ...
... wie ich momentan kann.
FWAAAAAAAH

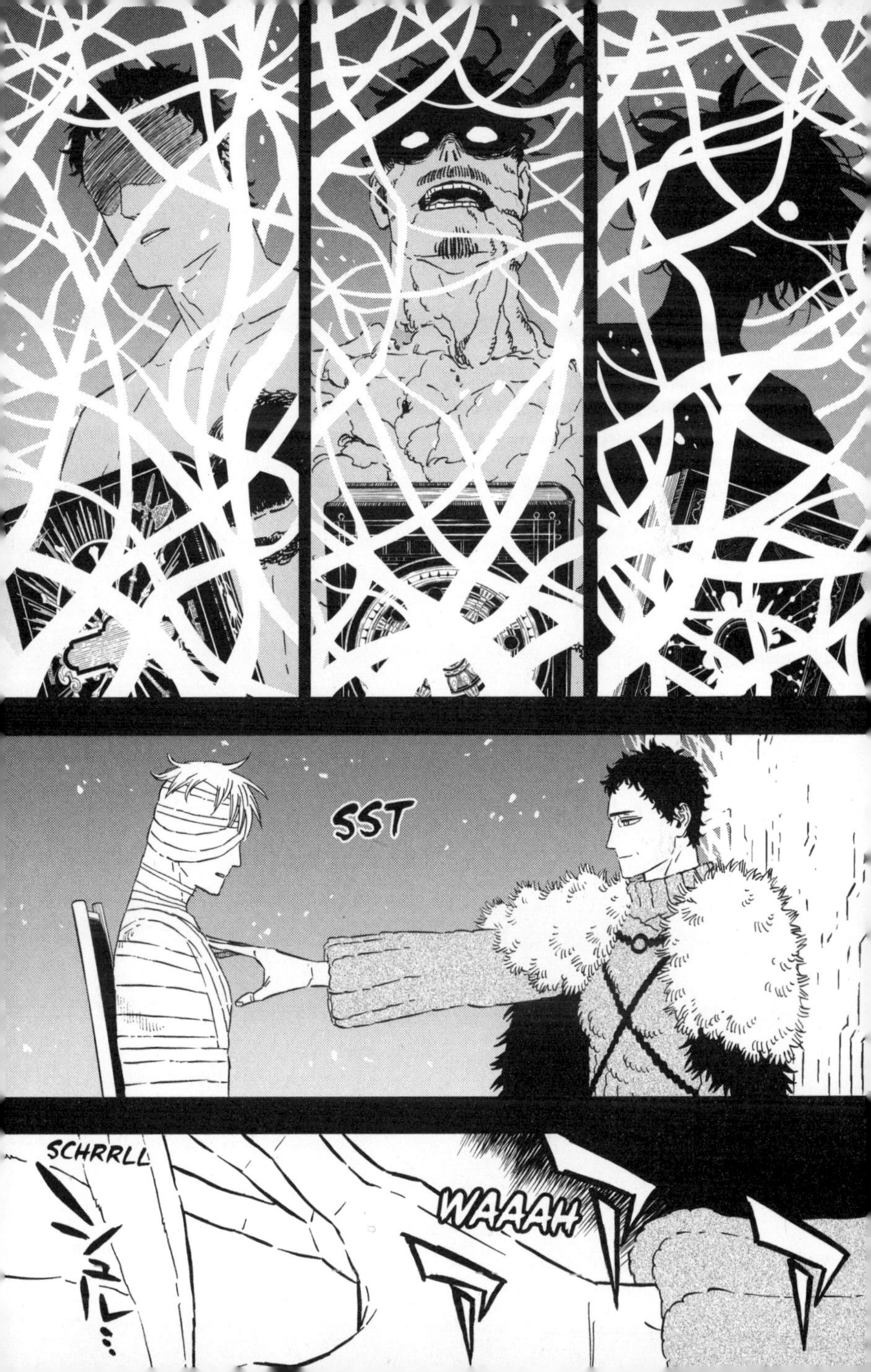
SST
SCHRRLL
WAAAH

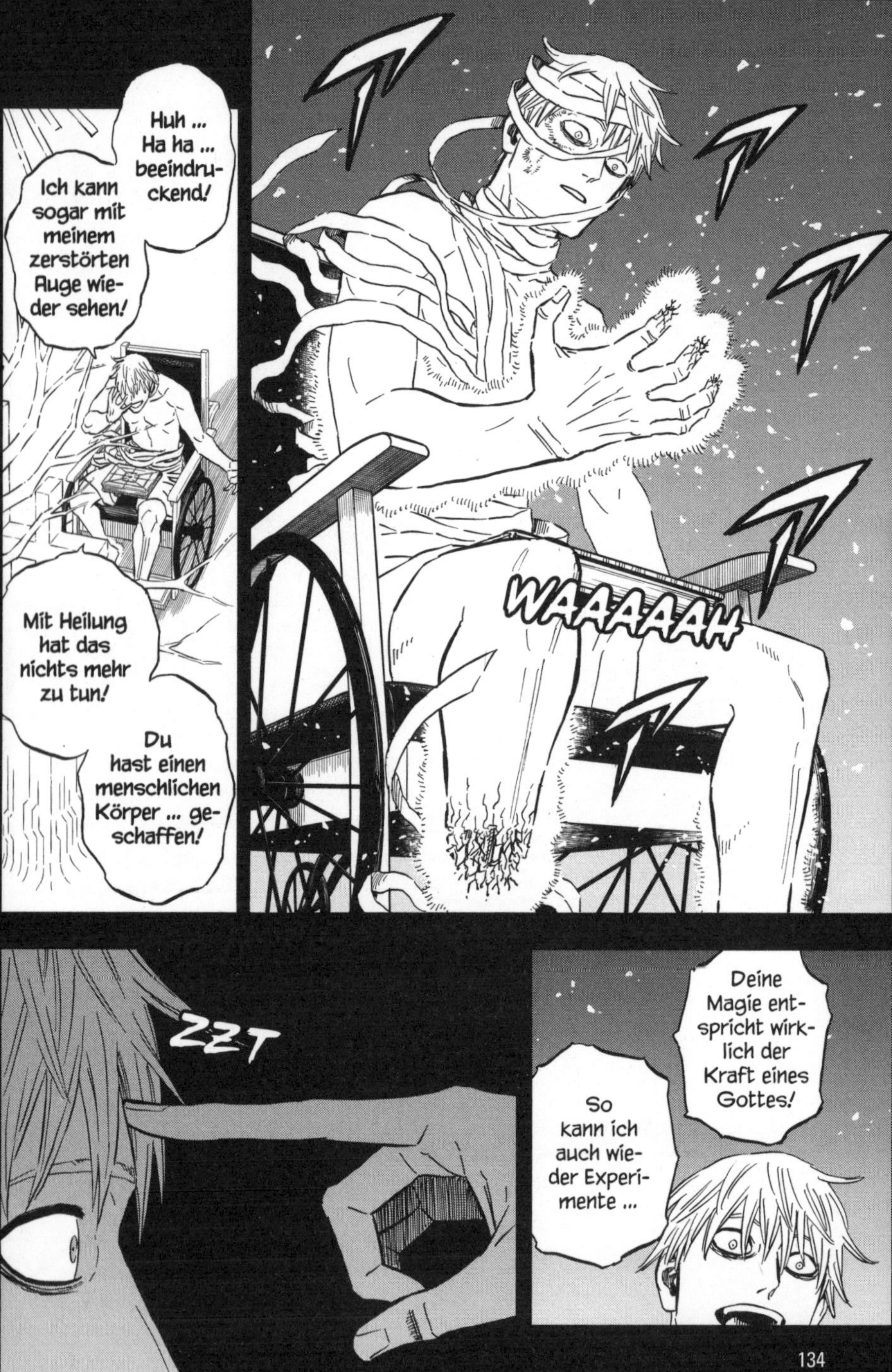
WAAAAAH
Huh ... Ha ha ... beeindruckend!
Ich kann sogar mit meinem zerstörten Auge wieder sehen!
Mit Heilung hat das nichts mehr zu tun!
Du hast einen menschlichen Körper ... geschaffen!
Deine Magie entspricht wirklich der Kraft eines Gottes!
So kann ich auch wieder Experimente ...
ZZT

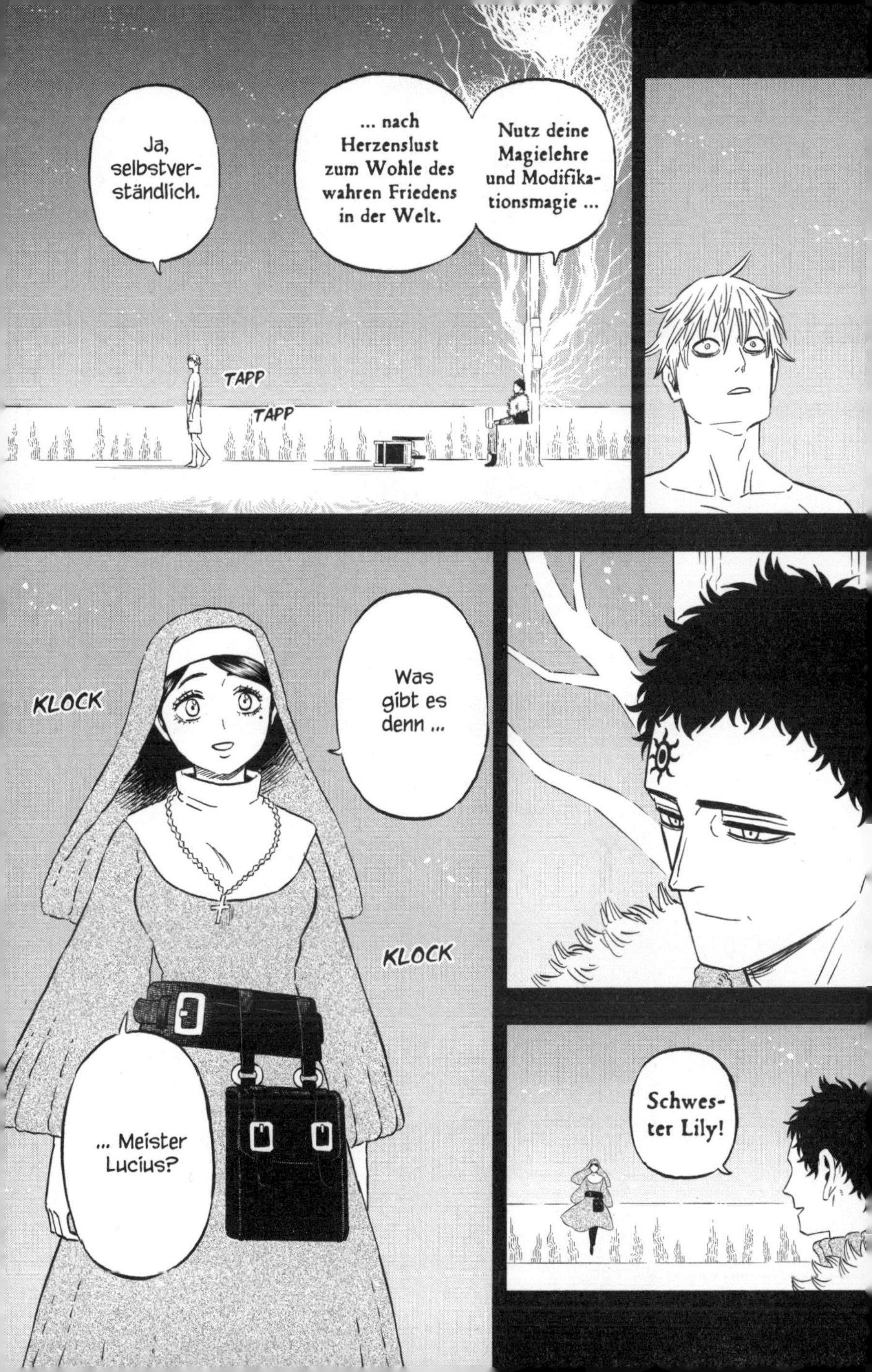
Nutz deine Magielehre und Modifikationsmagie ...
... nach Herzenslust zum Wohle des wahren Friedens in der Welt.
Ja, selbstverständlich.
TAPP
TAPP
Schwester Lily!
KLOCK
KLOCK
Was gibt es denn ...
... Meister Lucius?

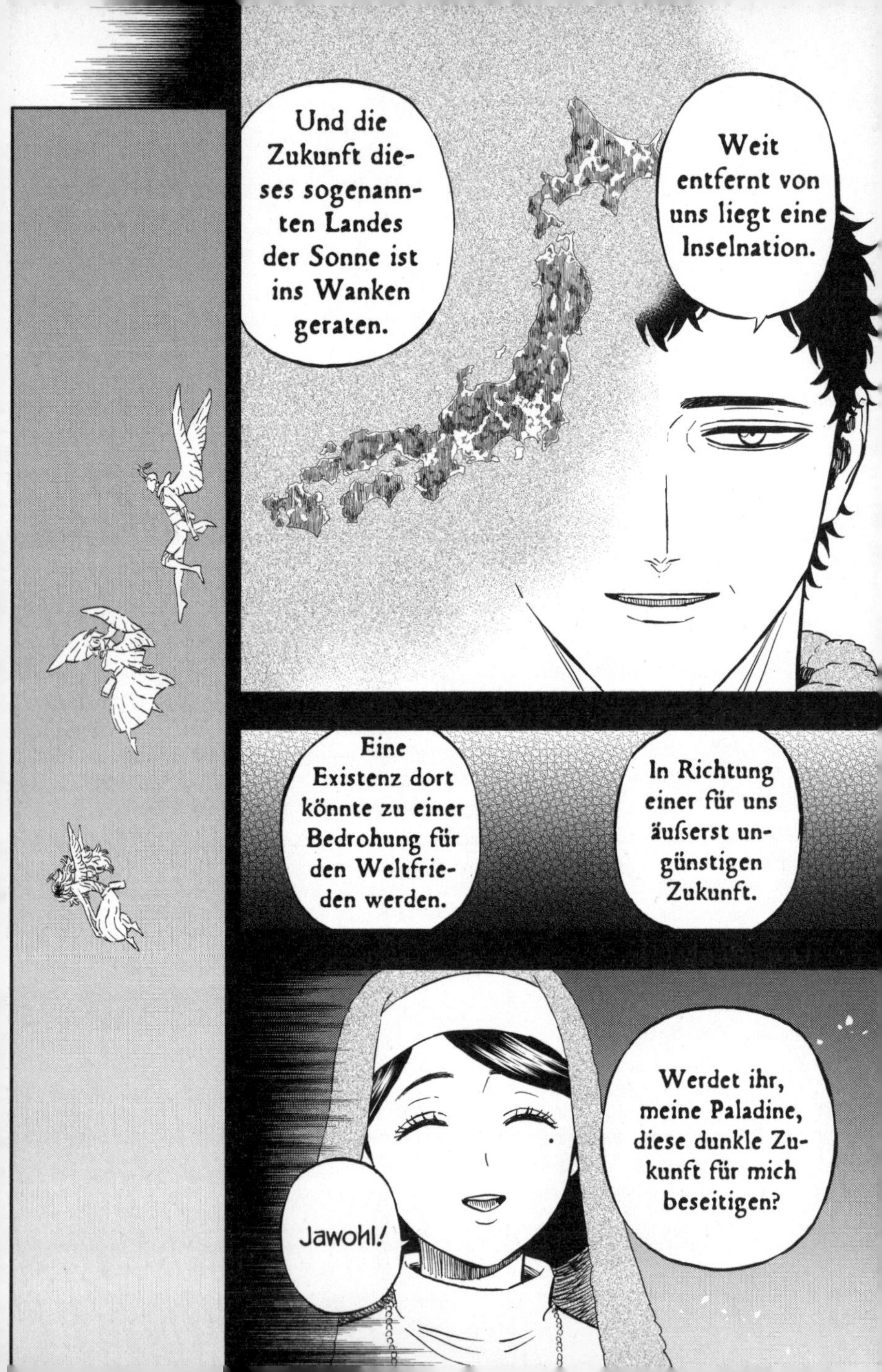
Weit entfernt von uns liegt eine Inselnation.
Und die Zukunft dieses sogenannten Landes der Sonne ist ins Wanken geraten.
In Richtung einer für uns äußerst ungünstigen Zukunft.
Eine Existenz dort könnte zu einer Bedrohung für den Weltfrieden werden.
Werdet ihr, meine Paladine, diese dunkle Zukunft für mich beseitigen?
Jawohl!

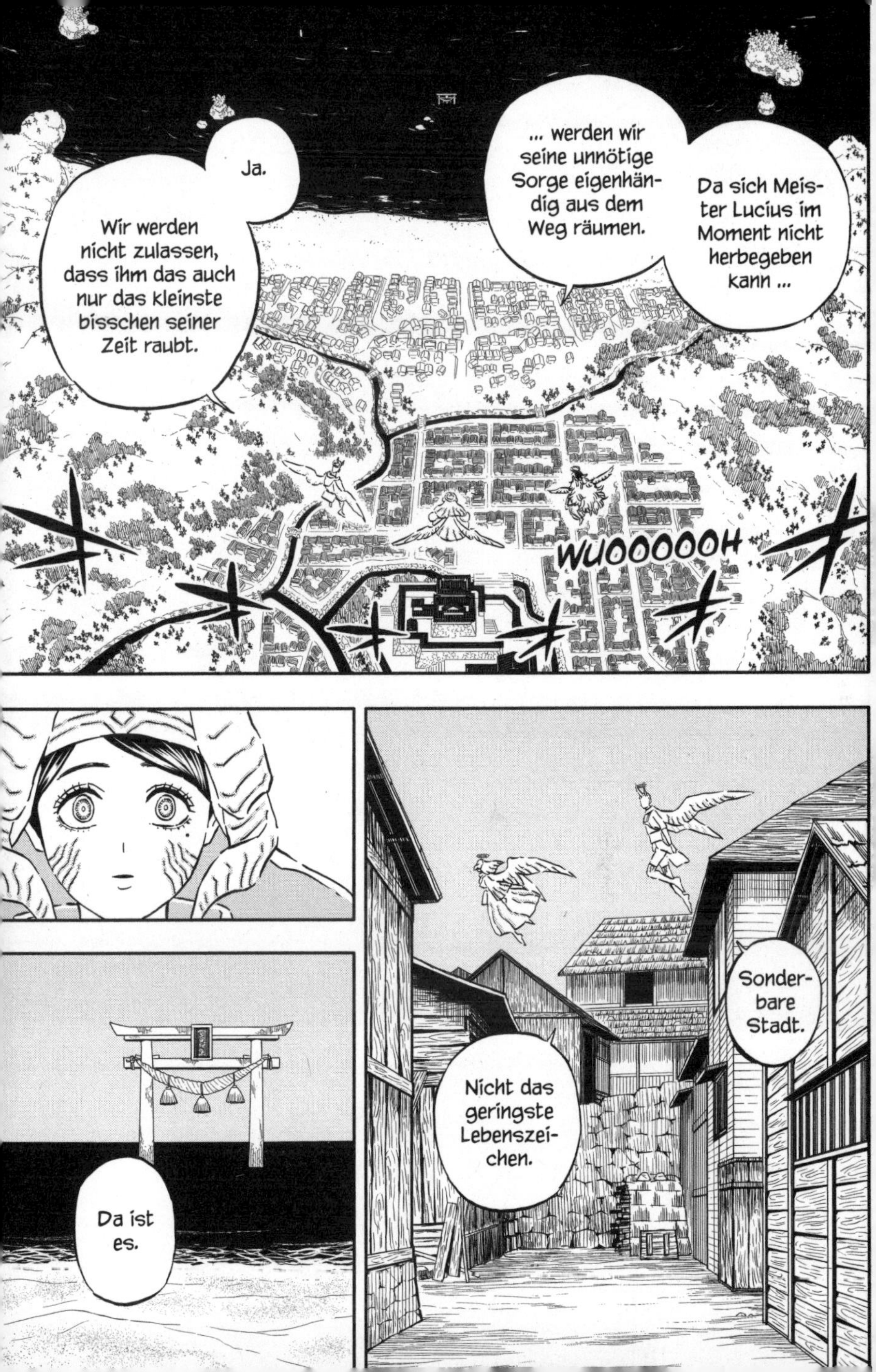

Da sich Meister Lucius im Moment nicht herbegeben kann ...
... werden wir seine unnötige Sorge eigenhändig aus dem Weg räumen.
Ja.
Wir werden nicht zulassen, dass ihm das auch nur das kleinste bisschen seiner Zeit raubt.
WUOOOOOH
Sonderbare Stadt.
Nicht das geringste Lebenszeichen.
Da ist es.

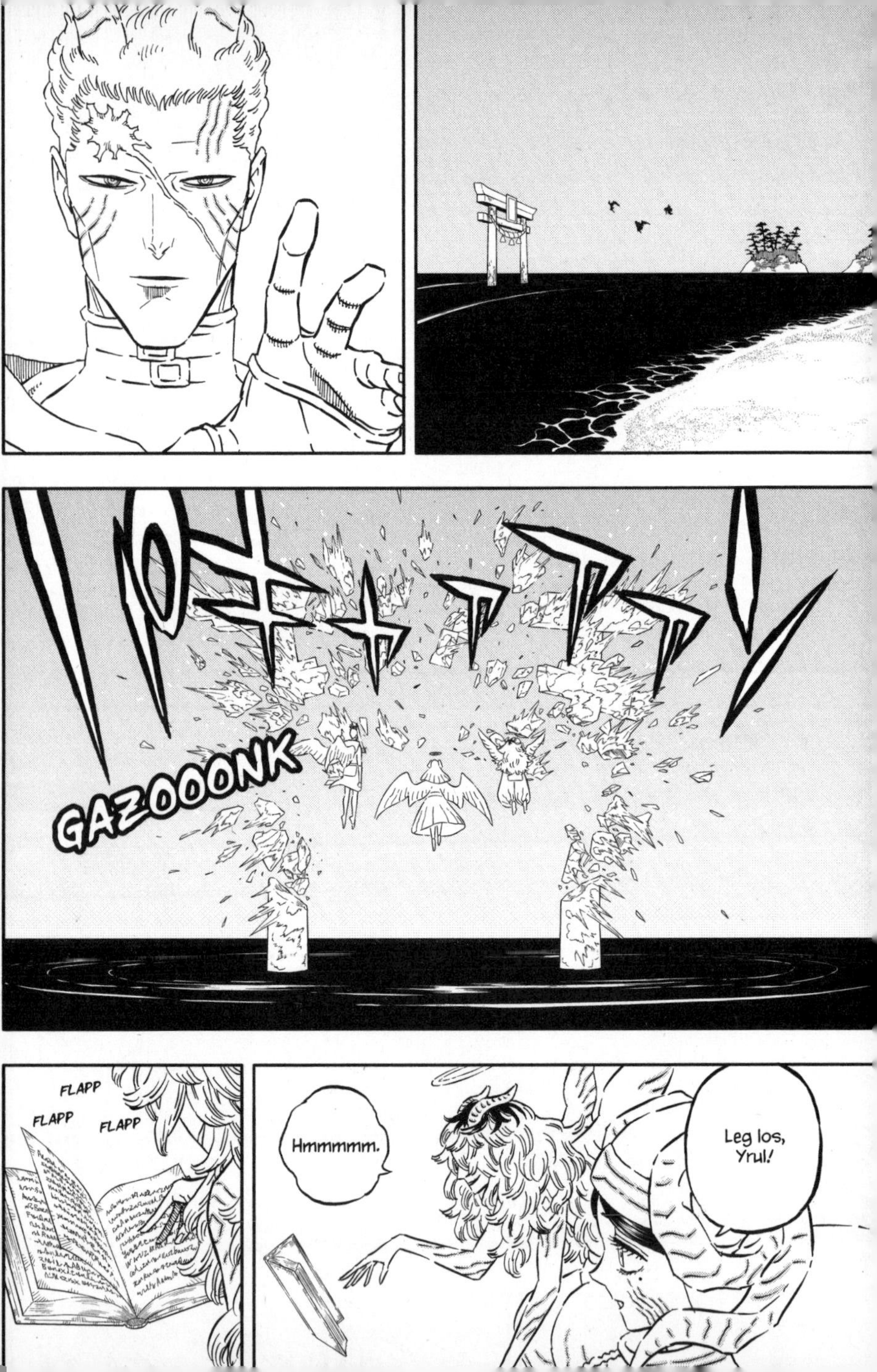
GAZOOONK
FLAPP
FLAPP
FLAPP
Leg los, Yrul!
Hmmmmm.

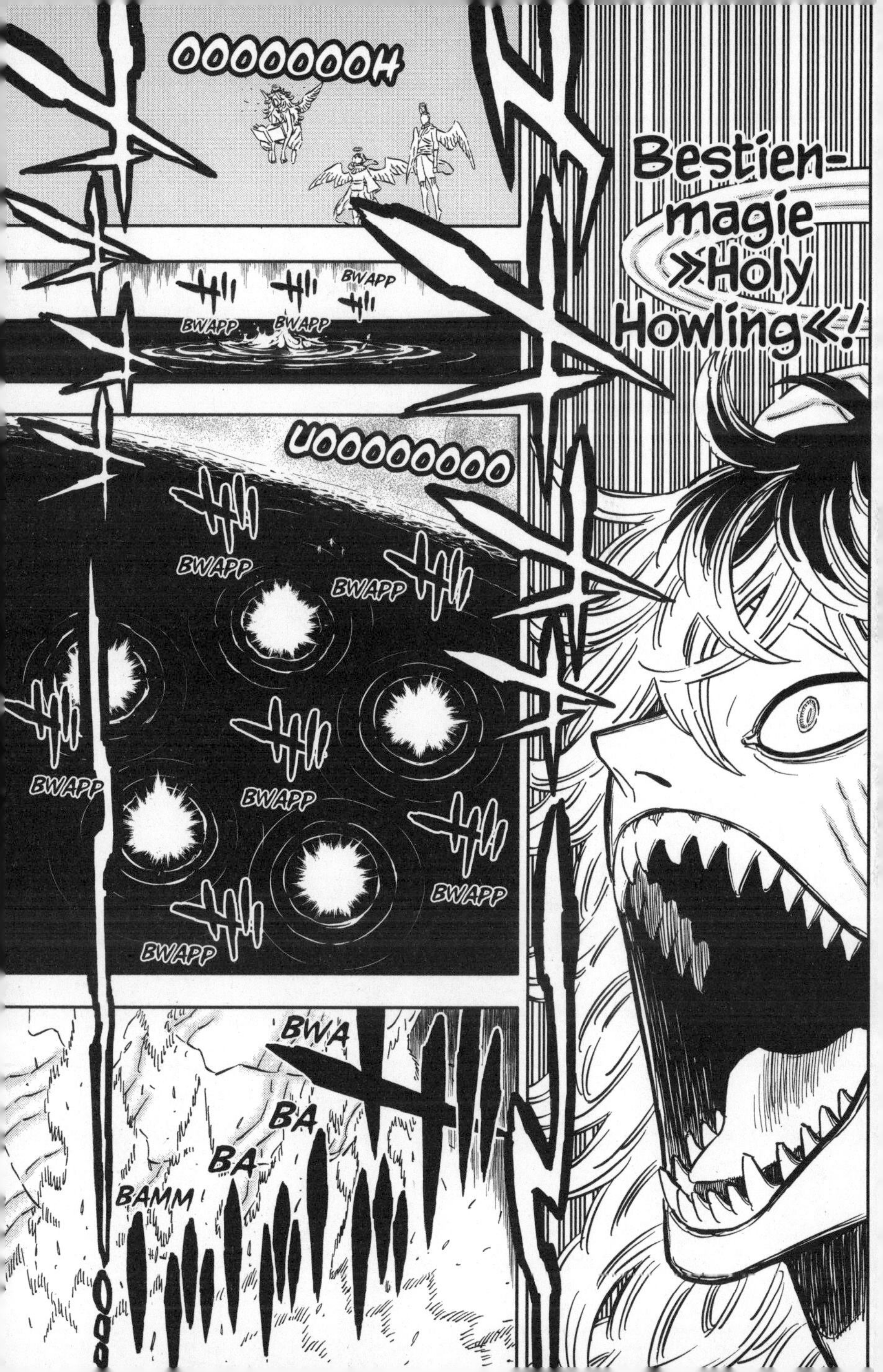
Bestien-
magie
»Holy
Howling«!
OOOOOOOOH
BWAPP
BWAPP
BWAPP
UOOOOOOOOO
BWAPP
BWAPP
BWAPP
BWAPP
BWAPP
BWAPP
BWA
BA
BA
BAMM

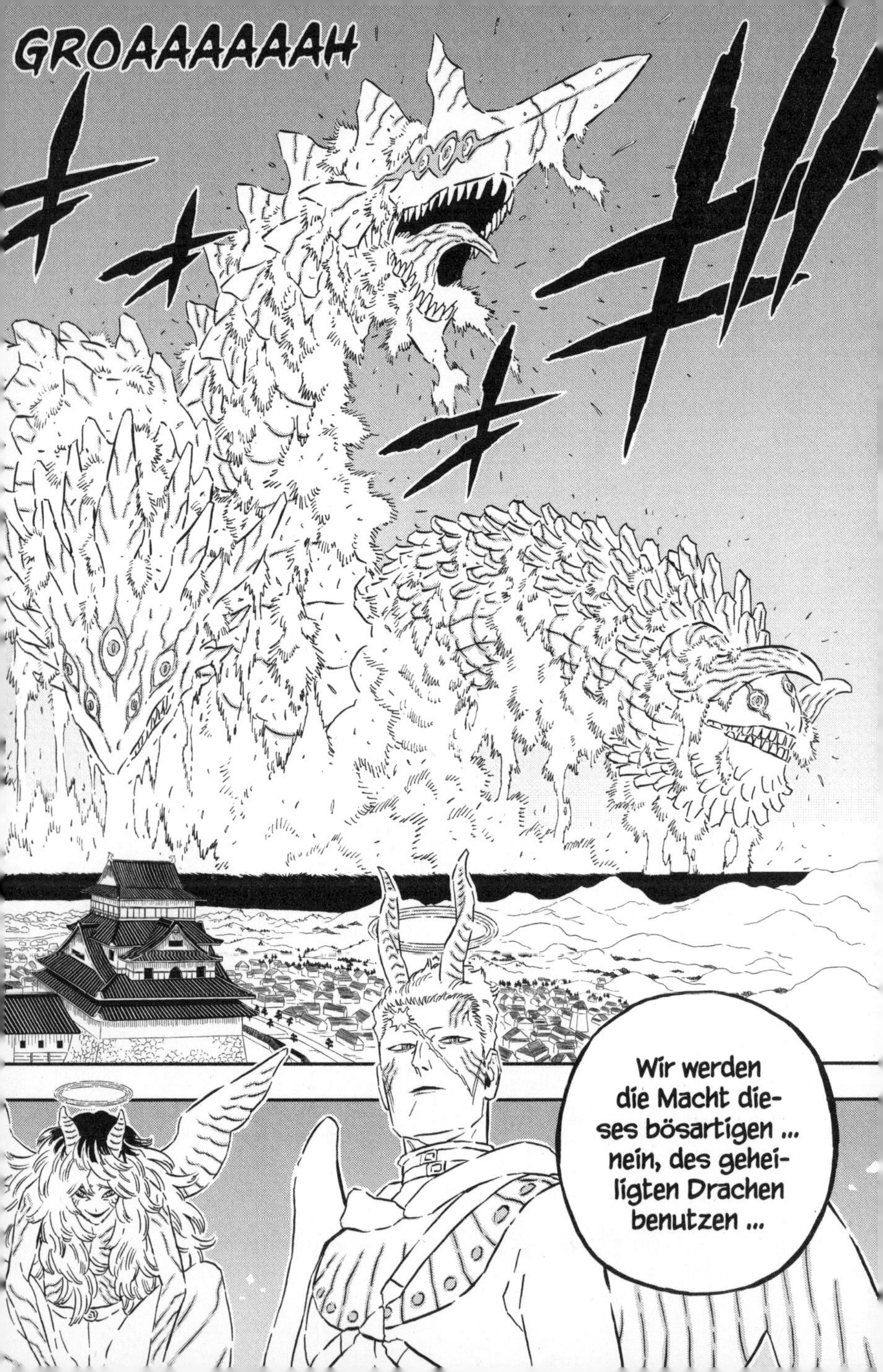
GROAAAAAAAH
Wir werden die Macht dieses bösartigen ... nein, des geheiligten Drachen benutzen ...

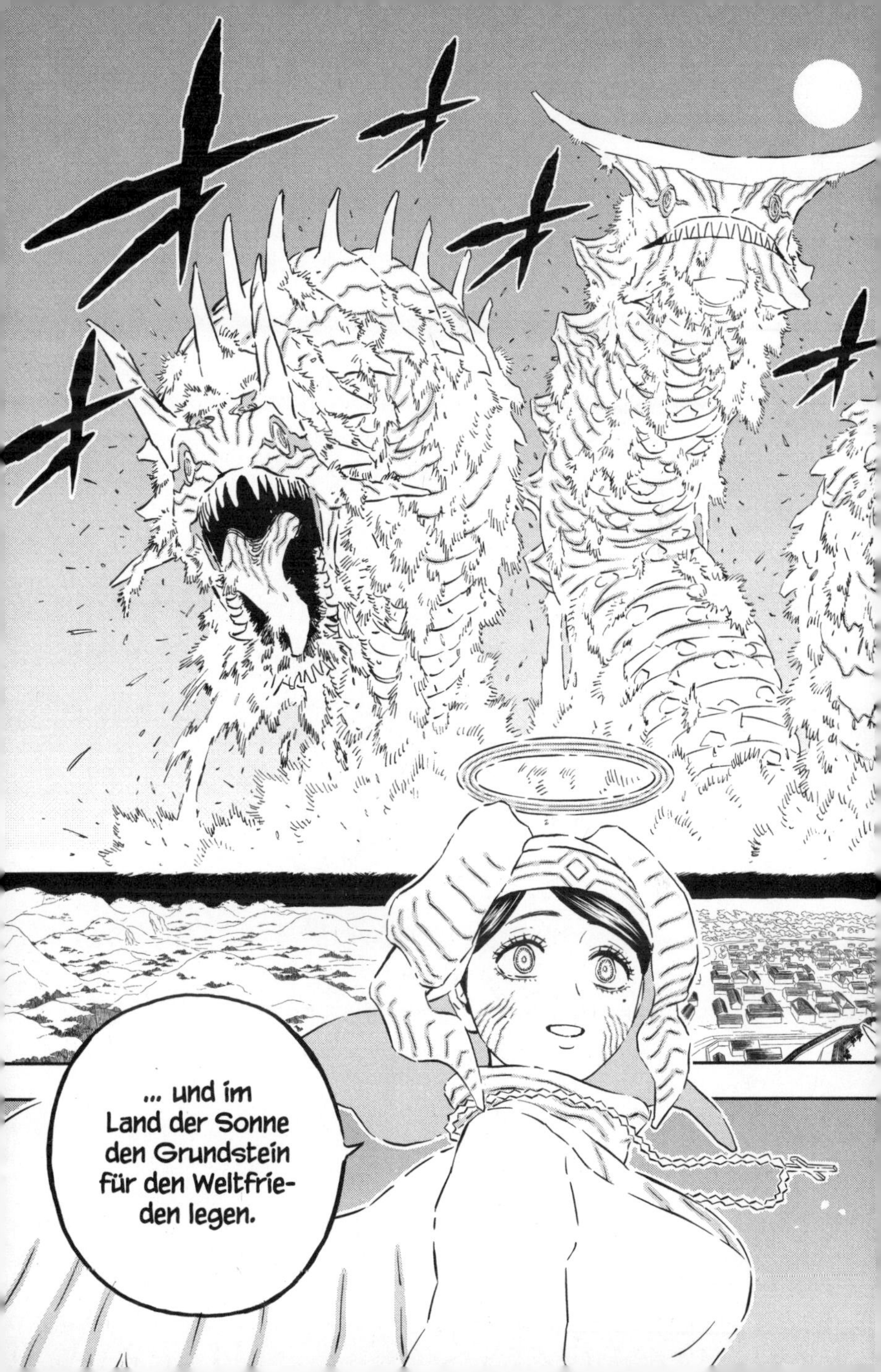
... und im Land der Sonne den Grundstein für den Weltfrieden legen.

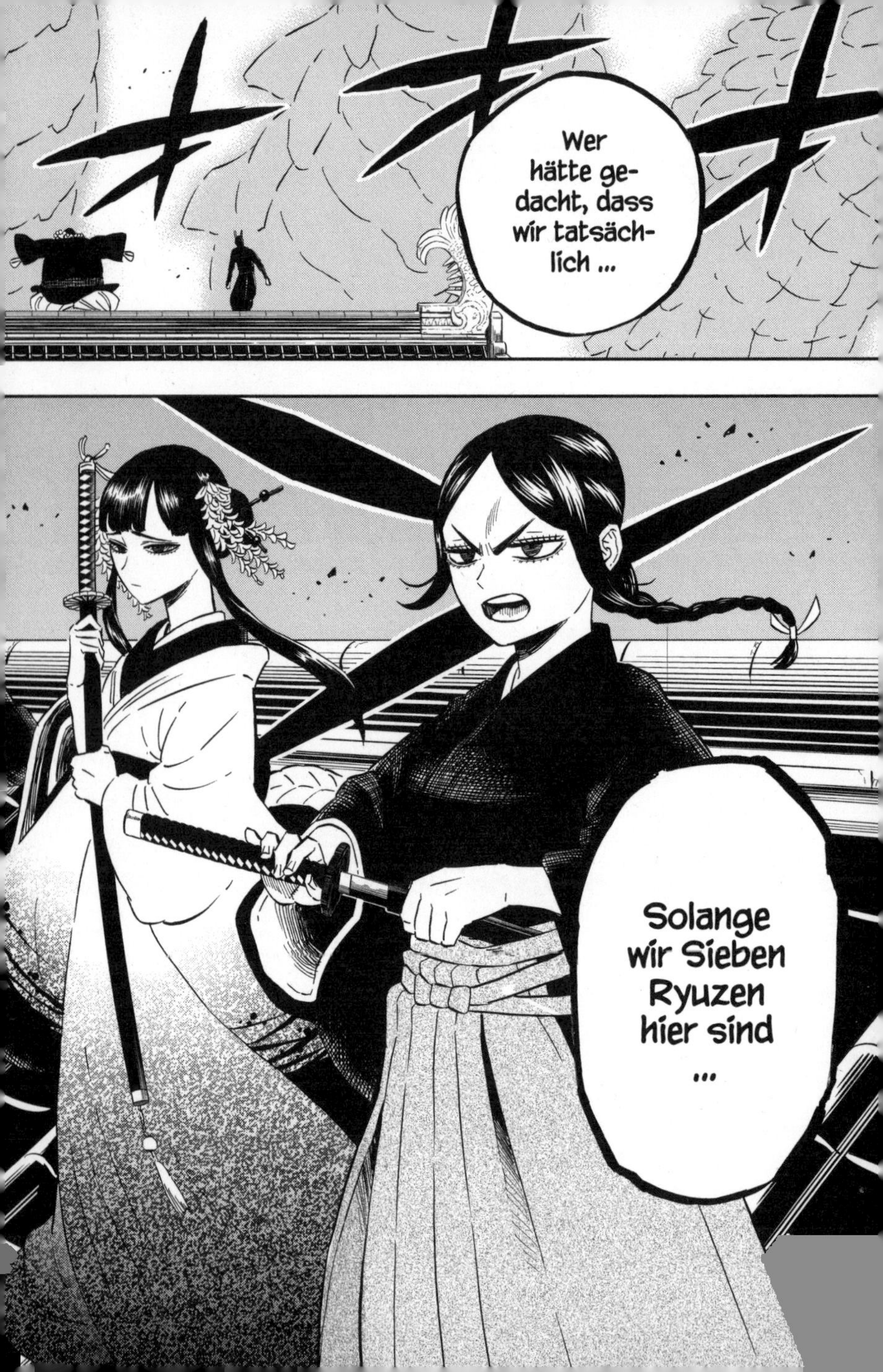
Wer hätte gedacht, dass wir tatsächlich ...
Solange wir Sieben Ryuzen hier sind ...

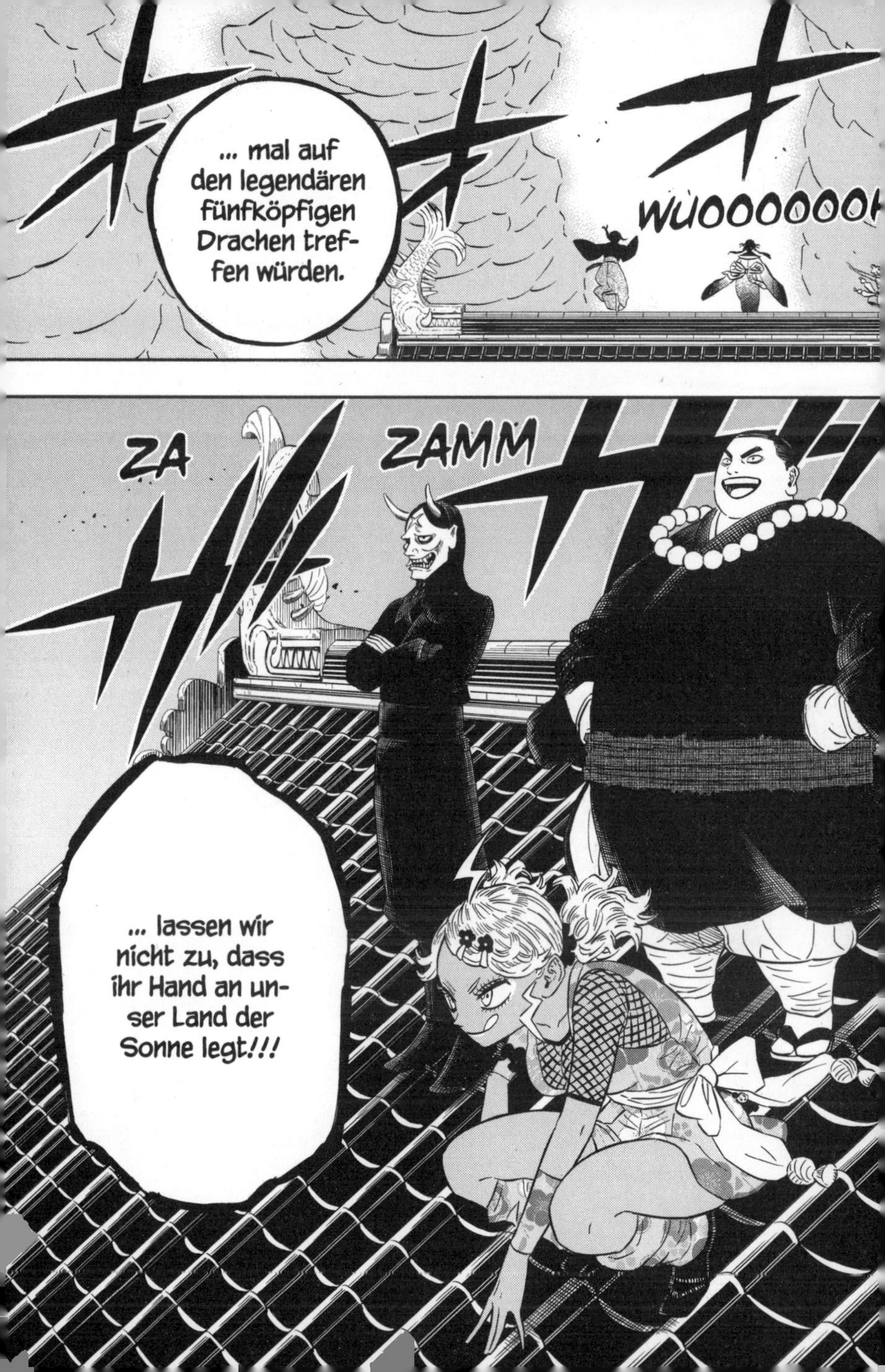

... mal auf den legendären fünfköpfigen Drachen tref-fen würden.
WUOOOOOOH
ZA
ZAMM
... lassen wir nicht zu, dass ihr Hand an un-ser Land der Sonne legt!!!

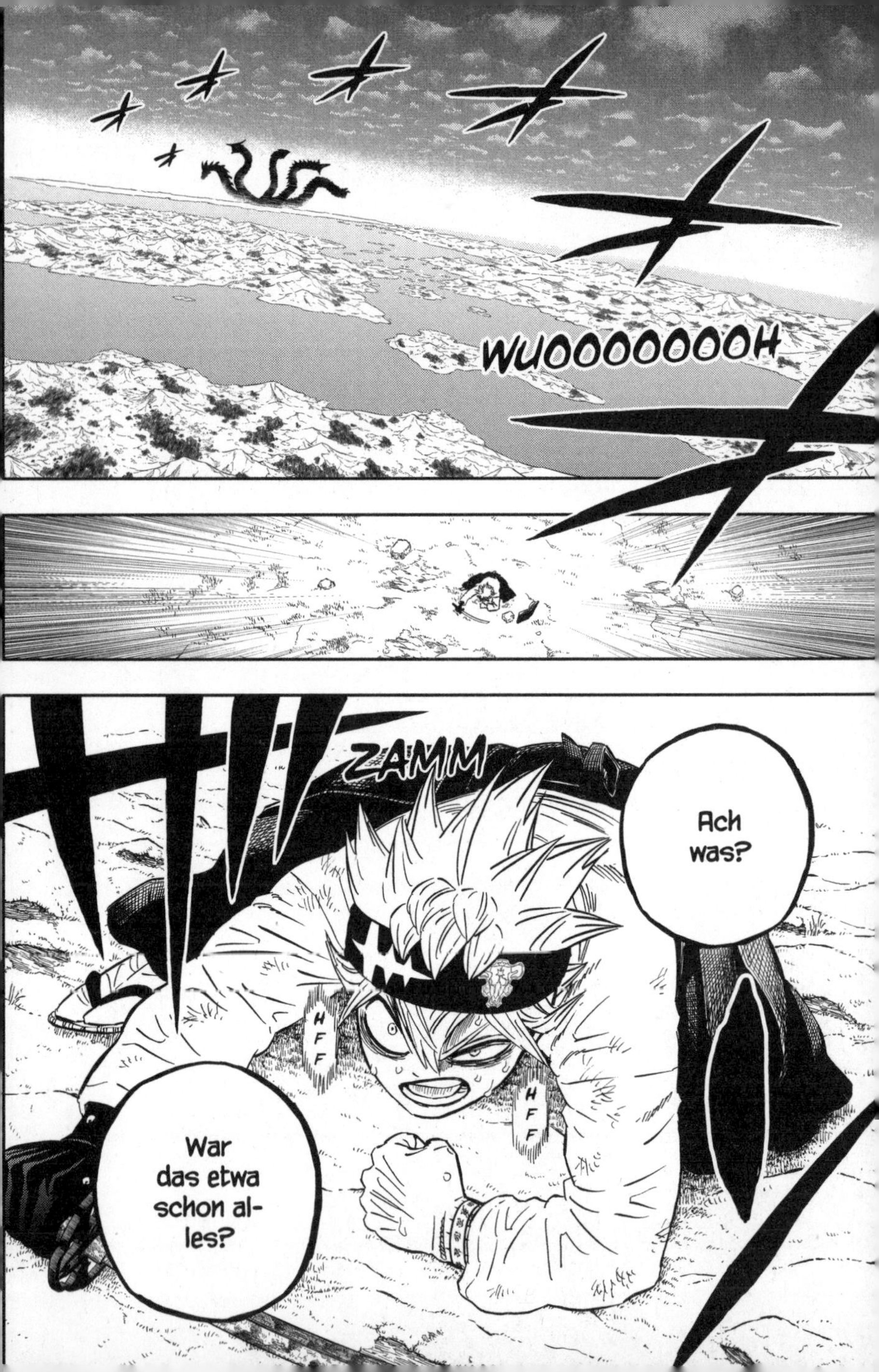
WUOOOOOOOH
ZAMM
Ach was?
HFF
HFF
War das etwa schon al-les?

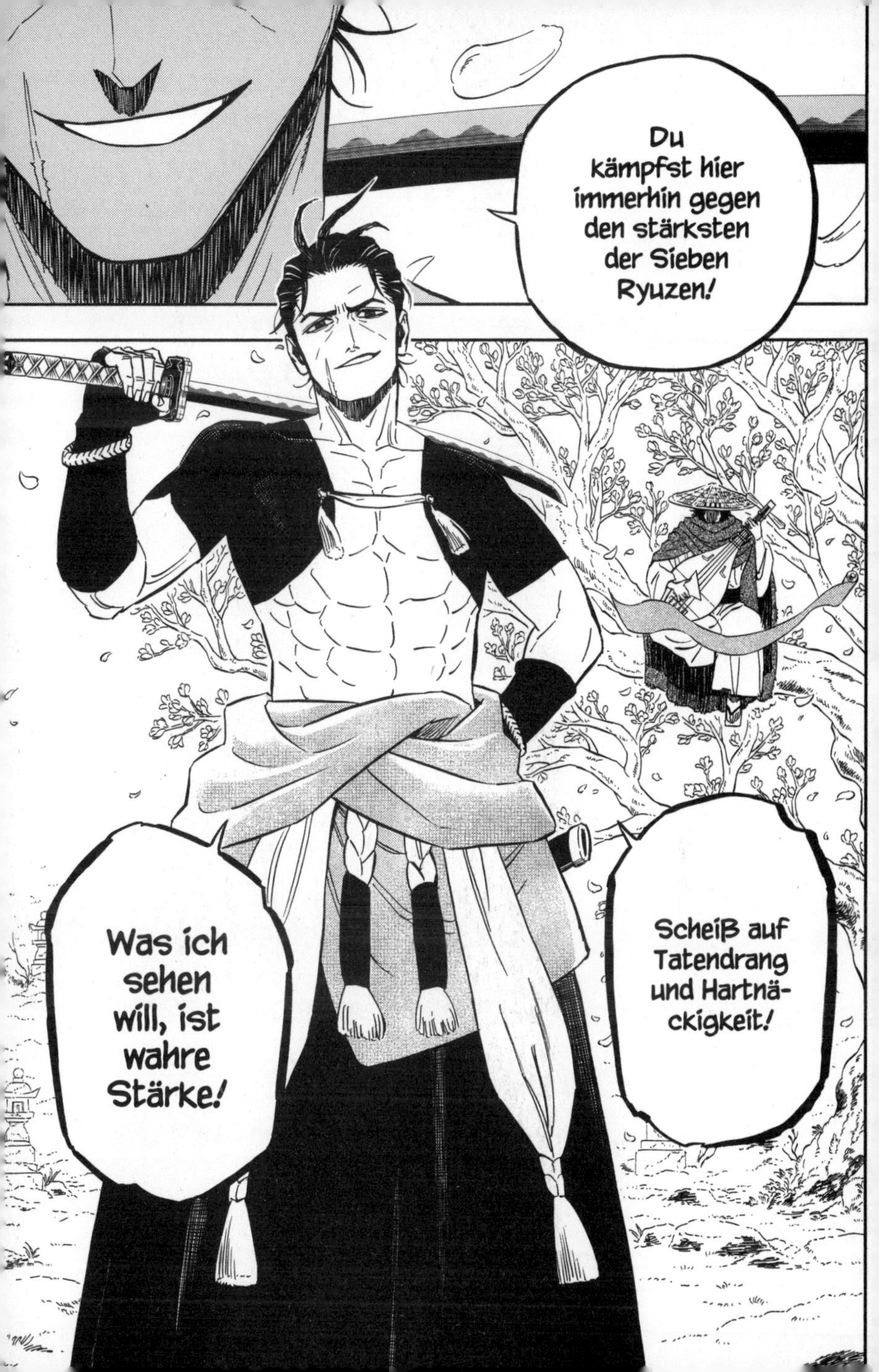
Du kämpfst hier immerhin gegen den stärksten der Sieben Ryuzen!
Scheiß auf Tatendrang und Hartnäckigkeit!
Was ich sehen will, ist wahre Stärke!

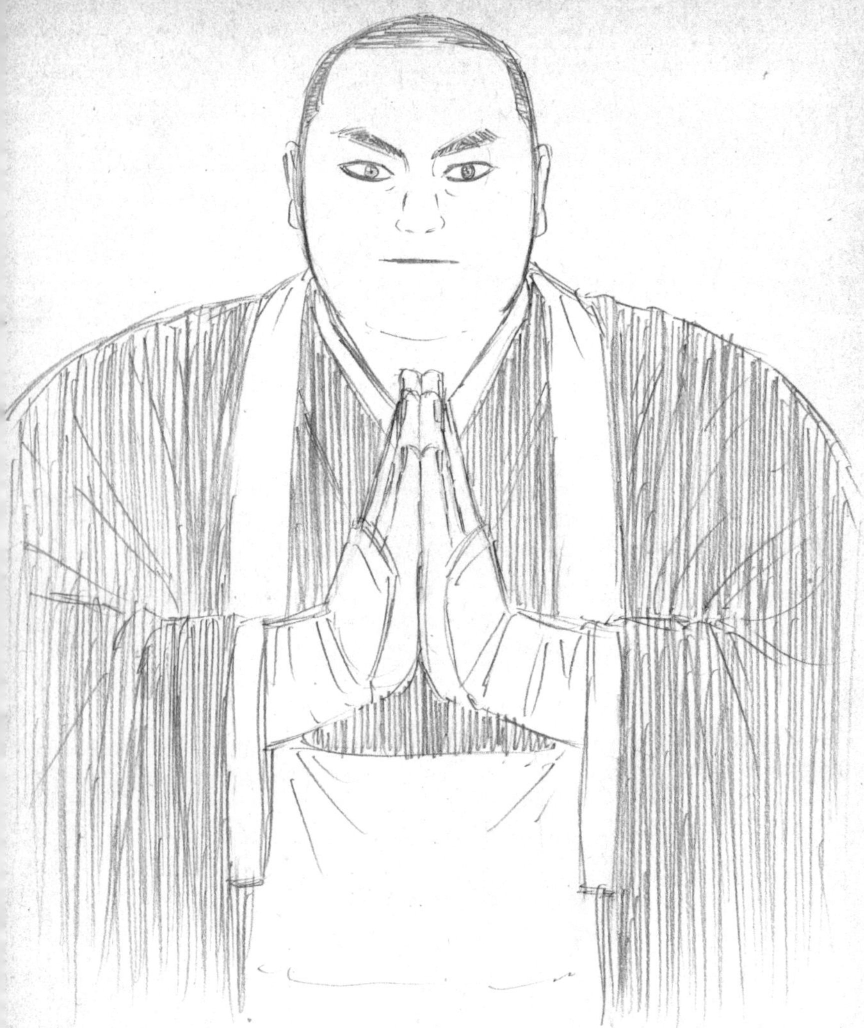

Ooka Daizaemon

Alter: 33 Jahre Geburtstag: 29. August Sternzeichen: Jungfrau
Größe: 193 cm Blutgruppe: 0 Mag: lachen, essen, Badehäuser

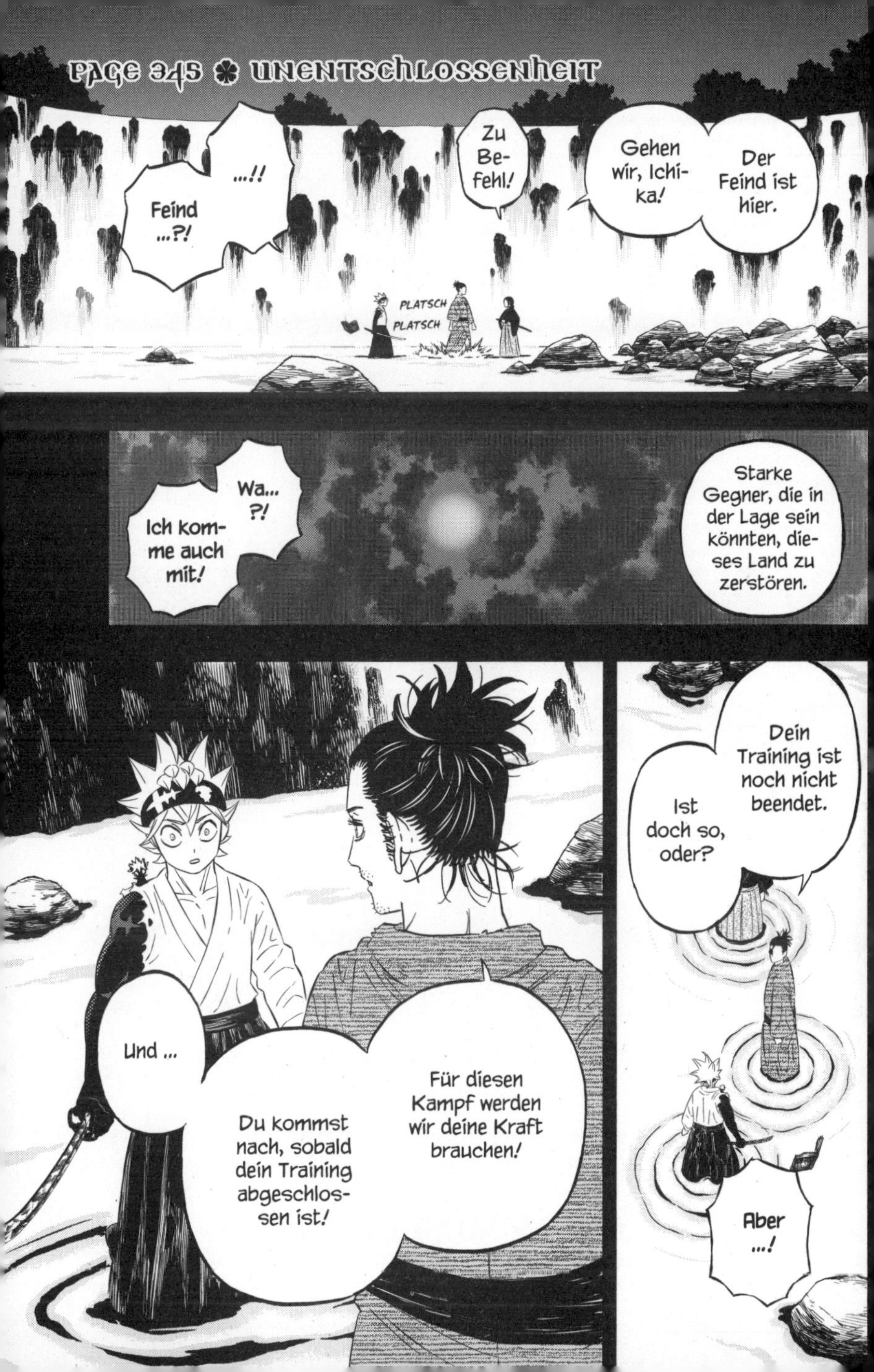
PAGE 345 ✿ UNENTSCHLOSSENHEIT
Der Feind ist hier.
Gehen wir, Ichika!
Zu Befehl!
...!!
Feind ...?!
PLATSCH
PLATSCH
Starke Gegner, die in der Lage sein könnten, dieses Land zu zerstören.
Wa... ?!
Ich komme auch mit!
Dein Training ist noch nicht beendet.
Ist doch so, oder?
Aber ...!
Für diesen Kampf werden wir deine Kraft brauchen!
Du kommst nach, sobald dein Training abgeschlossen ist!
Und ...

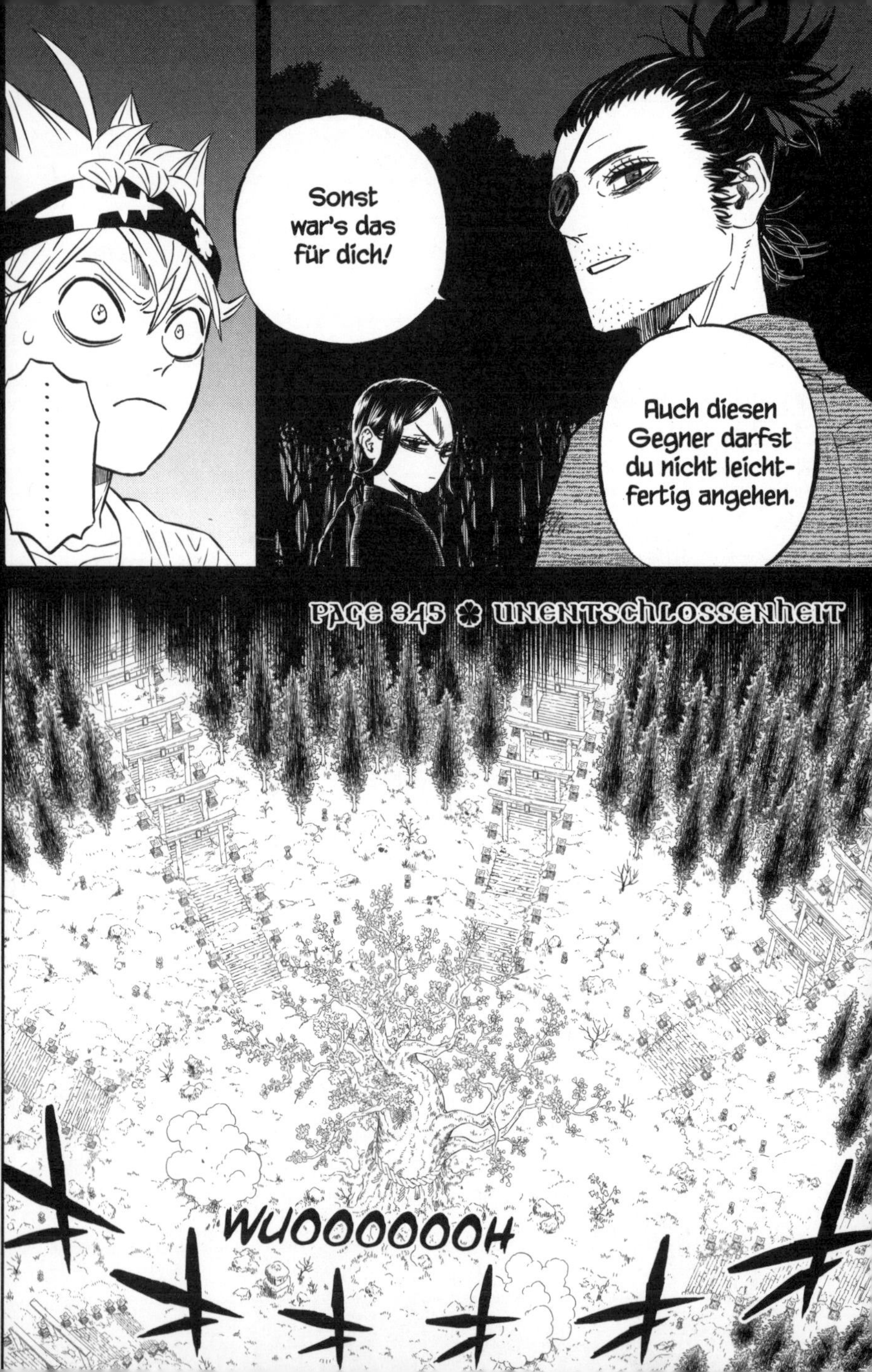
......
Sonst war's das für dich!
Auch diesen Gegner darfst du nicht leichtfertig angehen.
PAGE 345 ✿ UNENTSCHLOSSENHEIT
WUOOOOOOH

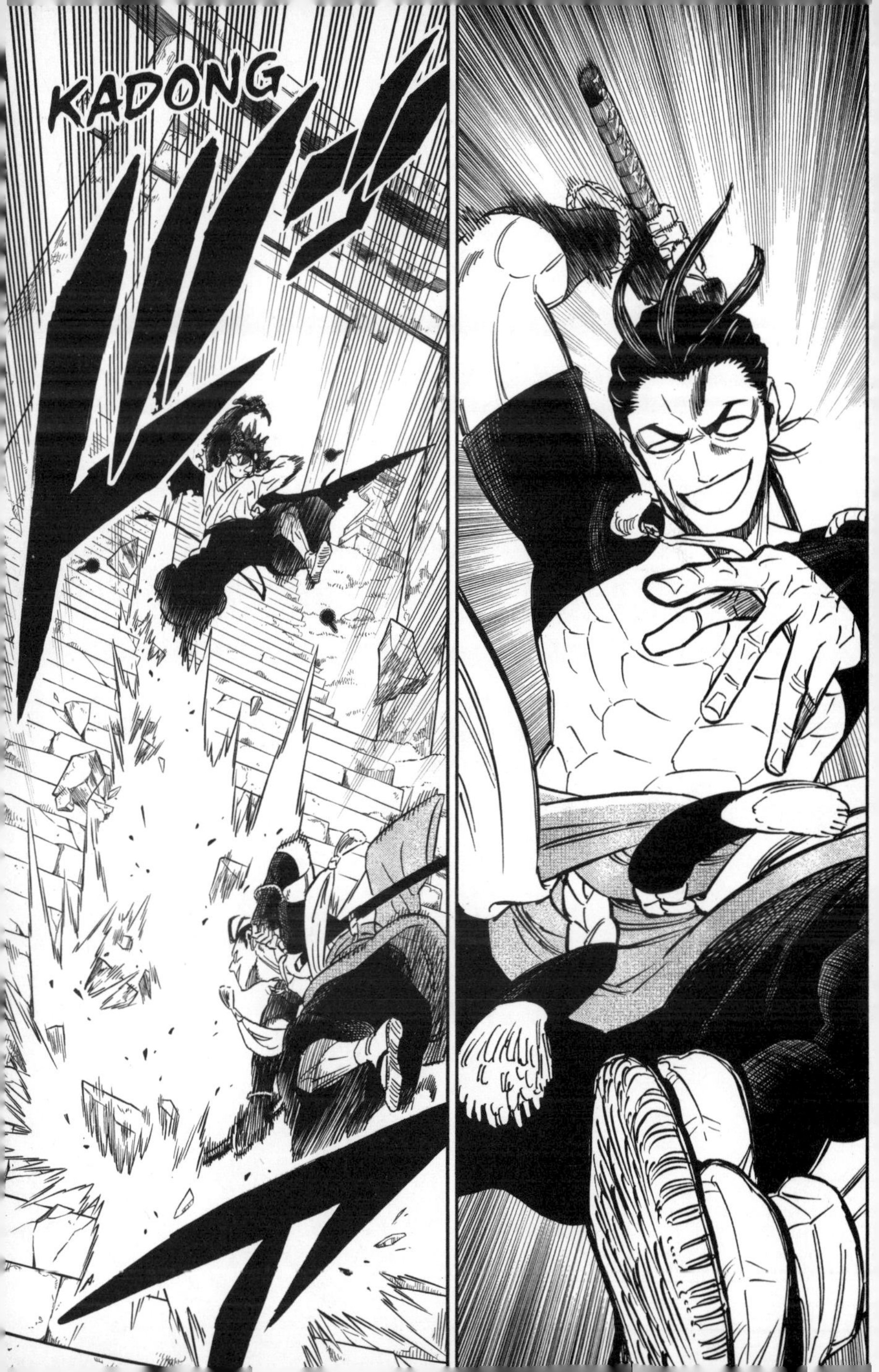
KADONG

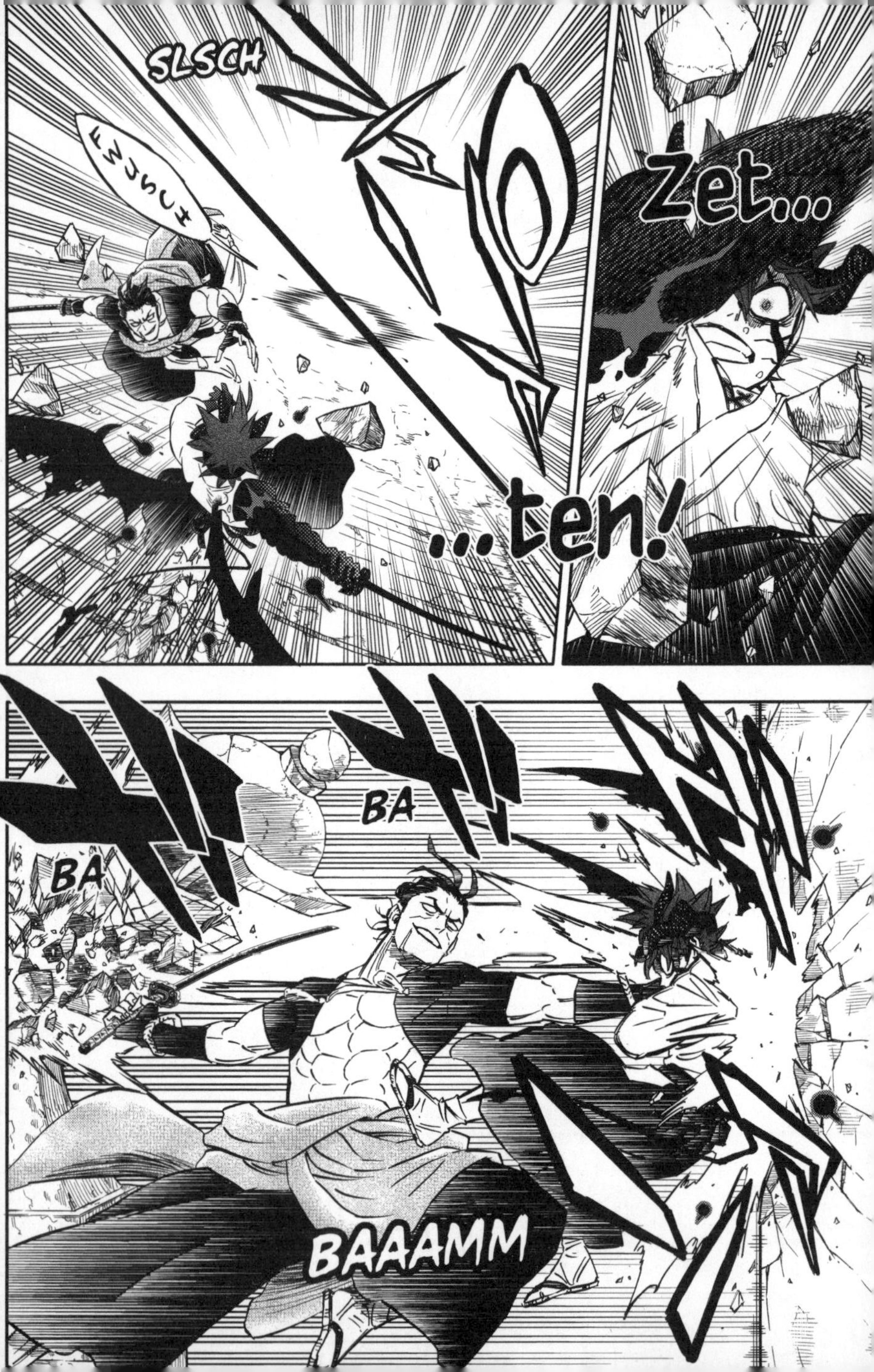
Zet...
...ten!
SLSCH
FWUSCH
BA
BA
BAAAMM

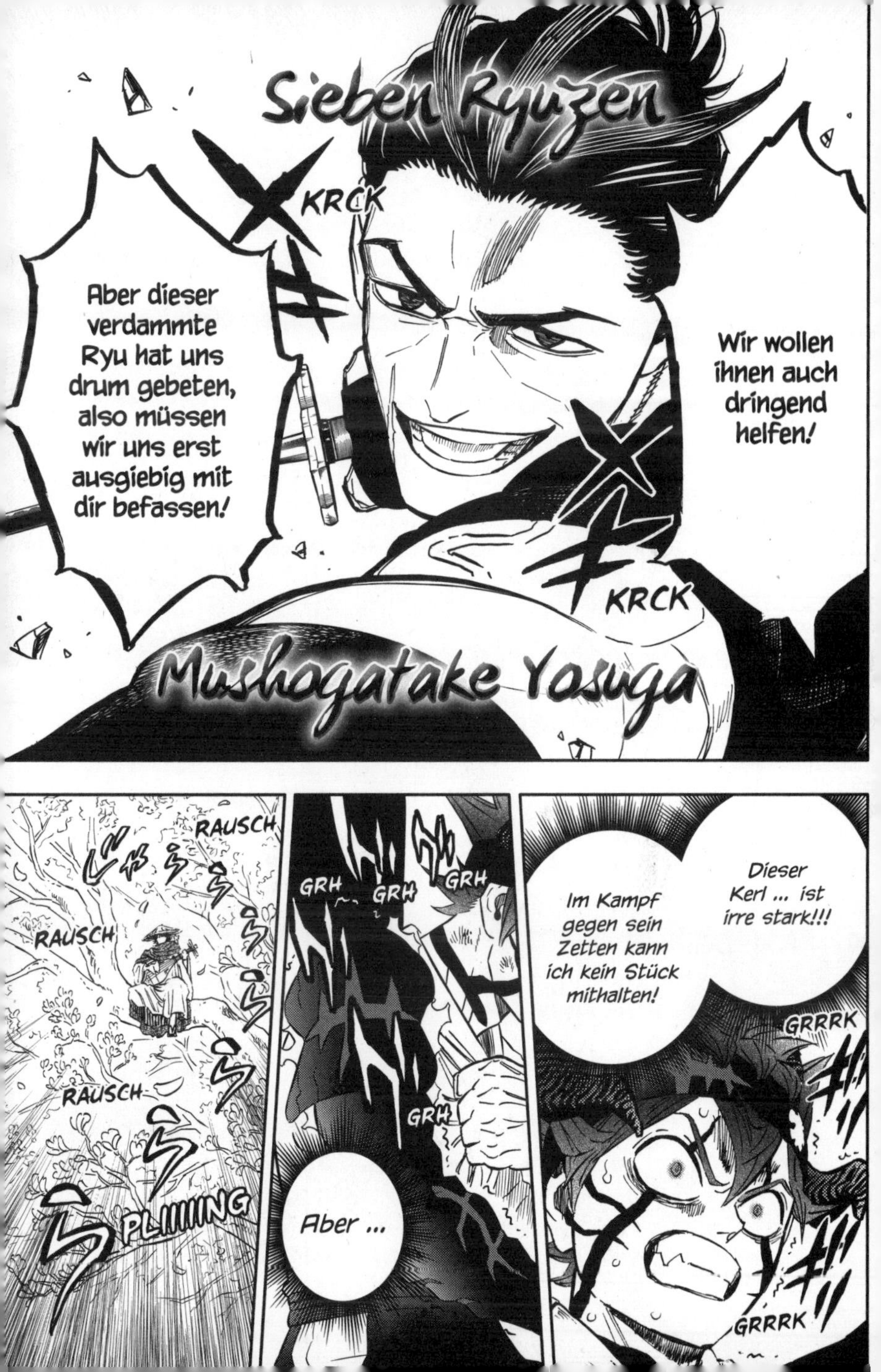
Sieben Ryuzen
KRCK
Wir wollen ihnen auch dringend helfen!
Aber dieser verdammte Ryu hat uns drum gebeten, also müssen wir uns erst ausgiebig mit dir befassen!
KRCK
Mushogatake Yosuga
Dieser Kerl ... ist irre stark!!!
Im Kampf gegen sein Zetten kann ich kein Stück mithalten!
GRRRK
GRRRK
GRH
GRH
GRH
GRH
Aber ...
RAUSCH
RAUSCH
RAUSCH
PLIIIIIING

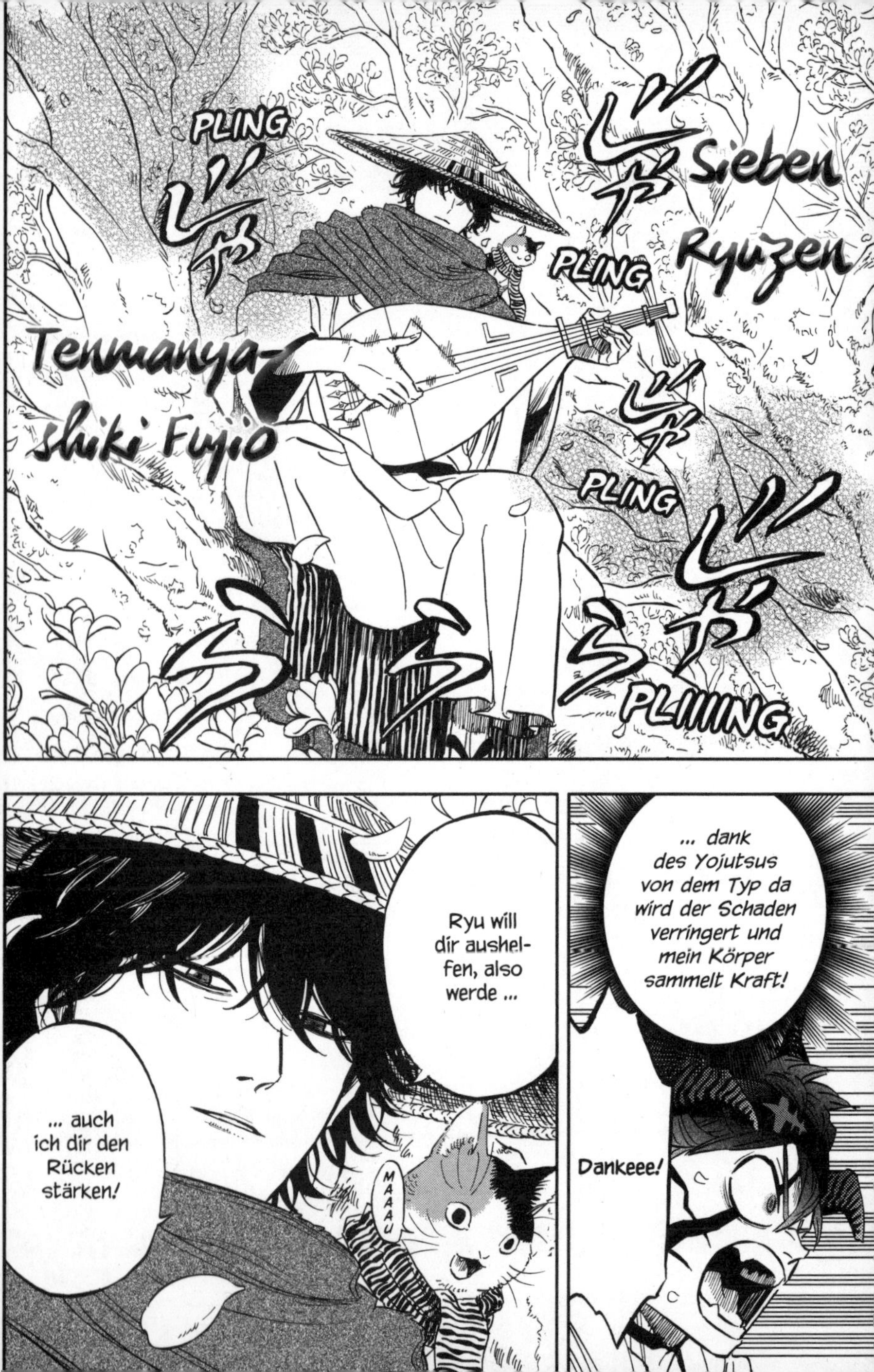
Sieben Ryuzen
PLING
PLING
Tenmanya-shiki Fujio
PLING
PLIIIING
... dank des Yojutsus von dem Typ da wird der Schaden verringert und mein Körper sammelt Kraft!
Dankeee!
Ryu will dir aushelfen, also werde ...
... auch ich dir den Rücken stärken!
MAAAU

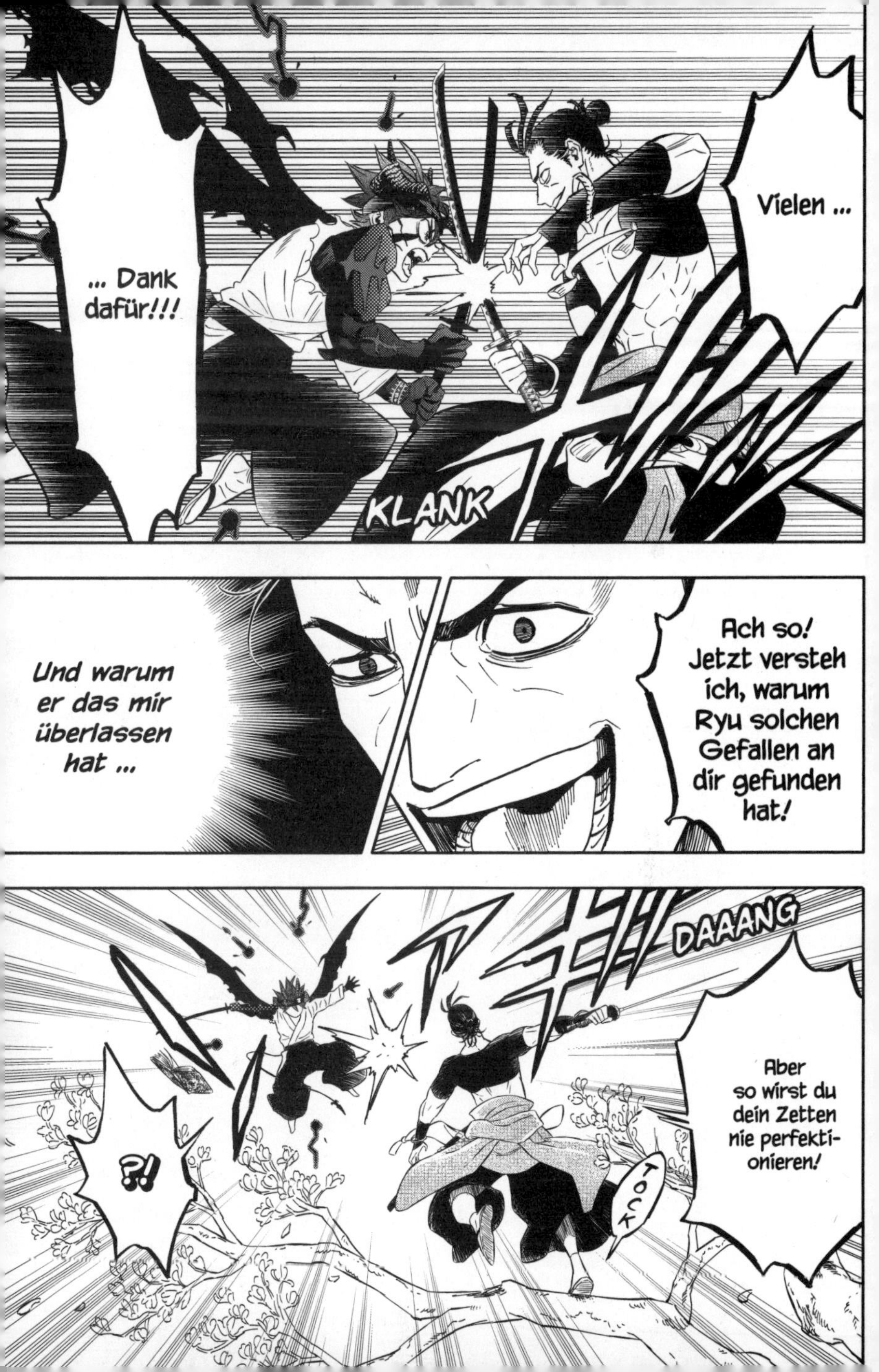

Vielen ...
... Dank dafür!!!
KLANK
Ach so! Jetzt versteh ich, warum Ryu solchen Gefallen an dir gefunden hat!
Und warum er das mir überlassen hat ...
DAAANG
Aber so wirst du dein Zetten nie perfektionieren!
TOCK
?!

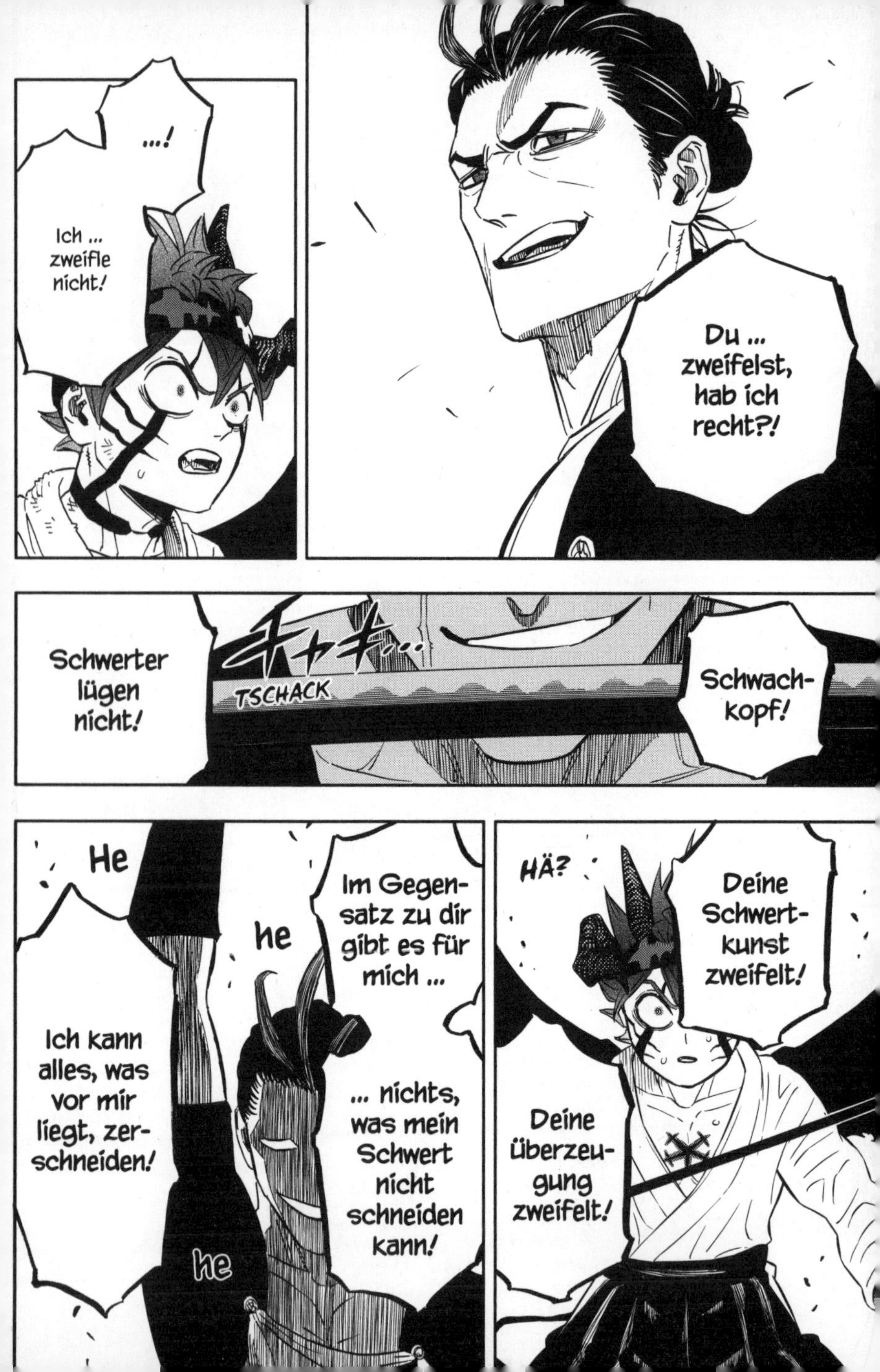
Du ... zweifelst, hab ich recht?!
...!
Ich ... zweifle nicht!
Schwach-kopf!
TSCHACK
Schwerter lügen nicht!
Deine Schwert-kunst zweifelt!
HÄ?
Deine überzeu-gung zweifelt!
Im Gegen-satz zu dir gibt es für mich ...
... nichts, was mein Schwert nicht schneiden kann!
He
he
he
Ich kann alles, was vor mir liegt, zer-schneiden!

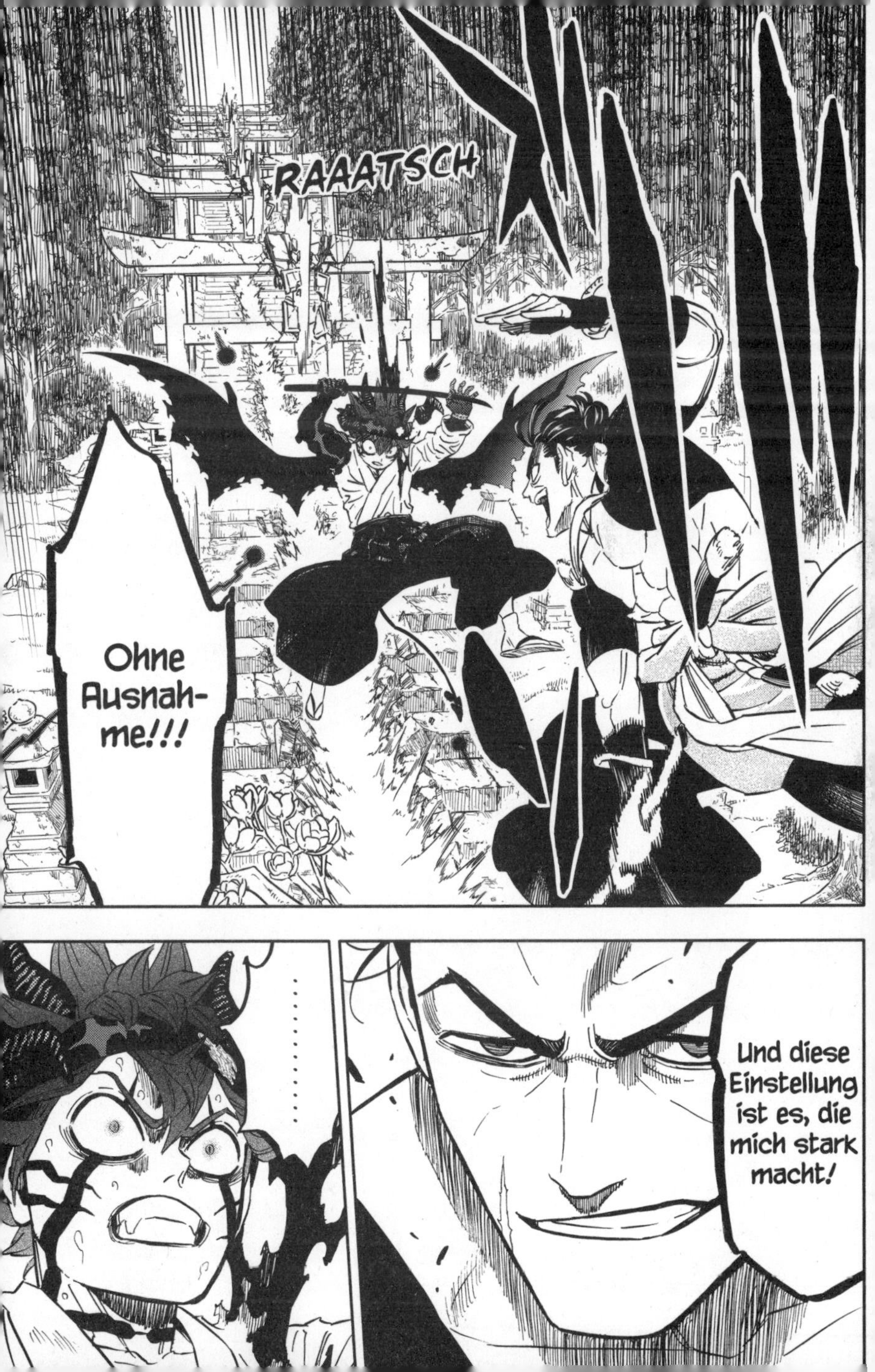
RAAATSCH
Ohne Ausnahme!!!
Und diese Einstellung ist es, die mich stark macht!
......

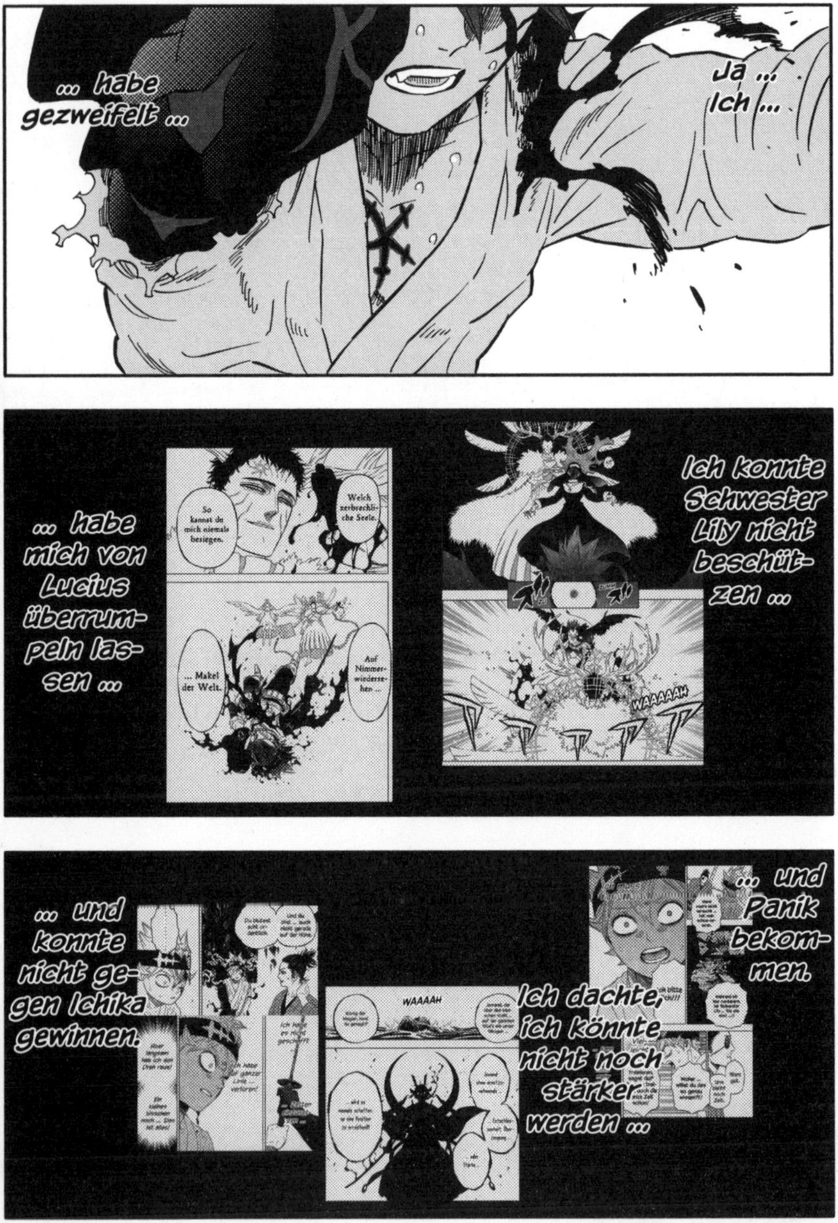

Ja ... Ich ...
... habe gezweifelt ...
Ich konnte Schwester Lily nicht beschützen ...
Welch zerbrechliche Seele.
So kannst du mich niemals besiegen.
Auf Nimmerwiedersehen ...
... Makel der Welt.
WAAAAAH
... habe mich von Lucius überrumpeln lassen ...
... und Panik bekommen.
Ich dachte, ich könnte nicht noch stärker werden ...
WAAAAH
... und konnte nicht gegen Ichika gewinnen.

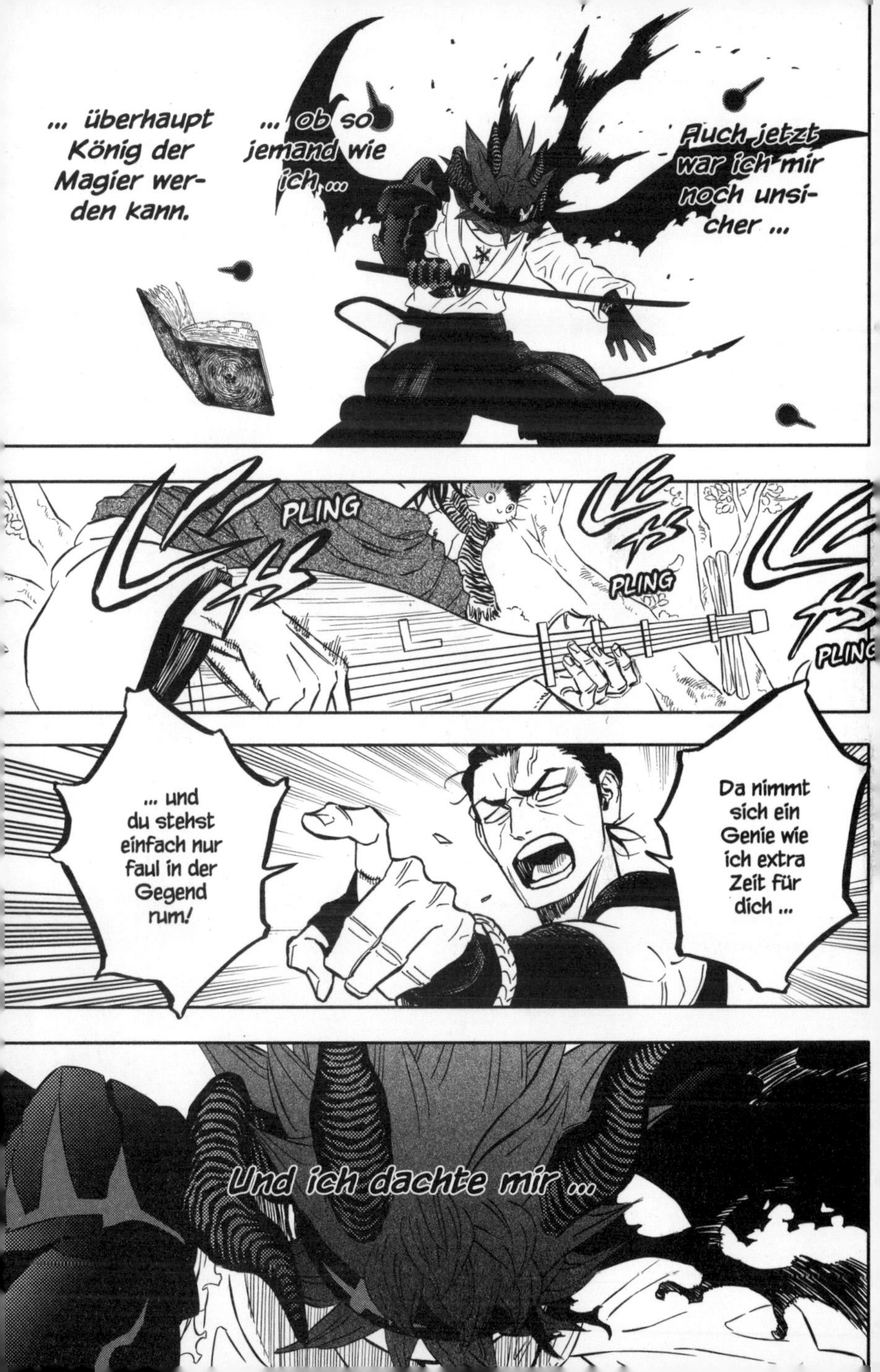
Auch jetzt war ich mir noch unsicher ...
... ob so jemand wie ich ...
... überhaupt König der Magier werden kann.
PLING
PLING
PLING
Da nimmt sich ein Genie wie ich extra Zeit für dich ...
... und du stehst einfach nur faul in der Gegend rum!
Und ich dachte mir ...

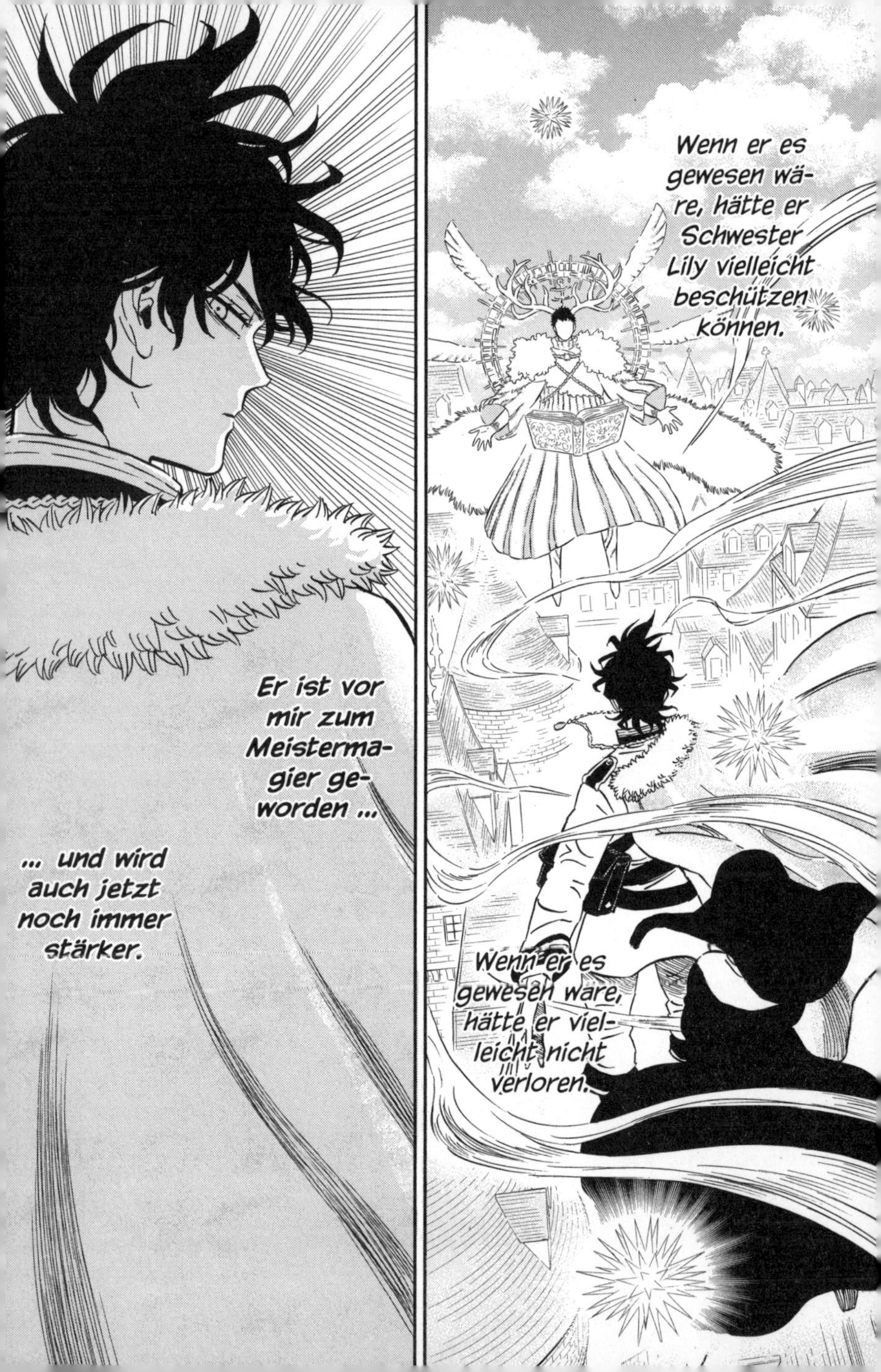
Wenn er es gewesen wäre, hätte er Schwester Lily vielleicht beschützen können.
Wenn er es gewesen wäre, hätte er vielleicht nicht verloren.
Er ist vor mir zum Meistermagier geworden ...
... und wird auch jetzt noch immer stärker.

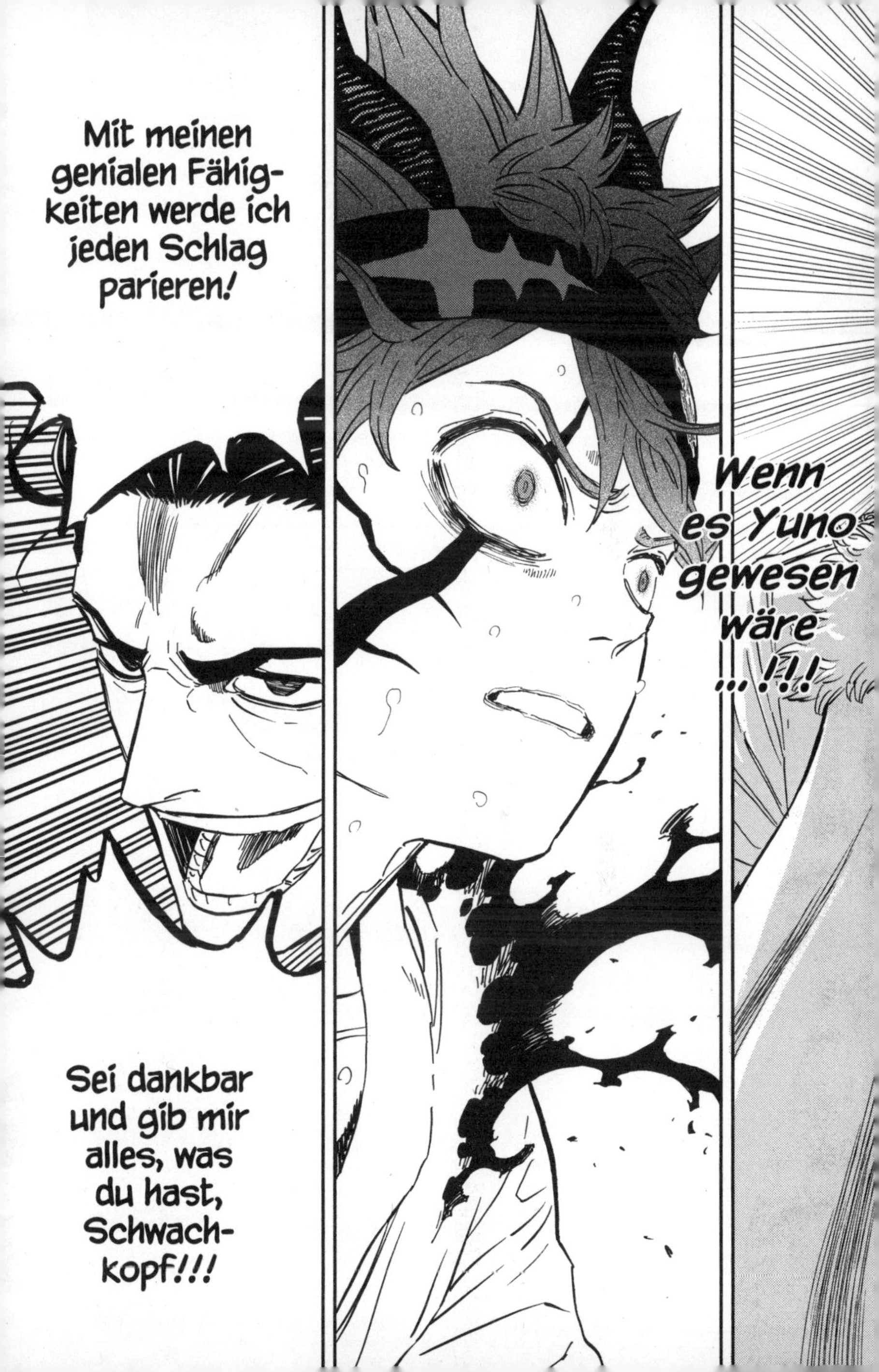
Wenn es Yuno gewesen wäre ...!!!
Mit meinen genialen Fähig-keiten werde ich jeden Schlag parieren!
Sei dankbar und gib mir alles, was du hast, Schwach-kopf!!!

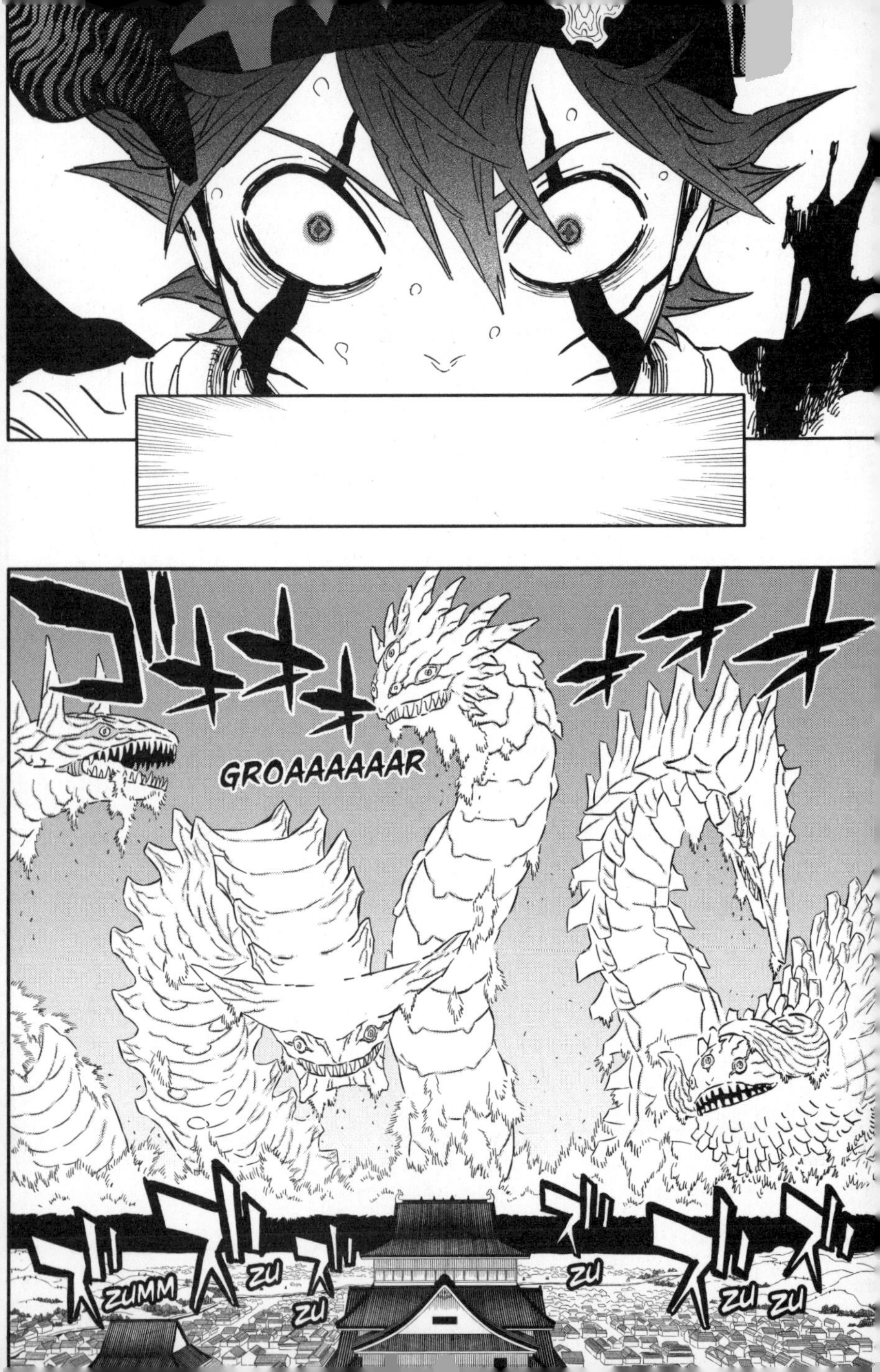
GROAAAAAAR
ZUMM
ZU
ZU
ZU
ZU ZU ZU

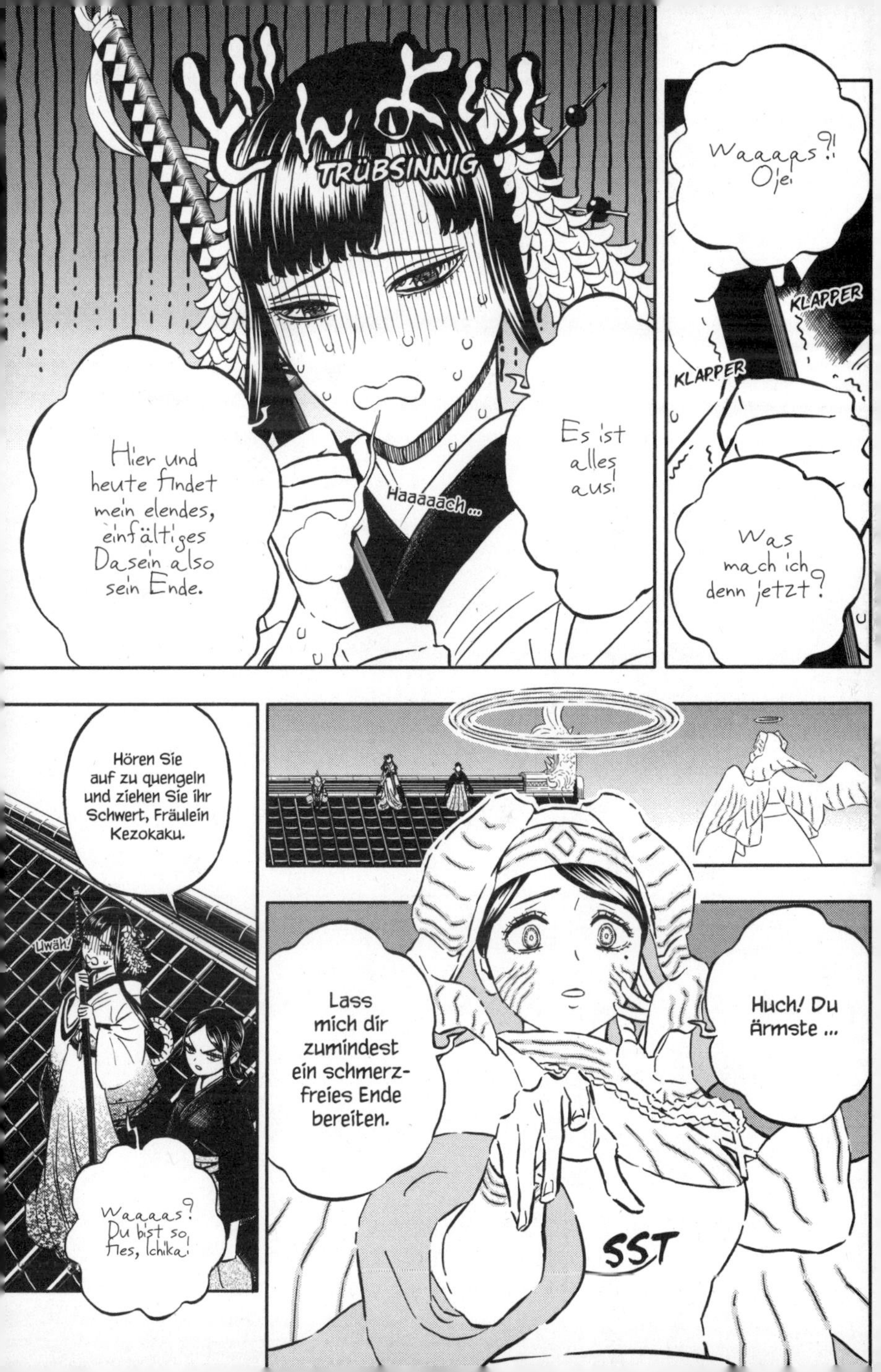
Waaaas?! Oje!
KLAPPER
KLAPPER
Was mach ich denn jetzt?
Es ist alles aus!
TRÜBSINNIG
Haaaaach ...
Hier und heute findet mein elendes, einfältiges Dasein also sein Ende.
Huch! Du Ärmste ...
Lass mich dir zumindest ein schmerzfreies Ende bereiten.
SST
Hören Sie auf zu quengeln und ziehen Sie ihr Schwert, Fräulein Kezokaku.
Uwäh!
Waaaas? Du bist so fies, Ichika!

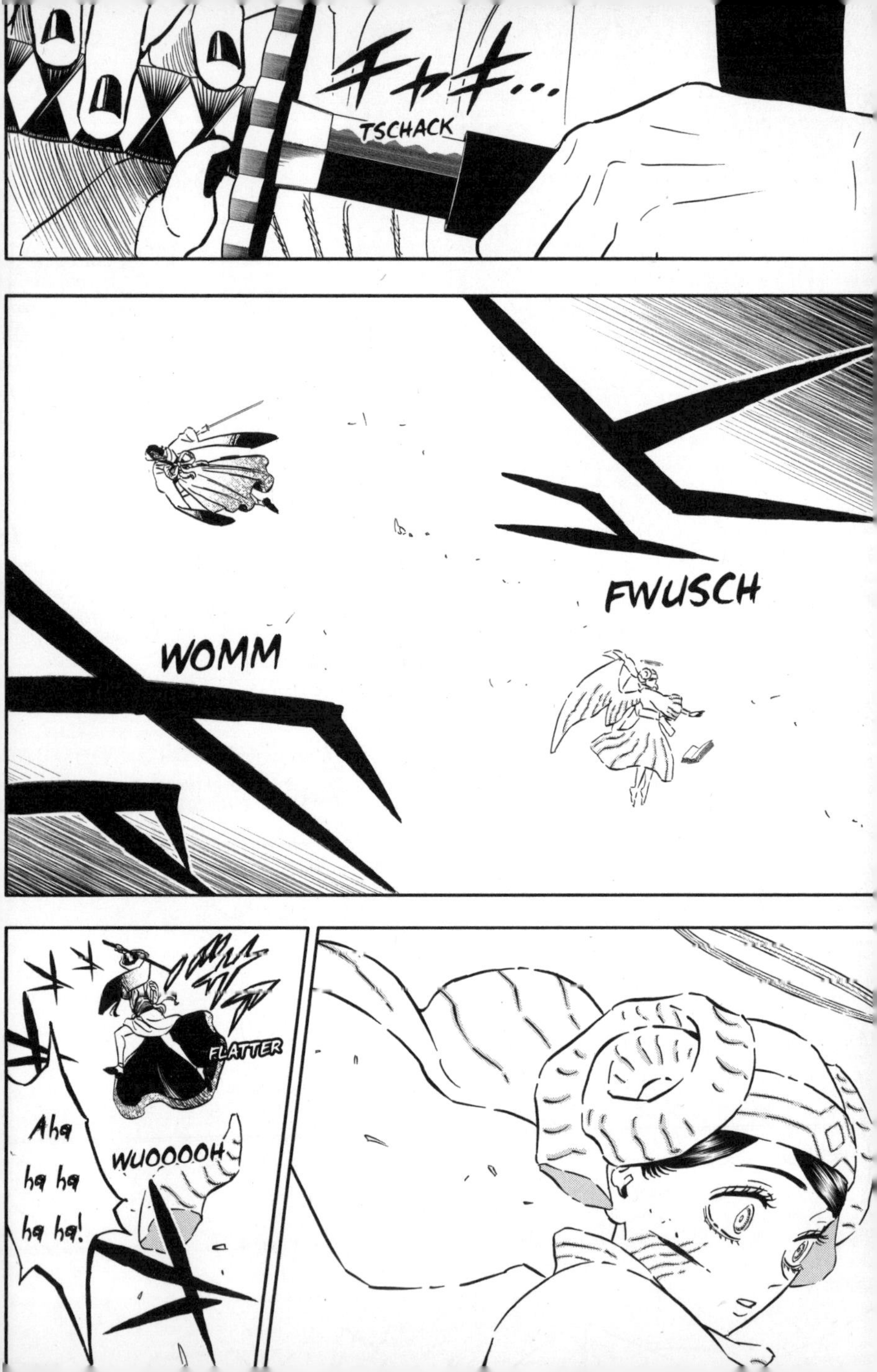

チャキ…
TSCHACK
FWUSCH
WOMM
FLATTER
WUOOOOH
Aha ha ha ha ha!

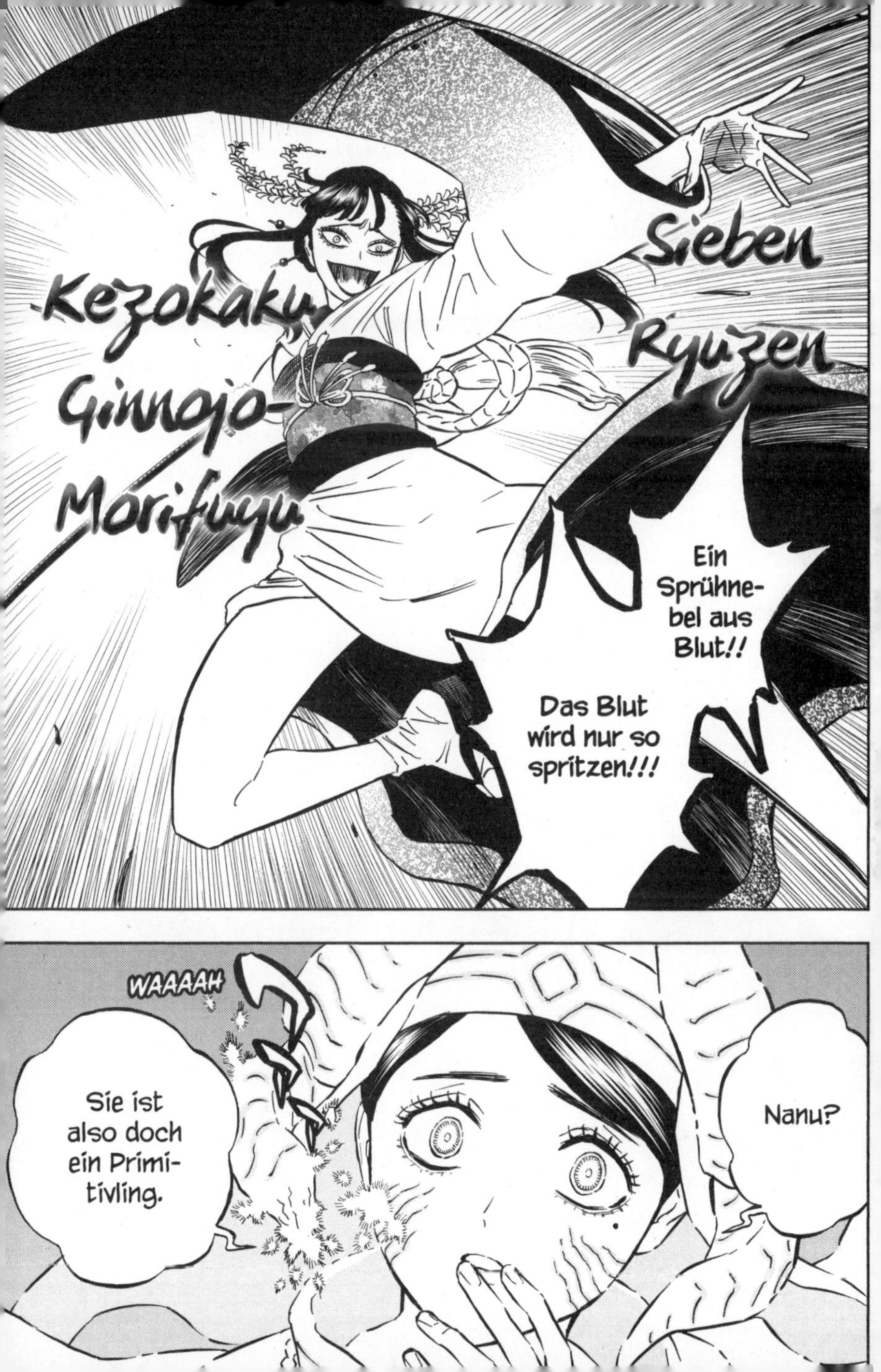
Sieben Ryuzen
Kezokaku Ginnojo-Morifuyu
Ein Sprühnebel aus Blut!!
Das Blut wird nur so spritzen!!!
WAAAAH
Nanu?
Sie ist also doch ein Primitivling.

DER MANGAKAORDEN
»UNBESCHRIEBENES BLATT«

Thema diesmal:
Was war der erste
Manga, den ihr je
gekauft habt?

Ninkuu
Band 1-4
Koki Soga

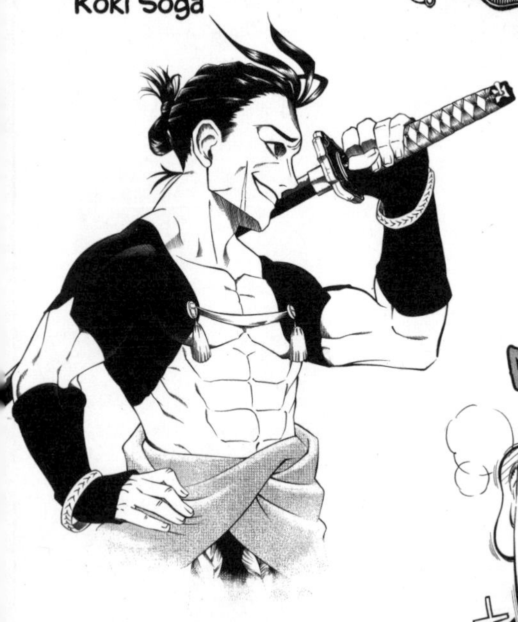

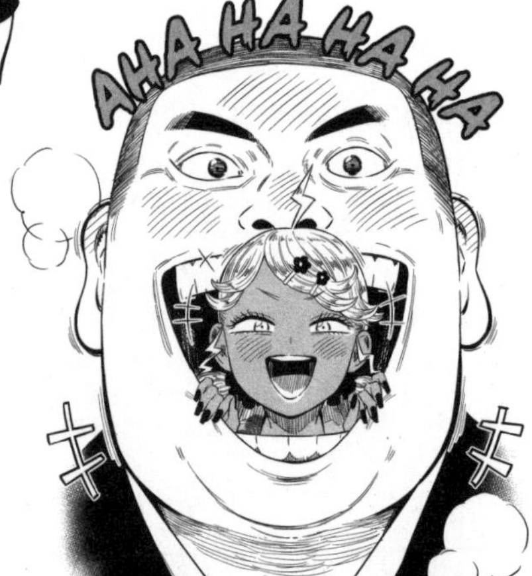

Mega Man Battle Network
Band 4
(Version von Ryo Takamisaki)
Shinobu Hayasaka

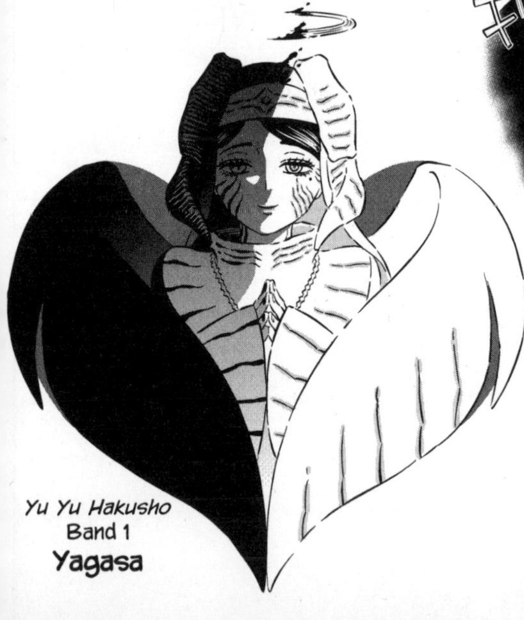

Yu Yu Hakusho
Band 1
Yagasa

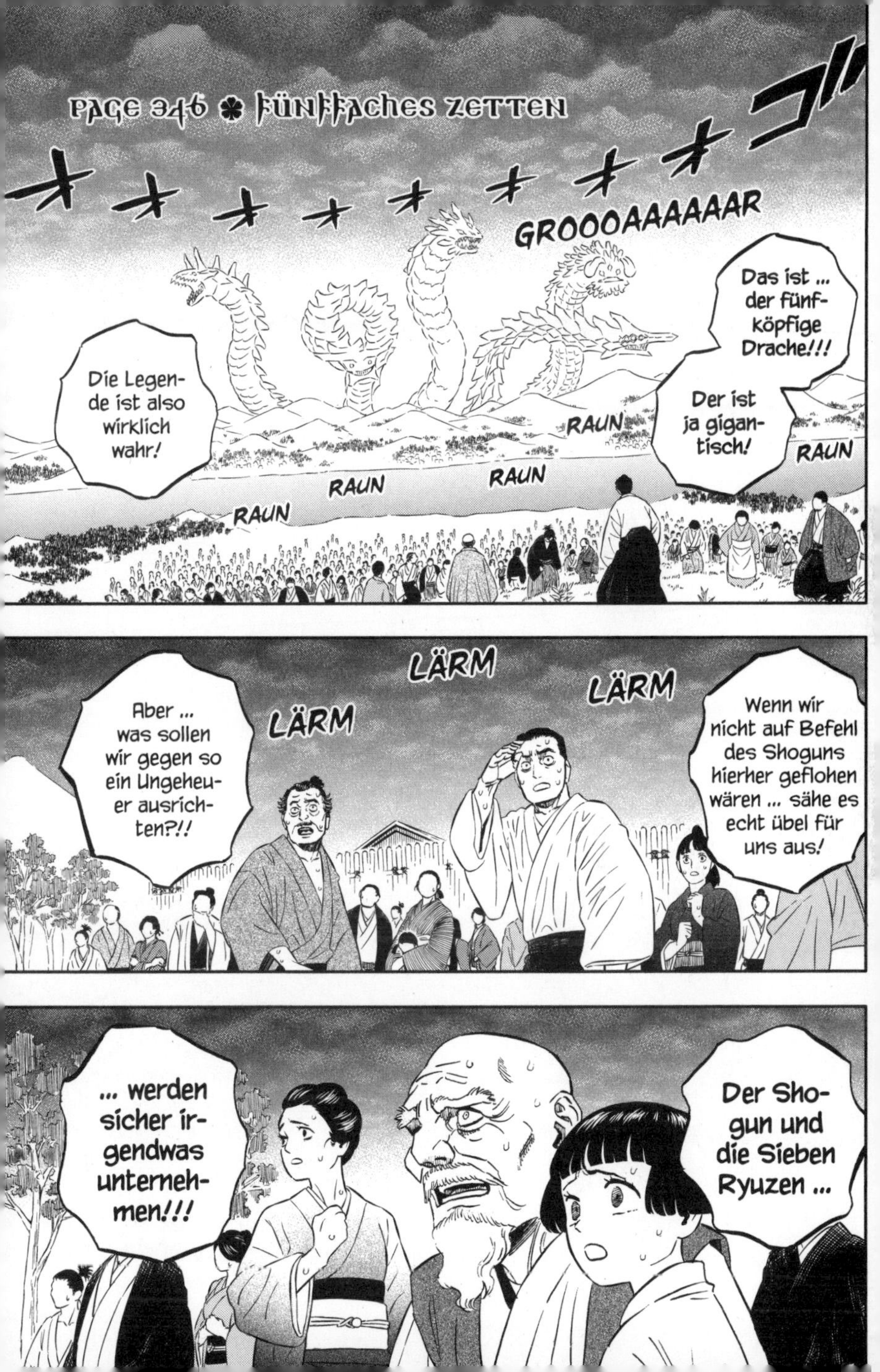

PAGE 346 ✿ FÜNFFACHES ZETTEN
GROOOAAAAAAR
Das ist ... der fünf-köpfige Drache!!!
Der ist ja gigan-tisch!
Die Legen-de ist also wirklich wahr!
RAUN
RAUN
RAUN
RAUN
RAUN
LÄRM
LÄRM
LÄRM
Wenn wir nicht auf Befehl des Shoguns hierher geflohen wären ... sähe es echt übel für uns aus!
Aber ... was sollen wir gegen so ein Ungeheu-er ausrich-ten?!!
Der Sho-gun und die Sieben Ryuzen ...
... werden sicher ir-gendwas unterneh-men!!!

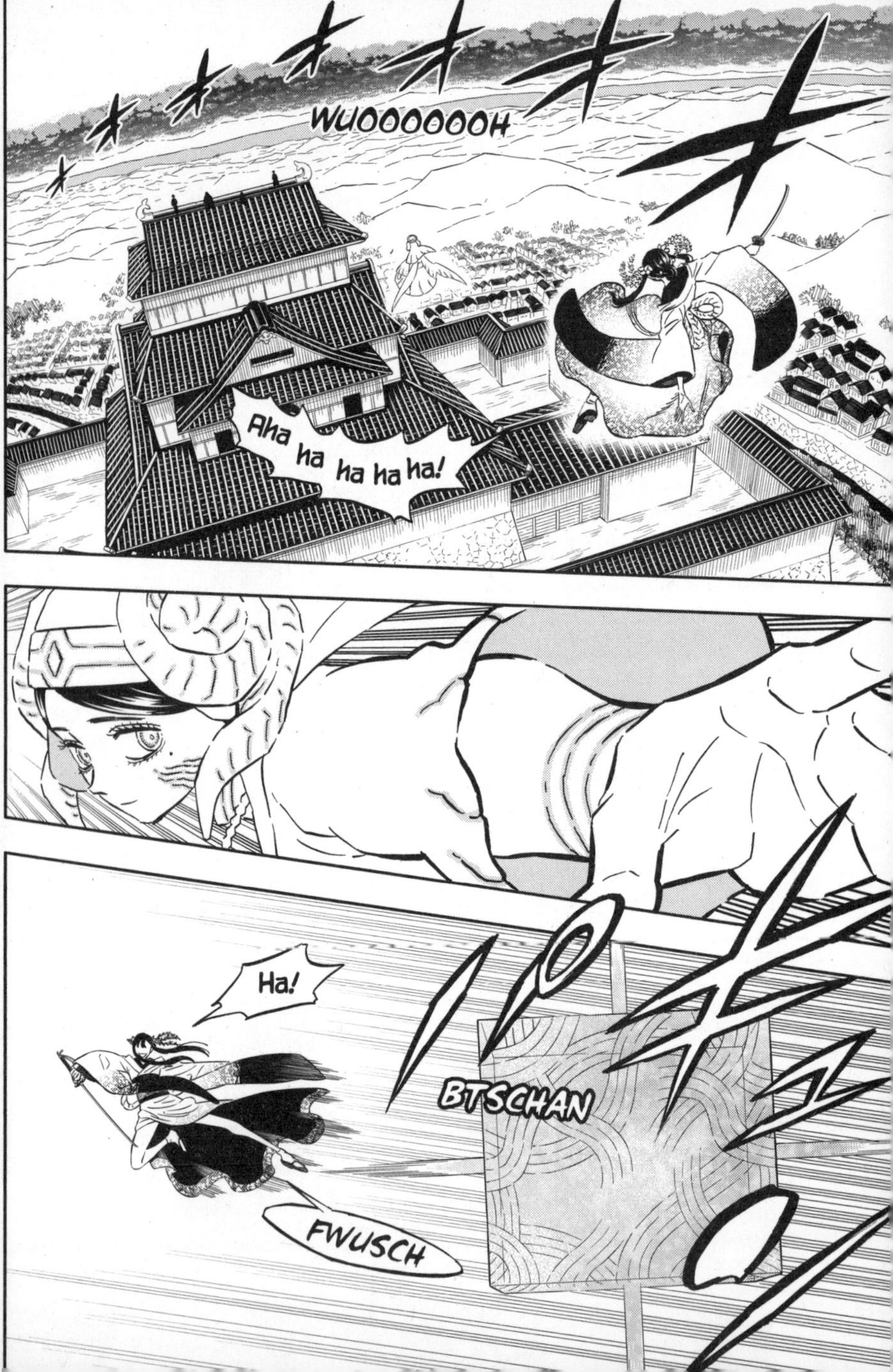
WUOOOOOOH
Aha ha ha ha ha!
Ha!
BTSCHAN
FWUSCH

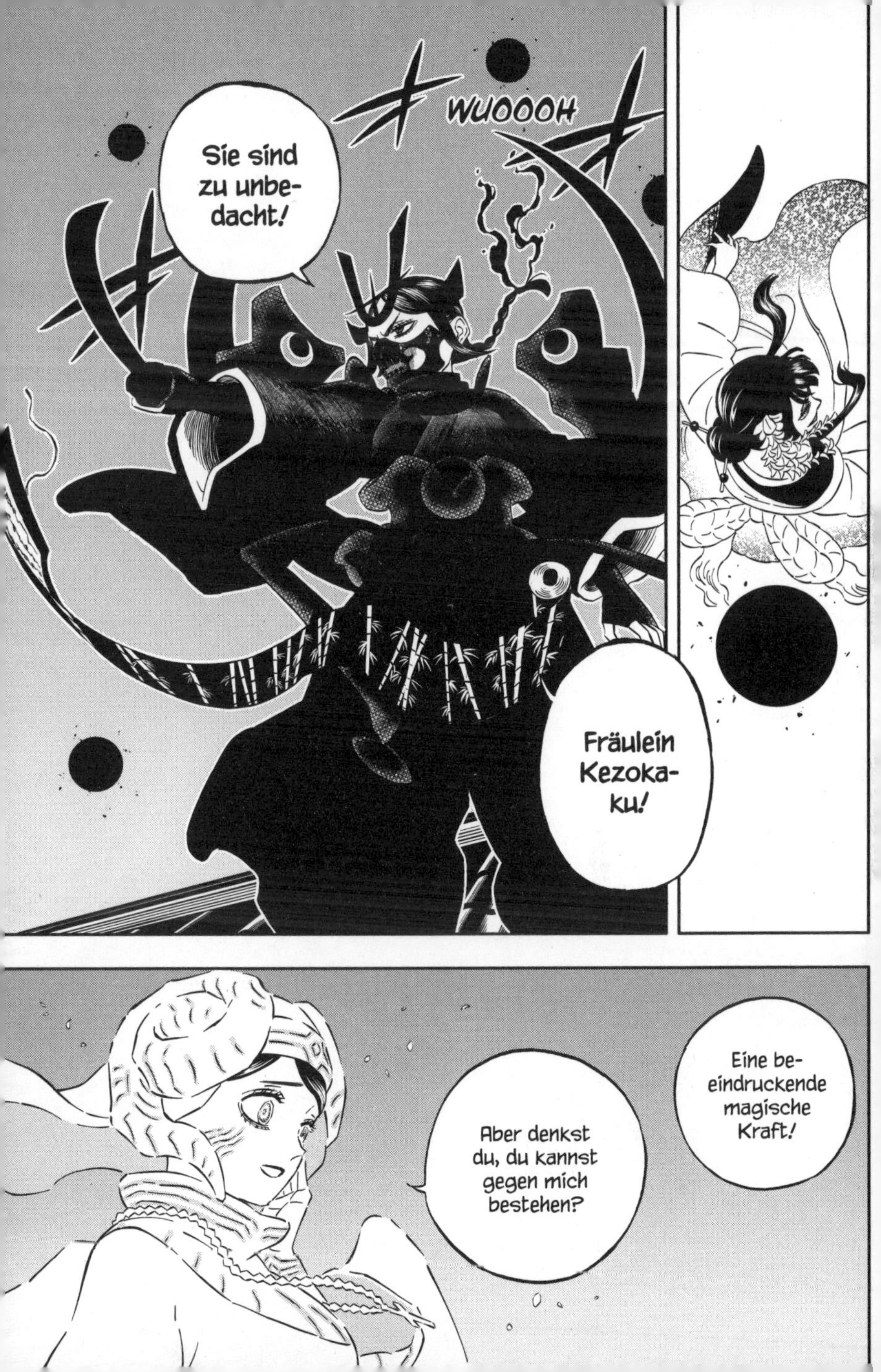
WUOOOH
Sie sind zu unbe-dacht!
Fräulein Kezoka-ku!
Eine be-eindruckende magische Kraft!
Aber denkst du, du kannst gegen mich bestehen?

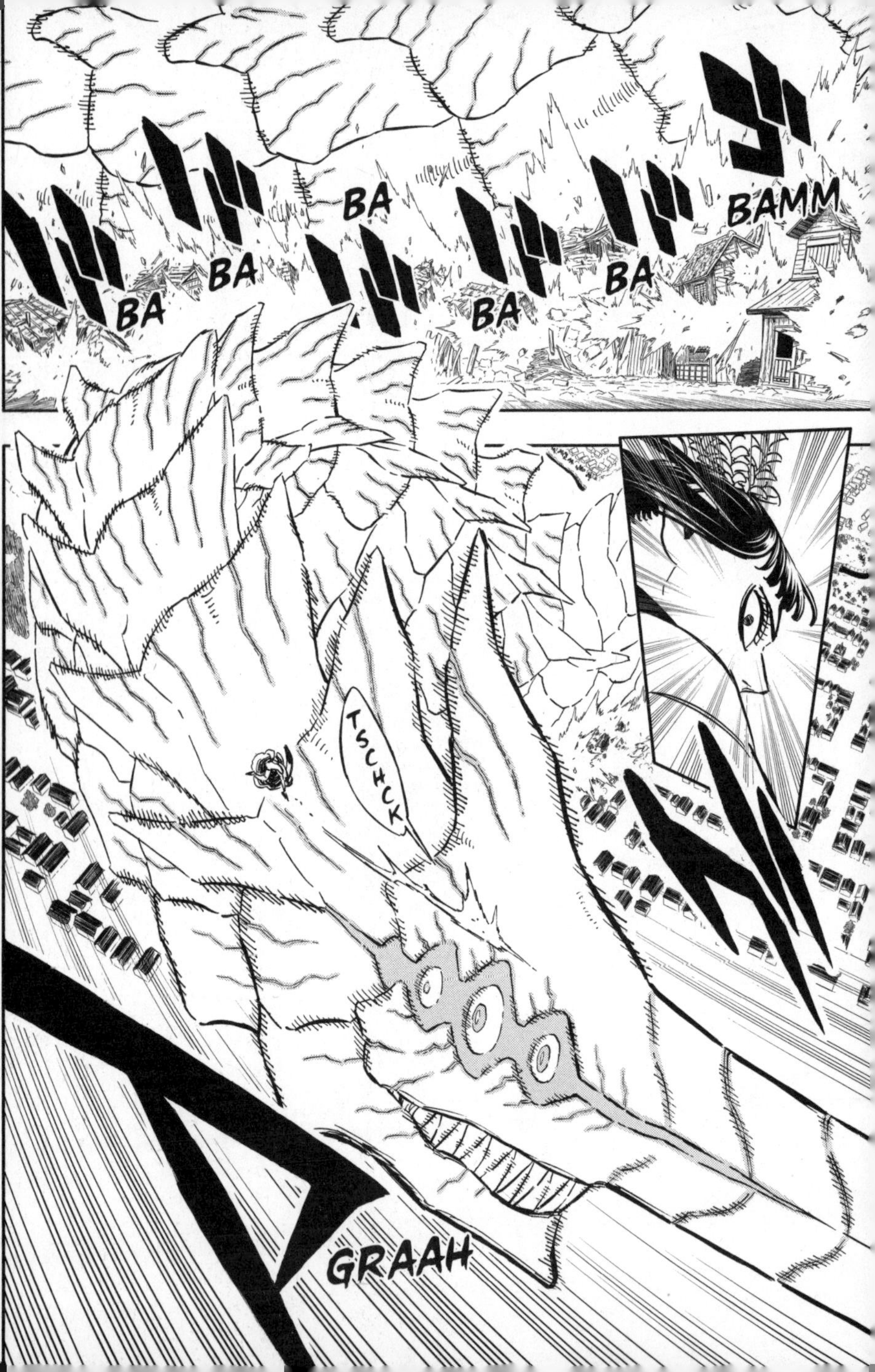
BA
BA
BA
BA
BA
BA
BAMM
TSCHCK
GRAAH

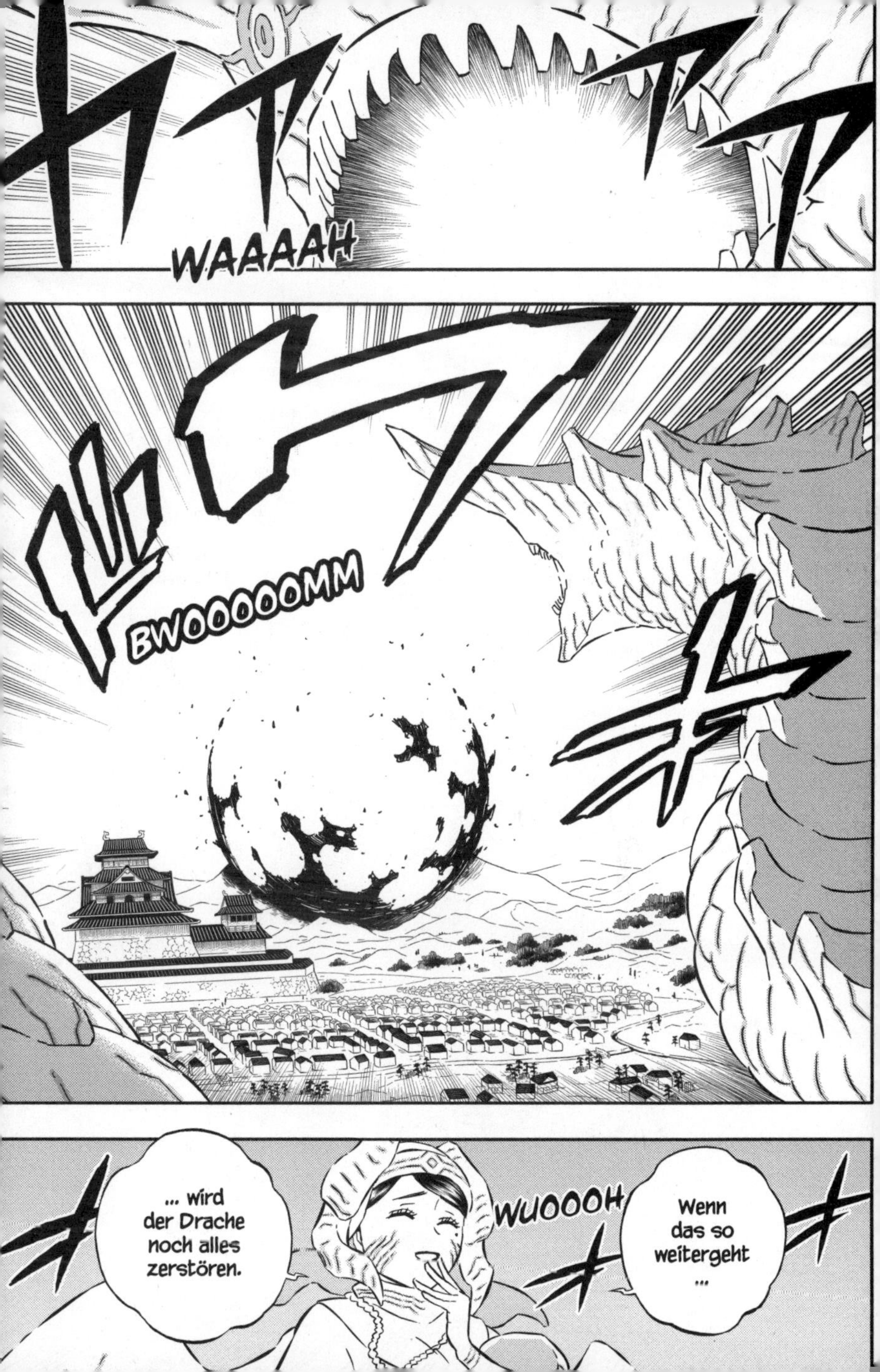
WAAAAH
BWOOOOOOMM
WUOOOH
Wenn das so weitergeht ...
... wird der Drache noch alles zerstören.

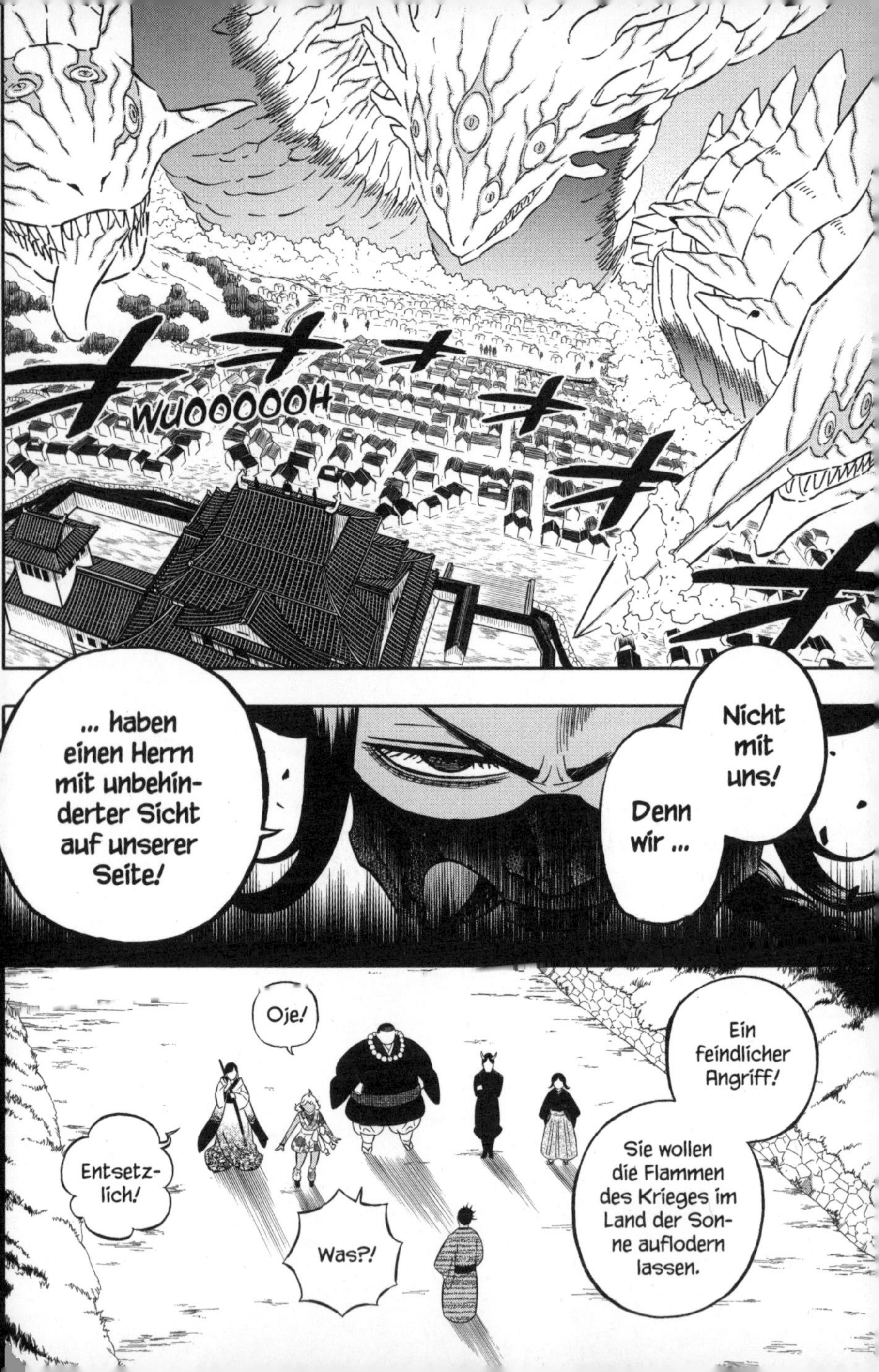
WUOOOOOH
Nicht mit uns!
Denn wir ...
... haben einen Herrn mit unbehinderter Sicht auf unserer Seite!
Ein feindlicher Angriff!
Sie wollen die Flammen des Krieges im Land der Sonne auflodern lassen.
Was?!
Oje!
Entsetzlich!

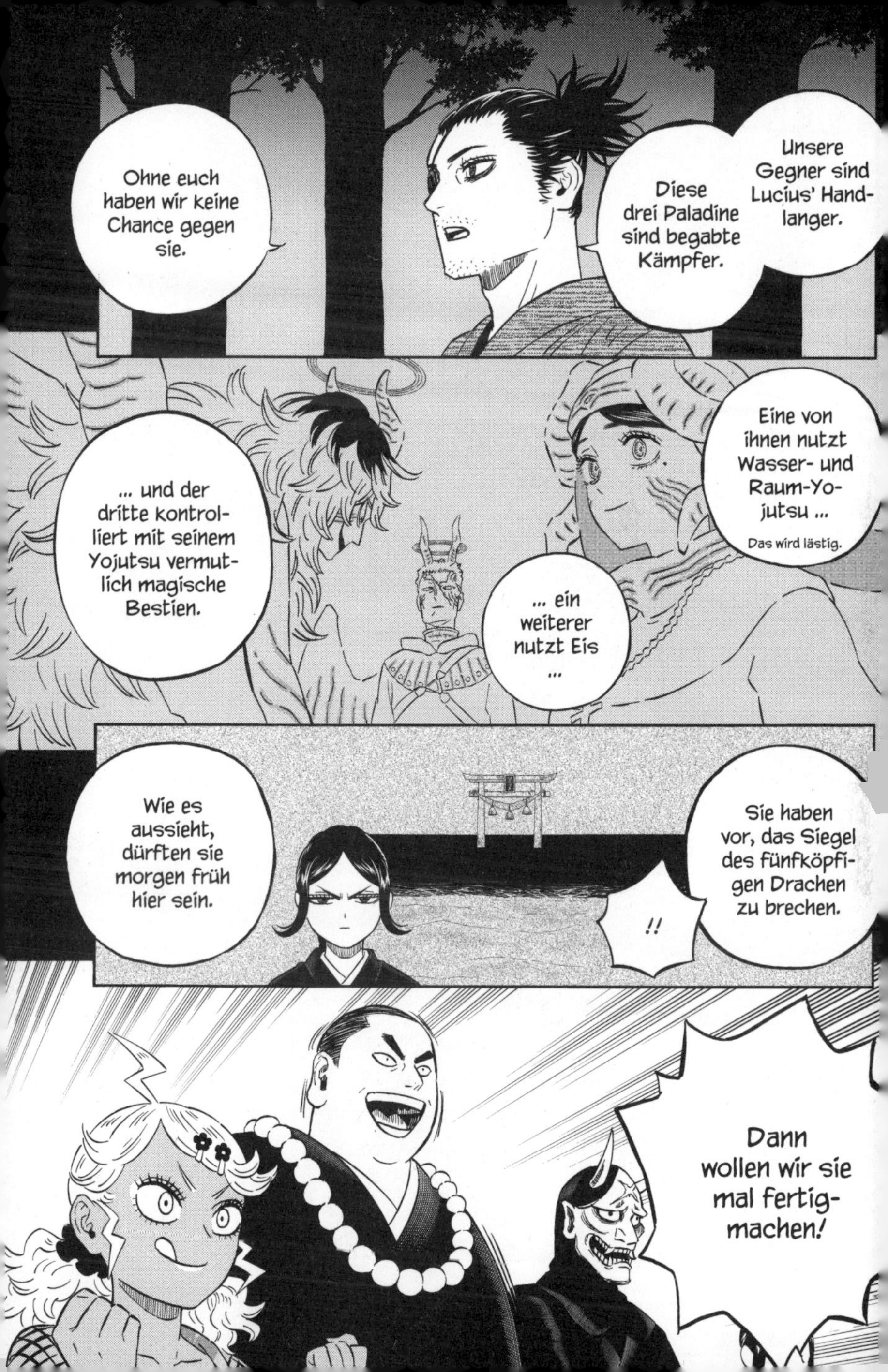

Unsere Gegner sind Lucius' Handlanger.
Diese drei Paladine sind begabte Kämpfer.
Ohne euch haben wir keine Chance gegen sie.
Eine von ihnen nutzt Wasser- und Raum-Yojutsu ...
Das wird lästig.
... ein weiterer nutzt Eis ...
... und der dritte kontrolliert mit seinem Yojutsu vermutlich magische Bestien.
Sie haben vor, das Siegel des fünfköpfigen Drachen zu brechen.
!!
Wie es aussieht, dürften sie morgen früh hier sein.
Dann wollen wir sie mal fertigmachen!

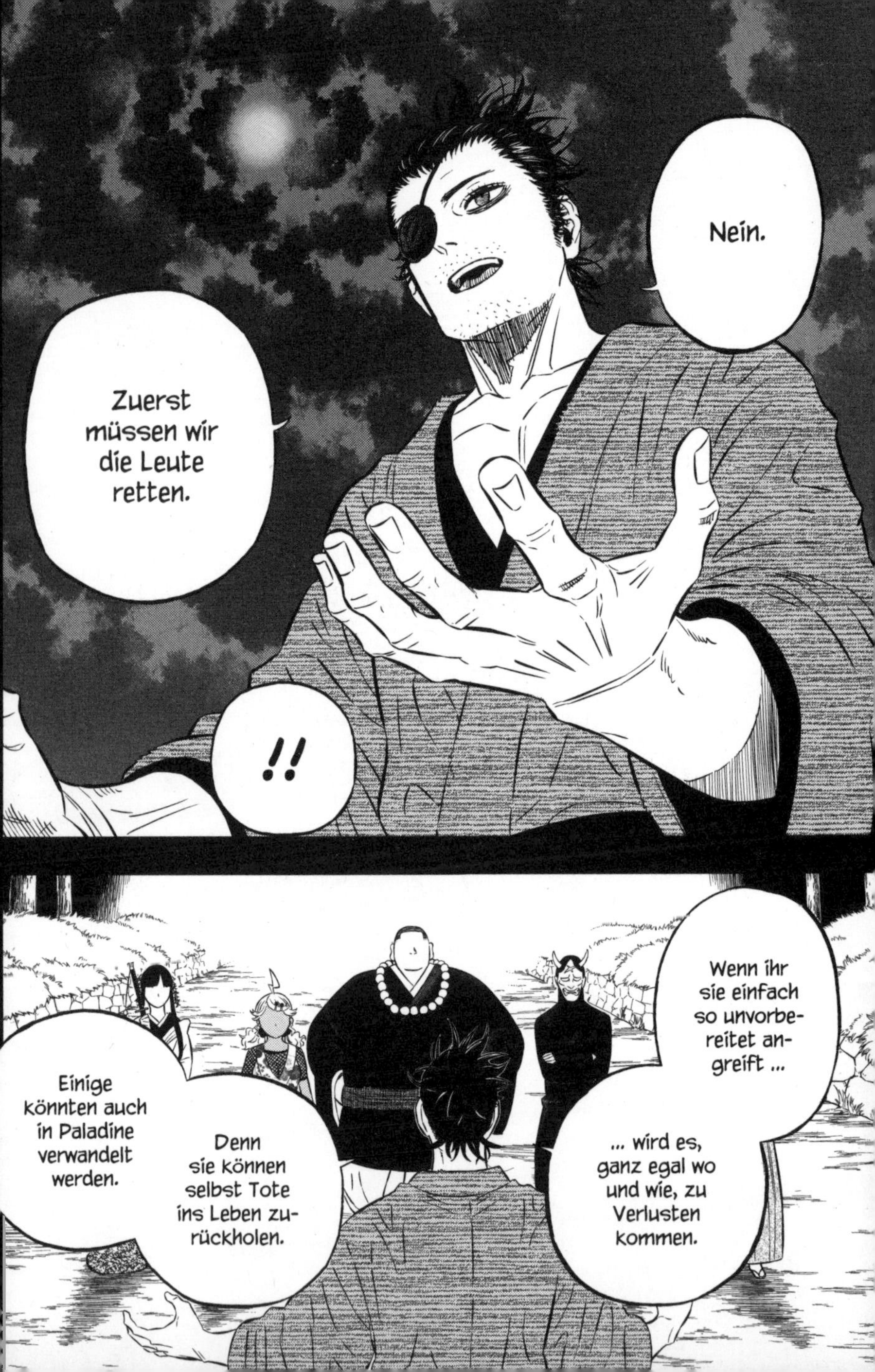
Nein.
Zuerst müssen wir die Leute retten.
!!
Wenn ihr sie einfach so unvorbereitet angreift ...
... wird es, ganz egal wo und wie, zu Verlusten kommen.
Denn sie können selbst Tote ins Leben zurückholen.
Einige könnten auch in Paladine verwandelt werden.

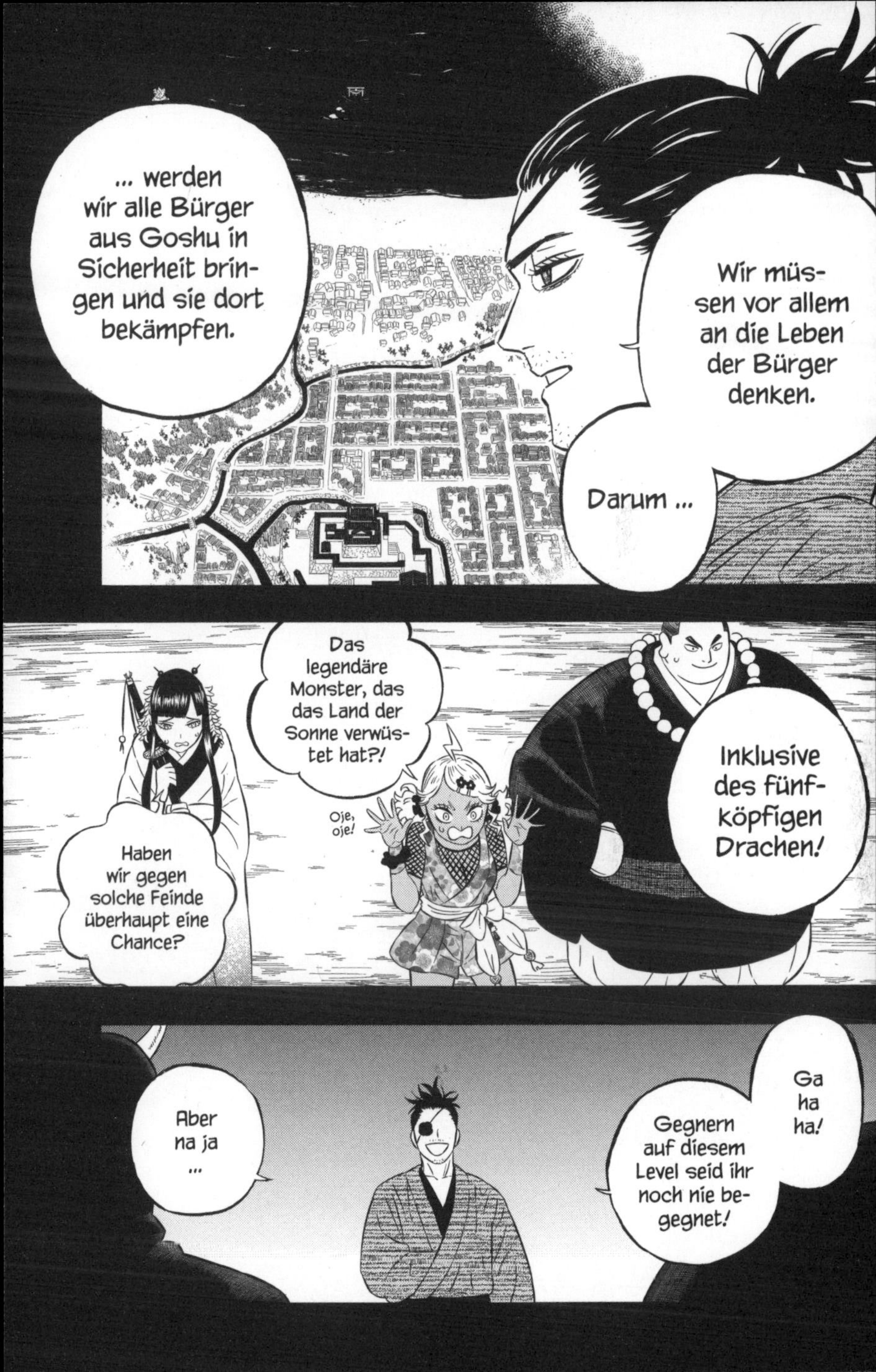

Wir müssen vor allem an die Leben der Bürger denken.
Darum ...
... werden wir alle Bürger aus Goshu in Sicherheit bringen und sie dort bekämpfen.
Inklusive des fünfköpfigen Drachen!
Das legendäre Monster, das das Land der Sonne verwüstet hat?!
Oje, oje!
Haben wir gegen solche Feinde überhaupt eine Chance?
Ga ha ha!
Gegnern auf diesem Level seid ihr noch nie begegnet!
Aber na ja ...

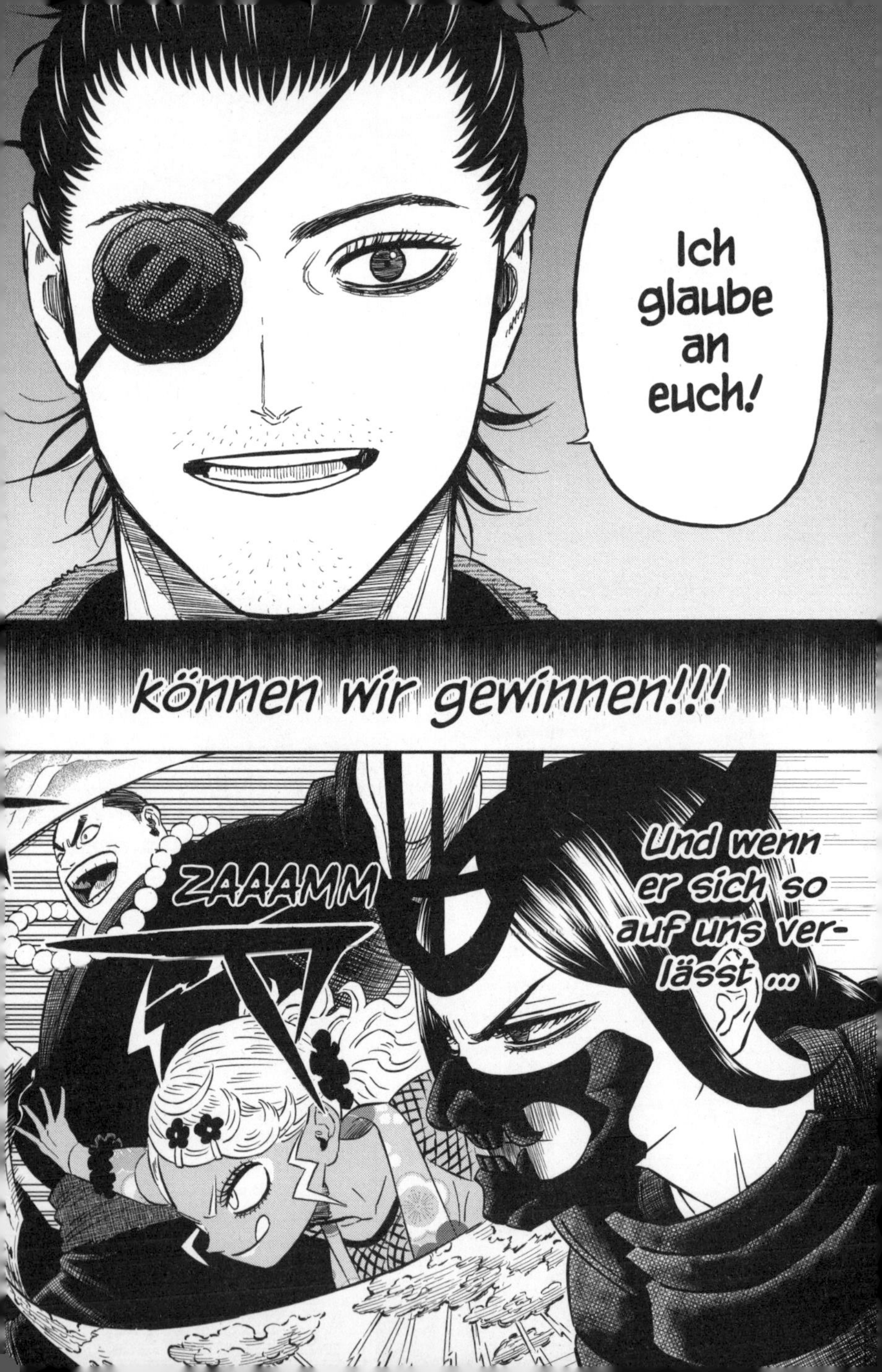

Ich glaube an euch!
können wir gewinnen!!!
Und wenn er sich so auf uns verlässt ...
ZAAAMM

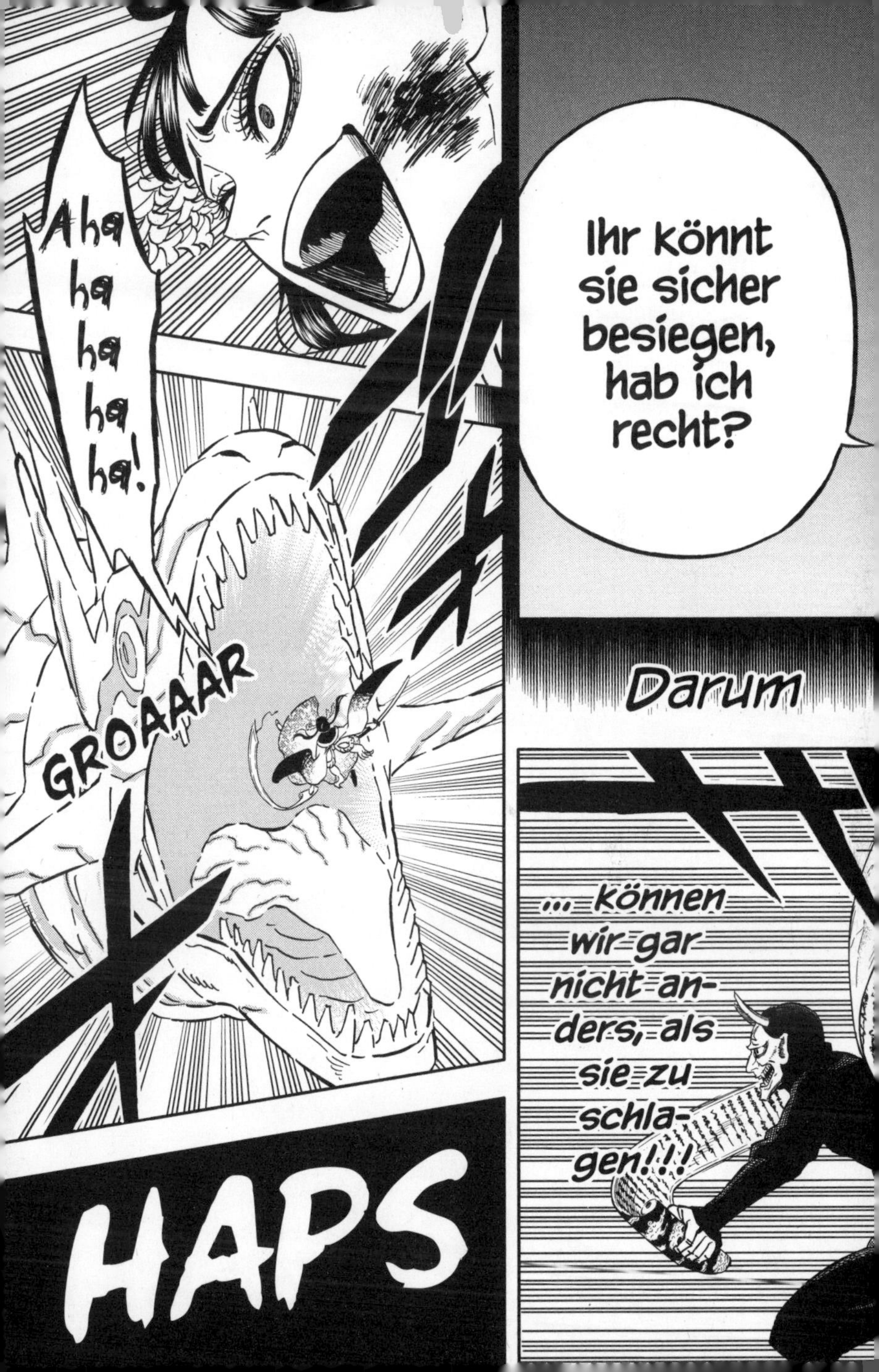
Ihr könnt sie sicher besiegen, hab ich recht?
Aha ha ha ha ha!
Darum
... können wir gar nicht anders, als sie zu schlagen!!!
GROAAAR
HAPS

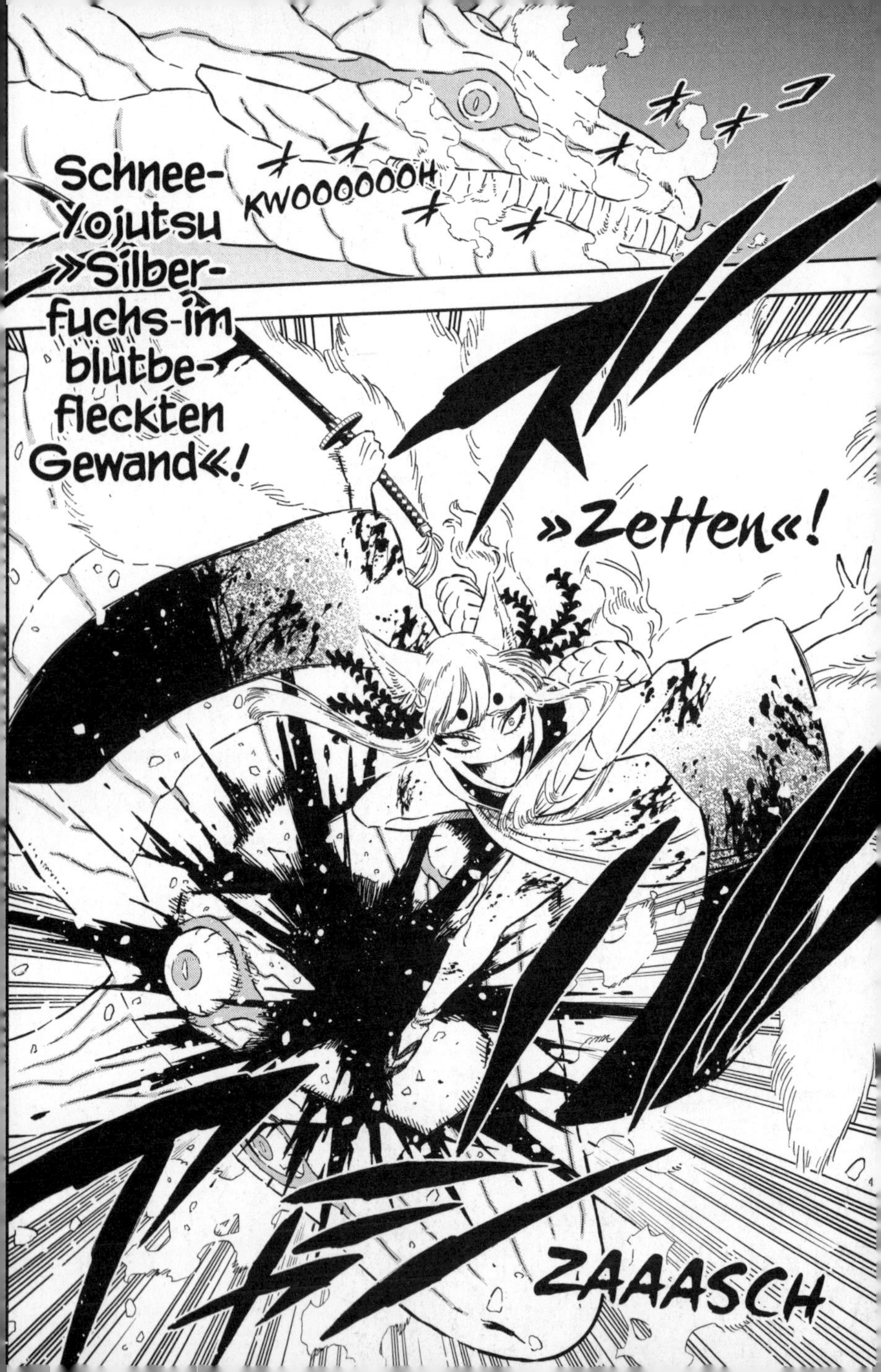
KWOOOOOOH
Schnee-Yojutsu »Silberfuchs-im blutbefleckten Gewand«!
»Zetten«!
ZAAASCH

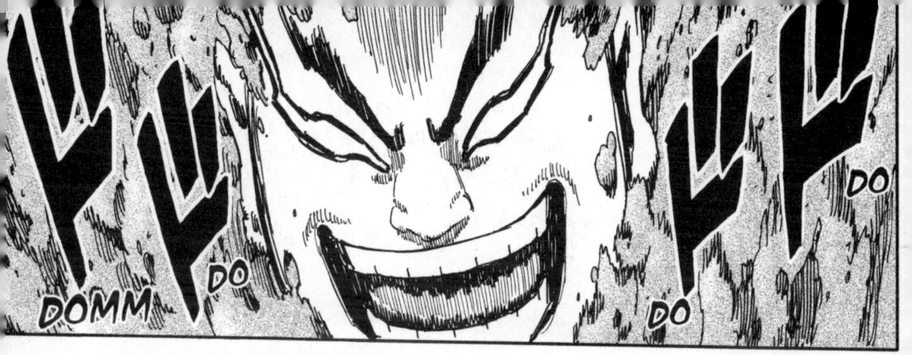
DOMM
DO
DO
DO

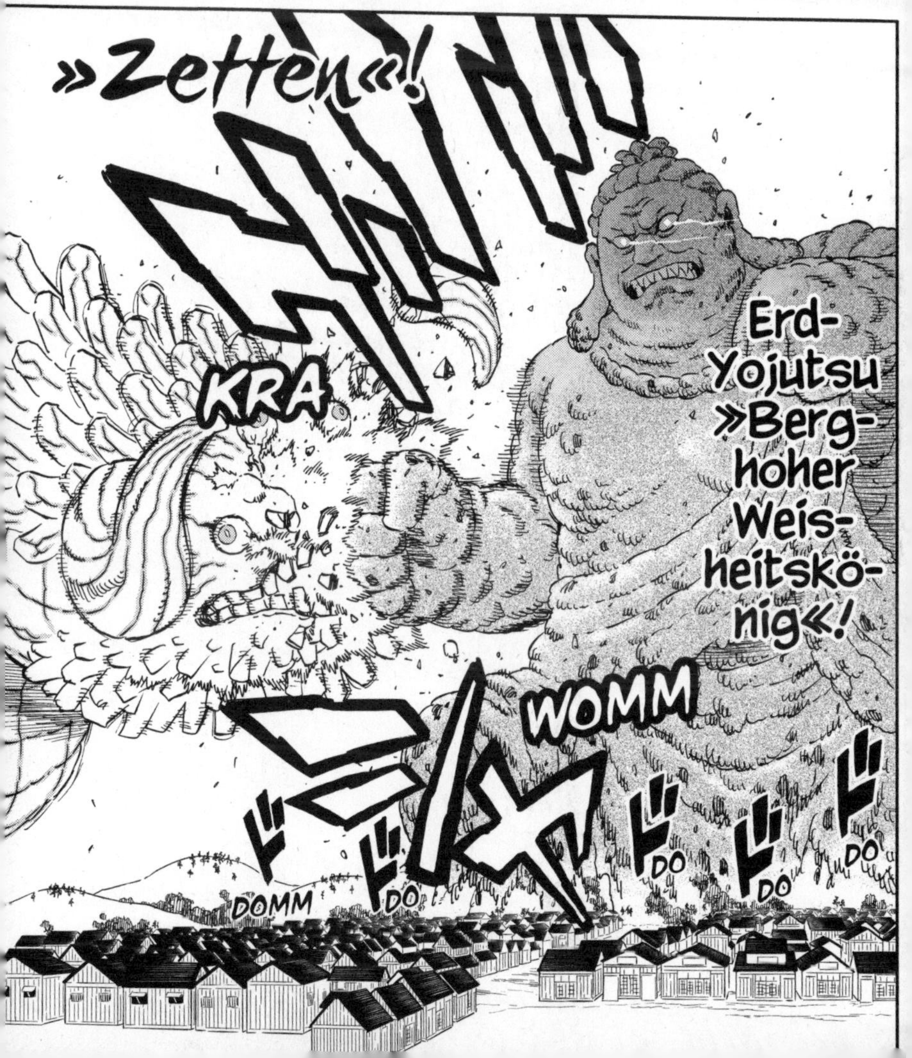
»Zetten«!
Erd-Yojutsu »Berghoher Weisheitskönig«!
KRA
WOMM
DOMM
DO
DO
DO
DO

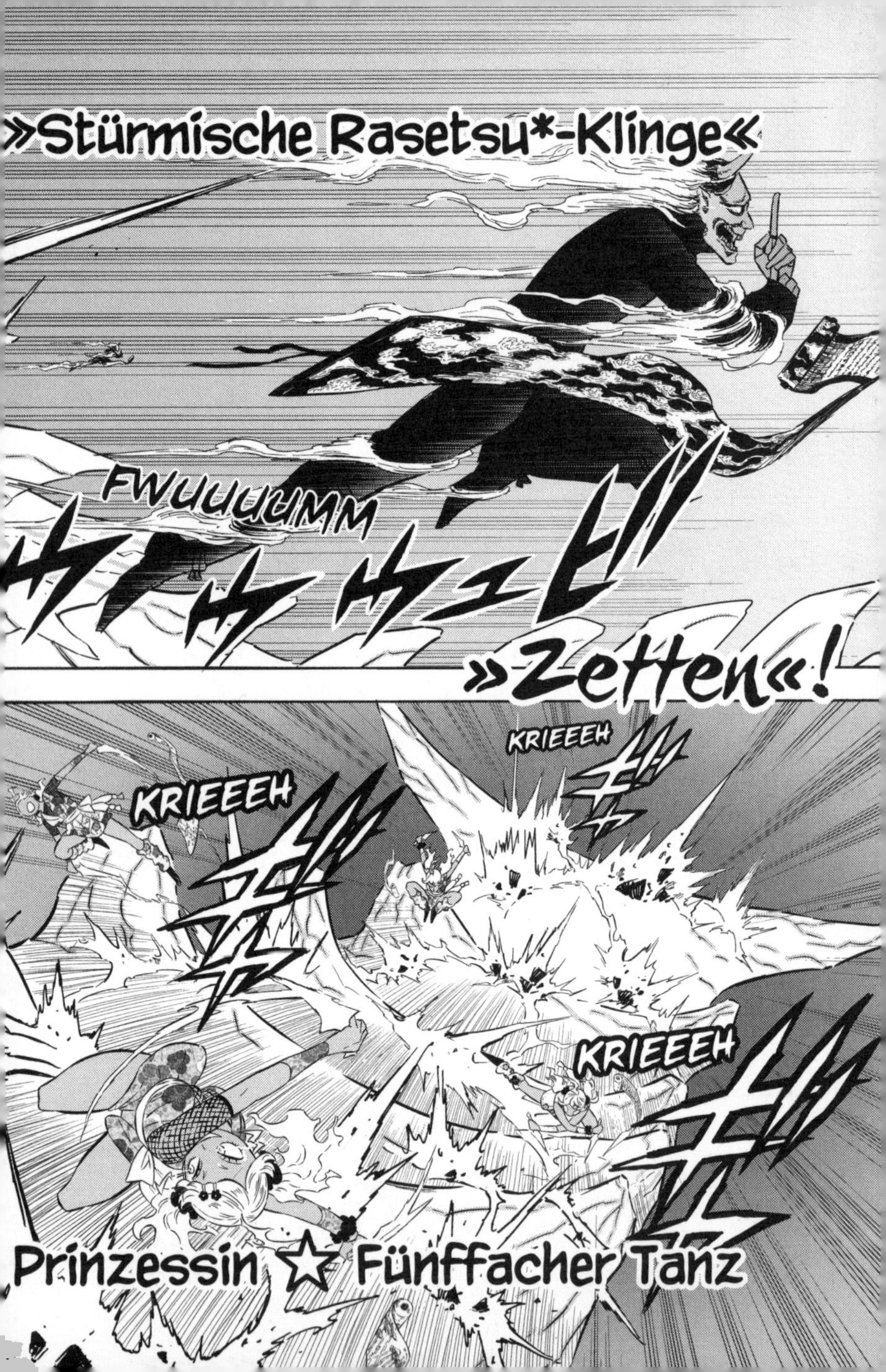
»Stürmische Rasetsu*-Klinge«
FWUUUUMM
»Zetten«!
KRIEEEH
KRIEEEH
KRIEEEH
Prinzessin ☆ Fünffacher Tanz

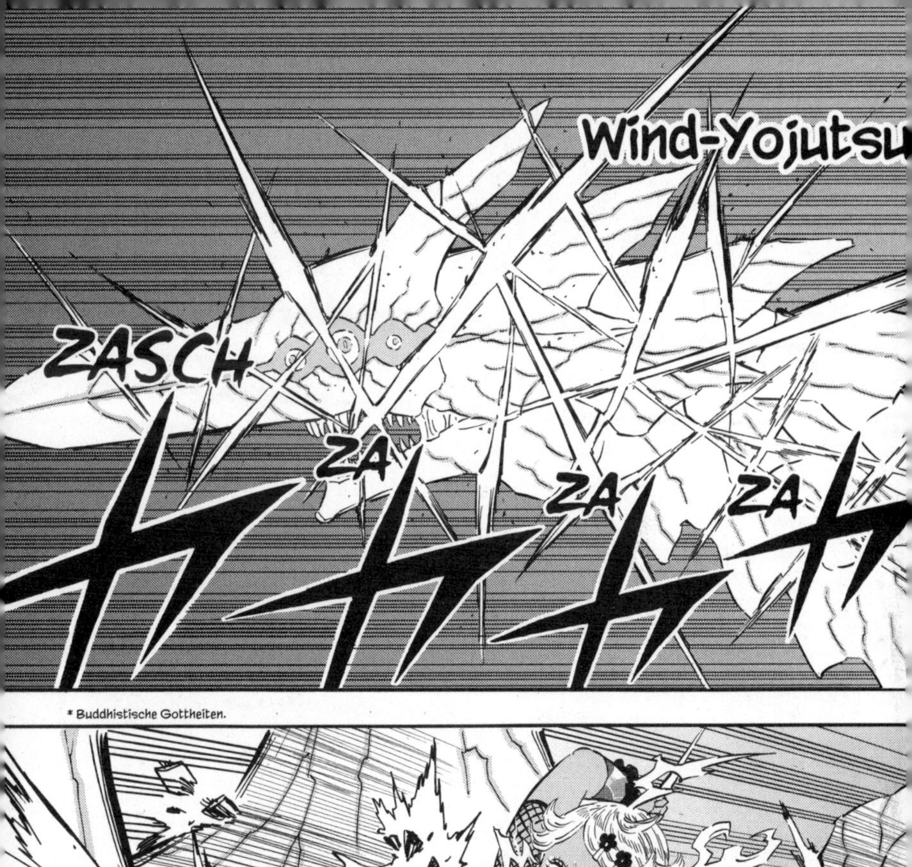

* Buddhistische Gottheiten.

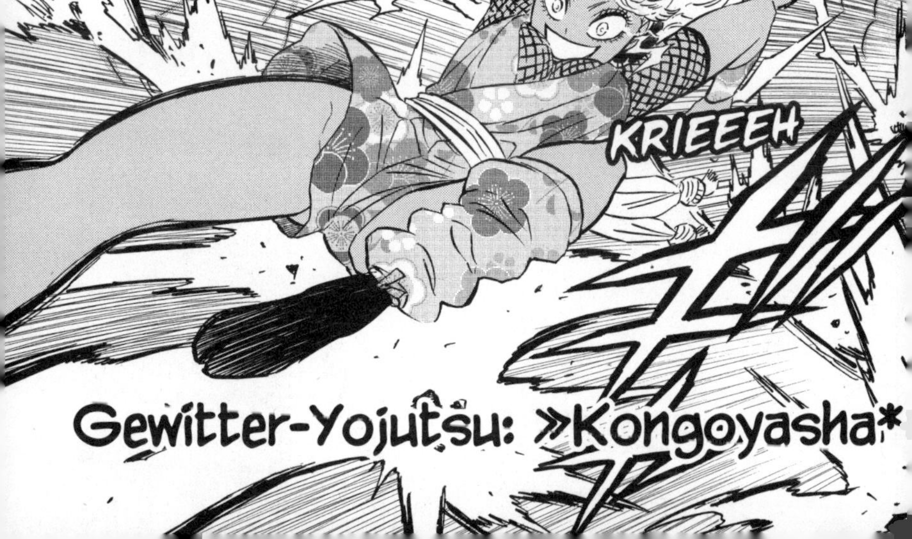

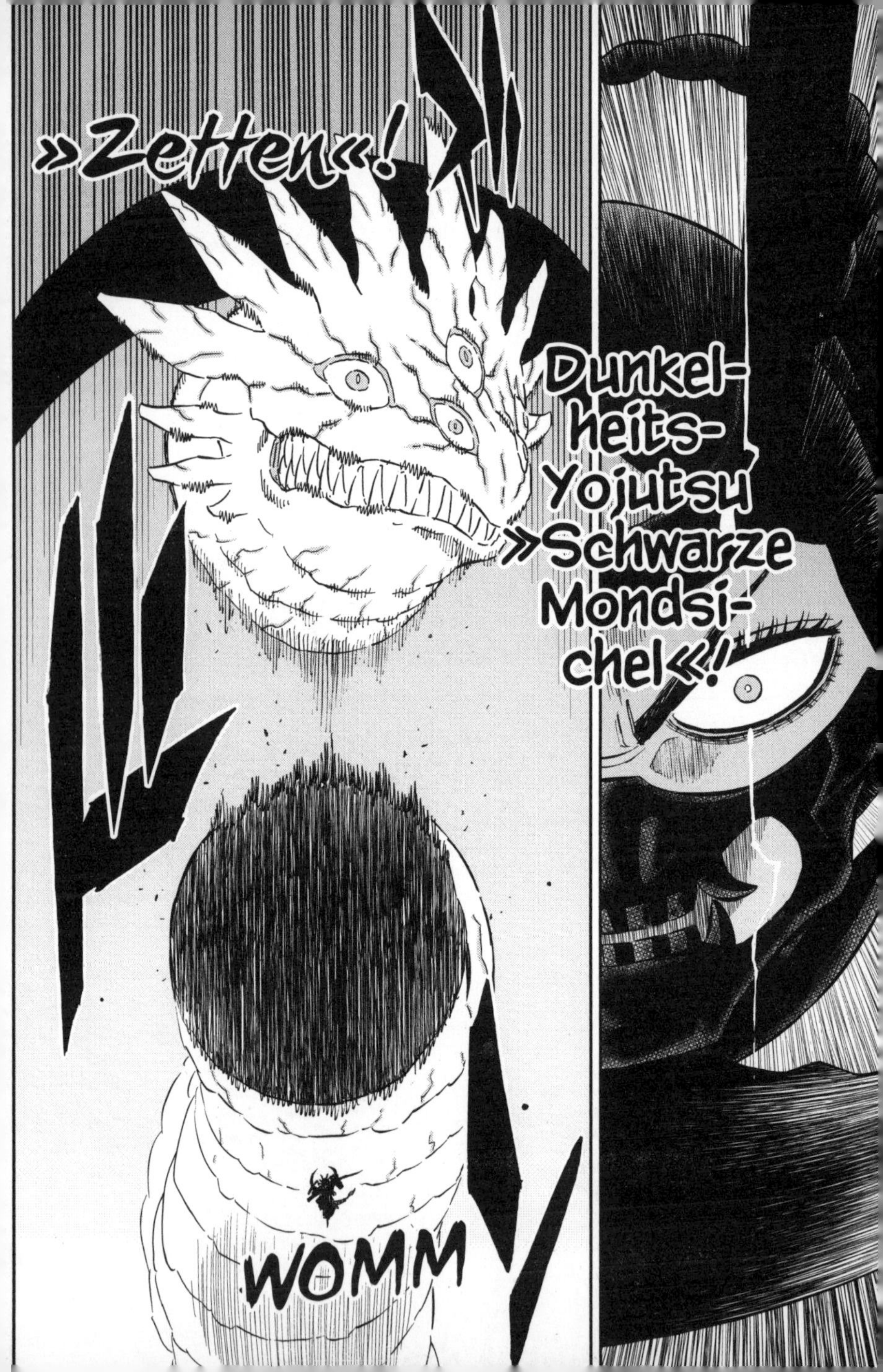
»Zetten«!
Dunkelheits-Yojutsu »Schwarze Mondsichel«!
WOMM

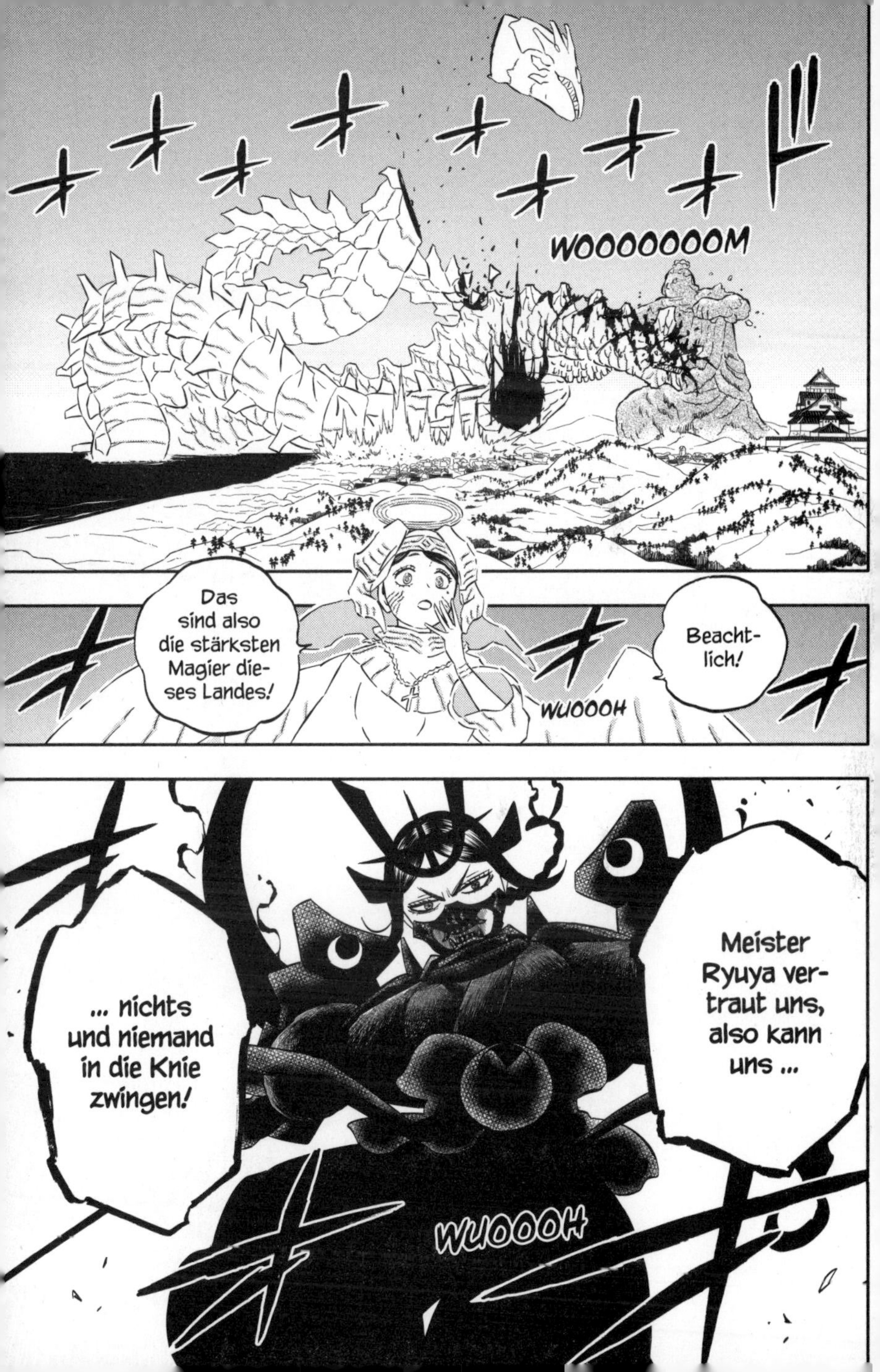
WOOOOOOOM
Beacht-lich!
Das sind also die stärksten Magier dieses Landes!
WUOOOH
Meister Ryuya vertraut uns, also kann uns ...
... nichts und niemand in die Knie zwingen!
WUOOOH

DER MANGAKAORDEN »UNBESCHRIEBENES BLATT«

Thema diesmal:
Was war der erste Manga,
den ihr je gekauft habt?

Detektiv Conan
Band 1-40 im Set
Yotaro Hayakawa

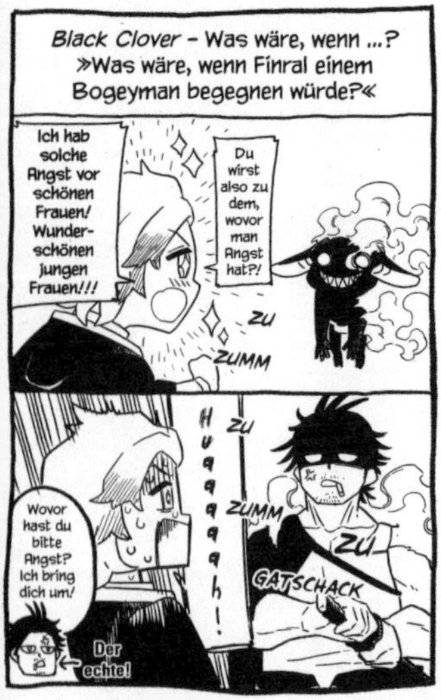

Magi Band 1
Tatsuya Hayashi

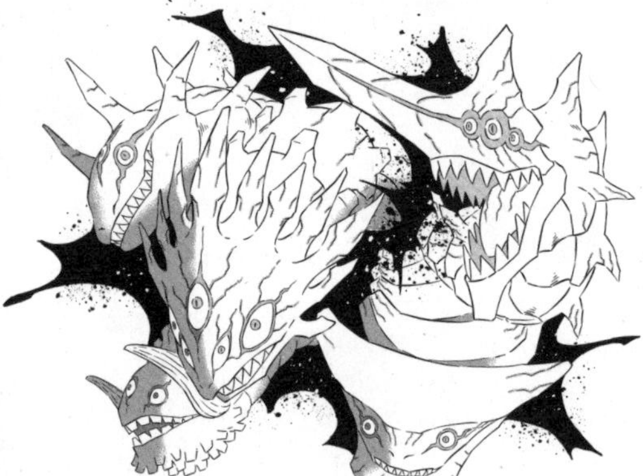

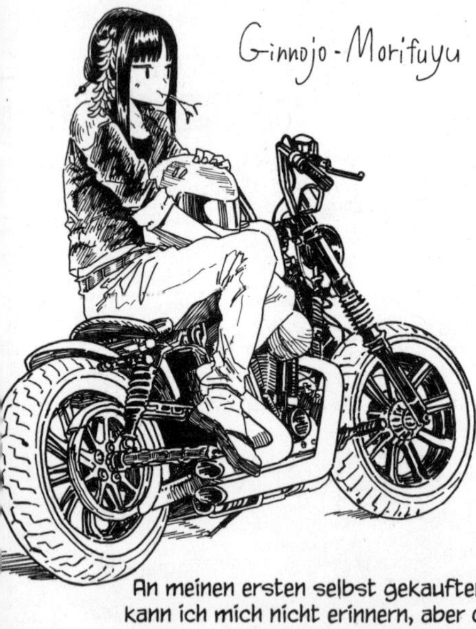

An meinen ersten selbst gekauften Manga kann ich mich nicht erinnern, aber der erste, den ich gelesen habe, war Band 10 von *Hana no Keiji**, den mein Vater besaß.
Seiya Miyamoto

Naruto Band 24
Sota Hishikawa

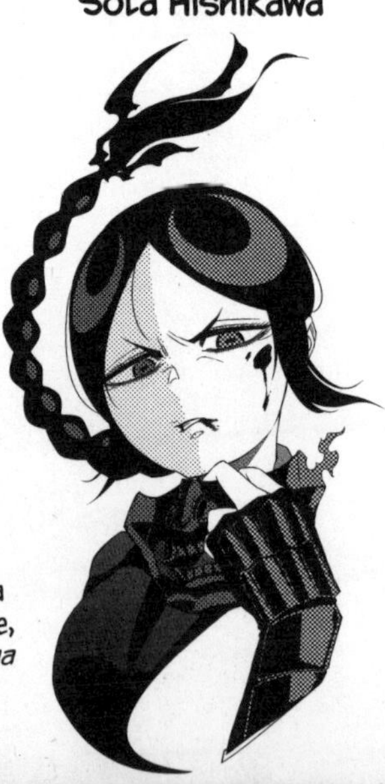

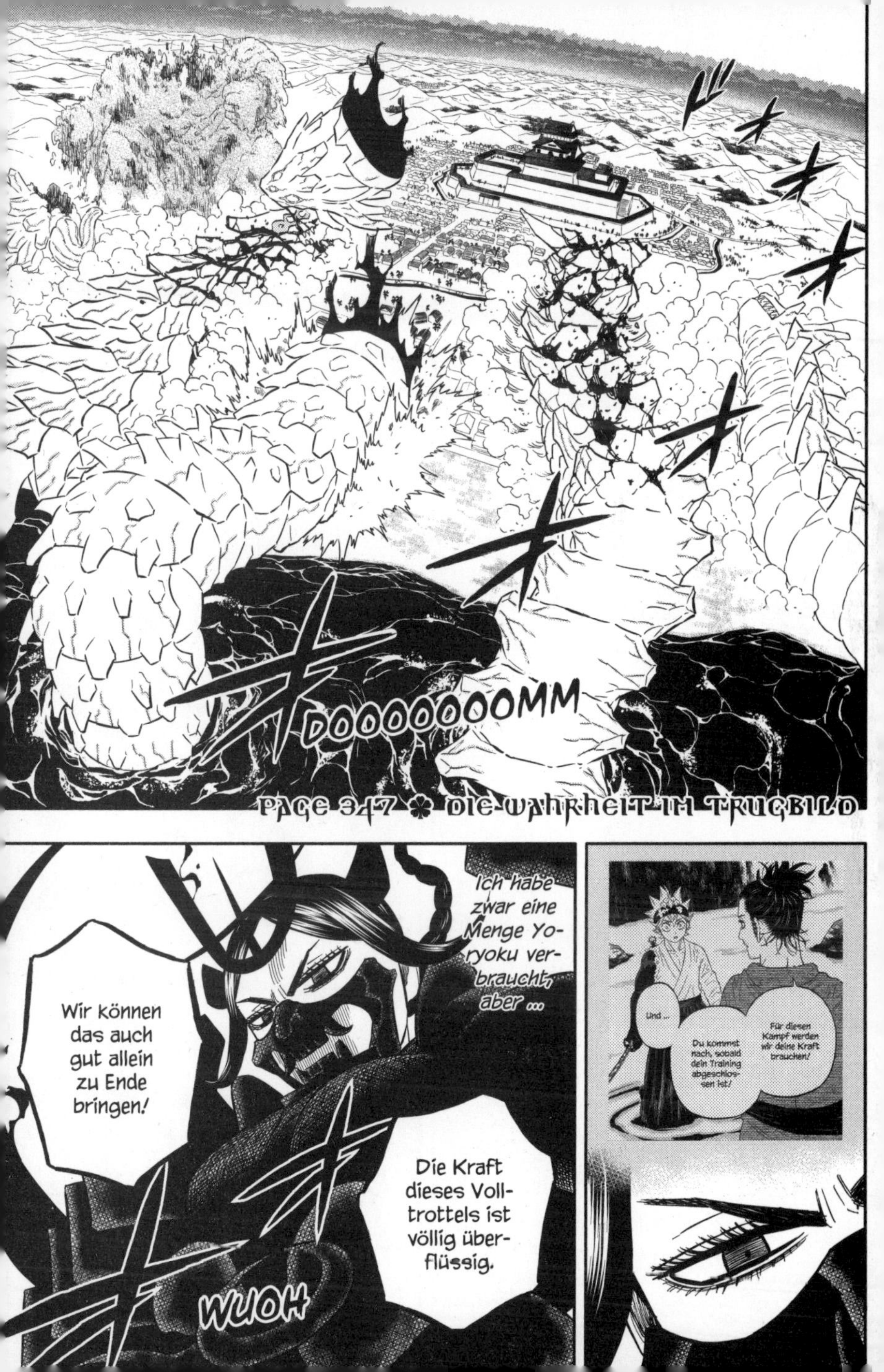
DOOOOOOOOMM
PAGE 347 ✿ DIE WAHRHEIT IM TRUGBILD
Für diesen Kampf werden wir deine Kraft brauchen!
Du kommst nach, sobald dein Training abgeschlossen ist!
Und ...
Ich habe zwar eine Menge Yoryoku verbraucht, aber ...
Wir können das auch gut allein zu Ende bringen!
Die Kraft dieses Volltrottels ist völlig überflüssig.
WUOH

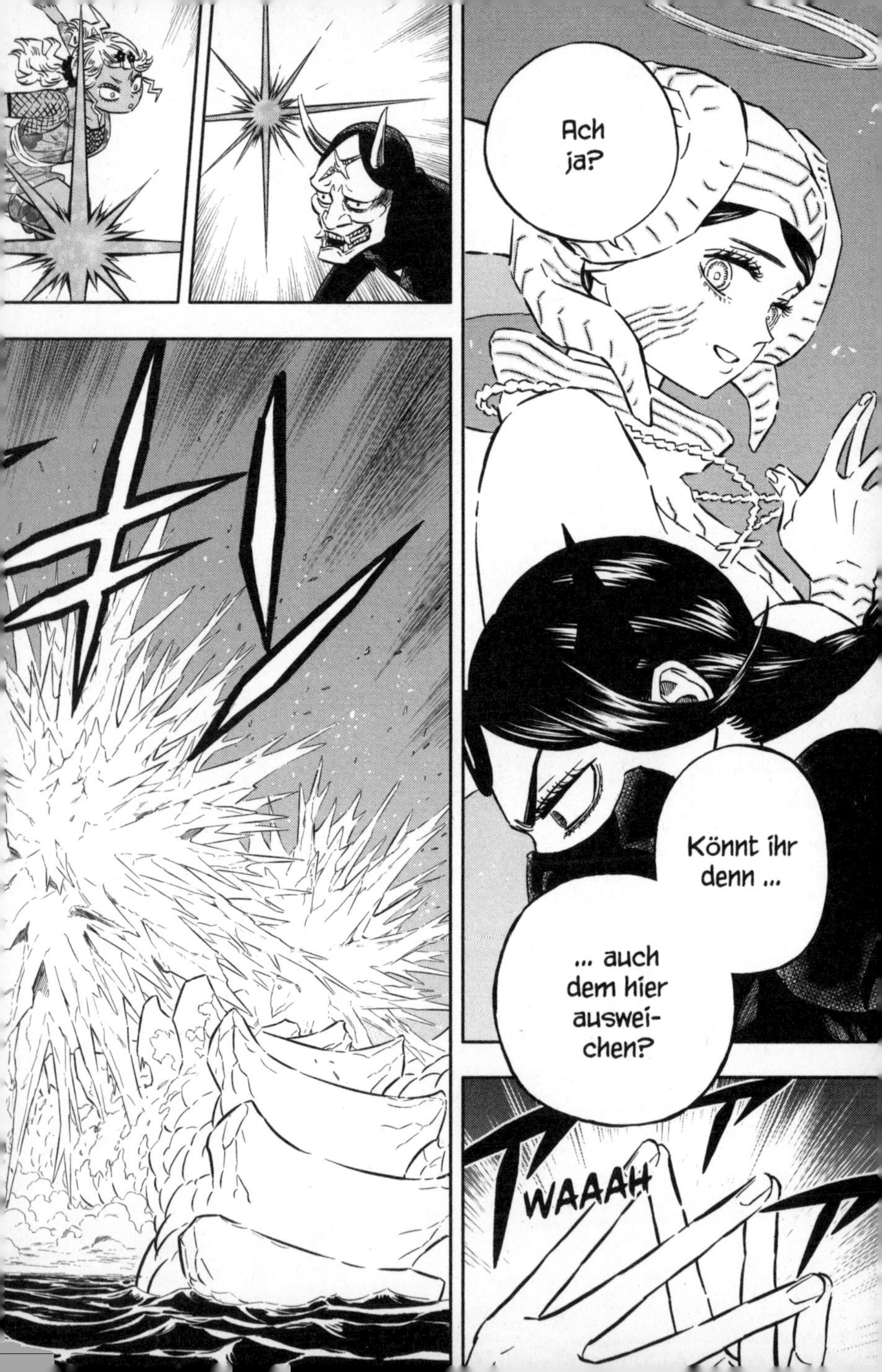
Ach ja?
Könnt ihr denn ...
... auch dem hier auswei-chen?
WAAAH

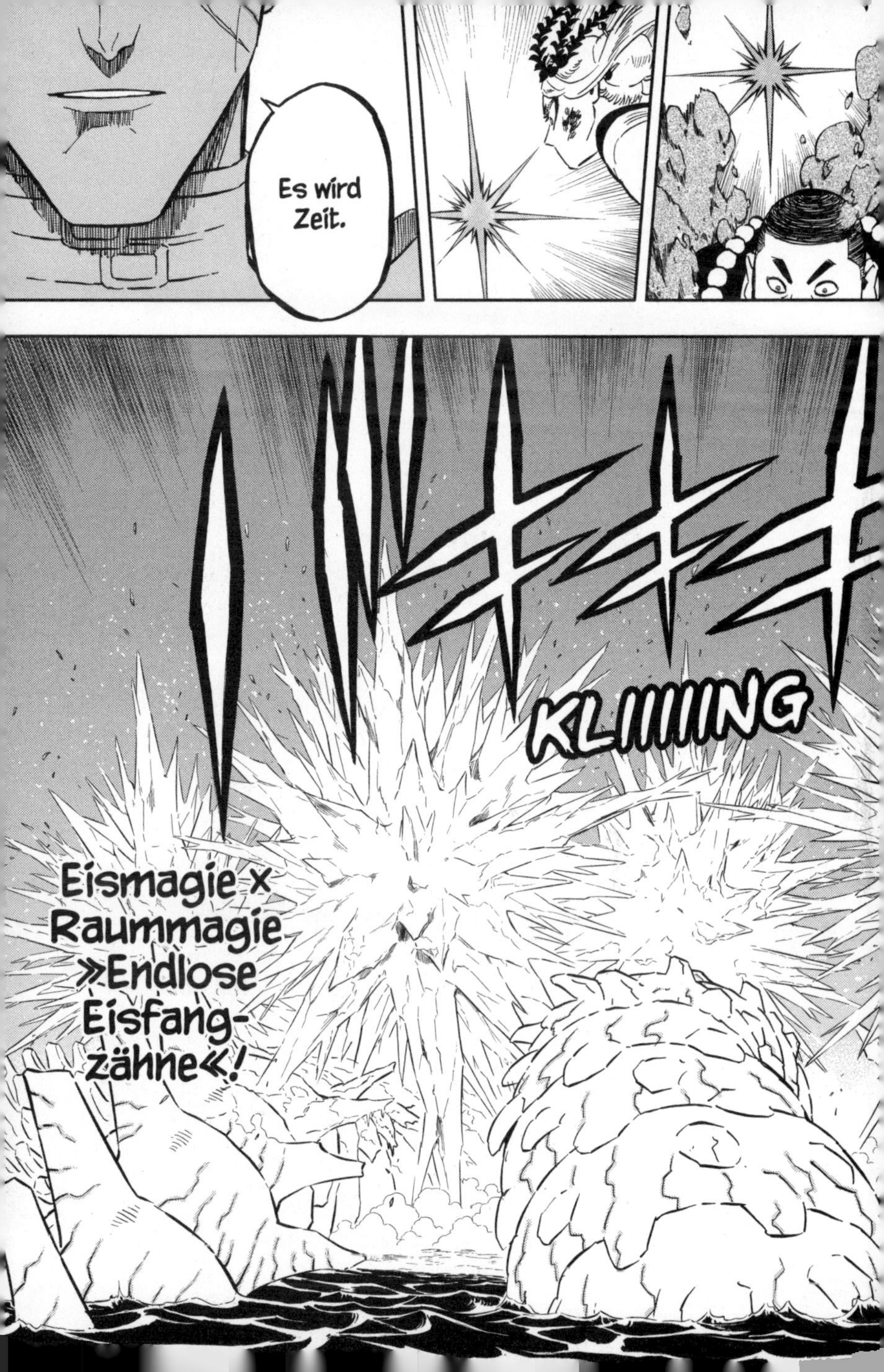
Es wird Zeit.
KLIIIING
Eismagie x Raummagie »Endlose Eisfang-zähne«!

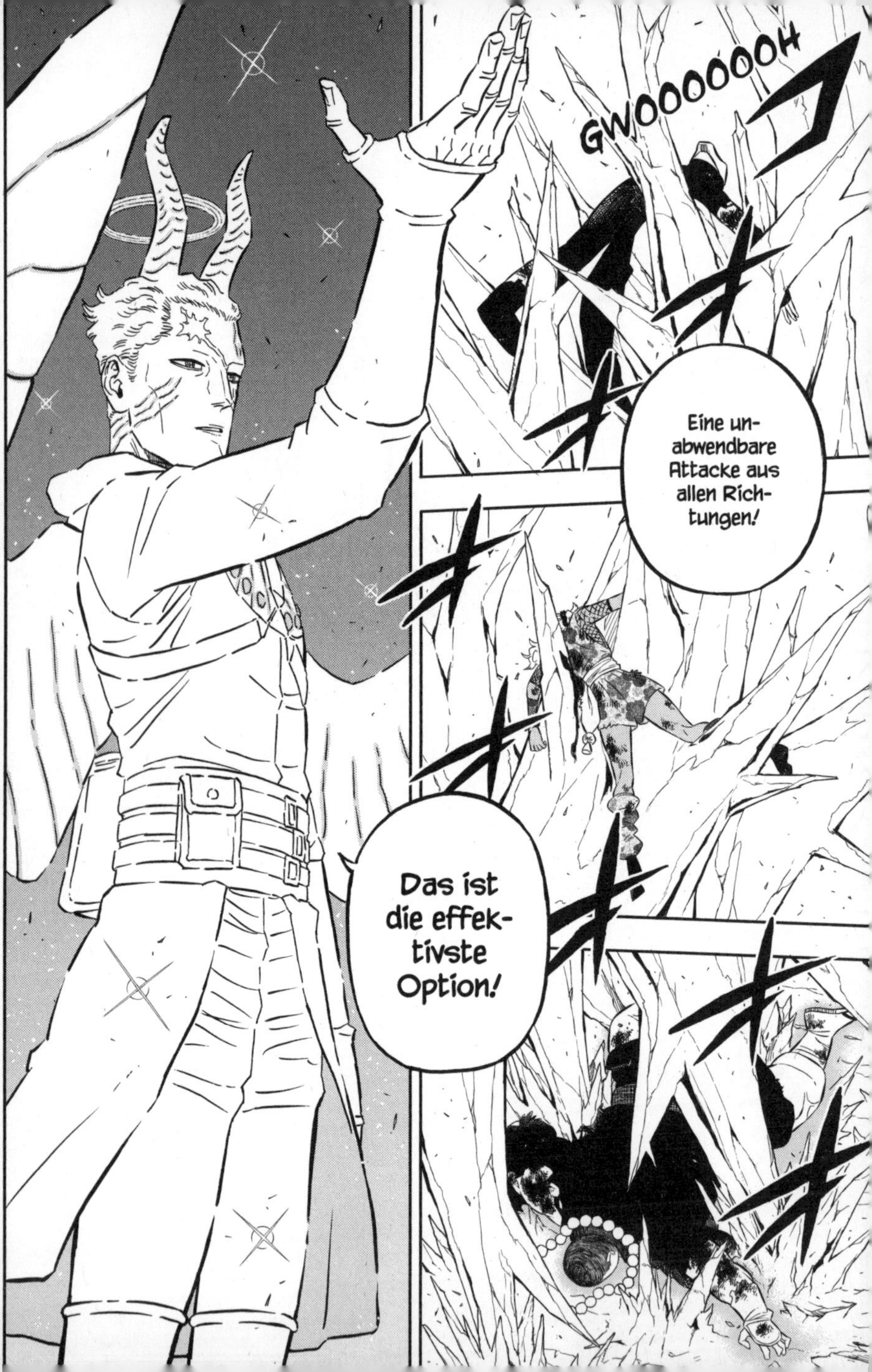
GWOOOOOOH
Eine un-abwendbare Attacke aus allen Rich-tungen!
Das ist die effek-tivste Option!

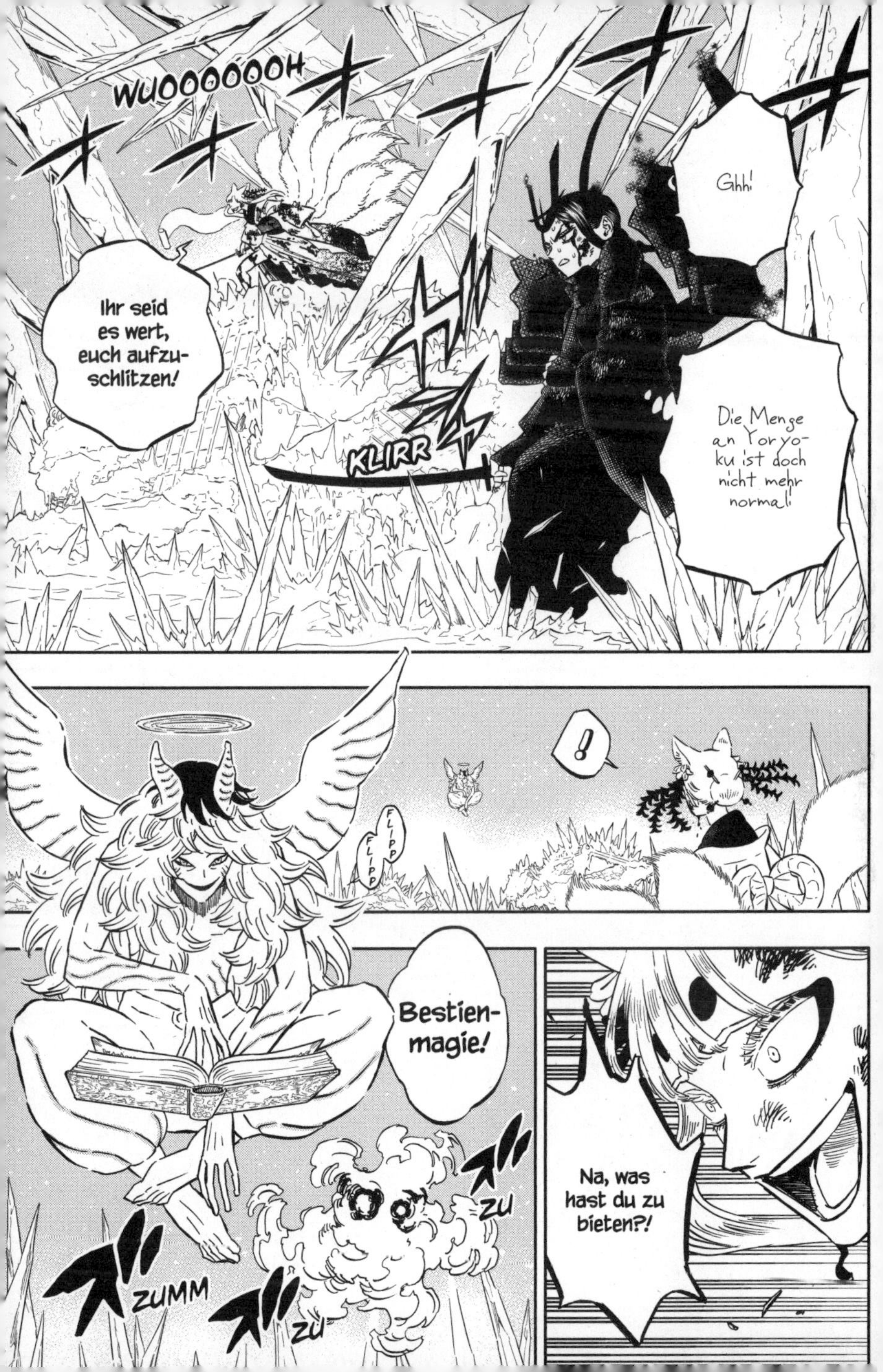

WUOOOOOOH
Ghh!
Ihr seid es wert, euch aufzuschlitzen!
Die Menge an Yoryoku ist doch nicht mehr normal!
KLIRR
!
FLIPP FLIPP
Bestienmagie!
Na, was hast du zu bieten?!
ZU
ZUMM
ZU

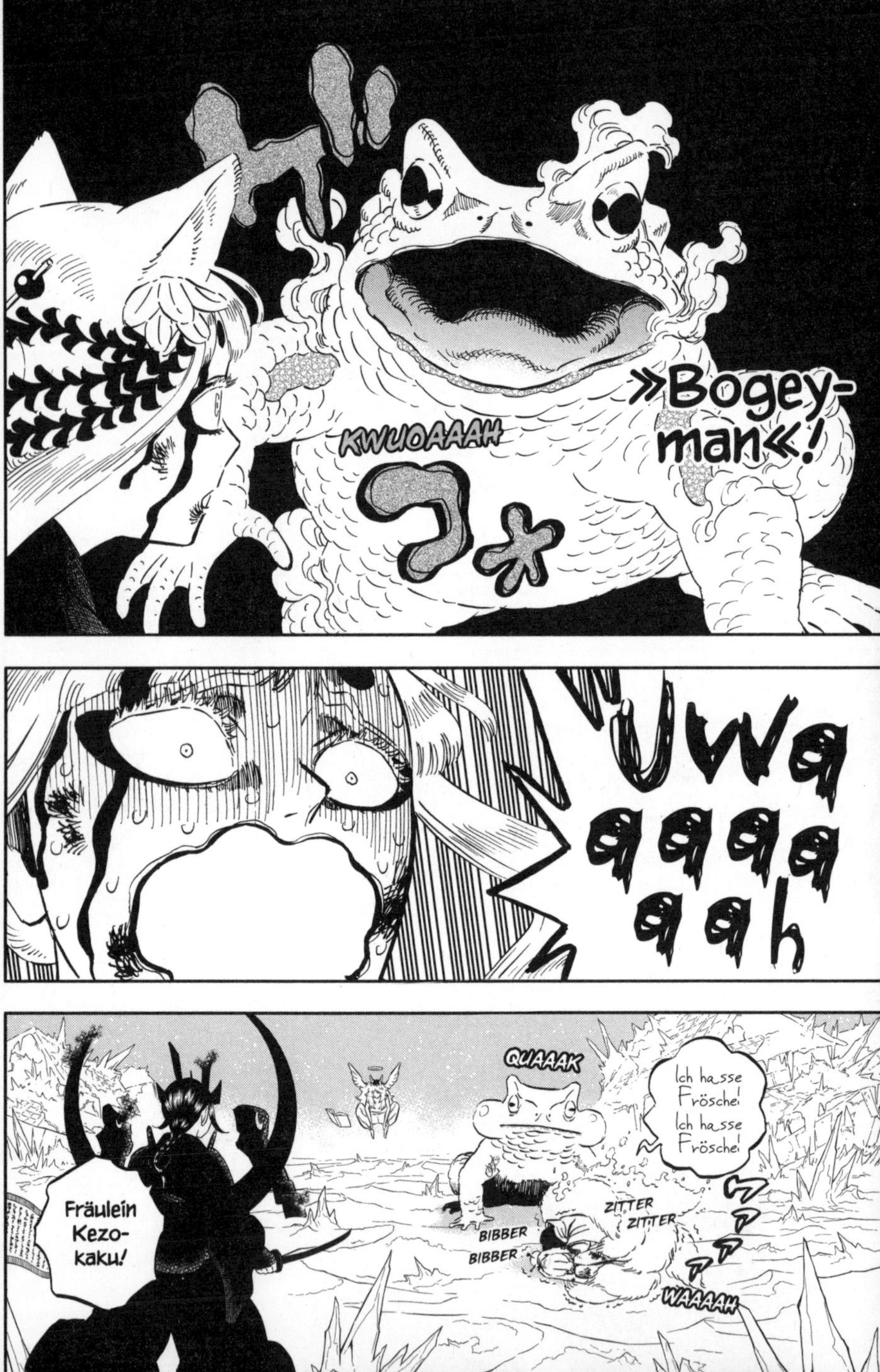
KWUOAAAH
»Bogeyman«!
Uwaaaaaaaaaah
QUAAAK
Ich hasse Frösche! Ich hasse Frösche!
Fräulein Kezokaku!
ZITTER ZITTER
BIBBER BIBBER
WAAAAH

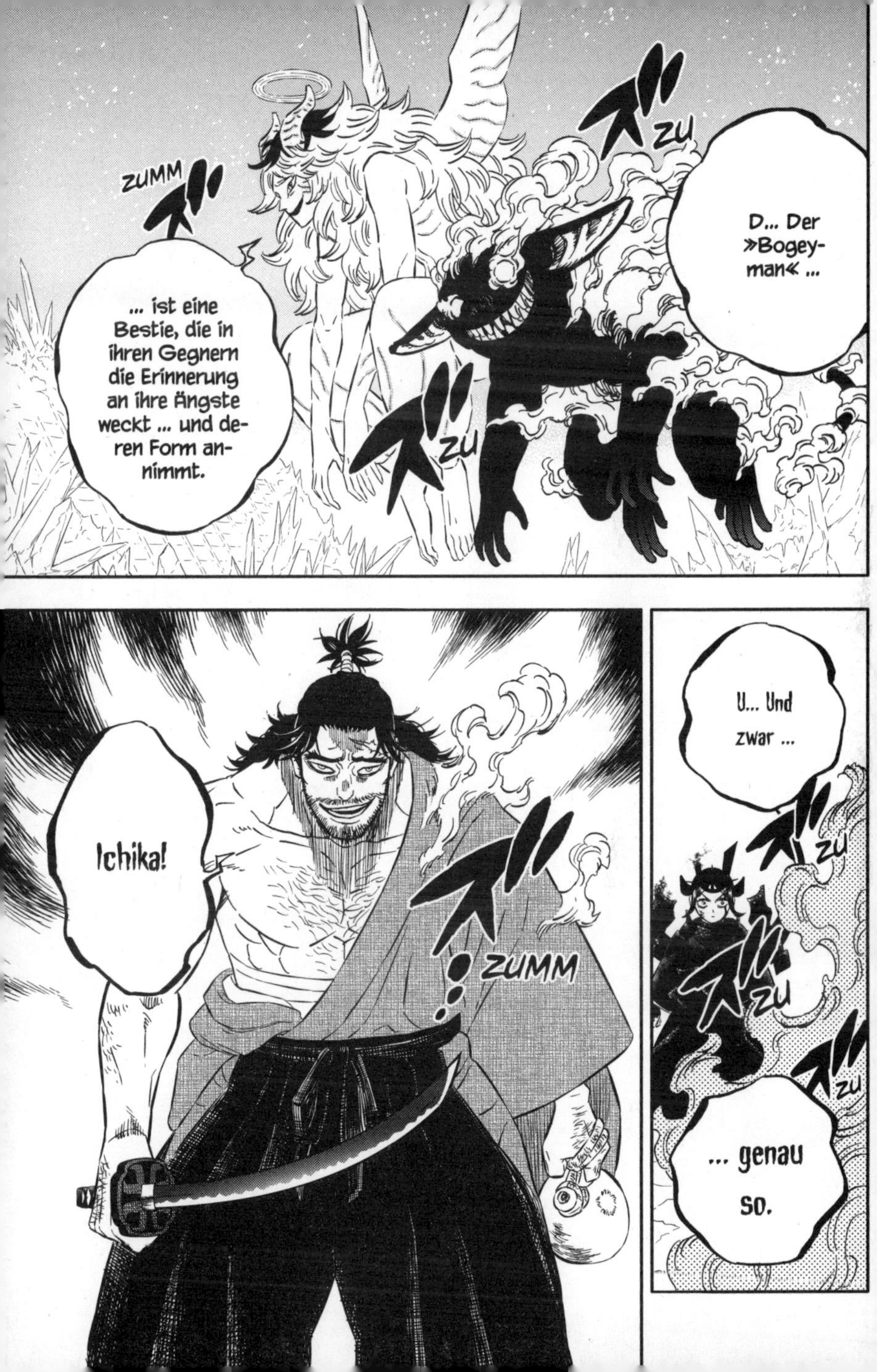
ZU
D... Der »Bogeyman« ...
ZUMM
ZU
... ist eine Bestie, die in ihren Gegnern die Erinnerung an ihre Ängste weckt ... und deren Form annimmt.
U... Und zwar ...
ZU
ZU
ZU
... genau so.
ZUMM
Ichika!

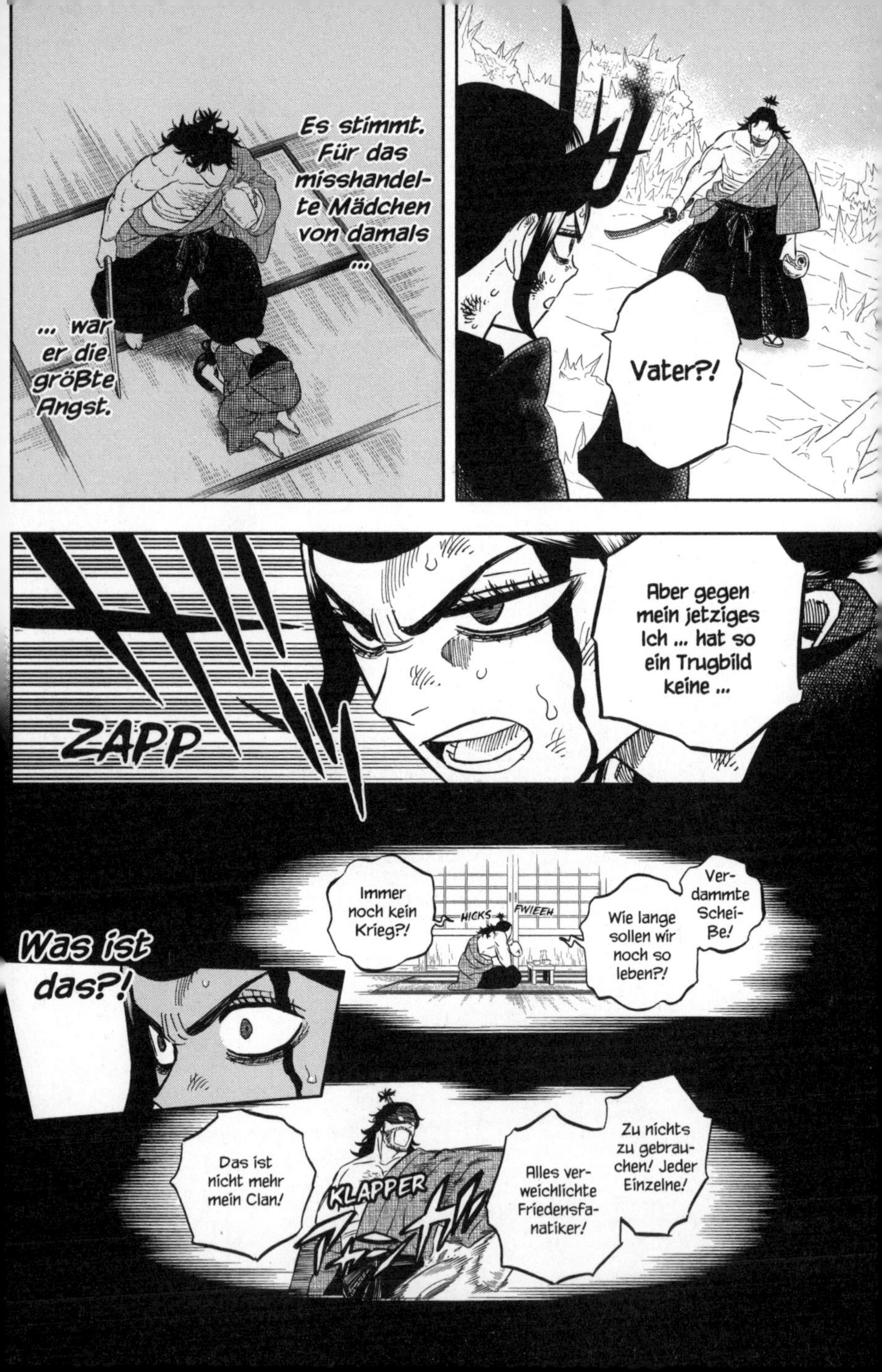
Es stimmt. Für das misshandelte Mädchen von damals ...
... war er die größte Angst.
Vater?!
ZAPP
Aber gegen mein jetziges Ich ... hat so ein Trugbild keine ...
Was ist das?!
Immer noch kein Krieg?!
HICKS
FWIEEH
Wie lange sollen wir noch so leben?!
Verdammte Scheiße!
Das ist nicht mehr mein Clan!
KLAPPER
Alles verweichlichte Friedensfanatiker!
Zu nichts zu gebrauchen! Jeder Einzelne!

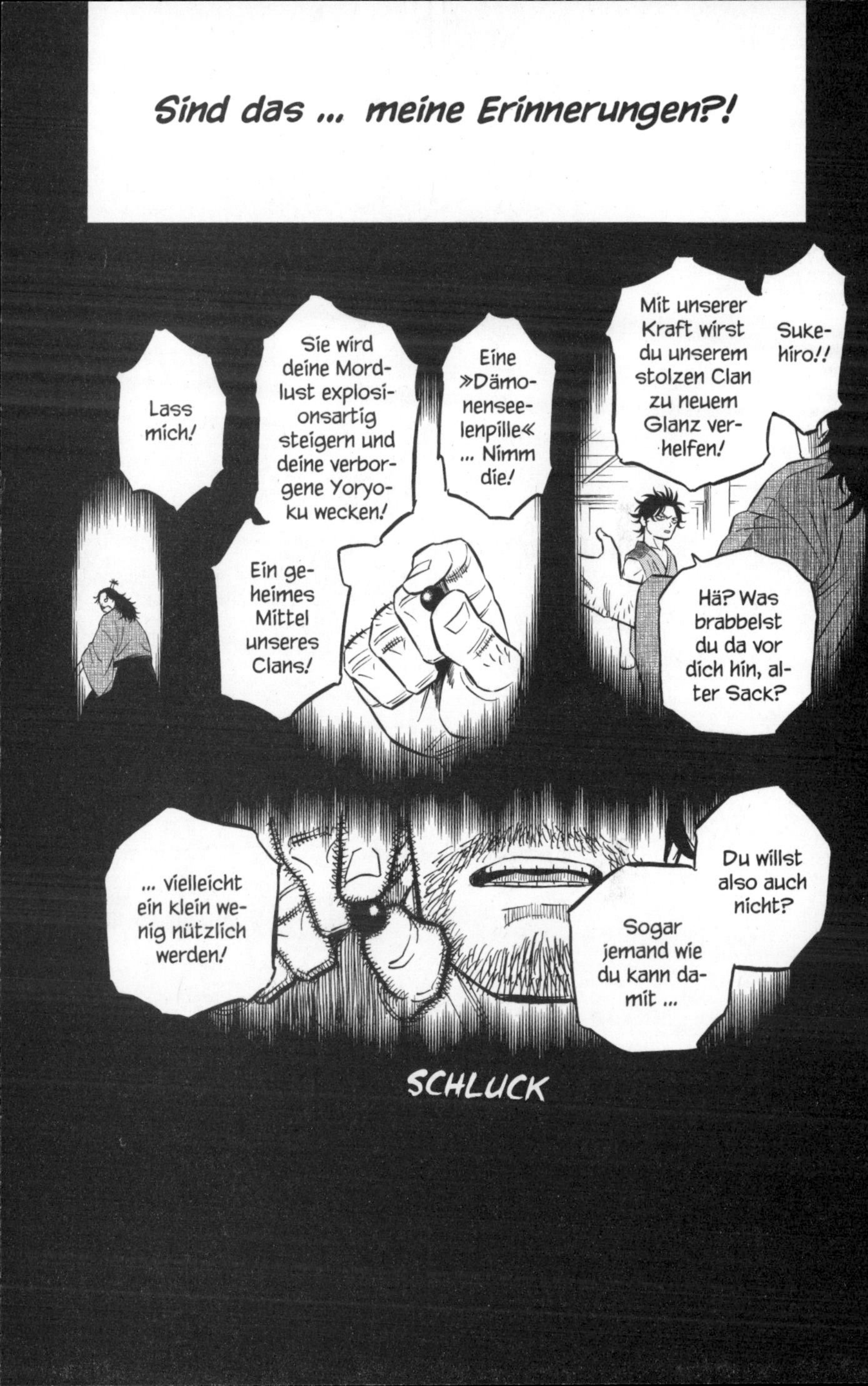
Sind das ... meine Erinnerungen?!
Suke-hiro!!
Mit unserer Kraft wirst du unserem stolzen Clan zu neuem Glanz verhelfen!
Hä? Was brabbelst du da vor dich hin, alter Sack?
Eine »Dämonenseelenpille« ... Nimm die!
Sie wird deine Mordlust explosionsartig steigern und deine verborgene Yoryoku wecken!
Ein geheimes Mittel unseres Clans!
Lass mich!
Du willst also auch nicht?
Sogar jemand wie du kann damit ...
... vielleicht ein klein wenig nützlich werden!
SCHLUCK

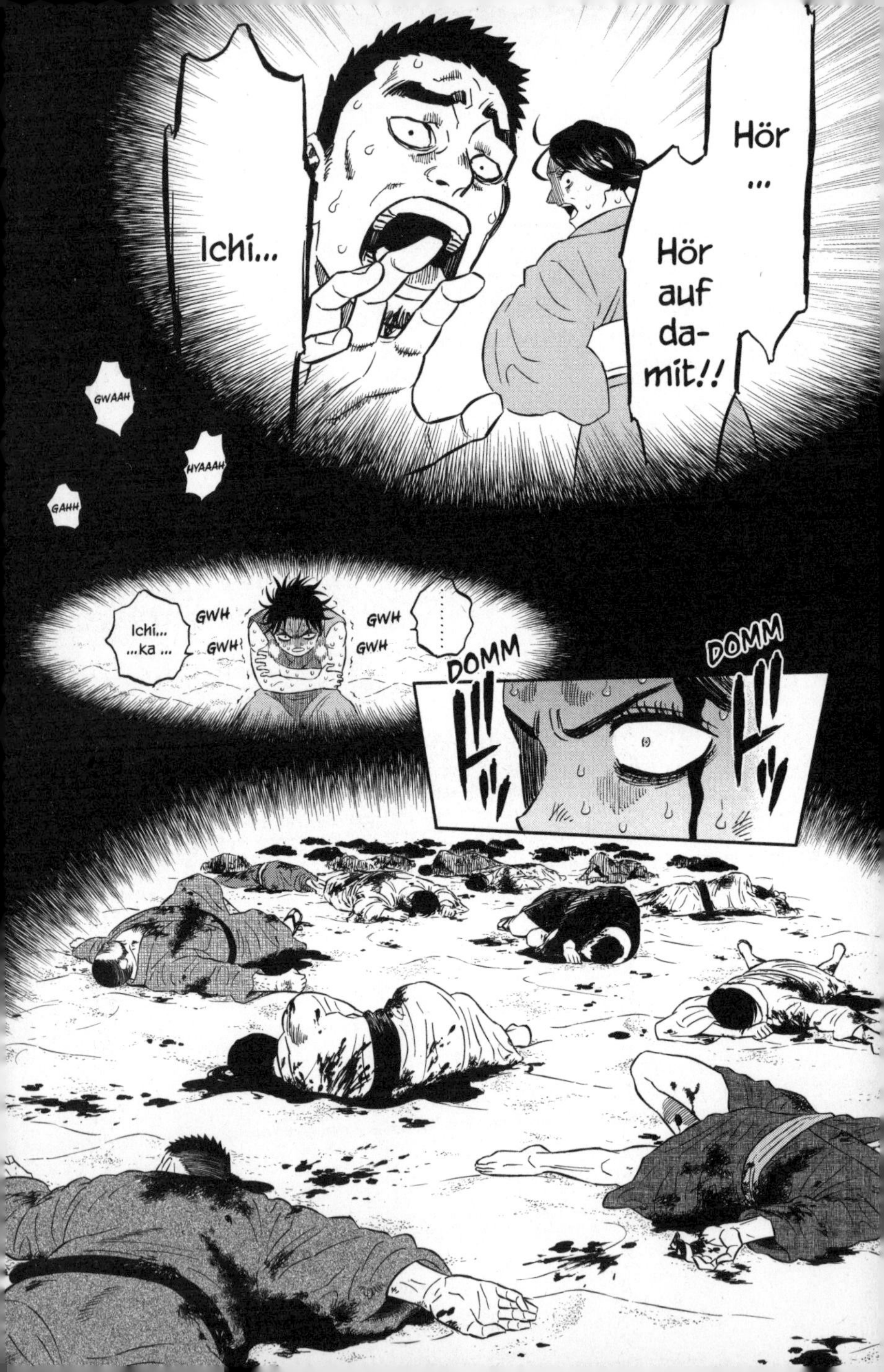

Hör ...
Hör auf da-mit!!
Ichi...
GWAAH
HYAAAH
GAHH
...
GWH
GWH
GWH
GWH
Ichi... ...ka ...
DOMM
DOMM

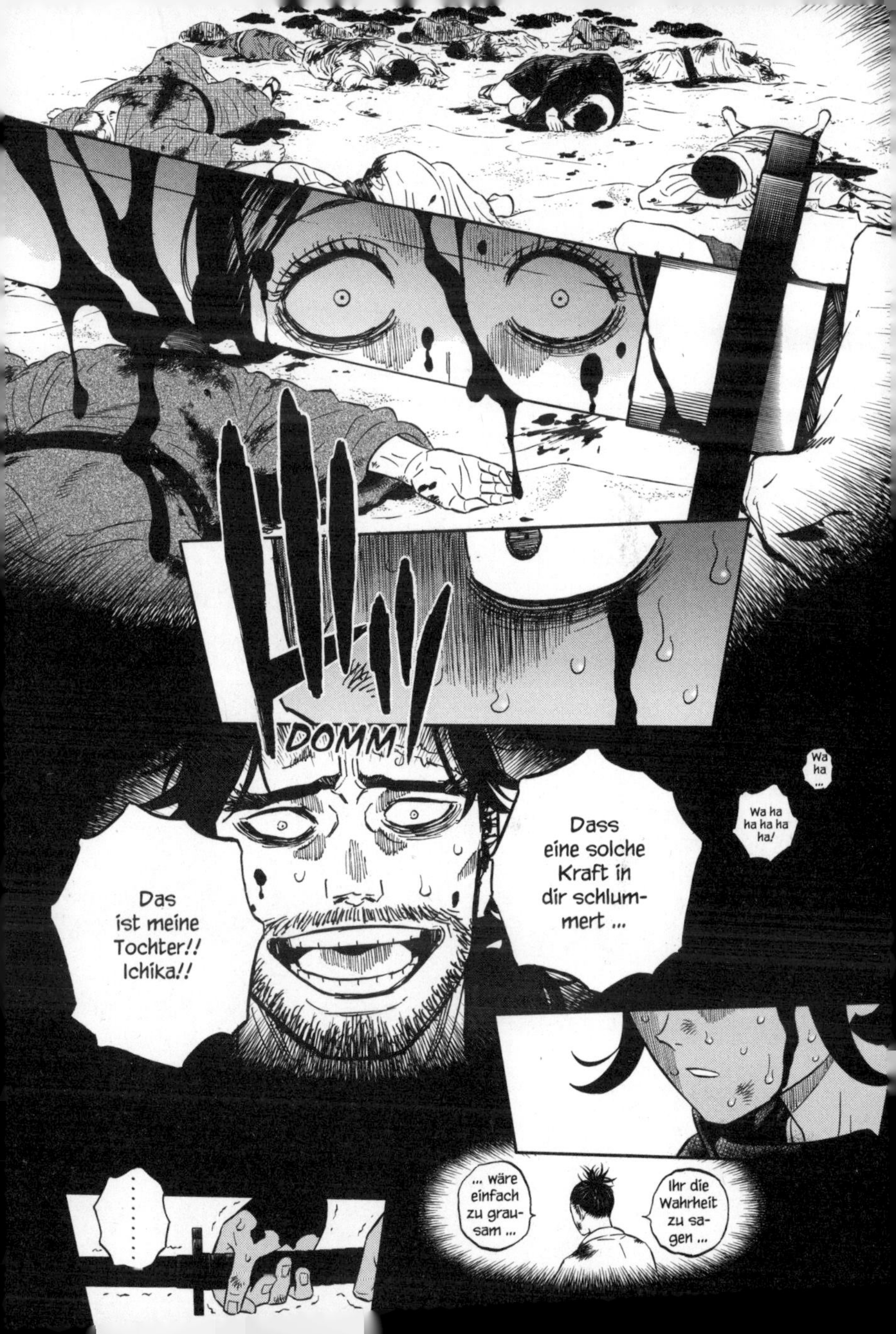
DOMM
Wa ha ...
Wa ha ha ha ha ha!
Dass eine solche Kraft in dir schlummert ...
Das ist meine Tochter!! Ichika!!
Ihr die Wahrheit zu sagen ...
... wäre einfach zu grausam ...
......

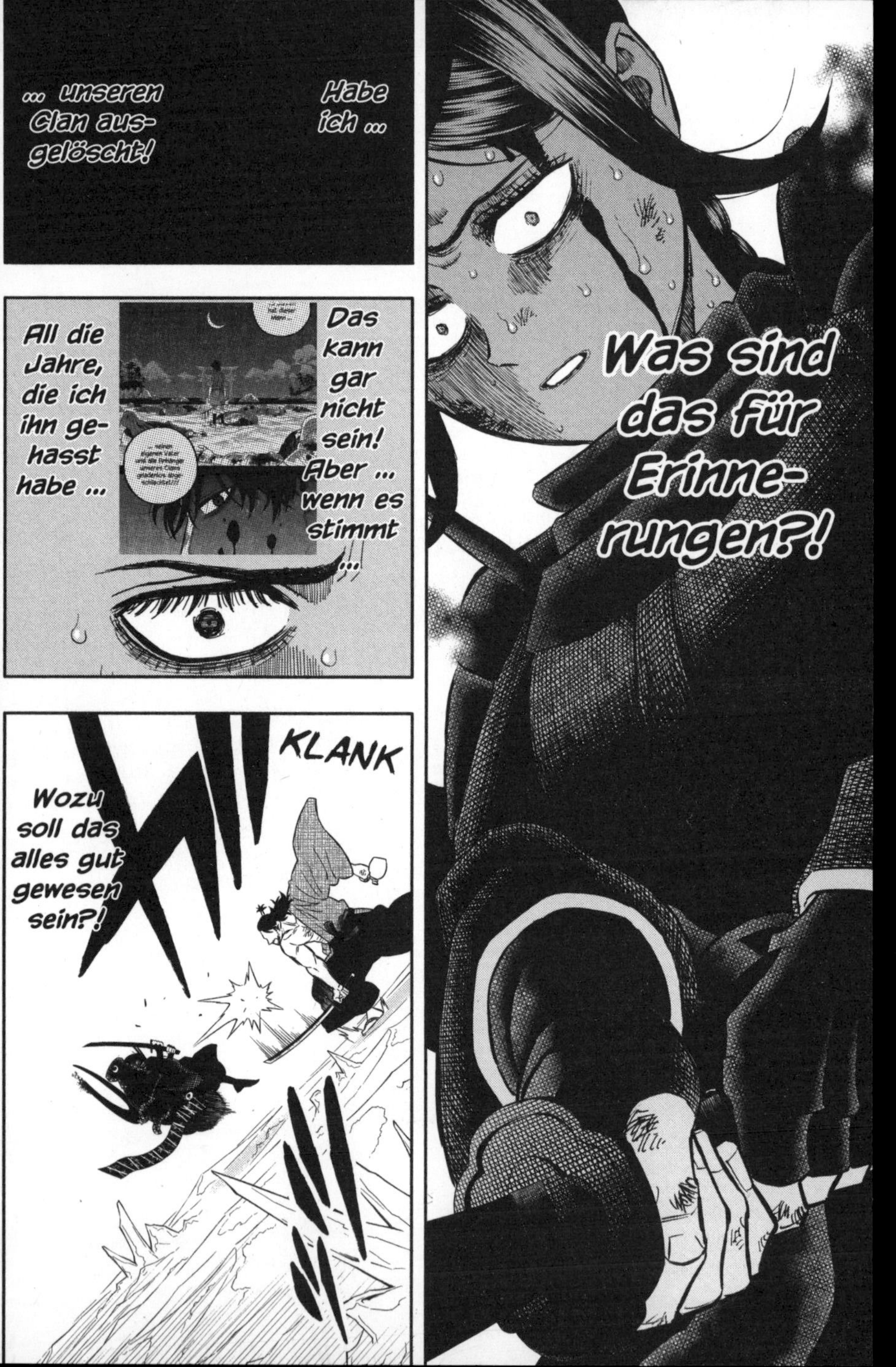
Was sind das für Erinnerungen?!
Habe ich ...
... unseren Clan ausgelöscht!
Das kann gar nicht sein! Aber ... wenn es stimmt ...
All die Jahre, die ich ihn gehasst habe ...
KLANK
Wozu soll das alles gut gewesen sein?!

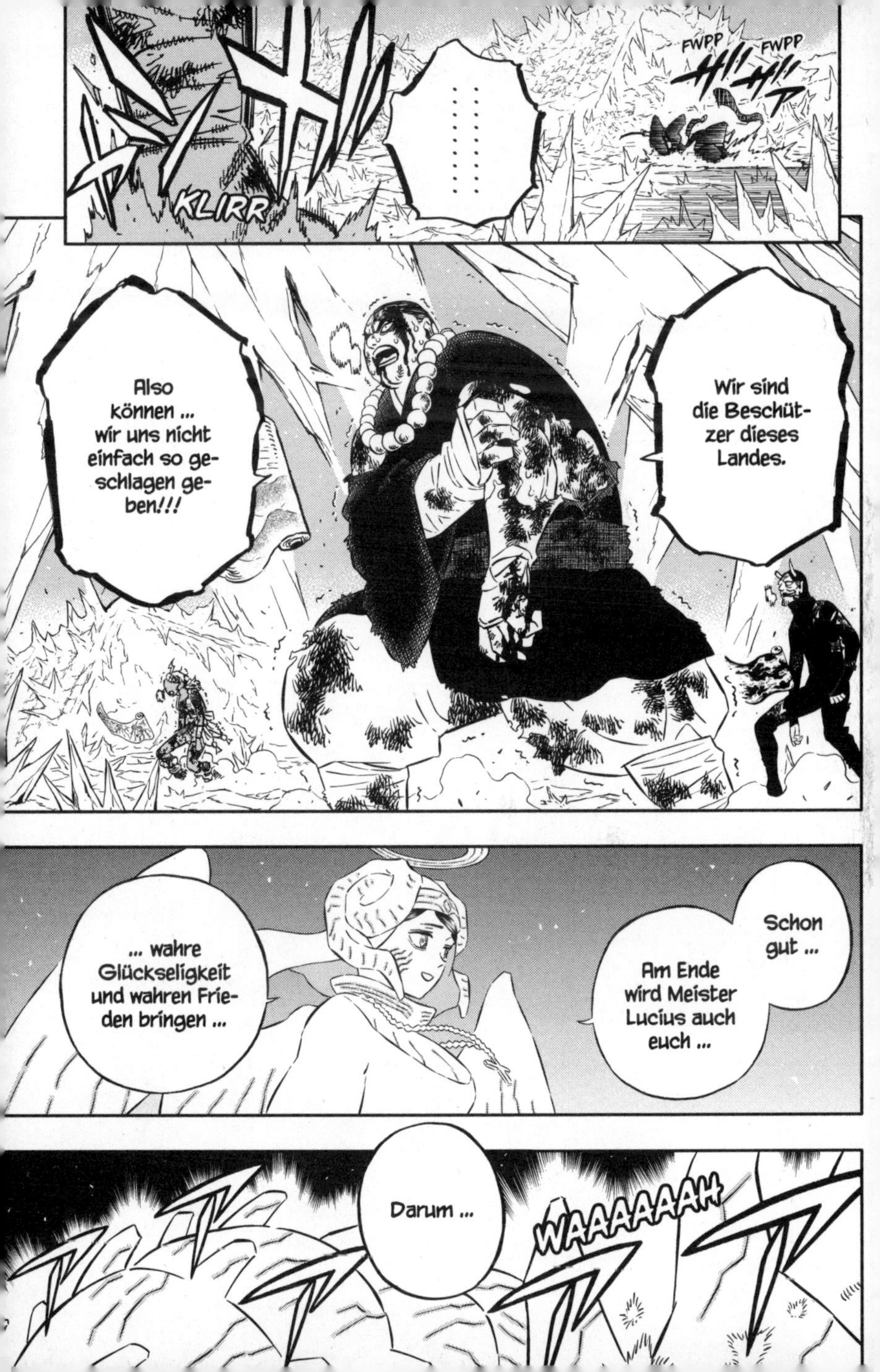
FWPP FWPP
KLIRR
……
Wir sind die Beschützer dieses Landes.
Also können … wir uns nicht einfach so geschlagen geben!!!
Schon gut …
Am Ende wird Meister Lucius auch euch …
… wahre Glückseligkeit und wahren Frieden bringen …
WAAAAAAH
Darum …

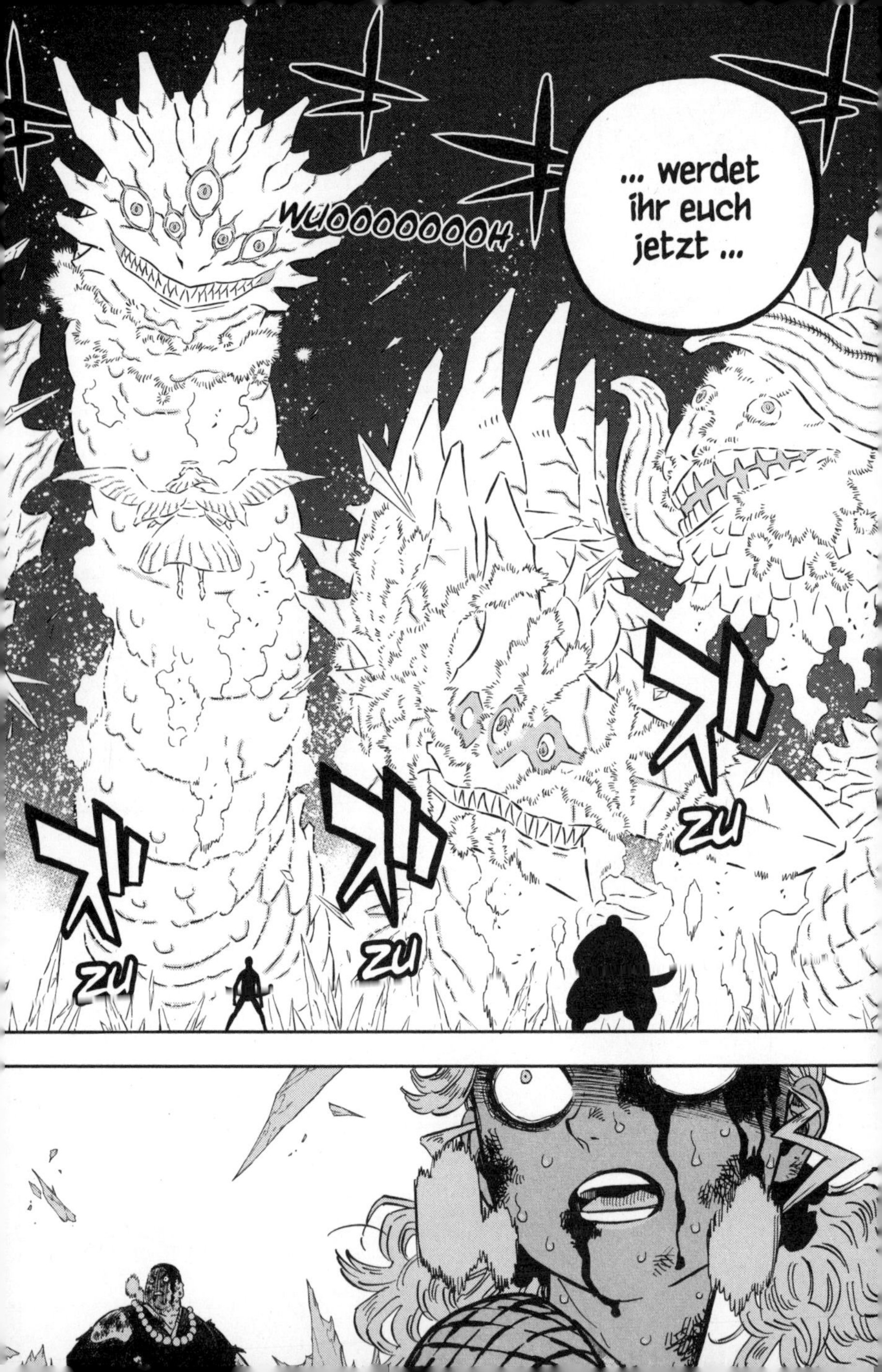
... werdet ihr euch jetzt ...
WUOOOOOOOOH
ZU
ZU
ZU

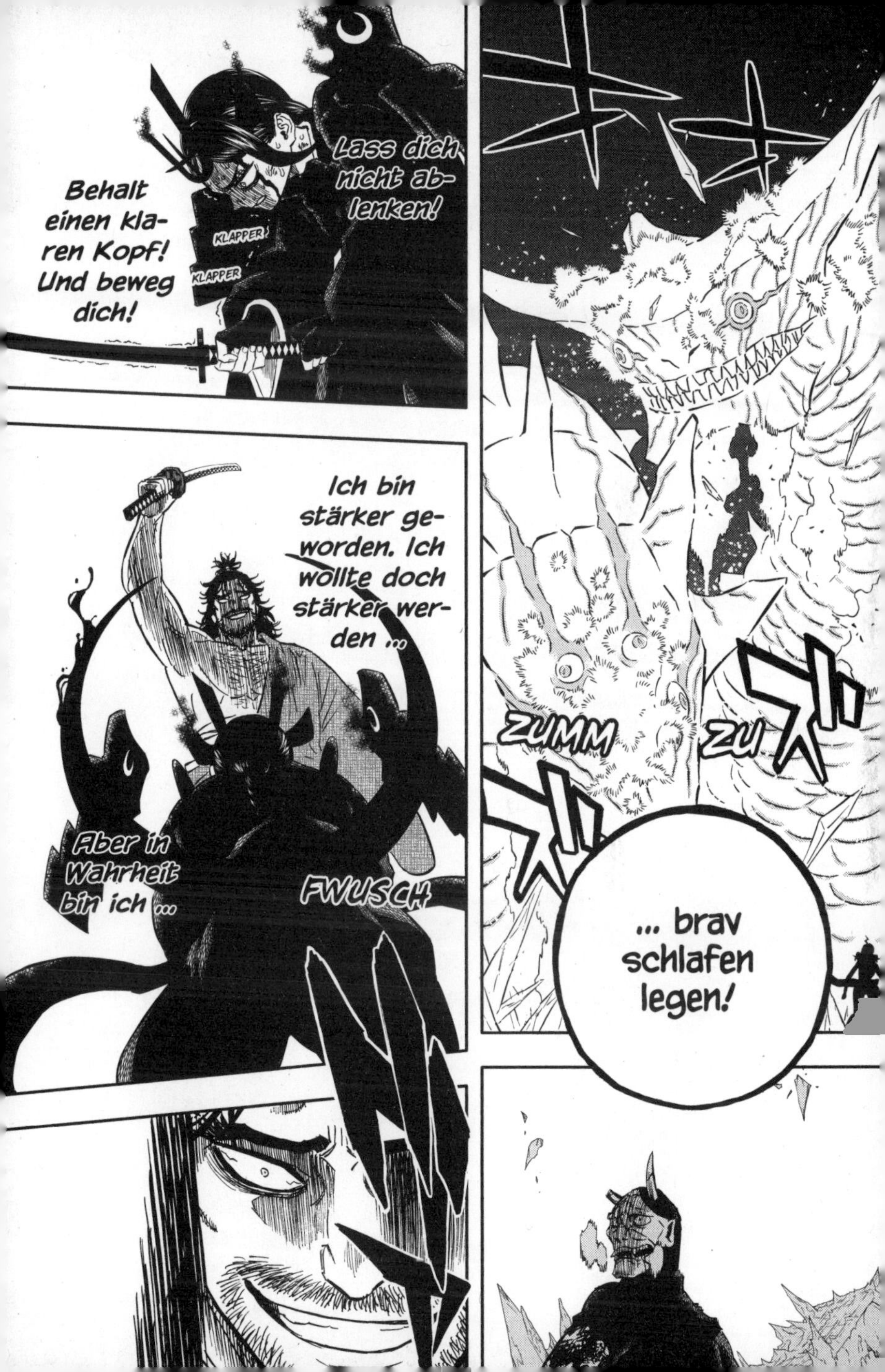
ZUMM
ZU
... brav schlafen legen!
Lass dich nicht ablenken!
Behalt einen klaren Kopf! Und beweg dich!
KLAPPER
KLAPPER
Ich bin stärker geworden. Ich wollte doch stärker werden ...
Aber in Wahrheit bin ich ...
FWUSCH

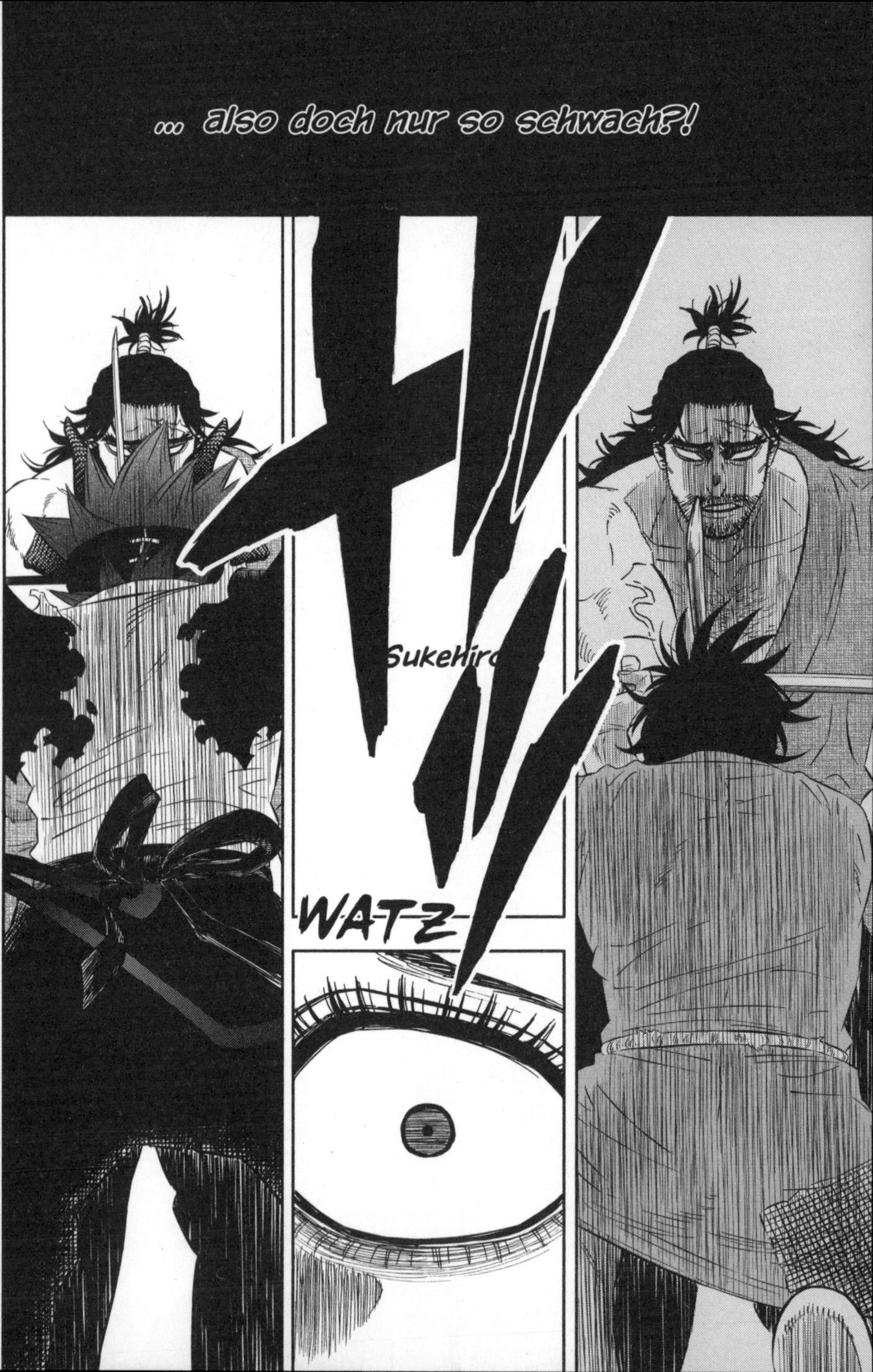
... also doch nur so schwach?!
Sukehiro
WATZ

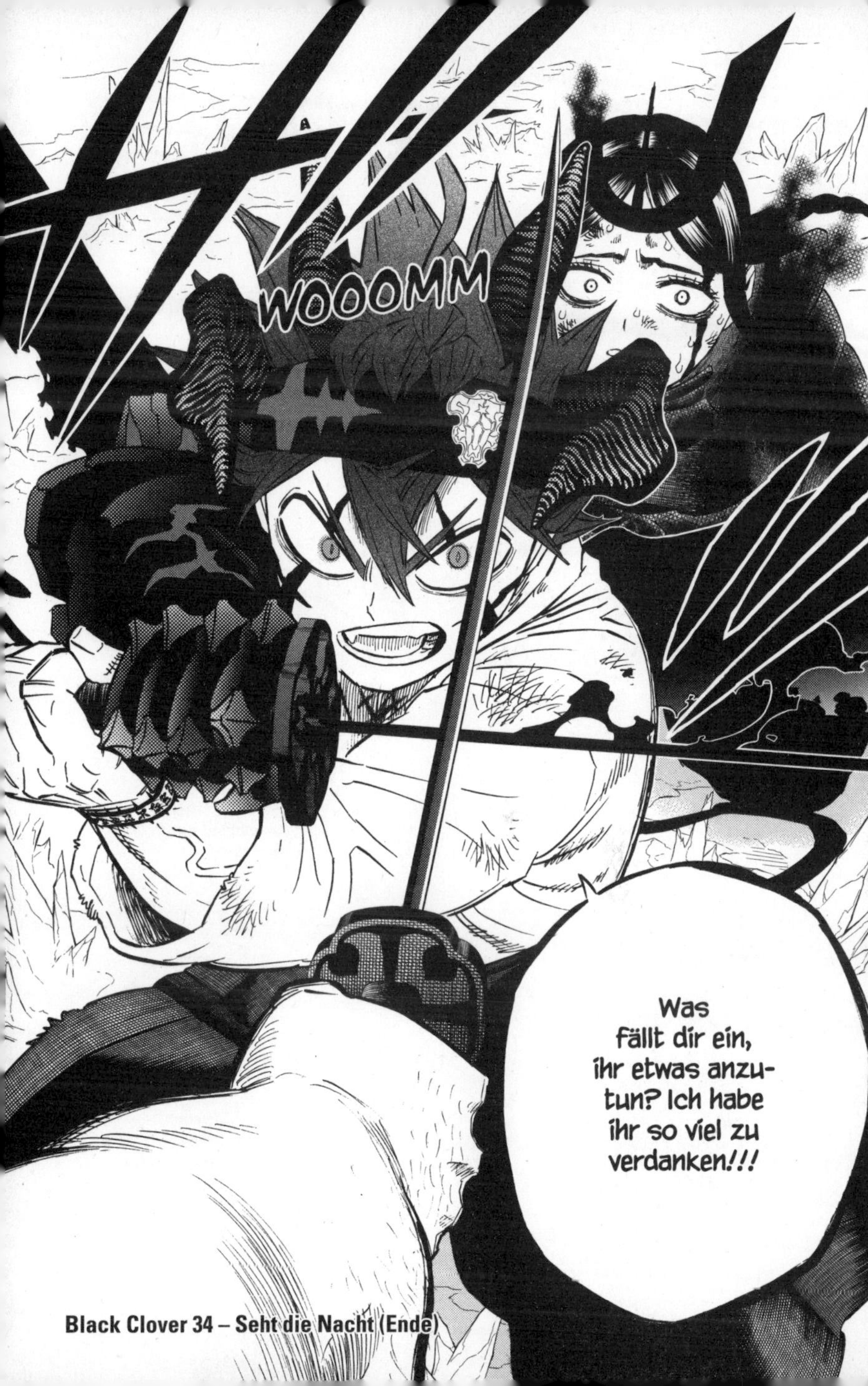

Black Clover 34 – Seht die Nacht (Ende)

BLACK CLOVER 34

Seht die Nacht

DER MANGAKAORDEN »UNBESCHRIEBENES BLATT«

Thema diesmal:

Was war der erste Manga, den ihr je gekauft habt?

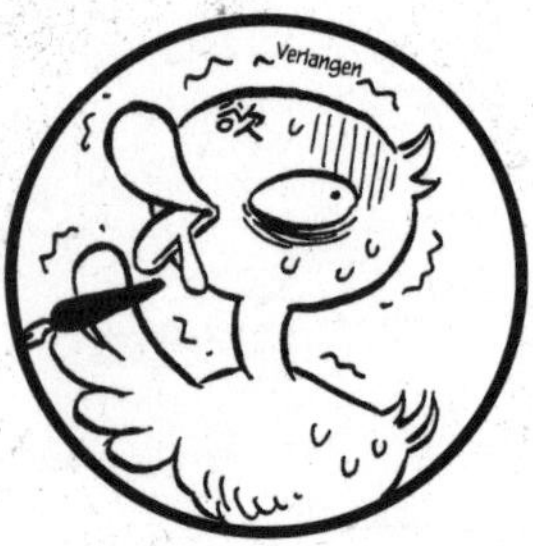

Dragon Ball Band 9
Anführer Tabata

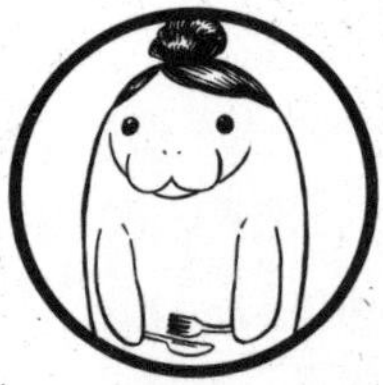

Chibi Maruko Chan Band 9
Mein großer Bruder: *Chinyuki** Band 1
Mein kleiner Bruder: *Dragon Ball* Band 28
©

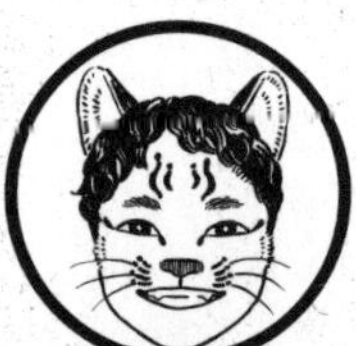

Yu-Gi-Oh! Band 22
Redakteur der Comicbände Chiba

*Dorabase: Doraemon Super Baseball Gaiden*** Band 1
Redakteur Fukuda

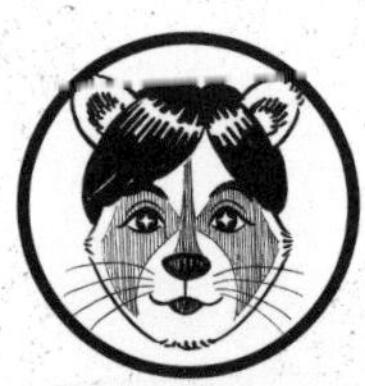

Captain Tsubasa Band 8
Medienbeauftragte Takahashi

* Parodie-Manga zum klassischen chinesischen Roman *Die Reise nach Westen*
** Spin-off-Manga der bekannten Reihe *Doraemon* zum Thema Baseball

Nachwort

Wenn ich mir meine jetzt dreieinhalbjährige Tochter so ansehe, wundere ich mich immer, wie groß sie doch geworden ist. Und dann habe ich mir Fotos von früher angesehen und war ganz überrascht, dass sie in dieser kurzen Zeit tatsächlich riesengroß geworden ist. Wenn sie noch so jung sind, wachsen sie regelrecht von einem Moment zum anderen.

Seit der Anfangszeit der Veröffentlichung von *Black Clover* sind unter den Fanbriefen, die ich regelmäßig bekomme, auch welche von drei Schwestern. Am Anfang war die Jüngste noch im ersten Jahr der Grundschule und die Älteste in der Mittelstufe. Aber als ich dann in der diesjährigen Neujahrskarte zu lesen bekam:

»Dieses Jahr steht meine Aufnahmeprüfung an!«,

»Ich komme dieses Jahr in die x-te Klasse!«,

»Dieses Jahr gebe ich mein Bestes, einen Job zu finden!«,

war ich geradezu schockiert.

Außerdem habe ich gehört, dass das Kind eines guten Freundes, das noch ganz klein war, als ich es vor ein paar Jahren das letzte Mal gesehen habe, jetzt *Black Clover* liest, und dass das Kind eines Jugendfreundes eine Postkarte an den schwarz-weißen Bilderorden geschickt hat.

Ihr werdet alle so schnell erwachsen!!!

Das war's vom alten Manga-Onkel, der gerade regelrecht spüren kann, wie die Zeit dahinfliegt.

TOKYOPOP GmbH
Hamburg

TOKYOPOP
1. Auflage, 2023
Deutsche Ausgabe/German Edition

Aus dem Japanischen von Jannik Eimen

Redaktion: Sabine Scholz
Lettering: Vibrant Publishing Studio
Herstellung: Annika Meyer-Wülfing, Nils Bornemann
Druck und buchbinderische Verarbeitung:
CPI – Clausen & Bosse GmbH, Leck
Printed in Germany

MIX Papier FSC® C083411

Wir achten auf die Umwelt.
Dieses Produkt besteht aus FSC®-zertifizierten und anderen kontrollierten Materialien.

ISBN 978-3-8420-9146-7

www.tokyopop.de

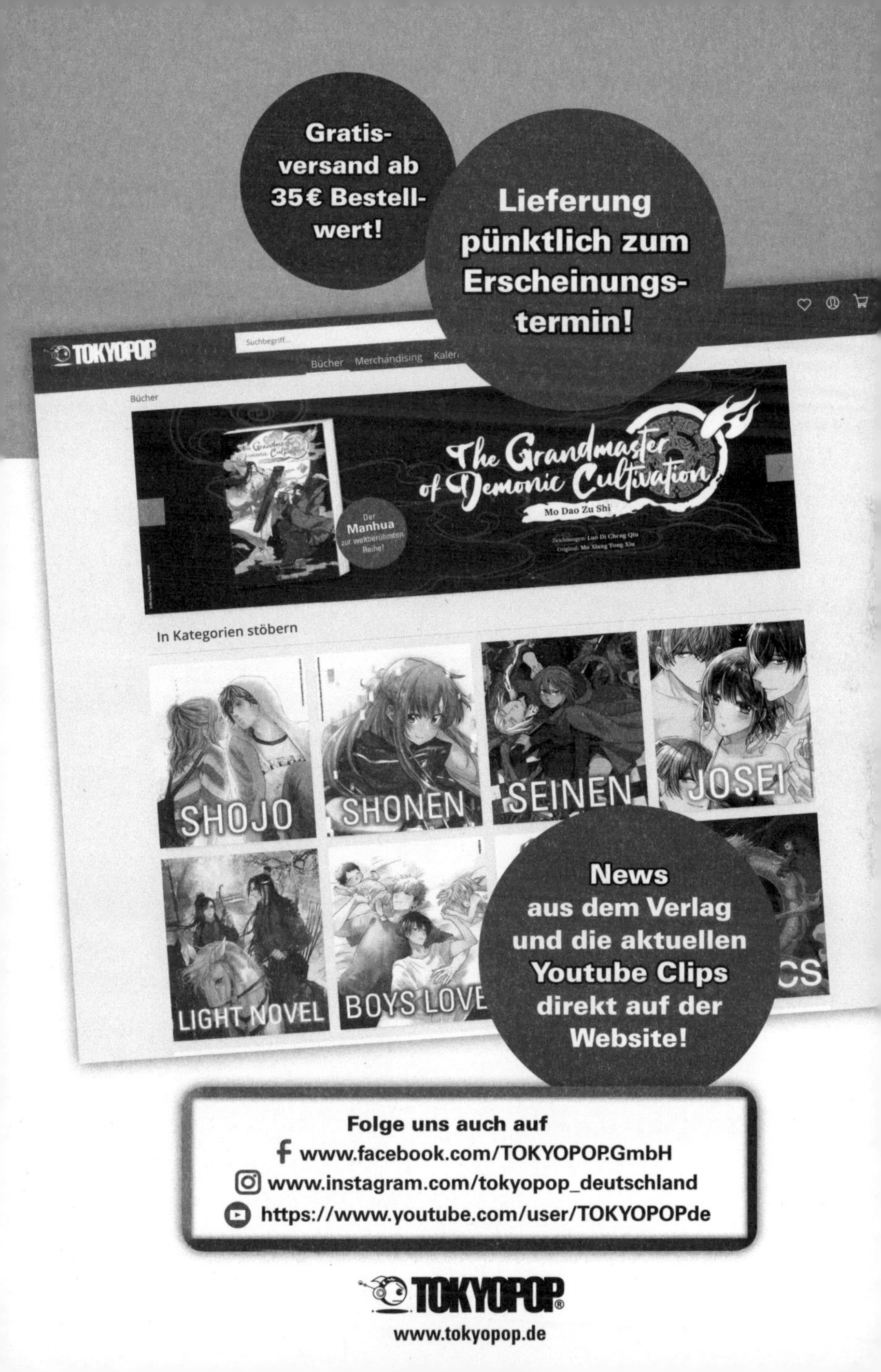
Gratis-
versand ab
35 € Bestell-
wert!
Lieferung
pünktlich zum
Erscheinungs-
termin!
TOKYOPOP
Suchbegriff...
Bücher Merchandising Kaler
Bücher
The Grandmaster of Demonic Cultivation
Mo Dao Zu Shi
Der Manhua zur weltberühmten Reihe!
In Kategorien stöbern
SHOJO
SHONEN
SEINEN
JOSEI
LIGHT NOVEL
BOYS LOVE
News
aus dem Verlag
und die aktuellen
Youtube Clips
direkt auf der
Website!
Folge uns auch auf
www.facebook.com/TOKYOPOP.GmbH
www.instagram.com/tokyopop_deutschland
https://www.youtube.com/user/TOKYOPOPde
TOKYOPOP®
www.tokyopop.de

STOPP!

**Dies ist die letzte Seite des Buches!
Du willst dir doch nicht den Spaß verderben
und das Ende zuerst lesen, oder?**

Um die Geschichte unverfälscht und originalgetreu mitverfolgen zu können, musst du es wie die Japaner machen und von rechts nach links lesen. Deshalb schnell das Buch umdrehen und loslegen!

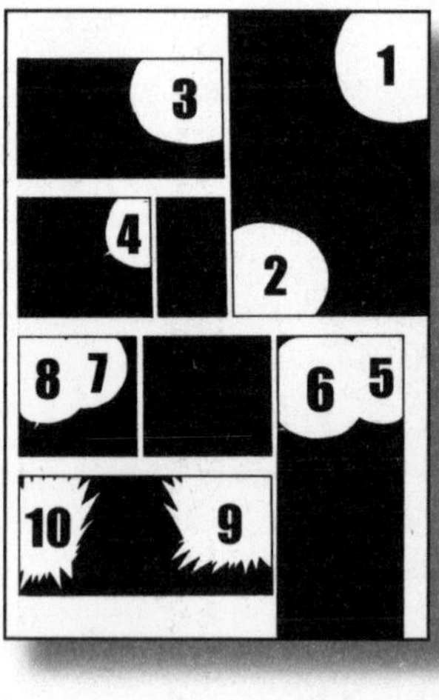

So geht's:

Wenn dies das erste Mal sein sollte, dass du einen Manga in den Händen hältst, kann dir die Grafik helfen, dich zurechtzufinden: Fang einfach oben rechts an zu lesen und arbeite dich nach unten links vor.
Viel Spaß dabei wünscht dir TOKYOPOP®!